KB085102

법의 정신 3-1

나남
nanam

한국연구재단 학술명저번역총서
서양편 440

법의 정신 1

2023년 6월 15일 발행
2023년 6월 15일 1쇄

지은이   몽테스키외외
옮긴이   진인혜
발행자   趙相浩
발행처   (주) 나남
주소   10881 경기도 파주시 회동길 193
전화   (031) 955-4601 (代)
FAX   (031) 955-4555
등록   제 1-71호 (1979. 5. 12)
홈페이지   http://www.nanam.net
전자우편   post@nanam.net

ISBN 978-89-300-4138-6
ISBN 978-89-300-8215-0 (세트)

책값은 뒤표지에 있습니다.

'한국연구재단 학술명저번역총서'는 우리 시대 기초학문의 부흥을 위해
 한국연구재단과 (주)나남이 공동으로 펼치는 서양명저 번역간행사업입니다.

한국연구재단
학술명저번역총서
440

법의 정신 1

몽테스키외 지음
진인혜 옮김

De l'esprit des lois

par

Montesquieu

법의 정신

또는

각 정체의 구조, 풍습, 풍토, 종교, 상업 등과

법이 맺어야 하는 관계에 대하여

여기에 저자가 덧붙인,

상속에 관한 로마법 및 프랑스법과 봉건법에 대한

새로운 고찰

어미 없이 태어난 아이*

*   이 페이지는 1748년에 간행된 《법의 정신》의 속표지에 제시된 책의 제목과 제사
     (題詞)를 나타낸 것이다. "어미 없이 태어난 아이"(Prolem sine matre creatam)
     라는 제사는 몽테스키외가 오비디우스의 《변신》 제2편에서 인용한 문구로, 자신
     의 책은 모델로 삼은 것이 없는 독창적인 것임을 강조한다.

옮긴이 머리말

우리는 몽테스키외 하면 곧바로 '삼권분립'이라는 용어를 떠올리게 되는데, 이것이 바로 《법의 정신》에 나타난 주요 개념이다. 몽테스키외는 입법부와 행정부의 분립을 주장한 존 로크와 더불어 정치적 자유를 지향하는 현대 사회의 토대가 되는 정치적, 사회적 구조를 제안한 사상가 중의 한 명이다. 특히 몽테스키외가 주장한 권력분립 이론은 서양의 민주주의 원칙을 규정하는 데 크게 기여했다.

그런데 몽테스키외의 《법의 정신》은 지성사에서 다소 독특한 위상을 지닌다. 이 책은 삼권분립을 처음으로 주장한 책으로 인식되면서도 홉스, 로크, 루소와 같은 동시대의 다른 정치사상가들의 저술들에 비해 본격적인 연구의 대상이 되는 전공서라기보다는 교양서로서 다루어지는 경향이 있다. 사실 몽테스키외가 300종이 넘는 저서를 인용하고 2천 여 개의 각주를 첨부한 《법의 정신》은 고전 사상 및 역사, 지리, 경제, 심지어 자연과학에 이르기까지 다방면의 분야에 대한 몽테스키외의 해박한 지식을 보여주는데, 그로 인해 정치이론이나 법학과 같은 특정 분과의 학문에 속하는 협의적 개념을 다루는 책이 아니라 인문학의 고전으로 광범위하게 읽히는 책이기 때문일 것이다. 몽테스키외가 《법의 정신》 서문에서 책 전체를 다 읽고 판단해 달라고 요청했음에도 불구하고, 《법의 정신》이 줄곧 단편적으로 읽혀 온 것도 같은 맥락으로 이해할 수 있다. 많은 연구자 혹은 독자들은 몽테스키외가 다룬 방대한 분야와 내용 중에서 임의적 절단과 분석을 통해 자신들의 견해를 뒷받침하거나 그와 관련 있는 사항에만 관심을 집중시킨 까닭이다.

이처럼 정치사상이나 법학과 같은 특정 학문의 테두리 안에 국한되지 않고 폭넓은 지식과 사고가 담긴 훌륭한 인문학 고전으로 손꼽히는 《법의 정신》의 번역 필요성에 대해서는 새삼 강조하지 않아도 될 것이다. 이 책의 중요성을 인식하여 국내에서도 이미 여러 번역본이 출간된 바 있다. 그러나 그 번역본들은 《법의 정신》에서 주요한 일부분을 발췌하여 번역 편집한 소책자이거나 처음부터 끝까지 번역된 것이더라도 일부 장(章)이나 문단 등이 누락된 것으로서 완역이 아닌 경우가 대부분이다. 또한 전문을 빠짐없이 번역한 경우에도 프랑스어 원본이 아니라 영역본을 번역한 이중번역이라는 한계를 보여준다. 따라서 프랑스어 원서를 대상으로 한 완역은 지금까지 한 번도 시도된 적이 없었다고 해도 과언이 아니다.

한국연구재단의 지원을 받아 수행한 이 번역본은 프랑스 갈리마르 출판사에서 나온 플레이아드 총서(Bibliothèque de la Pléiade)의 《전집(*Oeuvres complètes*)》II에 수록된 《법의 정신》을 번역 대상 원서로 사용하여, 원문에 최대한 충실한 완역본이라는 점에 가장 큰 의의가 있다. 이는 프랑스어에 능통하지 못한 다양한 분야의 국내 연구자들에게 원문에 충실한 완역본을 제공함으로써 후속 연구를 촉진시킬 수 있고, 일반 독자에게는 서양 사상의 근저를 제대로 이해할 수 있는 기회가 될 것으로 기대한다. 그리고 본 번역의 부족함도 그러한 기대를 충족시키는 속에서 다소나마 상쇄될 수 있기를 희망한다.

본 번역자는 원서에 최대한 충실하기 위해 심혈을 기울였고, 이를 위해 다음과 같은 번역상의 원칙을 정했다.

1) 중세 유럽의 인물명 표기

중세 유럽의 역사에서 베르됭 조약과 메르센 조약은 오늘날의 독일, 프랑스, 이탈리아의 기원 형성에 있어서 중요한 사건으로 평가된다. 843년의 베르됭 조약은 경건왕 루도비쿠스 1세의 생존한 아들 3명이 맺은 카롤링 제국 분할 조약이다. 이 조약에서 로타리우스는 프랑키아메디아(지금의 이탈리아 대부분과 스위스, 프랑스 동부, 독일 서부, 네덜란드, 벨기에 일부를 포함하는 길고 좁은 중심 지역)를 차지하고 황제위를 그대로 보유하기로 확약받았고, 독일인 루도비쿠스는 프랑키아오리엔탈리스(라인강 동쪽 영토)를, 대머리왕 카롤루스는 프랑키아오키덴탈리스(지금의 프랑스 중에서 위의 두 지역을 제외한 나머지 부분)를 얻었다.

베르됭 조약으로 프랑크 왕국이 세 갈래로 분열된 이후 서프랑크가

로트링겐을 강제 병합하자 동프랑크가 이에 반발하여 양국 사이에 전쟁이 일어날 상황에 놓였다. 그러나 870년 동프랑크의 독일인 루도비쿠스와 서프랑크의 대머리왕 카롤루스 사이에 메르센 조약이 체결되어 라인강 북부를 동프랑크와 서프랑크가 분할 점령하는 것으로 상황이 종결되었으며, 그 아래 지역에는 이탈리아가 성립되었다. 이 조약의 체결로 현재의 독일, 이탈리아, 프랑스의 기원이 형성된 것이다.

따라서 중세 유럽의 군주를 비롯한 주요 인물명은, 위의 두 조약의 역사적 의의를 토대로 870년을 기준으로 그 이전에는 라틴어 이름으로, 그 이후에는 각 나라의 언어로 이름을 표기하였다.

2) 비잔티움 제국의 인물명 표기

몽테스키외는 비잔티움 제국이라는 용어를 사용한 바 없고 동로마 제국이라는 용어를 한 번 사용하였다. 본문에서는 몽테스키외의 표현대로 동로마 제국으로 표기했다. 대체로 우리나라에서는 동로마 제국, 비잔틴 제국, 비잔티움 제국이라는 용어가 혼용되고 있는데, 옮긴이 주의 설명에서는 비잔티움 제국으로 통일하여 사용하였다.

비잔티움 제국에서 이라클리오스(Iraklios, 라틴어 Heraclius, 재위 610~641) 황제는 황제의 직함을 라틴어식 표기로 '임페라토르'라는 칭호로 부르던 것을 그리스어식으로 '바실레우스'로 바꾸었다. 그는 610년 악정을 펼치던 전임 황제 포카스로부터 제위를 찬탈하여 황제가 되었고, 무너져 가는 제국의 군대와 행정을 개편하고 라틴어 대신 그리스어를 공용어로 채택하는 등 제국을 민심에 맞게 변화시켰다. 어차피 주민 대다수는 라틴어를 모르고 그리스어를 사용하고 있었다. 따라서 비잔티움 제국의 인물명은 610년을 기준으로 그 이전에는 라틴어 표기를, 그 이후에는 그리스어 표기를 사용했다.

3) 교황과 가톨릭 성인들의 라틴어 인물명 표기

역대 교황과 가톨릭 성인들의 이름은 우리나라 천주교에서 제공하는 역대 교황 목록과 성인 목록을 참조하여 그 표기법을 따랐다. 따라서 우리나라 천주교의 관행에 따라 교황과 성인의 라틴어명에서 어말의 '‒us'는 '‒오'로 표기하였다. 다만 몽테스키외가 성인으로 지칭하더라도 성인 목록에 존재하지 않는 인물들의 이름은 라틴어 철자 그대로 '‒우스'로 표기하였다. 또 성인 목록에는 존재하지만, 몽테스키외가 성인이라는 것을 밝히지 않은 채 단지 저자나 역사가로서 언급한 인물들의 이름도 라틴어 철자 그대로 '‒우스'로 표기하였다.

4) 라틴어와 이탈리아어 처리

몽테스키외는 본문에서 설명하거나 예로 든 내용에 해당하는 라틴어 원전의 텍스트를 각주에 많이 제시해 놓았는데, 번역본에서도 원서의 권위를 해치지 않기 위해 라틴어를 그대로 실었다. 그리고 독자의 이해를 돕기 위해 라틴어 옆에 우리말 해석을 첨부하였다. 다만 각주에 제시된 라틴어가 본문 내용의 출처를 밝히는 것으로, 법전의 소제목이거나 법 조항의 제목일 경우에는 우리말 해석을 첨부하지 않았다. 라틴어로 된 책 제목일 경우에만 우리말로 옮겼다.

　몽테스키외는 두 군데 각주에서 라틴어 이외에 이탈리아어로 된 텍스트도 인용하였다. 이 경우에는 이탈리아어 텍스트 옆에 〔이탈리아어]라고 밝힌 후에 우리말 해석을 첨부하였다.

5) 각주와 미주

몽테스키외가 제시한 원주는 각주로, 옮긴이 주는 미주로 처리하였다. 다만 각주에서 옮긴이 주가 필요한 경우에는 편집상 미주로 처리되지 않는 탓에 바로 옆에 괄호를 사용하여 옮긴이 주를 달았다.

2023년 5월

진인혜

저자의 일러두기[*]

이 책의 첫 4편을 이해하기 위해서는 우선 공화국에서 내가 '덕성'(德性)이라고 부르는 것이 조국에 대한 사랑, 다시 말해 평등에 대한 사랑이라는 것을 알아두어야 한다. 그것은 도덕적 덕성도, 기독교적 덕성도 아니다. 그것은 '정치적' 덕성이다. '명예'가 군주정체를 움직이는 원동력인 것처럼, 이 덕성은 공화정체를 움직이는 원동력이다. 그래서 나는 조국과 평등에 대한 사랑을 '정치적 덕성'이라고 부른 것이다. 내 생각은 새로운 것이었으므로, 새로운 단어를 찾아내거나 아니면 옛 단어에 새로운 의미를 부여해야 했다. 그런데 이런 점을 이해하지 못한 사람들 때문에 결국 나는 부조리한 말을 하게 되었는데, 이 말은 어쩌면 이 세상 모든 나라에 불쾌감을 줄지도 모르겠다. 이 세상

---

* 이 일러두기는 "몽테스키외가 군주정체에는 덕성을 위한 자리가 없다고 단언했다" 라는 비난을 받은 것 때문에 작성된 것으로, 초기의 간행본에는 없던 것이다.

모든 나라에서는 도덕을 원하니까 말이다.

둘째, 영혼의 변모나 덕성과 같은 어떤 자질이 한 정체(政體)를 움직이는 원동력이 아니라고 말하는 것과 그 정체에 그런 자질이 없다고 말하는 것, 이 둘 사이에는 매우 큰 차이가 있으므로 조심해야 한다. 만약 내가 크고 작은 어떤 톱니바퀴들이 시계를 움직이는 원동력이 아니라고 말했다고 하자. 그렇다고 해서 시계 안에 그 톱니바퀴들이 없다는 결론을 내릴 수 있을까? 군주정체에서 도덕적 덕성과 기독교적 덕성이 절대 배제되지 않는 것은 물론 말할 것도 없고, 정치적 덕성도 배제되지 않는다. 간단히 말해 정치적 덕성이 공화정체의 원동력이지만 공화정체에는 명예도 존재하고, 명예가 군주정체의 원동력이지만 군주정체에는 정치적 덕성도 존재한다.

끝으로 제3편 제5장에서 말하는 덕인(德人)은 기독교적 의미의 덕인이 아니라 정치적 덕인을 말한다. 내가 말한 정치적 덕성을 갖춘 사람 말이다. 그는 자기 나라의 법을 사랑하고 그 사랑에 의해서 행동하는 사람이다. 나는 이 책에서 개념들을 더욱 확고하게 정립함으로써 모든 것을 새롭게 조명했다. 그리고 '덕성'이라는 단어를 사용했던 대목에서 대부분 '정치적 덕성'이라는 말로 바꾸었다.

저자 머리말

이 책의 수많은 내용 중에 설사 내 예상과 달리 불쾌감을 주는 것이 있더라도, 최소한 나쁜 의도로 쓴 것은 아니다. 나는 원래 반대를 일삼는 사람이 아니다. 플라톤은 소크라테스와 같은 시대에 태어난 것에 대해 하늘에 감사했다. 나 또한 내가 살아가는 이 정부에서 태어나게 해주신 것에 대해, 그리고 하늘의 뜻에 따라 내가 사랑하는 사람들에게 복종하게 해주신 것에 대해 하늘에 감사를 표한다.

한 가지 양해를 구할 일이 있는데, 받아들여지지 않을까 봐 걱정스럽다. 그것은 20년의 작업을 잠깐 읽어 보고 판단하지 말아 달라는 것이다. 몇몇 문장이 아니라 책 전체에 대해 칭찬하거나 비난하기를 바란다. 저자의 의도를 알아내고 싶다면, 작품 전체의 구상을 알아야만 찾아낼 수 있는 법이다.

나는 먼저 인간을 탐구했다. 그리고 수없이 많은 법과 풍습 속에서 인간이 오직 자신의 일시적 기분에 의해서만 움직이는 것은 아니라고 생각했다.

나는 원리를 제시했다. 그러자 개별적인 사례들이 스스로 그 원리를 따르는 것처럼 보였다. 또한 모든 민족의 역사는 그 원리의 결과일 뿐이고, 각각의 개별적인 법은 다른 법과 결부되거나 혹은 더 일반적인 법에 종속된다는 것을 알 수 있었다.

고대를 언급할 때면, 나는 그 시대의 정신을 파악하려고 노력했다. 실제로는 서로 다른 경우들을 유사한 것으로 간주하거나 유사하게 보이는 경우들의 차이점을 놓치지 않기 위해서였다.

나는 내 원리들을 나의 편견이 아니라 사물의 본질에서 끌어냈다.

이 책에서는 많은 진리가 그것을 다른 진리와 이어주는 연결고리가 파악된 뒤라야 비로소 분명하게 드러날 것이다. 또한 세부적인 것에 대해 고찰하면 할수록 원리의 확실성을 더 잘 느끼게 될 것이다. 그러나 나는 그 세부적인 것을 모두 다 말하지는 않았다. 모든 것을 다 말한다면 지루해서 견딜 수 있겠는가?

이 책에서는 요즘 책들의 특징을 이루는 듯한 톡톡 튀는 재치 같은 것은 찾아볼 수 없을 것이다. 어느 정도 폭넓은 시각으로 사물을 본다면, 재치 같은 것은 사라지게 마련이다. 그런 재치는 보통 정신이 오직 한쪽에만 집중하고 다른 것은 모두 포기하기 때문에 생기는 것이다.

내가 이 책을 쓰는 것은 어떤 나라에 이미 수립되어 있는 것을 비판하기 위해서가 아니다. 오히려 각 국민은 이 책에서 자기네 규범의 근거를 발견하게 될 것이다. 그리고 거기서, 변화를 제안하는 것은 운 좋게도 한 나라의 구조 전체를 통찰할 수 있는 천재성을 타고난 사람들만 할 수 있는 일이라는 결론을 자연히 얻게 될 것이다.

인민(1)이 식견을 갖춘다는 것은 대단한 일이다. 집정자의 편견은 바로 그 나라 국민의 편견에서 시작된다. 무지몽매한 시대에는 가장 나쁜 악행을 저지를 때조차 사람들이 전혀 의혹을 품지 않는다. 하지만 계몽의 시대에는 가장 큰 선행을 할 때도 불안에 떤다. 사람들은 오래된 폐해를 감지하고 그것의 교정을 고려한다. 그러나 또한 교정 자체의 폐해도 생각하게 된다. 최악이 두려워서 악을 방치하고, 최선인지 아닌지 의심이 들어 선을 포기한다. 오직 전체를 판단하기 위해서만 부분을 바라보고, 모든 결과를 알기 위해서 모든 원인을 검토한다.

만일 내가 모든 사람에게 자신의 의무와 군주와 조국과 법을 사랑해야 하는 새로운 이유를 갖게 할 수 있다면, 각자가 속한 나라와 정부와 위치에서 행복을 더 잘 느낄 수 있게 할 수 있다면, 나는 나 자신을 가장 행복한 사람이라고 생각할 것이다.

만일 내가 지시하는 사람들에게 자신이 명령해야 하는 것에 대한 지식을 더 많이 갖게 할 수 있다면, 그리고 복종하는 사람들에게 복종하는 데서 새로운 기쁨을 찾게 할 수 있다면, 나는 나 자신을 가장 행복한 사람이라고 생각할 것이다.

만일 내가 사람들을 편견에서 벗어나게 할 수 있다면, 나는 나 자신을 가장 행복한 사람이라고 생각할 것이다. 여기서 내가 말하는 편견이란 어떤 상황에 대해 무지하게 만드는 편견이 아니라 자기 자신에 대해 무지하게 만드는 편견이다.

만인에 대한 사랑을 포함하는 저 보편적 덕성을 실천하는 것은 인간을 교육하려고 노력함으로써 가능하다. 인간은, 사회 안에서 타인의 생각과 느낌을 잘 따르는 이 유연한 존재는 누군가가 자신의 고유한 본성을 보여주면 그것을 알 수 있고, 또한 그 본성을 숨기면 그에 대한 느낌조차 잃어버릴 수 있다.

나는 이 책의 저술을 수없이 시작했고, 또 수없이 포기했다. 써 놓은 원고를 수없이 바람에 날려 보내기도[1] 했다. 날마다 아버지의 손이 내려뜨려지는 것[2]을 느꼈다. (2) 나는 계획을 세우지도 않은 채 목표를 추구했다. 규칙도 예외도 알지 못했으며, 진리를 발견해도 언제나 잃어버리고 말았다. 그러나 내 원리를 발견하고 나자, 내가 추구하는 모든 것이 내게로 왔다. 그리하여 20년의 세월이 흐르는 동안, 내 책이 시작되어 성장하고 진척되고 완성되는 것을 볼 수 있었다.

이 책이 성공을 거둔다면, 십중팔구 주제가 훌륭한 덕분일 것이다. 그렇지만 내게 재능이 전혀 없었다고는 생각하지 않는다. 프랑스와 영국과 독일에서 수많은 위인이 나보다 앞서 쓴 글들을 보았을 때, 나는 감탄했지만 결코 용기를 잃지 않았다. 나는 코레조처럼 "나도 화가다"[3]라고 말했다. (3)

---

1 Ludibria ventis (바람과 즐겁게 노네).
2 Bis patriæ cecidere manus⋯ (아버지의 손이 두 번이나 떨어졌네).
3 Ed io anche son pittore〔이탈리아어〕(나도 화가다).

차례

제 4편

교육에 관한 법은
정체의 원리와 관계가 있어야 한다

제 5편

입법자가 제정하는 법은
정체의 원리와 관계가 있어야 한다

제6편　**시민법과 형법의 단순성, 재판 절차,
형벌의 결정에 관한 여러 정체의 원리에서
나오는 결과**

제 7편

사치 단속법, 사치, 여자의 지위에 관한
세 정체의 상이한 원리의 귀결

제 8편

세 정체의 원리의 부패

제 2부

법과 방어력의 관계

제 9편

제 10편

법과 공격력의 관계

제13편 조세 징수와 공공 수입의 규모가 자유에 대해 갖는 관계

2~3권 차례

제1부

법 일반

제 1장 : 다양한 존재와 맺고 있는 관계 속에서의 법

가장 넓은 의미에서 법이란 사물의 본질에서 유래하는 필연적 관계를 말한다. 그런 의미에서 모든 존재는 자신들의 법을 갖고 있다. 신에게는 신의 법이 있고,[1] 물질계에는 물질계의 법이 있다. 인간보다 우월한 지적 존재에게는 그들 나름의 법이 있고, 짐승에게는 짐승의 법이, 인간에게는 인간의 법이 있다.

"맹목적인 운명이 이 세상에서 우리 눈앞에 보이는 모든 결과를 초래했다"라고 말한 사람들은 지극히 터무니없는 말을 한 것이다. 맹목적인 운명이 지적인 존재를 만들어 냈다니, 그보다 더 터무니없는 말

---

[1] 플루타르코스는 "법은 필멸의 존재이든 불멸의 존재이든 모두에게 여왕과 같은 존재이다"라고 말한다. "군주는 박식해야 한다"라는 글에서.

이 어디 있겠는가?

따라서 원초적 이성이 있는 것이다. 법은 그 원초적 이성과 다양한 존재들 사이의 관계, 그리고 다양한 존재들끼리의 상호 관계이다.

신은 창조자이자 관리자로서 우주와 관계를 갖는다. 즉, 신은 법에 따라 창조했고, 또 그 법에 따라 관리한다. 신은 규칙에 따라 행동하는데, 그것은 신이 그 규칙을 알기 때문이다. 신은 자신이 그 규칙을 만들었기 때문에 알고 있다. 그리고 그것을 만든 이유는 그 규칙들이 신의 예지와 힘에 관계되기 때문이다.

우리가 알다시피 세계는 물질의 운동에 의해 형성되고 지능이 없는데도 여전히 존속하고 있다. 따라서 틀림없이 그 운동에는 불변의 법칙이 있다. 그리고 만일 이 세계 이외의 또 다른 세계를 상상할 수 있다면, 그 세계에도 일정한 규칙이 있을 것이다. 그렇지 않다면 그 세계는 파괴되고 말 것이다.

이와 같이 자의적인 행위로 보이는 창조도 무신론자들이 말하는 운명만큼이나 불변의 규칙을 전제로 한다. 창조주는 그런 규칙들 없이도 세계를 지배할 수 있다고 말하는 것은 터무니없는 말이다. 그 규칙들 없이는 세계가 존속할 수 없을 것이기 때문이다.

그 규칙들은 항구적으로 확립된 관계이다. 한 운동체와 다른 운동체 사이의 모든 움직임은 질량과 속도의 관계에 따라 받아들여지고 증가하며 또 감소하고 사라진다. 그러므로 결국 각 다양성은 '균일성'을 보여주고, 각각의 변화는 '항구성'을 보여준다. (1)

개개의 지적 존재들은 스스로 만든 법을 가질 수 있지만, 자신들이 만들지 않은 법도 가지고 있다. 지적 존재들이 있기 이전에도 또 다른 지적 존재들이 있었을 것이다. 그러면 그 존재들이 관계를 갖게 되었을 테고 따라서 법도 가졌을 것이다. 법이 만들어지기 이전에도 정의(正義)에 관한 관계가 있었을 것이다. 실정법(2)이 명령하거나 금지하는 것 이외에는 정당한 것도 부당한 것도 없다고 말하는 것은 원을 그려 보기 전에는 모든 반지름이 똑같지 않다고 말하는 것이나 마찬가지이다.

그러므로 실정법에 의해 확립되기 이전에 이미 형평의 관계들이 있다는 것을 인정해야 한다. 예를 들면 다음과 같은 것들이다. 인간 사회가 있다면 그 사회의 법을 따르는 것이 옳다거나, 다른 존재에게 은혜를 입은 지적 존재는 그것에 감사해야 한다거나, 한 지적 존재가 다른 지적 존재를 창조했다면 창조된 존재는 태생적으로 갖게 된 종속 관계에 머물러 있어야 한다거나, 다른 지적 존재에게 해를 끼친 지적 존재는 똑같은 해를 당해야 마땅하다는 등과 같은 것 말이다.

그러나 지적 세계는 물질세계처럼 잘 지배되지 않는다. 왜냐하면 지적 세계도 본질상 불변하는 법을 가지고 있긴 하지만, 물질세계가 법을 따르듯 한결같이 그 법을 따르는 것은 아니기 때문이다. 개개의 지적 존재들은 본질적으로 유한한 존재이므로 잘못을 저지르기 쉬운 까닭이다. 그리고 다른 한편으로 지적 존재들은 자기 스스로 행동하는 것이 본성이다. 따라서 그들은 원초적인 법을 한결같이 따르지는 않는다. 심지어 스스로 자기 자신에게 부여하는 법조차 늘 따르지는 않는다.

짐승이 일반적인 운동 법칙에 의해 지배되는지, 아니면 고유의 움직임에 의해 지배되는지 우리는 모른다. 어쨌든 짐승은 다른 물질세

계보다 신과 더 밀접한 관계를 가지고 있지는 않다. 그리고 짐승에게 감정은 자기들끼리의 관계 혹은 다른 개별 존재나 자기 자신과의 관계에서만 쓸모가 있다.

짐승은 쾌락의 유혹에 이끌려 개별 존재를 보존하고, 같은 유혹에 의해 종을 보존한다. 짐승에게는 자연법이 있는데, 그들이 감정에 의해 결합하기 때문이다. 하지만 지식에 의해 결합하지는 않으므로 실정법을 가지고 있지는 않다. 그러나 짐승은 변함없이 자연법을 따르지는 않는다. 지식도 감정도 찾아볼 수 없는 식물이 오히려 자연법을 더 잘 따른다.

짐승은 우리 인간이 가지고 있는 최상의 장점은 가지고 있지 않지만 우리에게는 없는 장점을 가지고 있다. 그들은 우리처럼 희망을 갖지 않지만, 두려움도 갖지 않는다. 그들은 우리와 마찬가지로 죽음을 면할 수 없지만, 죽음을 모르는 채로 맞는다. 짐승은 대부분 우리보다 더 잘 자신을 보존하고 자신의 정념을 악용하지도 않는다.

물질적 존재로서의 인간은 다른 물체와 마찬가지로 불변의 법칙에 의해 지배된다. 그런데 지적 존재로서의 인간은 신이 정한 법을 끊임없이 위반하고 자기 스스로 정한 법을 변경한다. 인간은 분명 스스로 행동하지만 유한한 존재이다. 그래서 모든 유한한 지적 존재와 마찬가지로 무지와 오류를 피할 수 없다. 인간은 자신이 가지고 있는 보잘것없는 지식도 잃어버리고 만다. 그리고 감성을 지닌 피조물이므로 수많은 정념에 휩쓸리게 된다. 인간은 바로 이러한 존재이므로 매 순간 자신의 창조자를 잊을 수도 있다. 그래서 신은 종교의 법을 통해 인간에게 그 점을 상기시켰다. 이러한 존재인 인간은 매 순간 자기 자신도 잊어버릴 수 있으므로 철학자들이 도덕의 법을 통해 경고했다. 그리고 인간은 사회 속에서 살아가도록 창조되었는데도 타인을 잊어버릴 수 있으므로, 입법자들은 정치법과 시민법을 통해 인간에게 의무를 부과했다.

제 2장 : 자연법

그런 모든 법 이전에 자연법이 있다. 그것은 오로지 우리 존재의 구조에서만 유래하기 때문에 '자연법'이라 불린다. 자연법을 잘 알기 위해서는 사회가 성립되기 이전의 인간을 고찰해야 한다. 자연법이란 그런 상태에서 인간이 받아들이는 법일 것이다.

우리의 마음속에 창조자의 관념을 심어줌으로써 우리를 신에게로 인도하는 자연법은 모든 자연법 중에서 첫 번째 법이다. 자연법의 순서에 의해서가 아니라 중요성에 의해서 첫 번째라는 말이다. 자연 상태에서 인간이 가지고 있는 것은 지식이라기보다는 차라리 인식 능력일 것이다. 인간이 갖는 최초의 관념이 사변적인 관념이 아니라는 것은 분명한 일이다. 인간은 자기 존재의 기원을 찾기에 앞서 자기 존재의 보존을 생각하게 될 것이다. 그런 인간은 먼저 자신의 나약함만 느끼게 될 터이므로 극도로 소심해질 것이다. 이 점에 관해 실제 경험이 필요하다면, 숲속에서 발견된 미개인을 예로 들 수 있다. [2] 그들은 모든 것을 두려워하여 벌벌 떨고 도망친다.

---

2   하노버 숲에서 발견되었고 조지 1세 치하 영국에서 보았던 미개인이 그 증거이다.

이런 상태에서는 각자 자기 자신이 열등하다고 느낄 뿐, 평등하다고 느끼는 일은 거의 없다. 따라서 서로 공격하려고 하지 않을 테니, 평화가 제1의 자연법이 될 것이다.

인간에게는 무엇보다 먼저 서로를 정복하려는 욕망이 있다고 한 홉스의 주장은 합리적이지 않다. 지배와 통치에 대한 관념은 너무 복잡하고 다른 많은 관념에 종속되어 있으므로 인간이 우선적으로 갖는 관념이 아닐 것이다.

"본래 전쟁 상태에 있는 것도 아닌데 인간은 왜 항상 무장하고 다니는가? 왜 집을 잠그기 위한 열쇠를 가지고 있는가?"라고 홉스는 묻는다. 그러나 그것은 인간이 서로를 공격하고 방어하기 위한 동기를 발견하게 해주는 것, 즉 사회가 설립된 후에야 인간에게 생길 수 있는 것을 사회가 설립되기 이전의 인간에게 있는 것으로 여기고 있음을 깨닫지 못하는 것이다.

인간은 자신이 나약하다는 감정에 덧붙여 육체적 욕구를 느낄 것이다. 그러므로 인간에게 먹을 것을 찾는 마음을 불러일으키는 것이 제2의 자연법이 될 것이다.

나는 두려움 때문에 인간이 서로를 피할 거라고 말했다. 그러나 서로 두려워한다는 것을 눈치채게 되면 곧 서로 접근할 것이다. 게다가 같은 종의 다른 동물이 접근할 때 동물이 쾌감을 느끼듯이, 인간도 그런 쾌감에 의해서 서로 접근할 것이다. 더구나 남녀 양성이 성적 차이로 인해 서로에게 불러일으키는 매혹은 그 쾌감을 증대시킬 것이다. 그리하여 남녀가 항상 서로를 갈구하는 자연스러운 마음이 제3의 자연법이 될 것이다.

인간은 우선적으로 갖는 감정 이외에도 지식을 갖기에 이르게 된다. 그렇기에 인간은 다른 동물들이 갖지 않는 제2의 유대관계를 갖는다. 따라서 인간에게는 서로 결합하려는 새로운 동기가 생기고, 사회를 이루어 살고자 하는 욕구가 제4의 자연법이 된다.

제3장 : 실정법

인간은 사회를 이루자마자 자신이 나약하다는 감정을 잃어버린다. 그러면 그들 사이에 존재하던 평등은 끝나고, 전쟁 상태가 시작된다.

각각의 개별 사회는 자기 힘을 자각하게 되고, 이것이 민족 간의 전쟁 상태를 초래한다. 각 사회 안의 개인들도 자신의 힘을 느끼기 시작하고, 그 사회의 주된 이점을 자신에게 유리한 방향으로 돌리고자 한다. 이로 인해 그들 사이에 전쟁 상태가 조성된다.

이 두 종류의 전쟁 상태 때문에 인간들 사이에 법이 제정된다. 필연적으로 여러 민족이 존재할 수밖에 없을 만큼 광대한 행성의 주민으로서의 인간은 그 민족들끼리 갖는 관계 속에서의 법을 가진다. 그것이 바로 **만민법(萬民法)**이다. 유지되어야 할 한 사회의 일원으로서의 인간은 통치자가 피통치자와 맺는 관계 속에서의 법을 갖는다. 그것이 바로 **정치법**이다. 또한 인간은 모든 시민이 상호 간에 갖는 관계 속에서의 법도 갖는데, 이것이 바로 **시민법(市民法)**이다.

만민법은 마땅히 다음과 같은 원칙을 토대로 한다. 즉, 여러 민족은 각자의 참된 이익을 훼손함이 없이 평화 시에는 최대한의 선을, 전시에는 최소한의 악을 서로에게 행해야 한다는 것이다.

전쟁의 목적은 승리이고, 승리의 목적은 정복이며, 정복의 목적은 보존이다. 이 원칙과 앞의 원칙으로부터 만민법을 형성하는 모든 법이 파생되어야 한다.

모든 민족은 만민법을 가지고 있다. 심지어 포로를 잡아먹는 이로 쿼이족(3)도 만민법을 가지고 있다. 그들은 사절을 보내고 맞으며, 교전권과 강화권(講和權)을 갖는다. 그런데 이 만민법이 참된 원리를 토대로 하지 않는다는 것이 폐단이다.

모든 사회에 관련되는 만민법 이외에 각 사회에는 정치법이 있다. 사회는 정부 없이는 존속할 수 없을 것이다. "모든 개별적인 힘의 결합이 이른바 **정치 상태**라는 것을 형성한다"라고 한 그라비나(4)의 말은 매우 적절하다.

전체의 힘은 '단 한 사람'의 수중에 있을 수도 있고, '여러 사람'의 수중에 있을 수도 있다. 어떤 사람들은 자연이 부권(父權)을 설정했으므로 일인 통치가 자연에 가장 부합한다고 생각했다. 그러나 부권의 예는 아무것도 증명해 주지 않는다. 아버지의 권력은 일인 통치와 관계가 있더라도, 아버지의 사후에는 형제들의 권력이 되고 형제들의 사후에는 사촌들의 권력이 되므로 다수 통치와 관계되기 때문이다. 정치적 권력에는 필연적으로 여러 가문의 결합이 포함된다.

그러므로 자연에 가장 부합하는 정체는 당사자인 인민의 기질에 가장 잘 어울리는 특수한 구조를 갖춘 정체라고 말하는 편이 낫다.

모든 의지가 결합하지 않으면 개별적 힘은 결합할 수 없다. "이 의지들의 결합이 이른바 **시민 상태**라는 것이다"라는 그라비나의 말도 매우 적절하다.

일반적으로 법은 이 땅의 모든 인민을 지배한다는 의미에서 인간 이성이다. 그리고 각 국민의 정치법과 시민법은 인간 이성이 적용되는 특수한 경우에 지나지 않는다.

정치법과 시민법은 해당되는 인민에게 알맞아야 하므로, 한 국민의 법이 다른 국민에게도 적합할 수 있는 경우는 지극히 드물다.

정체를 구성하는 정치법이든 혹은 정체를 유지하는 시민법이든, 그 법들은 이미 수립되었거나 또는 수립하고자 하는 정체의 본질과 원리에 합당해야 한다.

그 법들은 그 나라의 '물리적 조건', 즉 춥거나 덥거나 온화한 기후, 토지의 특성과 상태 및 규모, 경작이나 수렵이나 목축과 같은 민족의 생활양식과도 관련되어야 한다. 또한 제도에 의해 허용될 수 있는 자유의 정도, 주민들의 종교, 성향, 재산, 수효, 상업, 풍습, 품행과도 어울려야 한다. 끝으로 그 법들은 그것들끼리 관계를 맺고 있다. 즉, 법이 만들어진 기원, 입법자의 의도, 법이 제정되는 토대가 된 사물의 질서와 관계가 있다. 그러므로 법은 이런 모든 관점에서 고찰되어야 한다.

그것이 바로 내가 이 책에서 시도하려는 것이다. 나는 그 모든 관계를 검토할 것이다. 그 관계들이 다 같이 이른바 **법의 정신**이라는 것을 형성하기 때문이다.

나는 정치법과 시민법을 분리하지 않았다. 내가 다루는 것은 법이 아니라 법의 정신이기 때문이다. 그리고 그 정신은 법이 다른 사물들과 가질 수 있는 다양한 관계 안에 있으므로, 법의 자연적 질서보다는 그 관계들과 사물들의 질서를 따라야 했기 때문이다.

먼저 나는 각 정체(政體)의 본질 및 원리와 법 사이의 관계를 검토할 것이다. 정체의 원리는 법에 절대적 영향을 미치므로, 그것을 잘 알아보려고 노력할 것이다. 일단 그 원리를 확립할 수 있다면, 마치 샘에서 물이 솟듯 그 원리에서부터 법이 흘러나오는 것을 보게 될 것이다. 그런 후, 더 특수하게 보이는 다른 관계들로 넘어갈 것이다.

제 2 편

정체의 본질에서 직접 유래하는 법

제 1장 : 세 가지 정체의 본질

정체(政體)에는 세 종류가 있다. **공화정체, 군주정체, 전제정체**가 그 것이다. 그것들의 본질을 발견하려면 교육 수준이 가장 낮은 사람들 이 그에 관해 가지고 있는 관념만으로도 충분하다. 나는 다음과 같은 세 가지 정의, 아니 세 가지 사실을 전제하고자 한다. 공화정체란 인 민 전체 혹은 인민의 일부가 주권을 갖는 정체이다. 군주정체는 한 사 람이 통치하지만, 일정하게 정해진 법에 따라 통치하는 정체이다. 반 대로 전제정체에서는 법도 규칙도 없이 한 사람이 자신의 의지나 기 분에 의해 모든 것을 처리한다.

　이것이 바로 내가 말하는 각 정체의 본질이다. 이 본질에서 직접 파 생되는 법, 따라서 제 1의 기본법이 되는 것은 무엇인지 알아보자.

제 2장 : 공화정체 및 민주정체에 관한 법

공화정체에서 인민 전체가 주권을 가진다면 그것은 '민주정체'이고, 주권이 인민 일부의 수중에 있다면 그것은 '귀족정체'라 불린다.

민주정체에서 인민은 어떤 점에서는 군주이고 또 어떤 점에서는 신하이다. 인민은 자신의 의지를 표현하는 선거에 의해서만 군주가 될 수 있다. 주권자의 의지는 주권자 그 자체이다. 따라서 이 정체에서는 선거권을 정하는 법이 기본이 된다. 사실 군주정체에서 군주가 어떤 사람이며 그가 어떤 방식으로 통치할지를 아는 것이 중요한 것과 마찬가지로, 민주정체에서는 어떻게, 누구에 의해, 누구에게, 무엇에 관해 선거가 행해져야 하는지를 규정하는 것이 중요하다.

"아테네에서는 인민 집회에 끼어든 이방인은 사형에 처해졌다"[1]고 리바니오스(1)는 서술하고 있다. 그런 짓을 저지른 사람은 주권을 침해한 것이기 때문이다.

집회 성립에 필요한 시민의 수효를 정하는 것은 중요한 일이다. 그렇지 않으면, 인민 전체가 말한 것인지 아니면 단지 인민의 일부가 말한 것인지 알 수 없을 것이다. 스파르타(2)에서는 집회 성립에 1만 명의 시민이 필요했다. 소도시로 시작하여 위대해진 로마, 운명의 모든 흥망성쇠를 겪어야 했던 로마, 어떤 때는 거의 모든 시민을 성벽 밖에 가지고 있었고 또 어떤 때는 온 이탈리아와 지구의 일부를 성벽 안에 가지고 있었던 로마에서는 그 수를 정하지 않았다. [2] 그리고 그것이

---

1   《연설문》, 17과 18.

로마 멸망의 가장 큰 원인 중 하나였다.

주권을 가진 인민은 자신이 잘할 수 있는 일은 모두 스스로 해야 하고, 잘할 수 없는 일은 대리자를 통해서 해야 한다. 대리자는 인민에 의해 임명되어야만 인민의 대리자가 된다. 따라서 인민이 대리자, 즉 집정자를 임명하는 것이 이 정체의 기본 원칙이다.

인민은 군주와 마찬가지로, 때로는 군주 이상으로 평의회나 원로원의 인도를 받을 필요가 있다. 그러나 평의회나 원로원이 신뢰를 얻으려면, 인민이 그 의원을 선출해야 한다. 아테네에서처럼 인민이 직접 의원을 뽑든가 혹은 몇몇 경우에 로마에서 실행된 것처럼 인민이 의원 선출을 위해 임명한 행정관이 선출하든가 해야 한다.

인민은 자기 권한의 일부를 맡겨야 할 사람을 선출하는 것에 감탄할 만한 능력을 지니고 있다. 인민은 자기가 익히 잘 알고 있는 일과 자명한 사실에 따라 결정하기만 하면 된다. 어떤 사람이 전쟁터에 자주 나가서 이러저러한 공을 세웠는지 인민은 아주 잘 알고 있으므로, 인민에게는 장군을 선출할 수 있는 대단한 능력이 있다. 또한 어떤 재판관이 성실한지, 많은 사람이 법정을 나서며 어떤 재판관에게 만족하는지, 어떤 재판관을 매수할 수 없었는지 인민은 잘 알고 있다. 인민이 법무관을 선출하기에는 그것으로 충분하다. 어떤 시민의 화려함이나 부유함에 강한 인상을 받았다면 인민은 그것으로 충분히 조영관[3]을 선출할 수 있다. 이 모든 것은 궁전 안의 군주보다 광장에 있

---

2 《로마인의 위대함과 그 쇠락의 원인에 관한 고찰(*Considérations sur les causes de la grandeur des Romains et de leur décadence*)》, 파리, 1755, 제9장 참조.

는 인민이 더 잘 알고 있는 사실들이다. 그러나 인민이 공무를 처리하고, 장소와 기회와 시기를 알아내 그것을 이용할 수 있을까? 아니, 그런 것은 할 줄 모를 것이다.

만일 사람의 장점을 판별할 줄 아는 인민의 타고난 능력에 의심이 생긴다면, 아테네인과 로마인이 지속적으로 보여준 일련의 놀라운 선택에 눈을 돌리기만 하면 된다. 아마 누구도 그것을 우연의 탓으로 돌리지는 못할 것이다.

알다시피, 로마에서는 평민을 공직에 앉힐 수 있는 권리가 인민에게 있었는데도 평민이 공직에 선출되는 일은 없었다. 그리고 아테네에서도 아리스테이데스(4) 법에 의해 모든 계급에서 행정관을 뽑을 수 있었지만, 하층민이 자신들의 안녕이나 영광과 관련될 수 있는 공직을 요구하는 일은 결코 일어나지 않았다고 크세노폰(5)은 말한다. 3

시민 대부분이 누군가를 선출할 능력은 충분하지만 선출되기에는 충분한 능력을 갖추지 못한 것과 마찬가지로, 인민은 타인의 관리를 보고받기에는 충분한 역량을 지니고 있지만 스스로 관리할 능력은 없다.

공적인 일은 너무 빠르지도 느리지도 않은 속도로 진척되어야 한다. 그러나 인민은 항상 지나치게 행동을 많이 하거나 지나칠 정도로 거의 하지 않는다. 그들은 때로는 10만 개의 팔을 가지고 모든 것을 뒤엎지만, 때로는 10만 개의 발을 가지고도 벌레처럼 기어간다.

민중 국가(6)에서는 인민을 몇 가지 계급으로 나눈다. 위대한 입법

---

3 1596년의 베켈리우스 간행본, 691쪽과 692쪽.

자들은 이 구분 방식에서 그 이름을 떨쳤다. 그리고 민주정체의 지속과 번영은 항상 그 구분 방식에 좌우되었다.

세르비우스 툴리우스(7)는 인민의 계급을 편성할 때 귀족정체의 정신을 따랐다. 티투스 리비우스(8) 4와 할리카르나소스의 디오니시오스(9) 5 저서를 보면, 그가 어떤 방식으로 선거권을 주요 시민들의 수중에 두었는지 알 수 있다. 그는 로마의 인민을 193개의 백인조(百人組)(10)로 나누고, 이 백인조로 여섯 계급을 구성했다. 그리고 소수의 부자를 제1급의 백인조에 나누어 넣고, 그보다 덜 부유한 다수의 사람은 그다음의 백인조에 나누어 넣었으며, 수많은 극빈자 전체를 제일 마지막 백인조에 몽땅 집어넣었다. 각 백인조는 한 표밖에 갖지 않았으므로6 사실 투표하는 것은 사람이라기보다 재력과 재산이었다.

솔론(11)은 아테네의 인민을 네 계급으로 나누었다. 민주정체의 정신을 따른 그는 선거인이 아니라 피선거인을 정하기 위해서 계급을 나누었다. 그는 모든 시민에게 선거권을 주고 네 계급에서 각각 재판관을 선출할 수 있도록 했다. 그러나 행정관은 부유한 시민들이 속한 상위 세 계급에서만 선출하도록 정했다. 7

---

4 제1편.
5 제4편, 제15항 이하.
6 《로마인의 위대함과 그 쇠락의 원인에 관한 고찰》제9장에서 세르비우스 툴리우스의 이러한 정신이 공화국에서 어떻게 유지되었는지 참조할 것.
7 할리카르나소스의 디오니시오스, 《이소크라테스 찬가》, 베켈리우스 간행본, 제2권, 97쪽. 폴리데우케스(Polydeukes. 2세기 후반에 활동한 그리스의 학자이자 수사학자로, 그리스어 용어사전 《오노마스티콘》을 썼다. 이 책은 각종 문헌에서 뽑아낸 인용문뿐만 아니라 수사학의 자료와 광범위하고 다양한 주제의 전문 용어

공화정체에서 선거권자를 분류하는 것이 기본법인 것과 마찬가지로, 선거 방법 역시 기본법이다.

추첨에 의한 선거는 민주정체의 본질에 속하고, 선택에 의한 선거는 귀족정체의 본질에 속한다.

추첨은 그 누구도 괴롭히지 않는 선출 방법으로, 각 시민에게 조국에 봉사할 수 있으리라는 희망을 당연히 주게 된다.

그러나 추첨은 그 자체가 결함을 가지고 있으므로, 위대한 입법자들은 그것을 규제하고 수정하기 위해 엄청난 노력을 기울였다.

솔론에 의해, 아테네에서는 모든 군사 직책은 선택을 통해 임명되고 원로원 의원과 재판관은 추첨을 통해 선출되는 것으로 정해졌다.

그는 많은 지출이 요구되는 민간 관직은 선택으로 정하고 다른 직책은 추첨으로 정하고자 했다.

그러나 추첨의 결함을 보완하기 위해서, 지원한 사람 중에서만 선출할 수 있다는 것, 선출된 사람은 재판관의 심의를 받아야 한다는 것,8 선출된 자가 자격이 없을 때 누구나 탄핵할 수 있다는 것9을 규

도 다루고 있다_옮긴이 주), 제8편, 제10장, 제130항.

8   데모스테네스의 연설 "거짓 사절(使節)"(De falsa legatione)과 티마르쿠에 반대하는 연설을 참조할 것(데모스테네스는 "거짓 사절"이라는 연설에서 사절로 함께 파견되었던 아이스키네스가 허위 보고를 했고 잘못된 의견을 내놓았으며 지시를 따르지 않았다고 비난했다. 이 문제를 두고 재판까지 하였는데, 티마르쿠라는 사람이 사절들을 고발하는 책임자로 지명된 것으로 보인다. 이에 아이스키네스가 티마르쿠를 공격하며 응수했다. 그는 티마르쿠가 젊은 시절에 매춘했다고 비난했는데, 아테네법에 따르면 매춘한 자는 집회에서 발언하는 것이 금지되어 있었다. 결국 티마르쿠는 고발할 수 없었고, 시민권이 박탈되었다_옮긴이 주).

9   심지어 한 지위에 대해 두 번의 추첨을 했다. 한 번은 그 지위를 부여하기 위한 것

정했다. 이는 추첨과 선택의 성격을 동시에 지니는 것이었다. 관직의 임기가 끝나면, 자신의 행동에 대해 또 한 번 심사를 받아야 했다. 그러니 능력이 없는 사람들은 추첨에 뽑히고자 자기 이름을 내놓기가 무척 꺼려졌을 것이다.

투표하는 방법을 정하는 법도 민주정체에서는 또 하나의 기본적인 법이다. 비밀 투표인가, 아니면 공개 투표인가는 중요한 문제이다. 키케로(12)는 로마 공화국 말기에 투표를 비밀로 규정한 법이 로마 몰락의 중대한 원인 중 하나가 되었다고10 기록하고 있다. 11 이것은 여러 공화국에서 다양하게 실행되고 있으므로, 다음과 같은 사항을 고려해야 한다.

인민이 투표할 때는 물론 공개되어야 한다. 12 이것은 민주정체의 기본법으로 간주해야 한다. 하층민은 주요 인물들에 의해서 계몽되고 몇몇 사려 깊은 사람들에 의해 통제되어야 한다. 그런데 로마 공화국에서는 투표를 비밀로 함으로써 모든 것을 파괴하고 말았다. 길을 잃은 하층민은 더 이상 계몽될 수 없었던 것이다. 그러나 귀족정체에서 귀족단이, 13 또는 민주정체에서 원로원이14 투표할 때는 당쟁을

이고, 다른 한 번은 먼저 뽑힌 사람이 거부당했을 경우 그 후임자를 지명하기 위한 것이었다.

10 《법률론》의 제1편과 제3편.

11 이 법은 '투표용지법'이라고 불렸다. 모든 시민에게 각각 두 가지 투표용지가 주어졌는데, 하나는 반대를 뜻하는 라틴어 'antiquo'의 A가 표시되어 있었고, 다른 하나는 찬성을 뜻하는 라틴어 'uti rogas'의 U와 R이 표시되어 있었다.

12 아테네에서는 손을 들었다.

13 베네치아를 예로 들 수 있다.

방지하는 것만 문제가 될 뿐이므로 투표는 최대한 비밀로 해야 한다.

당쟁은 원로원에 위험하고, 귀족단의 경우에도 위험하다. 하지만 본성적으로 정념에 따라 행동하는 인민에게는 위험하지 않다. 인민이 통치에 참여하지 않는 나라의 경우, 인민은 나랏일에 열광하는 대신 배우에게 열광할 것이다. 공화국의 불행은 오히려 더 이상 당쟁이 없을 때이다. 그런 일은 인민을 돈으로 타락시켰을 때 일어난다. 그러면 인민은 무관심해지고 돈에 애착을 느낀다. 하지만 더 이상 나랏일에는 애착을 느끼지 않는다. 그리고 통치에도, 거기서 제안되는 것에도 관심을 갖지 않은 채 조용히 보수를 기다릴 뿐이다.

오직 인민만이 법을 만드는 것은 민주정체의 또 다른 기본법이다. 그렇지만 원로원이 법을 제정할 필요가 있는 경우도 수없이 많다. 심지어 법을 제정하기 전에 그것을 시험해 보는 것이 적당한 경우도 종종 있다. 로마와 아테네의 제도는 매우 현명한 것이었다. 원로원의 결정은 1년 동안은 법으로서의 효력을 가졌지만, 인민의 뜻에 의하지 않고는 항구적인 법이 될 수 없었으니 말이다. 15

---

14 아테네의 30인의 참주는 아레오파고스 회의(고대 로마의 원로원과 같은 역할을 한 고대 아테네의 정치 기구. 처음에는 왕의 자문기관으로 출발했으나, 오랫동안 강력한 권한을 행사한 귀족들의 회의체였다_옮긴이 주) 구성원의 선거를 공개로 하기를 원했는데, 그것은 그들을 마음대로 조종하기 위해서였다. 리시아스 (Lysias, 기원전 5세기경 그리스의 연설문 작가_옮긴이 주), "아고라토스의 고발행위를 비난하여".

15 할리카르나소스의 디오니시오스, 제 4편과 제 9편 참조.

제 3장 : 귀족정체의 본질에 관한 법

귀족정체에서 주권은 몇몇 사람의 수중에 있다. 법을 만들고 집행하는 것도 바로 그들이다. 그들과 나머지 인민의 관계는 기껏해야 군주정체에서 군주와 신민의 관계와 마찬가지이다.

여기서는 추첨에 의한 선거를 하면 안 된다. 단점만 드러날 뿐이다. 사실 가장 심각한 차별이 이미 제도화된 정체에서는 추첨으로 뽑는다고 해서 사람들이 덜 추악해지는 것은 아니다. 사람들이 부러워하는 것은 귀족이지 행정관이 아니다.

귀족의 수가 많을 때는 귀족단이 결정할 수 없는 사항을 정하고 그들이 결정할 사항을 준비하는 원로원이 필요하다. 그런 경우 어떻게 보면 귀족정체는 원로원에 있고 민주정체는 귀족단에 있으므로 인민은 존재하지 않는다고 할 수 있다.

만약 뭔가 간접적인 방법으로 인민을 소멸상태에서 끌어낼 수 있다면 귀족정체로서는 매우 바람직한 일이다. 예를 들어 제노바의 산조르지오 은행에서는 대부분의 경영을 중요한 인민들이 함으로써16 인민에게 어느 정도 정치적 영향력을 부여했고, 이것이 대단한 번영을 가져오고 있다.

원로원 의원은 결원을 스스로 보충할 권리를 가져서는 안 된다. 그보다 더 악습을 영구화하는 것은 없을 것이다. 일종의 귀족정체였던

---

16 애디슨(Joseph Addison, 1672~1719, 영국의 시인이자 작가__옮긴이 주), 《이탈리아 여행기》, 16쪽 참조.

초기 로마에서는 원로원이 스스로 충원하지 않았다. 새 원로원 의원은 감찰관에 의해 임명되었다. 17

공화정체에서 과도한 권위가 갑자기 한 시민에게 주어지면 군주정체 혹은 군주정체 이상의 것이 형성된다. 군주정체에서는 법이 국가 구조를 갖추게 해주거나 국가 구조와 조화를 이루었다. 정체의 원리가 군주를 견제하는 것이다. 그러나 한 시민이 과도한 권력을 가지는 공화정체에서는18 권력의 남용이 더 심각하다. 법이 그 점을 예상하지 못했으므로 그를 견제할 수단을 아무것도 만들어놓지 못했기 때문이다.

국가의 구조가 과도한 권력을 가진 행정관을 필요로 할 때는 이러한 규칙의 예외에 해당한다. 독재관(*dictateur*)이 있던 로마와 국가재판관(*inquisiteur d'État*)이 있는 베네치아가 그러하다. 그것은 폭력적으로 국가를 자유의 상태로 돌려놓는 무서운 관직이다. 그러나 이 관직들은 그 두 공화국에서 어째서 그토록 다른 것일까? 그것은 로마는 인민에 대항하여 귀족정체의 잔재를 방어했던 반면, 베네치아는 귀족에 대항하여 귀족정체를 유지하기 위해 국가재판관을 사용하기 때문이다. 그 결과 로마에서는 독재관이 아주 짧은 기간만 존속했다. 인민은 의도가 아니라 열정에 의해 행동하기 때문이다. 독재관은 인민을 처벌하는 것이 아니라 겁을 주려는 것이었기 때문에 요란스럽게

---

17 처음에는 집정관에 의해 임명되었다.
18 이 때문에 로마 공화정이 붕괴되었다. 《로마인의 위대함과 그 쇠락의 원인에 관한 고찰》, 파리, 1755 참조.

권력을 행사해야 했다. 또한 언제나 예기치 못한 경우를 위해 임명되는 것이므로 단 하나의 사건을 위해서만 임명되고, 그 사건에 대해서만 무제한의 권한을 가졌다. 반대로 베네치아에서는 상설적인 관직이 필요하다. 거기서는 음모가 시작되고 이어지며 중단되었다가 다시 시작될 수 있고, 한 개인의 야심이 한 가족의 야심으로, 한 가족의 야심이 여러 가족의 야심으로 변화하기 때문이다. 또한 처벌할 범죄가 언제나 깊은 곳에서 비밀리에 은밀하게 이루어지므로 비밀 관직이 필요하다. 이 관직은 알려진 악을 저지하는 것이 아니라 알려지지 않은 악도 예방해야 하므로 전반적인 조사를 해야 한다. 요컨대 베네치아의 국가재판관은 의심되는 범죄를 처벌하기 위해 임명되고, 로마의 독재관은 죄인이 자백한 범죄에 대해서조차 처벌보다는 위협을 더 많이 사용했다.

　모든 관직에서 권력의 거대함은 짧은 임기로 보완되어야 한다. 입법자들은 대부분 그 임기를 1년으로 정해 놓았다. 그보다 길면 위험하고, 그보다 짧으면 직책의 본질에 어긋난다. 누가 자기 집안일을 그런 식으로 관리하겠는가? 라구사(13)에서는 공화국의 우두머리는 매달, 그 밖의 관리는 매주, 성채의 사령관은 날마다 바뀐다.[19] 이것은 강대국에 둘러싸여 있어서 말단 관리들이 쉽게 매수될 수 있는 작은 공화국에서만 일어날 수 있는 일이다.[20]

19　투르느포르(Tournefort, 17세기 프랑스 식물학자_옮긴이 주)의 《여행기》.
20　루카(이탈리아 토스카나주의 도시_옮긴이 주)에서는 행정관의 임기가 겨우 두 달이었다.

가장 바람직한 귀족정체는 인민 중에서 권력에 관여하지 않는 사람이 매우 적고 가난하므로 지배층이 그들을 억압할 마음이 생기지 않는 정체이다. 그리하여 안티파트로스(14)는 아테네에서 2천 드라크마를 갖지 못한 사람에게는 투표권을 주지 않도록 정하여 가능한 한 최상의 귀족정체를 만들었다. 21 이 기준액은 매우 적은 금액이었으므로 극소수의 사람들만 제외되었고, 도시국가에서 조금이라도 존경받는 사람은 아무도 제외되지 않았기 때문이다.

따라서 귀족정체의 가문들은 가능한 한 서민적이어야 한다. 귀족정체는 민주정체에 가까울수록 완전해지고, 군주정체에 가까워지면 불완전해진다.

모든 귀족정체 중에서 가장 불완전한 것은 농민이 귀족의 노예인 폴란드의 귀족정체처럼 복종하는 계층이 명령하는 계층에 대해 시민적 노예 상태에 있는 경우이다.

제4장 : 군주정체의 본질에 관한 법

종속적이며 의존적인 중간 권력은 군주정체, 즉 한 사람이 기본법에 따라 통치하는 정체의 본질을 이룬다. 나는 종속적, 의존적, 중간 권력이라고 말했다. 사실 군주정체에서 군주는 모든 정치적, 시민적 권

---

21 디오도로스〔Diodoros Sikeliotes, 기원전 1세기 시칠리아 출신의 그리스 역사가로 신화적 시대의 시작으로부터 율리우스 카이사르 시대에 이르기까지 방대한 역사를 저술한 《역사총서(*Bibliotheca historica*)》의 저자로 알려져 있다__옮긴이 주〕, 로도만 간행본, 제18편, 601쪽.

력의 원천이다. 이 기본법은 필연적으로 권력이 거쳐 가는 중간 경로를 전제로 한다. 나라 안에 한 사람의 순간적이고 자의적인 의지만 존재한다면, 아무것도 고정될 수 없고 결과적으로 어떤 기본법도 있을 수 없기 때문이다.

가장 자연스러운 종속적 중간 권력은 귀족의 권력이다. 귀족은 어떻게 보면 군주정체의 핵심을 이루는 것으로, "군주 없이 귀족 없고, 귀족 없이 군주 없다"라는 기본적인 격언도 있다. 귀족이 없으면 전제군주를 갖게 된다.

유럽의 몇몇 나라에서는 영주의 모든 재판권을 없애려고 했던 사람들이 있었다. 그들은 자신이 하려는 일이 영국 의회에서 행해진 일이라는 것을 알지 못했다. 군주정체에서 영주나 성직자나 귀족이나 도시의 특권을 없애면, 머지않아 민주국가 혹은 전제국가가 나타나게 된다.

유럽의 한 대국(大國)의 법정은 몇 세기 전부터 영주의 세습적 재판권과 성직자의 재판권을 끊임없이 공격하고 있다. 우리는 지극히 현명한 재판관들을 비난하려는 것이 아니다. 그러나 그로 인해 국가의 구조가 얼마나 변할 수 있는가 하는 판단은 유보해 두도록 하자.

나는 성직자의 특권을 고집할 생각은 없지만, 그들의 재판권이 분명하게 정해지기를 바란다. 성직자의 재판권이 확립된 것이 옳은 일이었나를 아는 것이 문제가 아니다. 그것이 확립되어 있는지, 국법의 일부인지, 모든 점에서 다른 법률과 관련되어 있는지, 독립적인 것으로 인정하는 두 권력 사이에 같은 조건이 있으면 안 되는지, 좋은 신하에게 군주의 재판권을 옹호하는 것과 모든 시대에 걸쳐 이 재판권에 가해진 제한을 옹호하는 것이 결국 같은 것이 아닌지를 아는 것이 중요하다.

공화정체에서는 성직자의 권력이 위험한 반면, 군주정체 특히 전제군주제로 기울어지는 군주정체에서는 성직자가 권력을 갖는 것이 적합하다. 법을 상실한 이후의 스페인과 포르투갈에서 자의적인 권한을 유일하게 저지하는 이 권력이 없었다면 어떻게 되었겠는가? 다른 방책이 없을 때, 그것은 항상 좋은 방책이 된다. 전제군주제는 인간의 본성에 무서운 해를 끼치므로 그것을 제한하는 것은 악이라 할지라도 선이 되기 때문이다.

온 대지를 덮어 버릴 듯한 바다가 해안에 있는 풀이나 작은 자갈에 막히듯이, 무제한의 권력을 가진 것처럼 보이는 군주도 가장 작은 장애에 의해 저지되고 그의 천성적인 오만함이 호소와 간청 앞에 굴복한다.

영국인은 자유를 신장하기 위해 군주정체를 구성하고 있던 모든 중간 권력을 없앴다. 그들이 이 자유를 지키려는 것은 정말 옳은 일이다. 만약 자유를 잃게 되면, 그들은 이 땅에서 가장 노예적인 민족이 될 것이기 때문이다.

로(15)는 공화정체의 구조나 군주정체의 구조에 똑같이 무지했던 까닭에 유럽에서 가장 강력하게 전제주의를 촉진시킨 사람 중 하나가 되었다. 그는 전대미문의 갑작스러운 변혁을 시행했을 뿐만 아니라 중간 계급을 없애고 정치 단체를 전멸시키고자 했다. 그는 비현실적인 채무 상환으로 군주정체를 와해시켰고,22 정체의 구조 그 자체를 청산하려는 것처럼 보였다.

군주정체에서 중간 계급이 있는 것만으로는 충분하지 않다. 법의 기탁소도 필요하다. 이 기탁소는 법이 만들어졌을 때 알리고 법이 잊힐 때 상기시키는 일을 하는 정치 기관에서만 수행할 수 있는 역할이다. 귀족은 시민 통치에 대해 천성적으로 무지하고 부주의하며 그것을 경멸하기 때문에, 먼지 속에 파묻혀 있는 법을 끊임없이 꺼내주는 기관이 있어야 한다. 군주의 자문위원회는 적절한 기탁소가 아니다. 본질적으로 그것은 집행권을 가진 군주의 순간적인 의지의 기탁소이지 기본법의 기탁소가 아니다. 게다가 군주의 자문위원회는 끊임없이 변하고 항구적이지 않다. 또한 그것은 다수로 이루어질 수 없고, 인민의 높은 신뢰를 충분히 얻지도 못한다. 따라서 어려운 시기에 인민을 계몽할 수도 없고 복종으로 이끌지도 못한다.

기본법이 없는 전제국가에는 법의 기탁소 또한 없다. 그 때문에 그런 나라에서는 대개 종교가 강력한 힘을 가지고 있다. 종교가 일종의 상설적인 기탁소의 역할을 하기 때문이다. 만약 종교가 아니라면, 법 대신 관습이 숭배된다.

제 5장 : 전제국가의 본질에 관한 법

권력을 행사하는 유일한 인간이 그 권력을 위임할 때도 역시 단 한 사람에게 권력을 행사하게 하는 것은 전제 권력의 본질에서 비롯되는

22　아라곤의 왕 페르난도는 스스로 수도회의 수장이 되었는데, 그것만으로도 국가의 구조가 변질되었다.

것이다. 자신이 전부이고 다른 사람은 아무것도 아니라고 항상 오감으로 느끼고 있는 사람은 당연히 게으르고 무지하며 향락적이다. 따라서 그는 나랏일을 팽개친다. 그러나 만약 그가 나랏일을 여러 사람에게 맡긴다면 그들 사이에 다툼이 일어날 것이다. 그들은 제1의 노예가 되기 위해 음모를 꾸밀 것이므로 군주가 행정에 다시 관여하지 않을 수 없을 것이다. 그러므로 그와 동등한 권력을 갖는 재상에게 맡기는 것이 더 간단하다. 23 이런 나라에서는 재상을 두는 것이 기본법이다.

어떤 교황이 선출될 당시 자신의 무능함을 절감하여 처음에는 한사코 난색을 보였다고 한다. (16) 그러다가 그는 결국 수락하고 모든 일을 조카에게 맡겼다. 그는 "이렇게 쉬운 일일 줄은 생각지도 못했다"고 감탄하며 말했다. 동방의 군주들도 이와 마찬가지이다. 그들의 마음과 정신을 약화시키고 종종 자기 신분조차 잊게 만드는 환관들에게 둘러싸여 있다가 그 감옥에서 끌려 나와 왕좌에 오르게 되면, 그들은 처음에는 놀란다. 그러나 재상을 정하고 후궁에서 가장 적나라한 욕정에 몸을 맡긴 채 타락한 궁전 한가운데에서 가장 어리석고 변덕스러운 열정을 좇게 되면, 그렇게 쉬운 일이라고는 생각하지 못했다고 여길 것이다.

제국이 넓을수록 후궁은 더 커지고, 그에 따라 군주도 더욱더 쾌락

---

23 동방의 왕들은 항상 재상을 두었다고 샤르댕(Jean Chardin, 프랑스 여행가이자 작가로 17세기 말과 18세기 초의 페르시아 체류기가 특히 유명하다__옮긴이 주)은 말한다.

에 취한다. 그리하여 이런 나라에서 군주는 통치할 인민이 많으면 많을수록 점점 더 통치를 생각하지 않게 되고, 나랏일이 중요하면 중요할수록 그 일에 대해 더욱더 논의하지 않게 된다.

제3편

세 가지 정체의 원리

제1장 : 정체의 본질과 원리의 차이

각 정체의 본질과 관련된 법이 어떤 것인지 살펴본 후에는 이제 정체의 원리와 관련된 법을 살펴보아야 한다.

정체의 본질과 원리 사이에는 다음과 같은 차이가 있다.[1] 즉, 본질은 정체를 그와 같은 모습으로 만드는 것이고, 원리는 정체를 움직이게 만드는 것이다. 전자는 정체의 고유한 구조이고, 후자는 정체를 움직이게 하는 인간의 정념이다.

그런데 법은 각 정체의 본질뿐만 아니라 원리와도 관련되어야 한다. 따라서 그 원리가 무엇인지 찾아야 한다. 이것이 바로 제3편에

---

1   이런 구별은 매우 중요하고, 나는 거기에서 많은 결론을 끌어낼 것이다. 이 구별은 수많은 법의 열쇠가 된다.

서 내가 하려는 것이다.

제 2장 : 다양한 정체의 원리

앞에서 말했듯이, 공화정체의 본질은 인민 전체 혹은 몇몇 가문이 주권을 가지고 있는 것이고, 군주정체의 본질은 군주가 주권을 가지고 있지만 정해진 법에 따라 행사하는 것이고, 전제정체의 본질은 한 사람이 자신의 의지와 일시적 기분에 따라 통치하는 것이다. 이 정체들의 세 가지 원리를 찾아내기 위해서는 그것으로 충분하다. 원리는 거기서 자연히 파생된다. 나는 공화정체부터 시작하려 하는데, 우선 민주정체에 관해 이야기해 보자.

제 3장 : 민주정체의 원리

군주정체나 전제정체가 유지되고 지탱되기 위해서는 많은 성실성이 필요하지 않다. 군주정체에서는 법의 힘이, 전제정체에서는 언제나 들어 올려진 군주의 팔이 모든 것을 결정하고 제지한다. 그러나 민주국가에서는 그 이상의 원동력이 필요한데, 그것이 바로 **덕성**이다.

　내가 지금 말하는 것은 전 역사를 통해 확인된 사실이고, 사물의 이치에도 매우 부합한다. 군주정체에서는 법을 집행시키는 자가 자기 자신이 법 위에 있다고 생각하므로 법을 집행시키는 자가 자기 자신도 법에 복종하고 법의 무게를 짊어져야 한다고 느끼는 민주정체에서보다 덕성이 덜 필요한 것이 명백하기 때문이다.

또한 옳지 못한 조언이나 태만으로 인해 법의 집행을 멈추는 군주
는 쉽사리 잘못을 고칠 수 있다는 것도 명백하다. 그는 자문위원회를
바꾸거나 태만함을 스스로 고치기만 하면 된다. 그러나 민주정체에
서 법의 집행이 멈추게 될 때는 공화국의 부패에 의해서만 초래될 수
있는 일이므로 국가는 이미 몰락한 것이다.

지난 세기 민주정체를 수립하기 위한 영국인들의 헛된 노력을 보는
것은 참으로 재미있는 구경거리였다. 나랏일에 참여한 사람들은 덕
성이 없었고 그들의 야심은 가장 대담한 자[2]의 성공에 자극받았으며
당파심은 또 다른 당파심에 의해서만 억제되었으므로 정권이 계속해
서 바뀌었다. 놀란 인민은 민주정체를 찾아보았으나 어디에서도 발
견할 수 없었다. 결국 수많은 변혁과 충격과 동요를 거친 후에 축출했
던 바로 그 정체 안에서 안정을 찾아야 했다.

술라(1)가 로마에 자유를 되돌려주고자 했을 때, 로마는 더 이상 그
것을 받아들일 수 없었다. 로마에는 덕성의 미미한 찌꺼기밖에 남아
있지 않았던 것이다. 그 후로도 덕성은 계속 줄어들었으므로, 카이사
르, 티베리우스, 칼리굴라, 클라우디우스, 네로, 도미티아누스를 거
친 후에도 로마는 깨어나기는커녕 여전히 노예 상태에 있었다. 모든
타격은 폭군에게만 가해졌고, 전제정치에는 가해지지 않은 것이다.

민주정체하의 그리스 정치가들은 정체를 유지할 수 있는 힘으로 덕
성 이외의 다른 힘은 인정하지 않았다. 그런데 오늘날의 정치가들은
제조업, 상업, 금융, 재산, 심지어 사치에 관해 이야기할 뿐이다.

---

2 크롬웰.

덕성이 사라지면, 야심을 받아들일 수 있는 사람들의 마음에는 야심이 생기고 모든 사람의 마음에는 탐욕이 생긴다. 인간의 욕망은 대상을 바꾸기 때문에 인간은 이전에 사랑하던 것을 더 이상 사랑하지 않게 된다. 법과 함께 자유로웠던 자가 이제는 법으로부터 자유로워지고자 한다. 각 시민은 마치 주인집에서 도망쳐 나온 노예와 같아진다. '규범'이었던 것을 '가혹함'이라 부르고, '규칙'이었던 것을 '제약'이라 부르고, '조심성'이었던 것을 '두려움'이라 부른다. 그리고 탐욕은 갖고자 하는 욕망이 아니라 검소함이 된다. 예전에는 개인들의 재산이 국고를 이루었지만, 이제는 국고가 개인의 세습재산이 된다. 공화국은 하나의 허울이고, 그 힘은 몇몇 시민의 권력과 만인의 방종에 불과할 뿐이다.

아테네는 대단히 영광스럽게 군림할 때도, 매우 굴욕스럽게 종속될 때도 내부 병력의 숫자가 똑같았다. 페르시아인에 맞서 그리스인을 보호했을 때도, 스파르타와 패권을 다투었을 때도, 시칠리아를 공격했을 때도 아테네에는 2만의 시민이 있었다.3 팔레론의 데메트리오스(2)가 시장에서 노예를 세는 것처럼 그 수를 세었을 때, 아테네는 2만의 시민을 보유하고 있었다.4 필리포스(3)가 그리스를 지배하려고

---

3 플루타르코스의 "페리클레스", 플라톤의 《크리티아스》에서.
4 2만 1천 명의 시민, 1만 명의 이방인, 40만 명의 노예가 있었다. 아테나이오스〔Athenaios, 2세기경 이집트에서 태어난 그리스 문법학자이자 수사학자로 총 15편으로 구성된 《소피스트들의 연회(Deipnosophistai)》의 저자이다. 이 저서는 오늘날 대부분 분실되었지만, 고대 그리스의 생활을 보여주는 귀중한 자료이다_옮긴이 주〕, 제6편 참조.

아테네의 문 앞에 나타났을 때만 해도, 5 아테네는 단지 시기를 놓친 것에 지나지 않았었다. 데모스테네스(4)를 읽어보면, 아테네를 각성시키기 위해 얼마나 많은 노력을 해야 했는지 알 수 있다. 아테네 사람들은 필리포스를 자유의 적이 아니라 쾌락의 적으로 두려워했다. 6 수많은 패배를 견뎌냈고 파괴된 후에도 다시 일어섰던 이 도시는 카이로네이아에서 패배했고, 그것은 결국 영원한 패배가 되고 말았다. 필리포스가 포로를 모두 돌려보낸 것이 무슨 상관이겠는가? 그가 돌려보낸 포로들은 이미 아테네의 남자가 아니었으니 말이다. 아테네의 덕성을 이기기는 몹시 어려웠지만, 아테네의 병력을 이기는 것은 언제나 쉬운 일이었다.

카르타고는 어떻게 유지될 수 있었겠는가? 총독이 된 한니발이 공화국을 악탈하려는 관리들을 저지하려고 했을 때, 그들은 한니발을 로마에 고발하려 하지 않았던가? 불쌍한 자들이여, 도시국가도 없이 시민이 되기를 원하고, 파괴자의 손으로 자신들의 재산을 지키려 하다니! 머지않아 로마는 그들에게 주요 시민 300명을 인질로 요구했다. 그리고 무기와 배를 넘겨받은 후 그들에게 선전포고했다. 무장을 해제당한 카르타고의 절망적인 상황에서 벌어진 일들을 보면, 7 카르타고가 병력을 갖추고 있을 때 덕성도 있었다면 어떤 업적을 이루었

---

5   아테네는 2만의 시민이 있었다. 데모스테네스의 "아리스토게이톤"(Aristogeiton) 참조.
6   그들은 극장을 위한 용도로 마련된 돈을 전쟁 비용으로 사용하자고 제안하는 사람을 사형에 처하는 법을 만들었다.
7   이 전쟁은 3년간 지속되었다.

을지 가늠할 수 있으리라.

제 4장 : 귀족정체의 원리

민주정체에서 덕성이 필요한 것처럼 귀족정체에서도 덕성이 필요하다. 그러나 사실 절대적으로 필요한 것은 아니다.

귀족을 대하는 인민은 군주를 대하는 신하와 마찬가지지만, 귀족의 법에 의해 통제를 받는다. 따라서 민주정체의 인민보다 덕성이 덜 필요하다. 그런데 귀족은 어떻게 통제되는가? 자기 동료에 대해 법을 집행시켜야 하는 사람은 필시 그 법이 자기 자신에게도 영향을 미친다고 느낄 것이다. 따라서 구조의 본질상 이 집단에는 덕성이 필요하다.

귀족정체는 민주정체가 갖고 있지 못한 힘을 스스로 가지고 있다. 귀족정체에서 귀족은 하나의 집단을 형성하고 자기 고유의 이익을 위해 특권을 이용하여 인민을 억압한다. 그 점에 대해 법이 집행되기 위해서는 법이 존재하는 것만으로 충분하다.

그러나 이 집단이 다른 사람을 억압하기는 쉬워도, 자기 자신을 스스로 억압하기는 어렵다. 8 귀족정체의 구조에는 이러한 성질이 있으므로, 같은 사람들을 법의 지배하에 두는 동시에 또한 법의 지배에서 벗어나게 하는 것처럼 보인다.

8　여기서 공적인 범죄는 처벌될 수 있을 것이다. 그것은 모두의 관심사이기 때문이다. 그러나 사적인 범죄는 처벌되지 않을 것이다. 그것을 처벌하지 않는 것이 모두의 관심사이기 때문이다.

그런데 이런 집단이 자신을 억압할 수 있는 방법은 두 가지밖에 없다. 하나는 이를테면 귀족을 인민과 평등하게 만들 정도로 위대한 덕성에 의해 억압하는 것으로, 이는 위대한 공화국을 이룰 수 있다. 그리고 다른 하나는 귀족을 적어도 그들끼리는 평등하게 만드는 일종의 절제에 해당하는 더 작은 덕성으로 억압하는 것인데, 이는 그들을 보존시켜 준다.

따라서 '절제'는 이 정체의 영혼과도 같다. 내가 말하는 절제는 덕성에 토대를 둔 절제이지, 비겁함이나 영혼의 나태함에서 비롯되는 절제가 아니다.

제 5장 : 덕성은 군주정체의 원리가 아니다

군주정체의 정치는 최소한의 덕성을 가지고 훌륭한 일을 하게 한다. 가장 우수한 기계가 기술 덕분에 운동, 동력, 바퀴를 최소한으로 사용하게 되는 것과 마찬가지이다.

조국애, 진정한 영광에 대한 욕구, 자기희생, 가장 소중한 이익의 희생, 고대인에게서는 찾아볼 수 있지만 우리는 단지 이야기만 들었을 뿐인 그 모든 영웅적인 덕성, 국가는 이러한 것들과 무관하게 존속한다.

군주정체에서는 법이 그 모든 덕성을 대신하므로 덕성은 전혀 필요하지 않다. 국가가 면제해 주는 것이다. 거기서는 은밀하게 이루어진 행위도 별로 대수롭지 않은 일이 된다.

모든 범죄는 본질상 공적임에도 불구하고 사적인 범죄와 진짜 공적인 범죄로 구별된다. 사적인 범죄는 사회 전체보다 한 개인에게 더 해를 끼치기 때문에 그렇게 불린다.

그런데 공화정체에서는 사적인 범죄가 더 공적이다. 다시 말해, 사적인 범죄가 개인보다 국가 구조에 더 타격을 준다. 그리고 군주정체에서는 공적인 범죄가 더 사적이다. 즉, 국가의 구조 자체보다 개인의 운명에 타격을 준다.

내가 한 말 때문에 독자들이 기분 상하지 않기를 바란다. 나는 모든 역사를 검토한 후에 이야기하는 것이다. 덕성을 갖춘 군주가 드물지 않다는 것을 잘 알고 있다. 그러나 내가 말하고자 하는 것은 군주정체에서 인민이 덕을 갖추기가 매우 어렵다는 것이다. 9

모든 시대의 역사가들이 군주의 궁정에 관해 서술한 것을 읽어 보라. 궁정 신하들의 파렴치한 성격에 대해 모든 나라 사람들이 나누는 대화를 상기해 보라. 그것은 사변적 사실이 아니라 슬픈 경험에서 나온 사실이다.

무위도식 속의 야심, 거만함 속에 담긴 비열함, 일하지 않고 부자가 되고자 하는 욕망, 진리에 대한 혐오, 아첨, 배반, 불성실, 자신이 한 모든 약속의 파기, 시민의 의무에 대한 경멸, 군주의 덕성에 대한 두려움, 군주의 나약함에 대한 기대, 그리고 이 모든 것 이상으로 덕성에 대한 끊임없는 조롱이 때와 장소를 막론하고 궁정 신하 대부분

---

9 여기서 내가 말하는 것은 정치적 덕성에 관한 것으로, 공공의 안녕을 지향한다는 의미에서 도덕적 덕성이다. 이것은 결코 사적인 도덕적 덕성이 아니고, 계시된 진리와 관련된 덕성과도 전혀 다르다. 이러한 사실은 제5편 제2장에서 잘 알게 될 것이다.

의 특징을 이룬다고 생각한다. 그런데 한 나라의 주요 인물 대부분이 정직하지 않은데 하층민은 덕이 있는 사람들이라는 것, 전자는 사기꾼이고 후자는 늘 속기만 한다는 것은 대단히 부자연스러운 일이다.

만약 인민 중에 불운하고 정직한 사람10이 있다면, 군주는 그를 등용하지 않도록 조심해야 한다고 리슐리외 추기경은 그의 정치 유언에서 넌지시 말했다. 11 덕성이 이 정체의 원동력이 아니라는 것은 이처럼 자명한 일이다! 물론 군주정체에서 덕성이 배제되는 것은 아니지만 원동력은 아니다.

제 6장 : 군주정체에서 덕성의 부족은 어떻게 보완되는가

내가 군주정체를 풍자하는 것으로 여겨지지 않도록 서둘러 큰 걸음으로 나아가고자 한다. 전혀 풍자하는 것이 아니다. 군주정체는 하나의 원동력이 없더라도 다른 원동력을 가지고 있다. **명예**, 즉 각 개인과 신분에 대한 선입관이 내가 말한 정치적 덕성의 자리를 차지하고 어디서나 그것을 대신한다. 군주정체에서 명예는 가장 고귀한 행동을 고취시킬 수 있다. 그것은 법의 힘과 결합하여 덕성과 마찬가지로 정체의 목표에 이르게 할 수 있다.

따라서 잘 통제된 군주정체에서는 모든 사람이 대부분 선량한 시민

---

10 이것을 앞의 각주 9의 의미로 이해하기 바란다.
11 그는 거기에서 "신분이 낮은 사람들을 등용해서는 안 된다. 그들은 너무 준엄하고 까다롭다"라고 말하고 있다.

이지만 덕인(德人)을 찾아내기는 쉽지 않다. 덕인12이 되려면 덕인이 되려는 의도를 가지고 있어야 하고, 13 자기 자신을 위해서보다 국가 자체를 위해서 국가를 사랑해야 하기 때문이다.

제 7장 : 군주정체의 원리

군주정체는 앞서 말한 바와 같이 높은 신분과 지위, 심지어 태생적인 귀족계급을 전제로 한다. '명예'는 본질적으로 특혜와 차별을 요구한다. 따라서 명예는 그 자체만으로도 이 정체 안에 자리 잡게 된다.

야심은 공화정체에는 해롭지만, 군주정체에는 좋은 결과를 가져다준다. 그것은 군주정체에 활력을 준다. 군주정체에서는 야심이 끊임없이 억제될 수 있으므로 위험하지 않다는 이점이 있다.

군주정체는 만물을 중심으로부터 끊임없이 멀리 떼어 놓으려는 힘과 그것을 다시 중심으로 되돌리는 중력이 있는 우주 체계와 흡사하다고 말할 수 있다. 명예는 정치 집단의 모든 부분을 움직이게 하고, 그 작용 자체에 의해 이 부분들을 결합시킨다. 그리하여 각자는 자신의 사적인 이익을 좇고 있다고 믿으면서 공동의 선(善)을 향하게 된다.

사실 철학적으로 말하자면 국가의 모든 부분을 이끄는 것은 위선적 명예이다. 그러나 진정한 명예가 그것을 가질 수 있는 개인에게 유익한 것과 마찬가지로 이 위선적 명예도 공공에 유익하다.

---

12 여기서 '덕인'이라는 말은 정치적인 의미로만 이해되어야 한다.
13 앞의 3편 5장의 각주 9 참조.

명성 이외에 다른 아무런 보상도 없이, 어렵고도 힘든 모든 행동을 인간이 하게 만든다는 것만으로도 대단한 일이 아닌가?

제 8장 : 명예는 전제국가의 원리가 아니다

전제국가의 원리는 **명예**가 아니다. 전제국가에서는 모든 사람이 평등하므로 자기 자신을 다른 사람보다 더 우위에 둘 수 없고, 또한 모든 사람이 노예이므로 자기 자신을 그 어떤 것보다 더 우위에 둘 수 없다.

게다가 명예는 고유의 법과 규칙을 가지고 있어서 굴복할 줄 모르고 타인의 의지가 아니라 그것 자체의 의지에 좌우되므로, 안정된 구조와 확고한 법을 가지고 있는 나라에서만 존재할 수 있다.

전제군주 아래에서 어떻게 명예가 허용되겠는가? 명예는 생명을 대수롭지 않게 여기는 것을 영광으로 아는데, 전제군주는 오직 생명을 박탈할 수 있다는 것 때문에 힘을 갖는다. 그러니 어떻게 명예가 전제군주를 인정할 수 있겠는가? 명예는 변함없는 규칙과 일관된 의지를 가지고 있지만, 전제군주는 아무런 규칙도 가지고 있지 않으며 그의 의지는 다른 모든 것을 파괴한다.

명예는 전제국가에는 알려지지 않은 것이므로 심지어 그것을 표현하는 말도 없지만,[14] 군주정체에는 널리 퍼져 있다. 여기서는 명예가 정치 집단 전체, 법, 그리고 심지어 덕성에도 생기를 불어넣는다.

---

14 페리(John Perry, 역사가로서 1718년에 《대러시아의 현재 상태(*Etat présent de la Grande Russie ou Moscovie*)》를 썼다__옮긴이 주), 447쪽 참조.

제9장 : 전제정체의 원리

공화정체에 덕성이 필요하고 군주정체에 명예가 필요한 것처럼, 전제정체에는 **두려움**이 필요하다. 전제정체에서 덕성은 필요하지 않고, 명예는 위험할 수 있다.

여기서는 군주의 막대한 권력이 그가 그것을 맡기는 사람들에게 전부 넘어간다. 자기 자신을 대단하게 평가할 수 있는 사람은 혁명을 일으킬 수도 있다. 따라서 두려움을 통해 모든 용기를 꺾고 최소한의 야심까지 모두 없애 버려야 한다.

제한된 정체는 원하는 대로 위험 없이 긴장을 완화시킬 수 있다. 그 정체는 법과 그 자체의 힘에 의해 유지된다. 그러나 전제정체에서는 군주가 잠시라도 팔을 들어 올리는 것을 중단할 때, 최고 지위에 있는 사람들을 당장 사라지게 할 수 없을 때,[15] 모든 것은 파멸된다. 두려움이라는 정체의 원동력이 더 이상 존재하지 않으므로, 인민에게는 더 이상 보호자가 없기 때문이다.

위대한 군주가 말이나 서약으로 자신의 권위를 제한한 경우, 그는 그것을 반드시 지킬 필요가 없다고 이슬람 재판관들이 주장한 것은 아마도 그런 의미에서일 것이다.[16]

인민은 법으로 심판받고 귀족은 군주의 기분에 따라 심판받아야 한

15　군사적인 귀족정체에서 흔히 일어나듯이.

16　리코트(Paul Rycaut, 17세기 영국의 외교관이자 역사가이며 오스만제국에 관한 권위자이다_**옮긴이 주**), 《오스만 제국의 상태》.

다. 즉, 말단 신하의 목은 안전한 반면, 고관의 목은 항상 위험에 노출되어 있다. 이 무시무시한 정체에 대해 이야기할 때는 전율을 느끼지 않을 수 없다. 최근 미르바이스(5)에 의해 왕위를 박탈당한 페르시아의 왕은 충분히 피를 흘리지 않았기 때문에 정복과 함께 정체가 붕괴되는 것을 보아야 했다. 17

도미티아누스 황제의 끔찍한 잔인함이 총독들을 두렵게 하여 그의 치하에서 인민은 다소 안정을 되찾을 수 있었음을 역사는 우리에게 전해준다. 18 이와 같이 한쪽을 완전히 황폐하게 만드는 급류는 다른 한쪽에는 멀리 목초지 몇 개가 보이는 들판을 남겨 놓는 법이다.

제 10장 : 제한된 정체와 전제정체에서 복종의 차이

전제국가에서는 정체의 본질이 극도의 복종을 요구한다. 그리고 다른 공을 향해 던져진 공에 반드시 그 결과가 나타나듯이, 군주의 의지는 일단 알려지면 반드시 그 효과가 나타나야 한다.

완화, 변경, 타협, 기한, 대응물, 협상, 건의는 없으며, 동등한 것이나 더 나은 것을 제안할 수도 없다. 인간은 의지를 표현하는 한 피조물에 복종하는 또 다른 피조물일 뿐이다.

---

17 이 혁명의 역사에 대해서는 뒤 세르소 신부〔Jean-Antoine du Cerceau, 1670~1730, 프랑스 예수회 사제이자 시인이며 극작가로서 다수의 작품을 남겼다. 여기서 말하는 저서는 문학작품이 아니라 《페르시아 혁명사(*Histoire de la dernière révolution de Perse*)》이다_옮긴이 주〕의 저서를 참조할 것.
18 그의 정체는 군사적이었는데, 이것은 일종의 전제정체이다.

전제정체에서 인간은 미래의 일에 대해 두려움을 표현할 수도 없고 자신의 실패에 대해 운명의 장난이라고 변명할 수도 없다. 여기서는 인간의 숙명이 짐승과 마찬가지로 본능, 복종, 처벌로 이루어진다.

자연스러운 감정, 아버지에 대한 존경, 처자식에 대한 애정, 명예 규범, 건강 상태 같은 것을 내세워 봐야 아무 소용이 없다. 명령을 받았다는 것, 그것만으로 충분하다.

페르시아에서는 왕이 어떤 사람에게 형을 선고했을 경우, 누구도 그 일에 관해 왕에게 말하거나 사면을 요청할 수 없다. 왕이 술에 취하거나 이성을 잃은 상태에서 내린 판결이라 해도 그것은 집행되어야 한다. 19 그렇지 않으면 왕이 모순에 빠지게 되는데, 법은 모순에 빠지면 안 되는 까닭이다. 전제정체에서는 어느 시대나 이와 같은 사고방식이 존재했다. 아하수에루스(6)가 유대인을 몰살시키라고 내린 명령은 취소될 수 없었으므로, 그들에게 스스로 방어하도록 허락하는 것으로 결정이 내려졌다.

그러나 때때로 군주의 의지에 맞설 수 있는 것이 한 가지 있는데, 20 그것은 바로 종교이다. 만약 군주가 명령하면 사람들은 아버지를 버리고 심지어 죽이기도 할 것이다. 그러나 군주가 원하고 명령한다 해도, 사람들은 술을 마시지는 않을 것이다. 종교의 법은 군주의 머리 위나 신하들의 머리 위에 똑같이 주어지기 때문에 더 상급의 규범이다. 그러나 자연법은 그렇지 않다. 군주는 인간 이상의 존재로 간주

---

19 샤르댕을 참조할 것.
20 위의 책.

되기 때문이다.

제한된 군주국가에서 권력은 정체의 원동력에 의해 제한된다. 즉, 명예 말인데, 그것은 마치 제왕과도 같이 군주와 인민을 지배한다. 아무도 군주에게 종교의 법을 내세우지 않을 것이다. 그렇게 하면, 궁정의 신하는 스스로 웃음거리가 될 것이다. 사람들은 군주에게 끊임없이 명예의 법을 내세운다. 그로 말미암아 복종에도 필연적으로 변화가 생긴다. 명예는 원래 별난 행동을 요구하므로, 복종도 그러할 것이다.

이 두 정체에서 복종하는 방식은 다르더라도, 권력은 동일하다. 어느 쪽이든 군주는 우위를 차지하며 균형을 깨뜨리고 복종을 받는다. 다만 군주정체에서는 군주가 계몽되어 있고 대신들이 전제국가의 대신들보다 훨씬 더 능숙하고 숙련되게 일한다는 차이가 있을 뿐이다.

제 11장 : 전체적인 고찰

세 가지 정체의 원리는 이상과 같다. 즉, 그것은 어떤 공화국에서는 사람들이 덕이 있다는 것을 의미하는 것이 아니라 덕이 있어야 한다는 것을 의미한다. 또 어떤 군주국가에서는 사람들이 명예를 가지고 있고 특정한 전제국가의 사람들은 두려움을 가지고 있다는 것을 증명하는 것이 아니라, 그런 것을 가지고 있어야 한다는 것을 증명하는 것이다. 그런 것이 없으면 정체는 불완전할 것이다.

제 4 편

교육에 관한 법은 정체의 원리와 관계가 있어야 한다

제1장 : 교육에 관한 법

교육에 관한 법은 우리가 받아들이게 되는 최초의 법이다. 그리고 그 것은 우리를 시민이 되도록 준비시키는 것이므로, 개별적인 각 가족 은 모든 가족을 포함하는 대가족의 차원에서 다스려져야 한다.

인민 전체가 하나의 원리를 가지고 있다면, 인민을 이루는 부분, 즉 가족들도 그것을 가지고 있을 것이다. 따라서 교육에 관한 법은 정 체의 종류마다 다르다. 그것은 군주정체에서는 명예를 목적으로 하 고, 공화정체에서는 덕성을, 전제정체에서는 두려움을 목적으로 할 것이다.

제 2장 : 군주정체에서의 교육

군주정체에서 주된 교육은 아이들을 가르치는 학교에서 이루어지는 것이 아니다. 어떻게 보면 교육이 시작되는 것은 사회에 나갔을 때부터이다. 사회가 바로 이른바 **명예**, 즉 어디서나 우리를 인도해야 하는 보편적인 스승의 역할을 하는 명예의 학교가 된다.

"덕성에는 어느 정도의 고귀함, 품행에는 어느 정도의 솔직함, 태도에는 어느 정도의 예의가 담겨야 한다"라는 세 가지 사항을 항상 보고 듣는 것은 바로 사회 안에서다.

군주정체에서 우리에게 가르쳐 주는 덕성은 언제나 다른 사람에 대한 것이라기보다는 자기 자신에 대한 것이다. 그것은 우리를 동료 시민들과 가깝게 해주기보다 그들과 구별 지어준다.

군주정체에서는 인간의 행동이 선함이 아니라 아름다움으로, 올바름이 아니라 위대함으로, 합당함이 아니라 비범함으로 평가된다.

인간의 행동에서 뭔가 고귀함을 발견할 수 있다면, 명예는 그 행동을 정당한 것으로 만들어 주는 재판관이 되거나 그 정당성을 증명하고자 하는 궤변가가 된다.

여자의 환심을 사려는 언동이 마음속 감정이나 정복하고자 하는 생각과 결합되어 있을 때 명예는 그것을 허용한다. 군주정체에서의 품행이 공화정체에서만큼 순수하지 않은 진짜 이유는 바로 그 때문이다.

계략이 위대한 정신이나 위대한 일과 결부될 때 명예는 계략도 허용한다. 정치에서 술책이 명예를 손상시키지 않는 것과 마찬가지이다.

명예는 입신출세하려는 생각에서가 아니라 오직 자신의 천한 신분을 자각해서 아첨할 때만 아첨을 금지한다.

앞에서 말했듯이, 군주정체에서는 품행에 어느 정도 솔직함이 담겨야 한다는 교육이 이루어진다. 따라서 거기서는 이야기에 진실성이 요구된다. 그런데 그것은 진실을 사랑하기 때문일까? 전혀 그렇지 않다. 진실을 말하는 것에 익숙해진 사람이 대담하고 자유로워 보이기 때문에 그것을 원하는 것이다. 사실 그런 사람은 사실만 중시하고, 다른 사람이 그것을 어떻게 받아들일지는 신경 쓰지 않는 것 같다.

바로 그 때문에 군주정체에서는 그런 종류의 솔직함을 권장하는 반면 오직 진실과 단순성만을 목적으로 하는 인민의 솔직함은 무시한다.

마지막으로 군주정체의 교육은 태도에서 어느 정도의 예의를 요구한다. 함께 어울려 살도록 태어난 인간은 서로의 마음에 들기 위하여 태어나는 것이기도 하다. 그런데 예의범절을 지키지 않는 사람은 함께 사는 모든 사람의 감정을 상하게 함으로써 신용을 잃고 결국 아무런 선행도 할 수 없게 될 것이다.

그러나 대체로 예의의 원천은 그다지 순수한 샘물에서 나오는 것은 아니다. 그것은 자신을 돋보이게 하려는 욕구에서 비롯된다. 우리가 예의 바른 것은 자존심 때문이다. 우리는 자신이 천한 신분이 아니며 평생 버려진 사람들과 함께 살지 않았음을 증명해 주는 태도를 지니고 있다는 데에서 기쁨을 느끼는 것이다.

군주정체의 궁정에는 예의가 정착되어 있다. 지나치게 위대한 한 사람은 다른 모든 사람을 보잘것없게 만든다. 그로 인해 모든 사람에게 경의를 표해야 하므로 예의를 지키게 된다. 그 예의는 예의 바른 사람이나 예의 바른 대접을 받는 사람이나 다 같이 기분 좋게 만들어 준다. 예의를 통해 자신이 궁정에 속한 사람이라는 것 또는 그럴 만한 사람이라는 것을 깨닫게 되기 때문이다.

궁정에서의 태도는 자신이 지닌 위엄이 아니라 꾸며 낸 위엄으로 이루어진다. 자신의 위엄보다 꾸며 낸 위엄이 궁정 신하를 더 돋보이게 한다. 그것은 멀리서도 드러나는 일종의 거만한 겸손함을 부여해 준다. 그러나 꾸며낸 위엄과 자신의 실제와의 차이가 크면 클수록 자존심은 어느 사이에 줄어들게 된다.

궁정에서는 모든 것에 대한 섬세한 취향을 볼 수 있다. 그것은 남아도는 막대한 재산의 끊임없는 사용, 다양한 쾌락과 특히 그에 대한 권태, 기분 좋은 것이면 언제나 받아들여지는 수많은 기발한 생각과 심지어 그 혼란함에서 비롯되는 것이다.

이러한 모든 것에 대하여, 이 정체에서 요구되는 모든 자질과 덕성을 갖춘 이른바 교양 있는 신사를 만들어 내기 위해서 교육이 이루어진다.

이 정체에서는 명예가 어디에나 개입하며 모든 사고방식과 느끼는 방법에 파고들어 원리까지 지배한다.

이 기묘한 명예에 의해 덕성은 명예가 바라는 것, 명예가 바라는 대로의 덕성이 될 뿐이다. 명예는 우리에게 지시되는 모든 것에 독자적으로 규칙을 정한다. 종교적 의무든 정치적 의무든 도덕적 의무든 아랑곳없이 명예는 우리의 의무를 제멋대로 늘리거나 제한한다.

군주정체에서는 법과 종교와 명예가 명하는 것 가운데 군주의 뜻에 복종하는 것만큼 중요한 것은 없다. 그러나 군주가 우리의 명예를 훼손하는 행동을 우리에게 명령해서는 안 된다는 것이 명예의 규정이다. 그런 행동은 우리가 군주를 섬길 수 없게 만들 것이기 때문이다.

크리용(1)은 기즈 공(2) 암살을 거절했지만, 대신 그와 결투하겠다고 앙리 3세에게 제안했다. 성 바르톨로메오 축일의 학살 사건(3) 이후, 샤를 9세가 모든 총독에게 위그노들을 학살하라는 지시를 내리자, 바욘 지방을 통치하던 오르트 자작은 왕에게 다음과 같은 편지를 썼다. 1

"전하, 저는 주민과 병사들 가운데 선량한 시민과 용감한 군인밖에 볼 수 없으며 사형집행인은 한 사람도 볼 수 없습니다. 그러므로 그들과 저는 전하께 간청드리오니, 저희가 할 수 있는 일에 저희의 팔과 생명을 사용해 주십시오."

이 위대하고 고결한 정신은 비열한 행위를 불가능한 일로 여겼던 것이다.

명예가 귀족에게 내리는 명령 중 전쟁에 나가 군주에게 봉사하는 것보다 중요한 것은 없다. 사실 그것은 탁월한 직무이다. 그 위험과 승리, 그리고 불운마저도 위대함으로 인도하기 때문이다. 그러나 명예는 이 법을 부과하면서 그에 대한 심판자가 되고자 한다. 그래서 명예가 타격을 받으면, 명예는 전쟁터에서 물러날 것을 요구하거나 허

---

1 도비녜(Théodore-Agrippa d'Aubigné, 16세기 프랑스의 시인이자 신교파의 무장으로, 16세기 말의 종교전쟁에서 붓과 칼로써 활약하였다_옮긴이 주)의 《역사》 참조.

용한다.

명예는 어떤 것에도 아랑곳하지 않고 직업을 구하거나 거부할 수 있기를 바란다. 그것은 이런 자유를 출세 자체보다 더 우위에 둔다.

따라서 명예는 최고의 규칙을 가지고 있고, 교육은 그것에 따라야 한다.[2] 주요 규칙들은 다음과 같다.

첫째, 자신의 신분을 존중하는 것은 허락되지만 자신의 생명을 중시하는 것은 엄격히 금지된다.

둘째, 일단 어떤 지위에 놓이게 되면 그 지위보다 낮아 보이게 하는 행위를 결코 하면 안 되고 그것을 허용해서도 안 된다.

셋째, 명예가 금지하는 것을 법이 금지하지 않을 때는 한층 더 엄격하게 금지되고, 명예가 요구하는 것을 법이 요구하지 않을 때는 더 강하게 요구된다.

제 3장 : 전제정체에서의 교육

군주정체의 교육이 정신을 고양시키는 것에만 열심인 것과 마찬가지로, 전제국가의 교육은 그것을 낮추려고만 한다. 전제국가의 교육은 노예적이어야 한다. 누구든 폭군이 되는 사람은 동시에 노예가 되는 것이므로 그런 교육을 받는 것이 지배하는 데도 유리할 것이다.

---

2 여기서 말하는 것은 현재 그렇다는 것이지 그래야 한다는 것은 아니다. 명예는 하나의 편견이고, 종교가 때로는 그것을 파괴하기도 하고 조정하기도 하는 작용을 한다.

극단적 복종은 복종하는 사람의 무지를 전제로 한다. 또한 명령하는 사람의 무지도 전제한다. 명령하는 사람은 토론도 의심도 논증도 할 필요가 없다. 그저 원하기만 하면 된다.

전제국가에서 각 가정은 하나의 독립된 제국이다. 따라서 주로 다른 사람들과 함께 생활하는 것으로 이루어지는 교육은 여기서는 매우 한정되어 있다. 교육은 마음속에 두려움을 심어주고 매우 간단한 몇 가지 종교적 원리에 대한 지식을 정신에 제공하는 것으로 축소된다. 여기서 학식은 위험한 것이고, 경쟁심은 치명적인 것이다. 덕성에 대해 말하자면, 아리스토텔레스는 노예에게 알맞은 덕성은 있을 수 없다고 생각했다.[3] 바로 이런 것들이 이 정체에서 교육을 매우 제한하게 된다.

따라서 어떻게 보면 이 정체에서 교육은 전혀 없다. 뭔가를 주기 위해서는 모든 것을 빼앗아야 하고, 좋은 노예를 만들기 위해서는 먼저 나쁜 신하를 만들어야 한다.

아니! 대중의 불행을 함께 느끼는 좋은 시민을 만드는 일에 왜 교육이 애쓰겠는가? 그 시민이 나라를 사랑한다면, 정체의 원동력을 약화시키고 싶은 유혹을 느끼게 될 것이다. 만약 성공하지 못하면 그는 파멸할 것이고, 성공하면 그와 군주와 제국을 파멸의 위험에 노출시키게 될 것이다.

---

3   《정치학》, 제1편.

제 4장 : 고대인과 우리에게 있어서 교육 효과의 차이

대부분의 고대 민족은 덕성을 원리로 하는 정체에서 살았다. 그리고 덕성이 그 힘을 발휘할 때, 우리의 작은 영혼을 놀라게 하는 일들이 이루어졌다. 그런 일들은 오늘날에는 더 이상 볼 수 없다.

그들의 교육은 우리의 교육에 비해 또 하나의 이점을 가지고 있었는데, 그것은 결코 교육이 부인되지 않았다는 것이다. 에파메이논다스[4]는 생애 말년에도 교육받기 시작했을 때와 똑같은 것을 말하고 듣고 보고 행동했다.

오늘날 우리는 상이한, 혹은 상반된 세 가지 교육을 받는다. 아버지의 교육, 스승의 교육, 세상의 교육이 그것이다. 마지막의 교육이 우리에게 가르치는 것은 앞의 두 가지 교육의 모든 관념을 뒤엎는다. 그것은 부분적으로는 종교적 의무와 세상의 의무 사이에서 우리가 경험하는 대조에서 기인한다. 그것은 고대인은 알지 못했던 일이다.

제 5장 : 공화정체에서의 교육

공화정체에서는 교육의 힘이 전적으로 필요하다. 전제정체의 두려움은 협박과 형벌 속에서 저절로 생겨난다. 군주정체의 명예는 정념에 의해 키워지고 또 정념을 키우기도 한다. 그러나 정치적 덕성은 자신의 이익을 포기하는 것이므로 언제나 매우 고통스러운 것이다.

이 덕성은 법과 조국에 대한 사랑이라고 정의할 수 있다. 이 사랑은 늘 자신의 이익보다 공공의 이익을 우선할 것을 요구하면서 모든 개별적인 덕성을 부여한다. 즉, 개별적인 덕성은 공공의 이익을 우선시하는 것일 뿐이다.

이 사랑은 특히 민주정체와 관계된다. 오직 민주정체에서만 정체가 각 시민에게 맡겨진다. 그런데 정체도 이 세상 모든 것과 마찬가지여서, 그것을 보존하려면 그것을 사랑해야 한다.

왕들이 군주정체를 사랑하지 않는다거나 전제군주가 전제정체를 싫어한다는 이야기는 들어본 적이 없다.

따라서 공화정체에서는 이 사랑을 확립하는 일에 모든 것이 달려있다. 그리고 교육은 이 사랑을 고취시키는 데 주의를 기울여야 한다. 그런데 아이들이 이 사랑을 가질 수 있는 확실한 방법이 한 가지있다. 그것은 아버지 자신이 그 사랑을 갖는 것이다.

보통 우리는 자식에게 지식을 전해주는 선생의 역할을 하는데, 정념을 전해주는 선생의 역할은 더욱더 크다.

만일 그렇게 되지 않는다면, 아버지 집에서 형성된 것이 외부에서받는 인상에 의해 파괴되기 때문이다.

태어나는 젊은 세대는 타락하지 않는다. 젊은 세대는 기성세대가이미 부패했을 때만 타락한다.

제 6장 : 그리스인의 몇 가지 제도

민주정체에서 살아가는 인민이 덕성을 갖추도록 교육해야 할 필요성을 절감한 고대 그리스인은 덕성을 고취시키기 위해 특이한 제도를만들었다. 리쿠르고스(5)의 전기에서 그가 스파르타 사람들에게 준 법률을 보면, 세바람브 사람들의 이야기(6)를 읽는 것처럼 느껴질 것이다. 크레타의 법은 스파르타법의 원형이었고, 플라톤의 법은 그것을 수정한 것이다.

이 입법자들이 모든 기존의 관행과 부딪치고 모든 덕성을 교란시키면서 자신의 지혜를 온 세상에 드러내기 위해 그들에게 얼마나 대단한 천재성이 필요했는지에 대해 약간의 주의를 기울여 주기 바란다. 리쿠르고스는 절도(竊盜)와 정의의 정신을, 가장 가혹한 노예 상태와 극도의 자유를, 가장 잔인한 감정과 최대한의 온건함을 뒤섞음으로써 도시에 안정을 가져다주었다. 그는 도시에서 모든 자원, 예술, 상업, 화폐, 성벽을 없애 버린 듯했다. 그리하여 사람들은 더 나아질 거라는 희망도 없이 야망을 가지고 있었고, 자연적인 감정을 가지고 있으면서도 자식이나 남편이나 아버지와 같은 관계로 묶이지 않았으며, 심지어 순결에서 수치심마저 제거되었다. 스파르타는 바로 이런 길을 통해서 위대함과 영광으로 이르게 되었지만, 적이 전쟁에서 이기더라도 도시의 통치 조직을 제거하지 못한다면 아무것도 얻지 못할 만큼 완벽한 제도를 가지고 있었다. 4

크레타와 라코니아(7)는 이런 법에 따라 통치되었다. 스파르타는 마케도니아인에게 굴복한 마지막 도시였고, 크레타는 로마인들의 마

---

4   필로포이멘(Philopoemen, BC252~BC182, 고대 그리스의 장군이자 정치가로 아카이아 동맹의 효율성을 복원시킨 것으로 유명하다_옮긴이 주) 은 스파르타 사람들에게 아이들을 양육하는 방식을 버리도록 강요했다. 그렇지 않으면 그들이 언제나 위대한 영혼과 고결한 마음을 갖게 되리라는 것을 잘 알고 있었기 때문이다. 플루타르코스, "필로포이멘의 생애". 티투스 리비우스, 제38편 참조.

지막 먹이가 되었다. 5 삼니움족(8)은 같은 제도를 가지고 있었는데, 그 제도로 인해 로마인은 삼니움족과의 전쟁에서 스물네 번이나 승리를 거두어야 했다. 6

그리스의 제도에서 볼 수 있었던 이 특이한 점을 우리 시대의 더러움과 부패 속에서도 보게 되었다. 7 성실한 입법자가 한 민족을 형성했는데, 스파르타 사람들에게 용기가 자연스러웠던 것처럼 그 민족에게는 성실함이 자연스러워 보인다. 펜(9)은 진정한 리쿠르고스이다. 비록 리쿠르고스가 전쟁을 목적으로 한 것에 반해 펜은 평화를 목적으로 했지만, 그들은 둘 다 자기 민족을 이끈 특이한 방법, 자유로운 인간에게 끼친 영향력, 편견을 타파하고 정념을 굴복시킨 점이 서로 비슷하다.

파라과이는 우리에게 또 다른 예를 제공해 준다. 사람들은 명령하는 기쁨을 인생의 유일한 행복으로 여긴다고 '교단'(10)을 비난하려고 했지만, 사람들을 더 행복하게 만들면서 지배한다는 것은 언제나 훌륭한 일이다. 8

---

5 크레타는 3년 동안 자신의 법과 자유를 지켰다. 플로루스(Florus, 2세기 로마의 역사가로 저서 《로물루스에서 아우구스투스까지의 로마사 개요》가 있다. 일부 필사본에서는 이 저서가 《티투스 리비우스의 요약서》로 불리기도 한다_옮긴이 주)의 《요약서》에서 티투스 리비우스의 제98편, 제99편, 제100편을 참조할 것. 크레타는 가장 위대한 왕들보다도 더 많은 저항을 했다.

6 플로루스, 제1편.

7 키케로, In fece Romuli (로물루스의 찌꺼기 속에서) (아티쿠스에게 보낸 편지들에서 나오는 표현이다_옮긴이 주).

8 파라과이의 인디언들은 특정한 한 지배자에게 종속되어 있지 않고, 조세의 5분의 1만 납부하며 자기방어를 위해 총을 가지고 있다.

영광스럽게도 이 교단은 이 지역에서 인류애의 관념과 결합된 종교의 관념을 최초로 보여주었다. 교단은 스페인 사람들이 황폐화한 것을 복구함으로써 일찍이 인류가 겪은 가장 커다란 상처 중의 하나를 치유하기 시작했다.

이 교단이 명예라고 부르는 모든 것에 대해 가지고 있는 귀중한 감정, 그리고 설교하는 사람보다 설교를 듣는 사람을 더욱 겸허하게 만드는 종교에 대한 열성으로 인해 이 교단은 위대한 사업에 착수했다. 그리고 그것에 성공했다. 교단은 흩어져 있는 민족을 숲속에서 나오게 하여 그들에게 식량을 확보해 주고 의복을 제공했다. 그를 통해 단지 사람들의 생산 활동을 증가시킨 것에 지나지 않는다고 하더라도, 그것만으로도 교단은 많은 일을 한 셈이다.

이와 비슷한 제도를 만들고자 하는 사람들은 플라톤의 공화국에서 볼 수 있는 재산 공동체, 그가 요구한 신에 대한 숭배, 풍속 보존을 위한 이방인들과의 분리, 시민들이 아니라 도시가 행하는 교역을 수립할 것이다. 그들은 우리의 기술을 주되 사치를 금할 것이며, 필수품을 주되 욕망을 금할 것이다.

그들은 화폐를 금지할 것이다. 화폐는 자연에 의해 정해진 한계 너머로 인간의 재산을 증식시키고, 그와 마찬가지로 축적한 것을 불필요하게 보존하는 것을 가르치고, 욕망을 끝없이 증가시키고, 매우 한정된 수단밖에 주지 않은 자연을 대체하여 우리의 정념을 자극하고 서로를 타락하게 만드는 수단이 되는 결과를 낳기 때문이다.

"에피담노스(11) 사람들은 야만족(12)과의 교섭으로 인해 자신들의 풍속이 오염되는 것을 느끼자 도시의 이름으로, 도시를 위해서 모든 상거래를 담당하는 행정관을 선출했다.”9 그런 경우, 상업은 국가의 구조를 부패시키지 않고 국가 조직은 사회로부터 상업의 이점을 빼앗지 않는다.

제 7장 : 이 특이한 제도는 어떤 경우에 좋은가

이런 종류의 제도는 공화정체에 알맞을 수 있다. 공화정체의 원리는 정치적 덕성이기 때문이다. 그러나 군주정체에서 사람들을 명예로 이끌고 전제국가에서 사람들에게 두려움을 불어넣기 위해 그토록 많은 수고를 할 필요는 없다.

게다가 이런 제도는 전체적인 교육이 가능하고 모든 인민을 한 가족처럼 양육할 수 있는 직은 나라10에서만 존재할 수 있다.

미노스 법, 리쿠르고스 법, 플라톤 법은 모든 시민이 서로에 대해 각별한 주의를 기울이는 것을 전제로 한다. 많은 수의 사람들이 얽혀 있는 혼란, 무관심, 방대한 일들에서는 그런 것을 기대할 수 없다.

이런 제도에서는 앞서 말한 것처럼 화폐를 없애야 한다. 그러나 거대한 사회에서는 다수, 다양함, 불편함, 일의 중대함, 구입의 용이함, 교환의 지체로 인해 공통된 척도가 필요하다. 어디서든 그 척도가 효력을 나타내고 유지되기 위해서는, 어디서든 사람들이 효력을 부여한 것을 가지고 있어야 한다.

---

9 플루타르코스, “그리스에 관한 문답”.
10 그리스의 도시국가들처럼.

제 8장 : 풍습에 관한 고대인의 역설에 대한 설명

공기가 음산하고 차가운 고장에서 살던 아르카디아인들의 풍습을 부드럽게 하기 위해서는 음악이 필요했고, 음악을 무시한 시네트 사람들은 잔인성이 모든 그리스인을 능가했으며 그토록 많은 범죄가 일어난 도시도 없다고 폴리비오스(13)는, 그 현명한 폴리비오스는 우리에게 말한다. 플라톤은 음악에 변화를 주면 국가의 구조도 변한다고 당당하게 말한다. 아리스토텔레스는 오직 플라톤의 생각에 맞서기 위해 《정치학》을 쓴 것처럼 보이지만, 풍습에 대한 음악의 힘에 관해서는 그와 의견이 일치한다. 테오프라스토스, (14) 플루타르코스, 11 스트라본12 (15) 등 모든 고대인은 똑같이 생각했다.

그것은 숙고하지 않은 채 내놓은 의견이 아니다. 그것은 그들의 정치학 원리 중 하나이다. 13 그들은 그런 식으로 법을 부여했고, 도시국가가 그런 식으로 통치되기를 바란 것이다.

나는 이것을 설명할 수 있다고 생각한다. 그리스의 도시들, 특히 전쟁을 주된 목적으로 하는 도시에서는 돈을 벌 수 있게 해주는 모든

---

11 "펠로피다스(Pelopidas, 고대 테베의 정치가이자 장군_옮긴이 주) 의 생애".
12 제 1편.
13 플라톤은 《법률》 제 4편에서 음악 감독관과 체육 감독관은 도시의 가장 중요한 직책이라고 말한다. 그리고 《국가》 제 3편에서는 "영혼의 저속함, 무례함, 그리고 그와 반대되는 덕성을 생겨나게 할 수 있는 음(音)은 어떤 음인지 다몬 (Damon, 기원전 5세기의 음악 이론가로서 고대 그리스 아테네의 정치가인 페리클레스의 스승으로 알려져 있다_옮긴이 주)이 그대에게 말해줄 것이오"라고 말한다.

노동과 직업이 자유인에게 어울리지 않는 것으로 여겨졌다는 것을 염두에 두어야 한다. "대부분의 기술은 그 기술을 행사하는 사람들의 몸을 상하게 만든다. 그들은 그늘이나 불 옆에 앉아 있어야 한다. 친구들을 위해서도 나라를 위해서도 시간을 낼 수 없다"라고 크세노폰은 말한다. 14

장인들이 시민이 된 경우는 몇몇 민주정체가 부패했을 때뿐이었다. 아리스토텔레스는 우리에게 이 점을 알려준다. 15 그는 훌륭한 공화국에서는 장인에게 결코 시민권을 주어서는 안 된다고 주장한다. 16

농업도 노예적인 직업이었다. 보통 농업에 종사하는 사람들은 피정복 민족이었다. 스파르타에서의 헬로트인, 크레타에서의 페리에시안인, 테살리아의 페네스트인, 그리고 그 밖의 다른 공화국에는 또 다른 노예 민족이 있었다. 17

그리고 모든 천한 상업18은 그리스인에게 불명예스러운 것이었다. 그런 일을 하는 시민은 노예나 숙박인이나 이방인에게 서비스를 제공

---

14 제5편, 《소크라테스 회상》.

15 《정치학》, 제3편, 제4장.

16 아리스토텔레스는 《정치학》 제2편 제7장에서 "옛날에 디오판토스는 아테네에서 장인은 대중의 노예가 되도록 정했다"라고 말한다.

17 플라톤과 아리스토텔레스도 노예들이 땅을 경작하기를 바랐다(《법률》 제7편, 《정치학》 제7편 제10장). 사실 모든 곳에서 노예들이 농업에 종사한 것은 아니었다. 오히려 아리스토텔레스가 말한 것처럼(《정치학》 제6편 제4장), 가장 훌륭한 공화국은 시민들이 농업에 애착을 갖는 나라였다. 그러나 그런 일은 고대의 정체가 부패하여 민주정체가 되었을 때야 나타났다. 초기에는 그리스의 도시들이 귀족정체하에 있었기 때문이다.

18 Cauponatio(음식업).

하지 않을 수 없을 텐데, 그런 생각은 그리스의 자유 정신에 어긋나는 것이었다. 그래서 플라톤은 《법률》에서 상업에 종사하는 시민을 처벌하기를 바랐다. 19

그러므로 그리스의 공화국들은 매우 난처했다. 시민들이 상업이나 농업이나 수공업에 종사하는 것을 원하지는 않았지만, 그들이 게으른 것도 원하지 않았기 때문이다. 20 그래서 그들은 체육에 해당하는 훈련이나 전쟁과 관련된 훈련에서 일거리를 찾아냈다. 21 제도적으로 그들에게 다른 일거리는 허락되지 않았다. 따라서 그리스인은 운동선수와 전사의 집단으로 간주하여야 한다. 그런데 거칠고 야성적인 사람을 만드는 데 적합한 이 훈련들은22 풍습을 부드럽게 할 수 있는 다른 것에 의해 완화될 필요가 있었다.

신체 기관에 의해 정신과 연결되는 음악은 이에 매우 적합했다. 음악은 사람을 거칠게 만드는 신체 훈련과 사람을 비사교적으로 만드는 사변적인 학문의 중간 지점에 있다. 음악이 덕성을 고취시킨다고 말할 수는 없다. 그것은 있을 수 없는 일이다. 그러나 음악은 제도가 초래하는 잔인성을 막아주고, 영혼이 갖지 못했을 어떤 부분을 교육을 통해 갖게 해주었다.

---

19 제11편.

20 아리스토텔레스, 《정치학》, 제10편.

21 Ars corporum exercendorum, gymnastica, variis certaminibus terendorum pædotribica(체조는 몸을 훈련시키는 것이고, 훈련담당자의 기술은 다양한 운동시합의 활동을 위한 것이다). 아리스토텔레스, 《정치학》, 제8편, 제3장.

22 스파르타의 아이들은 아주 어린 나이부터 이런 훈련을 시작해서 지나친 잔인성에 물들었다고 아리스토텔레스는 말한다. 《정치학》, 제8편, 제4장.

우리 중에 사냥을 너무 좋아해서 오직 사냥만 하는 집단이 있다고 가정해 보자. 그들은 틀림없이 거칠고 상스러워질 것이다. 만약 이 사람들이 음악에도 취미를 갖게 된다면, 우리는 곧 그들의 태도나 풍습에서 차이를 발견하게 될 것이다. 요컨대 그리스인의 훈련은 그들 내부에서 한 가지 종류의 정념, 즉 가혹함, 분노, 잔인성 같은 것만 자극했을 뿐이다. 음악은 모든 정념을 자극하고, 영혼에게 부드러움, 연민, 애정, 달콤한 즐거움을 느끼게 할 수 있다. 우리의 윤리론 저자들이 우리에게 그토록 강력하게 연극을 금지하는 것만 봐도 음악이 우리의 영혼에 미치는 힘을 충분히 느낄 수 있다.

만약 앞에서 언급한 사냥 집단에 북과 나팔의 곡조만 부여한다면, 감미로운 음악을 부여한 경우보다 목표에 이르기가 더 어렵지 않겠는가? 그러므로 특정한 상황에서 풍습을 위해 고대인이 선호한 음계가 따로 있었던 것은 당연한 일이었다.

그러나 왜 하필 음악을 택하느냐고 말하는 사람도 있을 것이다. 그것은 모든 감각적 쾌락 중에서 음악이 영혼을 가장 덜 부패시키기 때문이다. 우리는 플루타르코스의 책23에서 테베인이 젊은이들의 풍습을 부드럽게 만들기 위해 이 세상의 모든 국민이 당연히 금지했을 종류의 연애를 법으로 정했다는 것을 읽고 얼굴을 붉히게 된다.

---

23 "펠로피다스의 생애".

제5편 입법자가 제정하는 법은 정체의 원리와
      관계가 있어야 한다

제1장 : 개요

우리는 교육에 관한 법이 각 정체의 원리와 관계가 있어야 한다는 것
을 살펴보았다. 입법자가 사회 전체에 제시하는 법도 마찬가지이다.
이러한 법과 원리의 관계는 정체의 모든 원동력을 촉진하고, 원리도
거기서 새로운 힘을 얻게 된다. 물리적 움직임에서 언제나 작용에 반
작용이 뒤따르는 것처럼 말이다.

　우리는 각 정체에서 이 관계를 검토할 것이다. 덕성을 원리로 하는
공화국부터 시작해 보자.

제 2장 : 정치적 국가에서의 덕성

공화정체에서 덕성은 매우 단순한 것이다. 그것은 공화국에 대한 사랑이다. 그것은 감정이지, 일련의 지식이 아니다. 국가의 최하위 인간도 최상위 인간과 마찬가지로 이 감정을 가질 수 있다. 인민은 일단 훌륭한 규범을 갖게 되면 이른바 교양 있는 신사들보다 더 오랫동안 그것을 지킨다. 부패가 인민으로부터 시작되는 일은 드물다. 종종 인민은 자신의 보잘것없는 지혜에서 이미 확립된 것에 대한 더 강한 애착을 끌어냈다.

　조국애는 선량한 풍습으로 이끌고, 선량한 풍습은 조국애로 이끈다. 우리는 개인적 정념을 만족시키지 못하면 못할수록 보편적 정념에 더 몰두하게 마련이다. 왜 수도사들이 자신의 수도회를 그토록 사랑하겠는가? 그것은 바로 수도회가 견디기 힘들다는 점에서 비롯된다. 그들의 규율은 일상적 정념의 근거가 되는 모든 것을 그들에게서 박탈한다. 따라서 그들을 괴롭히는 그 규율 자체에 대한 정념만 남게 된다. 규율이 엄격하면 엄격할수록, 다시 말해 그들의 성향을 버리게 하면 할수록 그들에게 남겨진 것에 더 많은 힘을 부여하게 된다.

제 3장 : 민주정체에서의 공화국에 대한 사랑

민주정체에서 공화국에 대한 사랑이란 민주정체에 대한 사랑이다. 그리고 민주정체에 대한 사랑은 평등에 대한 사랑이다.

　민주정체에 대한 사랑은 또한 검소함에 대한 사랑이다. 여기서는 각자 똑같은 행복과 똑같은 이익을 가져야 하므로 똑같은 쾌락을 맛보고 똑같은 희망을 품어야 한다. 그것은 전체적으로 검소하지 않으면 기대할 수 없는 일이다.

민주정체에서 평등에 대한 사랑은 야망을 단 하나의 욕망으로, 즉 다른 시민보다 조국에 더 큰 봉사를 하는 단 하나의 행복으로 제한한다. 그들 모두가 조국에 똑같이 봉사할 수는 없다. 그러나 그들은 모두 똑같이 봉사해야 한다. 말하자면 태어나면서부터 절대로 갚을 수 없는 막대한 빚을 조국에 지는 것이다.

따라서 탁월한 봉사나 우수한 재능 때문에 평등이 사라진 듯이 보일 때도, 이 정체에서의 차별은 평등의 원리에서 생기는 것이다.

검소함에 대한 사랑은 가족을 위한 필수품과 조국을 위한 여분을 구하고자 하는 관심으로 소유욕을 제한한다. 부(富)는 힘을 주지만, 시민은 그 힘을 자신을 위해 사용할 수 없다. 그렇게 되면 그는 평등하지 않기 때문이다. 부는 희열을 안겨주지만, 시민은 그것도 즐겨서는 안 된다. 그것도 마찬가지로 평등에 어긋나기 때문이다.

그러므로 아테네와 로마에서 그랬던 것처럼, 훌륭한 민주정체는 가정의 검소함을 확립하면서 공공의 지출에는 문을 열어 놓았다. 그런 경우, 화려함과 풍부함은 검소함 그 자체를 토대로 생겨난 것이다. 종교에서 신에게 공물을 바치기 위해 순결한 손을 요구하듯이, 법은 조국에 아낌없이 바치기 위해 검소한 풍습을 원했다.

개인의 양식(良識)과 행복은 대부분 그들의 능력과 재산이 평범한 것에서 비롯된다. 법이 평범한 사람을 많이 만들어 내는 공화국은 현명한 사람들로 구성되므로 현명하게 통치될 것이고, 또한 행복한 사람들로 구성되므로 매우 행복할 것이다.

제 4장 : 평등과 검소함에 대한 사랑을 어떻게 고취시키나

평등과 검소함이 법으로 확립된 사회에 사는 경우, 평등과 검소함에 대한 사랑은 평등과 검소함 자체에 의해 극도로 고조된다.

군주정체와 전제국가에서는 아무도 평등을 동경하지 않는다. 그것은 생각조차 하지 않는다. 거기서는 모두 우월성을 지향한다. 가장 낮은 신분인 사람도 오직 다른 사람의 주인이 되기 위해서 자기 신분에서 벗어나기를 바란다.

검소함도 마찬가지이다. 검소함을 사랑하기 위해서는 그것을 즐겨야 한다. 검소한 생활을 사랑하는 사람은 결코 쾌락으로 타락하지 않을 것이다. 만약 그것이 자연스럽고 평범한 일이었다면, 알키비아데스[1]가 온 세계의 감탄을 불러일으키지는 않았을 것이다. 검소함을 사랑하는 사람은 또한 다른 사람의 사치를 부러워하거나 감탄하지도 않을 것이다. 부유한 사람이나 자기처럼 가난한 사람밖에 보지 못하는 사람은 가난을 끝나게 해주는 것이 무엇인지 알지도 못하고 그것을 사랑하지도 못한 채 자신의 가난을 혐오한다.

따라서 공화정체에서 사람들이 평등과 검소함을 사랑하려면 법으로 그것을 확립해 놓아야 한다는 것은 매우 참된 원칙이다.

제 5장 : 민주정체에서 법은 어떻게 평등을 확립하는가

리쿠르고스와 로물루스(2) 같은 고대의 몇몇 입법자들은 토지를 균등하게 분배하였다. 그것은 새로운 공화국이 창립되는 경우에만, 혹은 낡은 법이 너무 부패하여 가난한 사람은 그런 해결책을 찾지 않을 수 없다고 생각하고 부자는 허용하지 않을 수 없다고 생각하게 되었을 때만 일어날 수 있는 일이다.

만일 입법자가 그런 분배를 할 때 그것을 유지하기 위한 법을 부여하지 않는다면, 그 국가 조직은 일시적인 것에 불과하다. 법이 지켜주지 못하는 부분으로 불평등이 침입하여 공화정체는 파멸하게 될 것이다.

따라서 그 목적을 위해서는 여자의 지참 재산, 증여, 상속, 유언 등 모든 계약 방법을 정해야 한다. 만일 원하는 자에게 원하는 대로 자기 재산을 주는 것이 허용된다면, 각 개인의 의지가 기본법의 규정을 방해할 것이기 때문이다.

아테네에서 솔론은 자식이 없을 때 유언을 통해 원하는 사람에게 재산을 남기는 것을 허용했는데,[1] 이는 재산이 유언자의 가족에게 남아 있어야 한다는 옛 법에 위배되는 것이었다.[2] 또한 자기 자신의 법에도 위배되었다. 그는 채무를 탕감해 줌으로써 평등을 추구했기 때문이다.

---

1 플루타르코스, "솔론의 생애"
2 위의 책.

두 가지 상속 재산을 갖는 것을 금지한 것은 민주정체에 좋은 법이었다. 3 이것은 토지의 균등한 분배와 각 시민에게 할당되는 몫에서 유래한 법이다. 법은 한 사람이 여러 개의 할당분을 갖게 되는 것을 바라지 않았다.

가장 가까운 친척이 상속인 여자와 혼인할 것을 명한 법도 같은 근거에서 나왔다. 그런 분배가 이루어진 후 유대인에게도 이 법이 주어졌다. 그런 분배에 법의 근거를 두고 있는 플라톤4도 마찬가지로 이법을 제시하는데, 그것은 원래 아테네의 법이었다.

아테네에는 아무도 그 정신을 이해하지 못했다고 생각되는 법이 하나 있었다. 이복누이와의 혼인은 허용되었으나 이부누이와의 혼인은 허용되지 않은 것이다. 5 이 관습은 같은 사람에게 토지 할당분의 2인분을 주지 않고 따라서 두 가지 상속 재산을 주지 않는다는 공화정체의 정신에 그 기원을 두고 있었다. 어떤 남자가 이복누이와 혼인했을 경우, 그는 하나의 상속 재산, 즉 아버지의 상속 재산만 가질 수 있

---

3 코린트의 필로라오스(Philolaos, BC470경~BC390경. 고대 그리스 피타고라스 학파의 철학자_옮긴이 주)는 아테네에서 토지의 분배 숫자와 상속 재산의 숫자가 항상 동일하게 정해 놓았다. 아리스토텔레스, 《정치학》, 제2편, 제12장.

4 《국가》, 제8편.

5 코르넬리우스 네포스(Cornelius Nepos, BC100경~BC24, 로마 역사가로 많은 저서를 간행했지만, 현재 남아 있는 것은 거의 없다. 여기서 몽테스키외는 서명 없이 단순히 in præfat라는 라틴어만 제시하고 있는데 《외국의 우수한 지도자들에 관한 책(Liber de excellentibus ducibus exterrarum gentium)》이라는 저서를 말하는 것이다_옮긴이 주), in præfat(서문에서). 이 관습은 초기부터 있었다. 그래서 아브라함은 사라에 대해 "그녀는 나와 아버지가 같고 어머니가 다른 누이입니다"라고 말한다. 같은 이유로 여러 민족에서 같은 법이 제정되었다.

다. 그러나 이부누이와 혼인했을 경우, 그 누이의 아버지에게 아들이 없다면 그녀가 상속하게 되므로 결국 그녀와 혼인한 그 남자가 두 가지 상속 재산을 갖게 되는 일이 일어날 수 있다.

아테네에서는 이복누이와는 혼인할 수 있고 이부누이와는 혼인할 수 없었지만 스파르타에서는 이복누이와는 혼인할 수 없고 이부누이와 혼인할 수 있었다는 필론(3)의 말6을 내게 반증으로 제시하지 말기 바란다. 스파르타에서는 남매가 혼인하는 경우 여자는 남자 형제 몫의 절반을 지참 재산으로 가졌다는 내용을 스트라본의 저서7에서 발견했기 때문이다. 이 두 번째 법은 첫 번째 법의 나쁜 결과를 예방하기 위해 만들어진 것이 분명하다. 여자 가족의 재산이 남자 형제의 가족에게 넘어가는 것을 막기 위해 남자 형제 재산의 절반을 여자에게 지참 재산으로 주었던 것이다.

세네카(4)는 누이와 혼인한 실라누스에 관해 서술하면서 아테네에서는 그것의 허용이 제한적이었으나 알렉산드리아에서는 일반화되어 있었다고 말한다. 8 일인 통치의 정체에서는 재산의 배분을 유지하는 것이 별로 문제가 되지 않았다.

민주정체에서 토지의 배분을 유지하기 위해서, 자식을 여럿 둔 아

---

6 《십계명의 계율과 관련된 특수법(*De specialibus legibus quæ pertinent ad præcepta Decalogi*)》.

7 제 10편.

8 Athenis dimidium licet, Alexandria totum(아테네에서는 절반만 허락되었고, 알렉산드리아에서는 전부 허락되었다). 세네카, 《클라우디우스의 죽음에 대하여(*De morte Claudii*)》.

버지가 그중 한 자식을 선택해 자기 몫을 물려주고9 다른 자식들은 자식이 없는 사람에게 양자로 줌으로써 시민의 숫자와 배분된 토지의 숫자가 같도록 유지하고자 했던 것은 좋은 법이었다.

칼케돈의 팔레아스(5)는 재산이 평등하지 않은 공화국에서 재산을 평등하게 만드는 방법을 고안했다.10 그것은 부자는 가난한 사람에게 딸의 지참금을 주기만 하고 받지는 않으며, 가난한 사람은 딸에 대한 돈을 받기만 하고 주지는 않도록 하는 것이었다. 그러나 그런 규칙을 달게 받아들인 공화국이 있었는지는 나도 모른다. 그 규칙은 시민들을 차별이 매우 두드러지는 상황에 놓이게 하므로, 시민들은 도입하고자 하는 평등 자체를 증오하게 될 것이다. 법은 정해 놓은 목표를 향해 너무 직선적으로 돌진하지 않는 것이 때로는 좋다.

민주정체에서 현실적 평등이 국가의 정신이더라도, 그것은 확립하기 매우 어려우므로 그 점에 대한 극도의 엄정함이 항상 적절한 것은 아니다. 차별을 줄이거나 일정한 수준으로 고정시키는 호구조사를 설정하는 것으로 충분하다.11 그런 다음 부자에게는 세금을 부과하고 가난한 사람에게는 경감해 주는 특수한 법을 통해 이를테면 불평등을 평등하게 만드는 것이다. 이런 종류의 보상비용을 내거나 허용할 수 있

---

9   플라톤이 이와 같은 법을 만들었다. 《법률》, 제5편.

10   아리스토텔레스, 《정치학》, 제2편, 제7장.

11   솔론은 4개의 계급을 정했다. ① 곡물과 액체 과일의 수입이 500미나(고대 그리스의 화폐나 무게 단위로 '므나'라고도 한다_옮긴이 주)인 사람들의 계급, ② 300미나의 수입과 말 한 필을 보유할 수 있는 사람들의 계급, ③ 수입이 200미나밖에 안 되는 사람들의 계급, ④ 자신의 노동력으로 먹고사는 모든 사람의 계급이었다. 플루타르코스, "솔론의 생애".

는 사람은 적당한 부자뿐이다. 과도한 부자는 자신에게 권력과 명예를 부여하지 않는 것은 모두 모욕으로 여기기 때문이다.

민주정체에서 모든 불평등은 민주정체의 본질과 평등의 원리 그 자체에서 비롯되어야 한다. 예를 들어 생계를 위해 노동을 계속해야 하는 사람이 공직을 맡는 바람에 너무 가난해지거나 공무를 게을리하는 것이 염려될 수 있다. 또한 장인들이 너무 거만해지거나 해방된 노예의 수가 너무 많아져서 원래의 시민보다 세력이 더 강해지는 것이 염려될 수도 있다. 그런 경우에는 민주정체의 유용성을 위해 시민들 사이의 평등이 그 정체에서 폐지될 수 있다. 12

그러나 폐지되는 것은 단지 외관상의 평등일 뿐이다. 만약 공직을 수행하느라 파산하게 되면 그 사람은 다른 시민들보다 더 나쁜 상태에 있게 될 테고, 또 그 사람이 어쩔 수 없이 공무를 게을리하게 되면 다른 시민들을 자기보다 더 나쁜 상태로 만들게 되기 때문이다. 그 밖의 다른 경우도 마찬가지이다.

제 6장 : 민주정체에서 법은 어떻게 검소함을 유지해야 하나

좋은 민주정체는 토지의 배분이 평등한 것만으로는 충분하지 않다. 고대 로마에서처럼 배분된 몫이 작아야 한다. "아주 작은 땅이라도 한 사람을 먹여 살리기에 충분하다고 생각하는 시민만이 신의 마음에 든다"라고 쿠리우스(6)는 병사들에게 말했다. 13

---

12 솔론은 넷째 계급의 모든 사람을 공직에서 제외했다.

재산의 평등이 검소함을 유지하듯이, 검소함은 재산의 평등을 유지한다. 이 두 가지는 서로 다르지만 한쪽 없이는 다른 한쪽도 존속할 수 없는 관계이다. 그것들은 각각 원인이 되고 또한 결과가 된다. 어느 한쪽이 민주정체에서 사라지면, 언제나 다른 한쪽도 그 뒤를 따르게 된다.

사실 민주정체가 상업을 기반으로 할 때는 개인들이 거대한 부를 갖게 되어도 풍습이 부패하지 않는 일이 얼마든지 일어날 수 있다. 상업의 정신이 검소함, 절약, 절제, 노동, 현명함, 평온, 질서, 규율의 정신을 함께 가져오기 때문이다. 그러므로 상업 정신이 존속하는 한, 그것이 만들어 낸 부는 나쁜 결과를 전혀 초래하지 않는다. 부의 과도함이 이 상업의 정신을 파괴할 때 해악이 나타난다. 그러면 그때까지 느끼지 못했던 불평등의 혼란이 갑자기 생기는 것을 보게 된다.

상업의 정신을 유지하려면 주요 시민들이 직접 상업에 종사해야 한다. 그리고 오직 상업 정신만이 지배하고 다른 정신과 뒤섞여서는 안되며 모든 법이 이 정신을 장려해야 한다. 또한 상업으로 재산이 증식됨에 따라 법은 규정을 통해 재산을 배분함으로써, 가난한 모든 시민은 충분히 안락한 생활을 하게 하여 다른 시민과 마찬가지로 일할 수 있게 하고 부유한 모든 시민은 평범한 상태가 되게 하여 부의 유지나 취득을 위해 일할 필요가 있게 해야 한다.

상업적 공화국에서 아버지의 재산을 상속할 때 모든 자식에게 똑같

---

13 병사들은 정복한 땅에 대해 더 많은 몫을 요구했다. 플루타르코스, 《모랄리아》, "고대의 왕들과 명장들의 삶".

은 몫을 주는 법은 매우 좋은 법이다. 그로 인해 아버지가 아무리 많은 재산을 이루어 놓았더라도, 자식들은 언제나 아버지보다 부유하지 않으므로 사치를 피하고 아버지처럼 일하게 된다. 이것은 상업적 공화국에만 해당하는 말이다. 상업적이지 않은 공화국에 대해서는 입법자들이 다른 많은 규칙을 만들어야 하기 때문이다. 14

그리스에는 두 종류의 공화국이 있었다. 하나는 스파르타처럼 군사적 공화국이고, 다른 하나는 아테네처럼 상업적 공화국이었다. 전자에서는 시민들이 게으르기를 원했고, 후자에서는 노동에 대한 사랑을 부여하고자 했다. 솔론은 게으름을 죄악으로 보고 모든 시민이 각자 밥벌이할 방법을 보고하기를 원했다. 사실 필요한 것에만 지출해야 하는 훌륭한 민주정체에서는 각자 필요한 것을 가지고 있어야 한다. 그렇지 않으면 누구한테서 그것을 얻을 수 있겠는가?

제 7장 : 민주정체의 원리를 옹호하는 또 다른 방법들

모든 민주정체에서 토지의 균등 배분을 확립할 수는 없다. 그러한 조치는 실행 불가능하고 위험하며 심지어 국가 구조에 타격을 주는 경우도 있다. 항상 극단적인 방법을 취해야 하는 것은 아니다. 그런 분배가 풍습을 유지하는 데 적합하지 않다고 여겨지는 민주정체에서는 다른 방법을 동원해야 한다.

그 자체가 풍습의 규범이 되는 상설 단체, 즉 나이나 덕성이나 근

---

14 거기서는 여자들의 지참 재산을 많이 제한해야 한다.

엄함이나 공로 등으로 자격이 주어지는 원로원을 설치한다면, 원로원 의원들은 인민의 눈에 신을 대신하는 존재처럼 보이므로 애정을 불러일으킬 것이고 그런 감정은 모든 가정의 내부로 옮겨질 것이다.

이 원로원은 무엇보다 옛 제도에 애착을 가져야 하고 인민과 행정관들이 그것을 버리지 않도록 해야 한다.

옛 관습을 지키면 풍습에 관해 많은 이점이 있다. 부패한 민족이 위대한 일을 하는 경우는 거의 없으므로, 그들이 사회를 건설하거나 도시를 설립하거나 법을 제정한 일은 거의 없었다. 반면 소박하고 엄격한 풍습을 가지고 있던 민족은 제도 대부분을 수립했으므로, 사람들에게 옛 규범을 상기시키는 것은 대개 그들을 덕성으로 인도한다.

게다가 어떤 혁명이 일어나서 국가에 새로운 형태가 갖춰졌을 때도, 그것은 끝없는 수고와 노력이 있어야만 가능했고 부패한 풍습과 게으름으로 이루어진 적은 거의 없었다. 혁명을 일으킨 사람들 자신은 그 혁명이 모두의 마음에 들기를 바랐지만, 좋은 법에 의하지 않고는 혁명에 성공할 수 없었다. 따라서 오래된 제도는 교정된 것이지만 새로운 제도는 잘못된 것일 때가 많다. 한 정체가 오래 지속되다 보면, 알지 못하는 사이에 조금씩 악으로 기울어지는데 노력에 의하지 않고는 다시 선을 향해 올라가지 못한다.

우리가 말하는 원로원 의원이 종신제여야 하는지 아니면 일정한 기간을 위해 선출되어야 하는지 문제가 되었다. 로마15와 스파르타16에

---

15 로마에서 행정관의 임기는 1년이었고, 원로원 의원은 종신이었다.

16 크세노폰은 《스파르타 공화국》에서 다음과 같이 말했다. "리쿠르고스는 노인들

서 실행된 것처럼, 심지어 아테네에서도 그랬던 것처럼, 물론 그들은 종신제여야 한다. 아테네에서 원로원이라 불리던, 3개월마다 바뀌던 단체와 아레오파고스[7]를 혼동해서는 안 된다. 아레오파고스의 구성원은 영속적인 모범으로서 종신으로 임명되었다.

다음과 같이 보편적인 원칙을 말할 수 있다. 규범, 말하자면 풍습의 기탁소로서 만들어진 원로원에서는 그 의원이 종신으로 선택되어야 하고, 공무를 준비하기 위해 만들어진 원로원은 그 의원이 바뀔 수 있다.

아리스토텔레스는 정신도 육체와 마찬가지로 늙는다고 말한다. 이 성찰은 일인 집정자의 경우에만 맞는 말이고, 원로원 의원들의 회의에는 적용될 수 없다.

아레오파고스 이외에도 아테네에는 풍습 수호자와 법 수호자가 있었다.17 스파르타에서는 모든 노인이 감찰관이었다. 로마에서는 특정한 두 행정관이 감찰 업무를 맡았다. 원로원이 인민을 감시하므로 감찰관은 인민과 원로원을 주시해야 한다. 그들은 공화국 안에서 부패한 모든 것을 회복시켜야 한다. 범죄는 법이 처벌하므로, 그들은 무기력을 비판하고 태만을 심판하여 잘못을 교정해야 한다.

공개적으로 간통을 고소하게 한 로마의 법은 풍습의 순결함을 유지하기 위해서는 매우 훌륭한 것이었다. 그것은 여자들을 겁먹게 했고,

---

이 인생의 말년에도 게을러지지 않도록 원로원 의원을 노인 중에서 선출하기를 원했다. 또한 그들을 청년들의 용기에 대한 재판관으로 정함으로써 청년들의 체력보다 그들의 노령을 더 명예로운 것으로 만들었다."
17 아레오파고스도 감찰을 받았다.

여자들을 감시해야 하는 사람들도 겁먹게 했다.

청년이 노인에게 최대한 복종하는 것만큼 풍습 유지에 기여하는 것은 없다. 청년은 노인에 대한 존경에 의해서, 그리고 노인은 그들 자신에 대한 존경에 의해서 서로 자제하게 될 것이다.

시민들이 행정관에게 최대한 복종하는 것만큼 법에 힘을 실어주는 것은 없다. "리쿠르고스가 스파르타를 다른 도시들과 크게 차이 나게 만든 것은 무엇보다 그가 시민을 법에 복종하게 만들었다는 점이다. 시민은 행정관이 부르면 달려간다. 그러나 아테네에서는 부유한 사람이 자신이 행정관에게 종속되어 있다고 여겨지면 절망할 것이다"라고 크세노폰은 말한다. 18

부권(父權) 또한 풍습을 유지하는 데 매우 유익하다. 이미 말한 바와 같이, 공화정체에서는 다른 정체에서만큼 억압하는 힘이 없다. 따라서 법은 그것을 보완할 수단을 찾아야 하는데, 바로 부권이다. 로마에서는 아버지가 자식의 생사여탈권을 가지고 있었다. 19 스파르타

---

18 《스파르타 공화국》.
19 로마의 역사를 보면 이 권력이 공화국을 위해 얼마나 유리하게 사용되었는지 알 수 있다. 나는 가장 부패가 심했던 시기에 대해서만 이야기하고자 한다. 아울루스 풀비우스가 카틸리나(Lucius Sergius Catilina, BC108~BC62, 로마 공화정 말기의 정치가로 원로원에 맞서서 로마 공화정을 전복하려 시도한 카틸리나의 모반으로 유명하다_옮긴이 주)와 합류하기 위해 길을 떠나자, 그의 아버지가 그를 소환하여 죽여 버렸다. 살루스티우스(Gaius Sallustius Crispus, BC86~BC35/34, 고대 로마의 역사가로 당대의 정치가, 부정부패, 당파싸움 등을 다룬 이야기체 저술로 유명하다_옮긴이 주), 《카틸리나의 전쟁》. 몇몇 다른 시민들도 마찬가지로 행동했다. 디오(Dio Cassius, 150~235, 로마 제국 시기의 역사가이자 정치가로서, 아이네이아스가 이탈리아에 도착한 시기부터 로마의 건국 이후 서기 229년까

에서는 모든 아버지가 다른 사람의 자식을 훈계할 권리를 가지고 있었다.

부권은 로마에서 공화정체와 함께 소멸되었다. 그토록 순수한 풍습이 필요 없는 군주정체에서는 각자 집정자의 권력 밑에서 살도록 요구된다.

청년들을 종속관계에 익숙하게 만들었던 로마의 법은 미성년기를 길게 정했다. 우리가 이 관습을 따르는 것은 어쩌면 잘못이었을지 모른다. 군주정체에서는 그토록 많은 구속이 필요하지 않기 때문이다.

공화정체에서는 바로 이러한 종속으로 인해 로마에서 정했던 것처럼 아버지가 평생 자식들 재산의 주인으로 남는 것이 요구될 수 있을 것이다. 그러나 그것은 군주정체의 정신에 속하는 것은 아니다.

제8장 : 귀족정체에서 법은 정체의 원리와 어떻게 관계되어야 하는가

만약 귀족정체에서 인민에게 덕이 있다면, 사람들은 거의 민중적 정체의 행복을 누리고 나라는 강대해질 것이다. 그러나 사람들의 재산이 그토록 불평등한 곳에 많은 덕성이 존재하기란 어려운 일이므로, 법이 최대한 절제의 정신을 부여하고 필연적으로 국가 구조가 없애게 되는 평등을 회복시키려 애써야 한다.

절제의 정신은 귀족정체에서 덕성이라 불리는 것으로, 민주국가에서의 평등의 정신에 해당하는 위상을 차지한다.

지를 다룬 80편으로 구성된 《로마사》를 편찬하였다__옮긴이 주), 제37편.

왕을 둘러싼 사치와 화려함이 왕의 권력의 일부를 이룬다면, 품행의 절제와 소박함은 귀족정체에서 귀족들의 힘을 이룬다. 20 귀족이 아무런 차별을 드러내지 않고 인민들과 뒤섞이며 인민처럼 옷을 입고 그들과 자신의 모든 쾌락을 함께 나눈다면, 인민은 자신의 나약함을 잊게 된다.

각 정체는 나름의 본질과 원리를 가지고 있다. 따라서 귀족정체는 군주정체의 본질과 원리를 가져서는 안 된다. 만일 귀족이 그들 집단과 별개의 개인적이고 특수한 특권을 갖는다면, 그런 경우가 발생하게 될 것이다. 특권은 원로원을 위한 것이어야 하고, 원로원 의원을 위한 것은 순수한 존중이어야 한다.

귀족정체 국가에서 혼란을 초래하는 주된 원인은 두 가지이다. 통치자와 피통치자 사이의 극도의 불평등, 그리고 통치 집단의 구성원들 사이의 불평등이 바로 그것이다. 이 두 가지 불평등에서 증오와 질투가 초래되므로, 법은 그것을 예방하거나 저지해야 한다.

첫 번째 불평등은 주로 유력자들의 특권이 명예롭게 여겨지는 이유가 단지 인민에게 수치심을 주기 때문일 때 나타난다. 로마에서 귀족이 평민과 혼인하는 것을 금지했던 법이 바로 그런 경우이다. 21 그것

---

20 많은 점에서 매우 현명하게 처신했던 베네치아 사람들은 최근 교회에서 상석에 앉는 것을 두고 어떤 베네치아 귀족과 대륙의 신사 사이에 벌어진 언쟁에 관해, 베네치아 밖에서는 베네치아 귀족이 다른 시민에 대해 우위를 점하지 않는다고 결정했다.
21 이 법은 10인 위원회에 의해 마지막 두 목록에 넣어졌다. 할리카르나소스의 디오니시오스, 제10편 참조.

은 한편으로는 귀족을 더 오만하게 만들고 다른 한편으로는 더 밉살스럽게 만드는 결과밖에 초래하지 않았다. 호민관(8)들이 연설할 때 그런 문제에서 어떤 이점을 끌어냈는지 눈여겨볼 필요가 있다.

또한 이 불평등은 조세에 대한 시민들의 조건이 다른 경우에도 나타나는데, 그것은 네 가지 방식으로 발생한다. 즉, 귀족이 조세를 내지 않는 특권을 스스로 부여할 때, 조세를 안 내려고 부정행위를 할 때, 22 그들이 행하는 직무에 대한 보수나 급료라는 명목으로 조세를 가져갈 때, 마지막으로 인민을 조세를 바치는 사람들로 여기고 인민들로부터 거두어들인 세금을 자기들끼리 나누어 가질 때이다. 이 마지막 경우는 드문 일이긴 한데, 이런 경우의 귀족정체는 모든 정체 중에서 가장 가혹한 것이다.

로마는 귀족정체로 기울어져 있는 동안 이런 단점을 아주 잘 피했다. 행정관들은 공직에 대한 급료를 전혀 받지 않았고, 공화국의 유력자들에게도 다른 사람들과 마찬가지로 과세했다. 심지어 그들에게 더 많이 과세하기도 했고, 때때로 그들에게만 과세하기도 했다. 그리고 그들은 국가의 수입을 자기들끼리 나누어 갖기는커녕 국고(國庫)에서 끌어낼 수 있는 모든 것, 운 좋게 얻은 모든 부를 인민에게 나누어 주어 아무런 반감을 사지 않고 자신들의 명예를 인정받았다. 23

인민에게 나누어 주는 분배가 민주정체에서는 해로운 결과를 초래

---

22 오늘날의 몇몇 귀족정체에서와 같다. 이보다 더 나라를 약화시키는 것은 없다.

23 스트라본 제14편에서 로도스(그리스 도데카니사 제도에서 가장 큰 섬으로, 그리스 본토와 키프로스섬의 중간 지점에 위치한다_옮긴이 주) 사람들이 이 점에 관해 어떻게 행동했는지 참조할 것.

하지만, 귀족정체에서는 좋은 결과를 가져다준다는 것은 기본적인 격언이다. 그것은 민주정체에서는 시민 정신을 잃어버리게 하지만, 귀족정체에서는 시민 정신을 회복시켜 준다.

만약 인민에게 수입을 나누어 주지 않는다면, 수입이 잘 관리되고 있다는 것을 보여주어야 한다. 그것을 인민에게 보여준다는 것은 어떤 의미로는 인민이 그것을 즐기게 하는 것이다. 베네치아에서 전시된 황금 사슬, 승리했을 때 로마로 운반된 재물들, 사투르누스 신전에 보관된 보물들은 진정 인민의 재산이었다.

귀족정체에서는 귀족이 조세를 거두어들이지 않는 것이 특히 중요하다. 로마에서는 국가의 제1계급은 그 일에 관여하지 않았다. 그것은 제2계급에 맡겨졌는데, 그마저도 나중에는 큰 불편을 초래하였다. 귀족이 조세를 거두어들이는 귀족정체에서는 모든 개인이 징세 담당자의 처분에 맡겨진다. 그들을 징계하는 상급재판소가 없을 것이기 때문이다. 그들 중에서 폐해를 없애기 위해 임명된 사람들은 오히려 폐해를 누리는 것을 더 좋아할 것이다. 귀족들은 마음 내키는 대로 누구에게서나 재산을 몰수하는 전제국가의 군주처럼 될 것이다.

거기서 얻는 이익은 곧 세습재산으로 간주될 것이고, 탐욕에 의해 그 재산은 제멋대로 확대될 것이다. 그리하여 징세 청부의 가격은 인하되고 공공 수입은 완전히 없어지게 될 것이다. 바로 그 때문에 어떤 국가는 눈에 띌 만한 실패를 겪은 일도 없는데 이웃 나라뿐만 아니라 시민들 자신도 놀랄 만큼 무력하게 된다.

법은 귀족에게 상업도 금지해야 한다. 그토록 권세 있는 상인이라면 모든 것을 독점할 것이기 때문이다. 상업은 평등한 사람들의 직업이다. 전제국가 중에서도 가장 비참한 나라는 군주가 상인인 국가이다.

베네치아의 법은 비록 악의가 없다고 할지라도 과도한 부(富)를 가져다줄 수 있는 상업을 귀족에게 금지하였다. 24

법은 귀족이 인민의 권리를 인정하도록 가장 효과적인 방법을 사용해야 한다. 만약 법이 호민관을 정하지 않았다면 법 스스로가 호민관이 되어야 한다.

법 집행에 대한 모든 종류의 피난처는 귀족정체를 파멸시킨다. 그리고 전제정치가 그 뒤를 잇게 된다.

법은 언제나 지배의 거만함을 억제해야 한다. 따라서 스파르타의 에포로스(9)나 베네치아의 국가재판관처럼 귀족을 두렵게 만드는 사법관, 즉 어떠한 형식에도 구속되지 않는 관직이 일시적으로 혹은 상설적으로 있어야 한다. 이 정체에는 매우 강력한 수단이 필요하다. 베네치아에는 돌 입25이 모든 밀고자에게 열려 있다. 그야말로 폭군적인 입이라고 할 만하다.

귀족정체에서 이러한 폭군적 관직은 민주정체의 감찰관직과 유사하다. 감찰관직도 본질상 마찬가지로 독립적이다. 사실 감찰관은 감

---

24 아믈로 드 라 우세(Amelot de la Houssaye, 1634~1706, 프랑스의 역사가_옮긴이 주), 《베네치아의 정체에 대하여》, 제3부. 클라우디아 법은 원로원 의원에게 바다에서 40뮈(옛날의 용량 단위로 파리에서는 술의 경우 268리터, 곡물 따위의 경우 1,872리터에 해당했다_옮긴이 주) 이상을 실을 수 있는 배의 소유를 금지했다(티투스 리비우스, 제21편).
25 밀고자들이 그 입 안에 쪽지를 넣는다.

찰하는 동안 행한 일에 대해 문책을 당하면 안 된다. 그들을 신임하고 결코 의기소침하게 만들지 말아야 한다. 로마인은 모든 행정관에게 그들의 행동에 대한 설명을 요구할 수 있었으나 감찰관은 예외로 했으니26 감탄할 만하다. 27

귀족정체에는 해로운 것이 두 가지 있다. 귀족의 극심한 가난과 과도한 부가 그것이다. 그들의 가난을 예방하려면, 무엇보다 그들에게 빨리 빚을 갚게 해야 한다. 그들의 부를 억제하기 위해서는 현명하고 점진적인 조치가 필요하다. 재산의 몰수, 토지 균분법, 채무 면제와 같은 것들은 안 된다. 그런 것은 끝없는 해악을 낳는다.

상속의 끊임없는 분할을 통해 재산이 항상 평등한 상태로 돌아가도록 법은 귀족의 장자 상속권을 없애야 한다. 28

대체상속인 지정,(10) 친족의 환매권,(11) 귀족의 세습재산, 양자 입양 같은 것은 없어야 한다. 군주정체의 나라에서 가문의 권세를 영속시키기 위해 고안된 모든 방법은 귀족정체에서는 사용될 수 없을 것이다. 29

법이 가문들을 평등하게 만들고 나면, 그들 사이의 결합을 유지하

---

26 티투스 리비우스 제49편 참조. 감찰관은 다른 감찰관에게도 방해받지 않았다. 동료의 의견을 묻지 않은 채 각자 보고서를 작성한 것이다. 그렇게 하지 않았을 때, 감찰은 무효 처리되었다.

27 아테네에서는 보고할 것을 모든 행정관에게 요구하는 회계원들이 그들 자신은 보고하지 않았다.

28 베네치아에서는 그렇게 정해져 있다. 아믈로 드 라 우세, 30쪽과 31쪽.

29 어떤 귀족정체는 그 목적이 국가를 유지하는 게 아니라 귀족계급을 유지하는 데에 있는 듯하다.

는 일이 남는다. 귀족의 분쟁은 신속하게 해결되어야 한다. 그렇지 않으면 개인 간의 분쟁이 가족 간의 분쟁으로 커진다. 중재자는 소송을 끝낼 수도 있고 심지어 소송이 생기는 것을 막을 수도 있다.

끝으로 법은 더 고귀한 가문이라든가 더 유서 깊은 가문이라는 구실로 허영심 때문에 생기는 가문들 사이의 차별을 조장해서는 안 된다. 그런 허영심은 그저 개인의 결점이라는 차원에 머물러야 한다.

스파르타로 눈을 돌리기만 하면, 에포로스들이 왕의 약점, 귀족의 약점, 인민의 약점을 어떻게 억제할 수 있었는지 알 수 있을 것이다.

제 9장 : 군주정체에서 법은 그 원리와 어떻게 관련되는가

이 정체의 원리는 명예이므로 법은 명예와 관련되어야 한다. 말하자면 법은 명예의 자식이기도 하고 아버지이기도 한 귀족계급을 유지하도록 애써야 한다.

법은 귀족계급을 세습제로 만들어야 하는데, 그것은 군주의 권력과 인민의 나약함 사이의 경계가 되기 위해서가 아니라 그 둘의 연결고리가 되기 위해서이다.

재산을 가문 안에 보전하는 대체상속인 지정은 다른 정체에는 적합하지 않을지라도 이 정체에는 매우 유용하다.

친족의 환매권은 어느 한 친족이 낭비로 인해 매도한 토지를 귀족가문에게 되돌려줄 것이다.

귀족의 토지는 귀족이라는 신분과 마찬가지로 특권을 갖게 될 것이다. 군주의 위엄은 왕국의 위엄과 분리될 수 없다. 귀족의 위엄 역시 그의 봉토(封土)의 위엄과 분리될 수 없다.

이 모든 특권은 귀족계급 고유의 것으로, 만약 정체의 원리에 어긋나기를 원하지 않는다면, 그리고 귀족계급의 힘과 인민의 힘을 함께 약화시키기를 원하지 않는다면 인민에게로 넘어가지 않을 것이다.

대체상속인 지정은 상업에 방해가 되고, 친족의 환매권은 끝없는 소송을 필요로 한다. 그리고 왕국의 모든 매각된 재산은 말하자면 적어도 1년 동안 주인 없는 토지가 된다. (12) 봉토에 부여된 특권은 그 것을 견뎌야 하는 사람에게는 매우 부담이 되는 권력을 준다. 이것이 바로 귀족계급 특유의 불편함인데, 이 불편함은 귀족계급이 가져다 주는 전반적인 효용성 앞에서 사라진다. 그러나 그런 특권을 인민과 함께 나누면 모든 원리를 쓸데없이 뒤흔들게 된다.

군주정체에서는 재산 대부분을 자식 중 한 명에게 물려주는 것이 허용될 수 있다. 이런 허용은 오직 군주정체에서만 좋은 것이다.

법은 이 정체의 구조가 제공할 수 있는 모든 상업30을 조장해야 한다. 그것은 끊임없이 되살아나는 군주와 궁정의 욕구를 신하들이 위험에 처하지 않고 만족시킬 수 있도록 하기 위해서이다.

법은 조세의 징수 방법에 일정한 질서를 세워야 한다. 징수 방법이 세금 자체보다 더 부담되지 않도록 하기 위해서이다.

무거운 세금은 우선 노동을 야기하고, 노동은 쇠약함을 야기하며, 쇠약함은 나태한 정신을 야기한다.

---

30 군주정체의 구조에서 상업은 오직 인민에게만 허용된다. 양식(良識)으로 가득 차 있는 법전 De comm. et mercatoribus에서 제3법을 볼 것.

제10장 : 군주정체에서 집행의 신속성

군주정체는 공화정체에 비해 커다란 장점을 가지고 있다. 단 한 사람이 공무를 주도하므로 실행에 더 많은 신속성이 있기 때문이다. 그러나 이 신속성이 급속함으로 변질될 수 있으므로 법에 의해 어느 정도 완만함을 주어야 한다. 법은 각 정체의 본질을 조장하기만 해서는 안 되고, 그 본질 자체에서 초래될 수 있는 폐습도 개선해야 한다.

리슐리외 추기경은 군주정체에서 모든 일을 어렵게 하는 단체의 방해를 받지 않기를 원했다.[31] 그 사람의 마음속에는 전제주의가 없었을지라도 머릿속에는 있었던 셈이다.

법을 위탁받은 기관은 일을 느리게 진행할 때, 그리고 국가의 법에 관해 무지한 궁정에서도 성급한 왕의 자문회의에서도 기대할 수 없는 견해를 군주의 업무에 적용할 때 가장 법을 잘 지키는 것이다.[32]

한없는 용기와 충성심으로 행해진 공적에 대해 군주들이 오직 자신의 관대한 마음이 내키는 대로 무한한 보상을 하고자 했을 때, 만약 사법관들이 지체와 항의와 간청으로 왕의 덕행 자체의 흐름을 막지 않았더라면 세상에서 가장 아름다운 군주국은 과연 어떻게 되었을까?(13)

---

31 《정치적 유언》.

32 Barbaris cunctatio servilis ; statim exequi regium videtur (야만족에게 있어서, 지체하는 것은 비굴한 것이고 즉각적인 집행이 왕에게 적절하다). 타키투스, 《연대기》 제5편.

제 11장 : 군주정체의 우수성

군주정체는 전제정체에 비해 커다란 장점을 가지고 있다. 군주 밑에 정체의 구조에서 기인하는 몇 개의 신분이 있는 것이 정체의 본질이므로, 나라가 보다 안정적이고 그 구조는 더 견고하며 통치자들의 일신도 더 안전하다.

키케로는 로마의 호민관 설치가 공화국의 구원이라고 믿었다. 33 "사실 우두머리를 가지지 않은 인민의 힘은 더 무섭다. 우두머리는 자신을 중심으로 공무가 돌아가므로 공무를 생각한다. 그러나 격렬함에 빠진 인민은 자신이 어떤 위험에 달려드는 것인지 모른다"라고 그는 말했다. 이런 고찰을 인민에게 호민관이 없는 전제국가와 어떤 식으로든 인민에게 호민관이 있는 군주정체에 적용해 볼 수 있다.

실제로 전제정체가 혼란 상태에 빠졌을 때 자신의 감정에 이끌린 인민은 늘 사태를 극단까지 몰고 가는 것을 사방에서 볼 수 있다. 인민이 저지르는 무질서는 모두 극단적이다. 반면 군주정체에서는 극단적 사태가 벌어지는 일이 매우 드물다. 우두머리들은 자기 자신을 몹시 걱정하고 버려질 것을 두려워한다. 종속적인 중간 권력34은 인민이 지나치게 우세해지는 것을 바라지 않는다. 국가의 여러 계급이 전부 부패하기란 드문 일이다. 군주는 이 계급들과 관계를 맺고 있는데, 국가를 전복시킬 의지도 희망도 없는 폭도들은 군주를 넘어뜨릴

---

33 《법률론》 제3편.
34 이 점에 대해서는 제2편 제4장의 첫 번째 각주를 참조할 것.

수도 없고 그러기를 바라지도 않는다.

그런 상황에서는 지혜와 권위를 가지고 있는 사람들이 중재에 나선다. 사람들은 타협안을 택하고, 화해하고 잘못을 바로잡는다. 그리고 법이 효력을 되찾아 준수된다.

그래서 우리의 모든 역사에는 혁명 없는 내전이 많지만, 전제국가의 역사에는 내전은 없고 혁명만 잔뜩 있다.

몇몇 나라 내전의 역사를 집필한 사람들과 심지어 내전을 일으켰던 사람들은 군주가 업무를 위해 어떤 신분에 부여하는 권한은 추호의 의심도 없이 신뢰할 수 있어야 한다는 것을 잘 증명해 준다. 그들은 일이 잘못되었을 때조차 오직 법과 자신들의 의무만 생각하며 반란자의 격분과 혈기를 최대한 가라앉혔으니 말이다. 35

리슐리외 추기경은 아마도 자신이 국가의 여러 계급의 가치를 너무 떨어뜨렸다고 여겼는지 국가를 유지하기 위해 군주와 대신들의 덕성에 호소하였다. 36 그는 군주와 대신들에게 너무 많은 것을 요구했는데, 사실 그토록 많은 주의력과 지혜와 단호함과 지식을 가질 수 있는 자는 천사밖에 없을 것이다. 앞으로 모든 군주국이 붕괴되는 날까지 그런 군주와 대신들이 존재하리라는 기대는 거의 할 수 없다.

---

35 레츠 추기경(Jean-François-Paul de Gondi, cardinal de Retz, 1613~1679, 프롱드의 난으로 알려진 귀족 반란의 지도자 가운데 한 사람으로, 은퇴한 후에 쓴 1655년까지의 삶을 기록한 《회고록》은 프롱드의 난에서 자신이 맡은 역할, 동시대인들에 대한 묘사, 경험에서 얻은 격언 등을 담고 있다_옮긴이 주)의 《회고록》과 그 밖의 역사서.

36 《정치적 유언》.

훌륭한 통치 조직하에서 살아가는 인민이 아무 규칙도 지도자도 없이 숲속에서 방황하는 인민보다 행복하듯이, 국가의 기본법 아래에서 살아가는 군주가 인민의 마음이나 자기 자신의 마음을 규제할 수 있는 것이 아무것도 없는 전제군주보다 행복하다.

제 12장 : 같은 주제 계속

전제국가에서는 고결함을 찾으려고 하지 말라. 전제국가의 군주는 자신이 가지고 있지 않은 고귀함을 줄 수 없을 것이다. 그에게 영광은 존재하지 않는다.

군주가 주위의 신하들에게 광채를 발하는 것을 볼 수 있는 것은 군주정체에서다. 말하자면 군주정체에서는 각자가 좀 더 넓은 공간을 차지하면서 독립성이 아니라 고귀함을 영혼에 부여하는 덕성을 실천할 수 있다.

제 13장 : 전제정체의 관념

루이지애나의 미개인은 과일을 갖고 싶을 때, 나무를 뿌리째 베어서 과일을 딴다.[37] 이것이 바로 전제정체이다.

---

[37] 《교훈적이고 신기한 편지들(*Lettres édifiantes et curieuses*)》(중국, 근동 지방, 인도, 아메리카에서 예수회 선교사들이 유럽으로 보낸 편지들을 모은 것으로, 1702~1776년에 출판되어 유럽, 특히 프랑스에 비유럽 문화에 대한 관심을 불러일으켰다_옮긴이 주), 제 11집, 315쪽.

제 14장 : 법은 전제정체의 원리와 어떻게 관련되는가

전제정체의 원리는 두려움이다. 그러나 소심하고 무지하고 무기력한 인민에게는 많은 법이 필요하지 않다.

전제정체에서는 모든 것이 두세 가지 관념에 의존한다. 따라서 새로운 관념은 필요 없다. 가축을 조련할 때는 주인이나 훈련 내용이나 속도를 바꾸지 않게 주의하고, 두세 가지 동작으로 가축의 두뇌를 자극할 뿐 그 이상은 하지 않는 법이다.

군주가 후궁에 갇혀 있을 때, 그가 그 쾌락의 거처에서 나오면 그를 거기에 붙들어 둔 모든 사람은 난처해한다. 그들은 군주의 일신과 권력이 다른 사람들의 수중으로 옮겨가는 것을 용인할 수 없다. 그래서 군주가 몸소 전쟁에 나가는 일은 드물고, 또한 자신의 대리인들을 전쟁터에 내보낼 엄두도 내지 못한다.

이런 군주는 자신의 궁정 안에서 아무 반항도 받지 않는 것에 익숙하므로 손에 무기를 들고 반항하는 것에 격노한다. 따라서 그는 대개 분노나 복수심에 이끌린다. 게다가 그에게는 진정한 영광에 대한 관념이 없다. 그러므로 여기서는 전쟁이 벌어지면 전쟁 본래의 난폭함이 있는 그대로 표출되고, 만민법은 다른 곳에서보다 그 범위가 더 좁아진다.

이런 군주는 결점이 너무 많으므로 자신의 타고난 어리석음을 만천하에 드러내는 것을 두려워한다. 그래서 그는 몸을 숨기고, 사람들은 그가 어떤 상태인지 모른다. 다행히 이런 나라에서는 사람들도 자신을 다스리는 자의 이름만 필요로 할 뿐이다.

카를 12세(14)는 벤데르에 있을 때 스웨덴의 원로원에서 약간의 저항이 있는 것을 알고 그들에게 자기 장화 한 짝을 보내 명령하게 하겠다고 편지를 썼다. 그 장화는 전제적인 왕처럼 명령했을 것이다.

만약 군주가 포로가 되면, 그는 죽은 것으로 간주되어 다른 사람이 왕좌에 오른다. 포로가 맺은 조약은 무효이고, 그의 후계자는 그것을 승인하지 않을 것이다. 사실 그는 곧 법이고 국가이고 군주이므로, 그가 더 이상 군주가 아니라면 곧바로 그는 아무것도 아닌 존재이다. 만약 그가 죽은 것으로 여겨지지 않는다면, 국가는 무너지고 말 것이다.

터키인들이 표트르 1세(15)와 단독 강화조약을 체결할 결심을 하게 된 가장 큰 이유 중 하나는 스웨덴에서 다른 왕을 왕좌에 앉혔다고 모스크바 사람들이 터키 재상에게 말했기 때문이었다. 38

국가의 보존은 군주의 보존, 아니 그보다 그가 갇혀 있는 궁정의 보존에 지나지 않는다. 이 궁정이나 수도를 직접 위협하는 것이 아니라면, 그 어떤 것도 무지하고 거만하고 편견으로 가득 찬 사람들에게 영향을 미치지 않는다. 그리고 그들은 사건의 맥락을 따라가지도 예견하지도 못하며 생각조차 하지 못한다. 여기서는 정치 및 그 원동력과 법이 매우 한정되어 있다. 정치적 통치체제는 민생 통치체제와 마찬가지로 간단하다. 39

모든 것은 정치 체제와 민생 체제를 가정 체제와 일치시키고 국가

---

38 푸펜도르프(Pufendorf, 1632~1694, 독일의 법학자이자 역사학자. 여기서 말하는 《세계사》의 정확한 서명은 《유럽에 현존하는 주요 제국과 나라의 역사 입문》이다_옮긴이 주), 《세계사》 속편, 스웨덴 항목 제 10장.
39 샤르댕에 의하면, 페르시아에는 국가 자문회의가 없다.

의 관료와 후궁의 관료를 일치시키는 것으로 축소된다.

그런 국가는 그 나라가 이 세상에서 유일하다고 여겨질 수 있을 때, 사막으로 둘러싸여 자기네 문화권에 속하지 않는 다른 민족들과 격리되어 있을 때 가장 좋은 상황이라고 할 수 있을 것이다. 그런 나라는 민병대를 기대할 수 없으니, 나라의 일부를 파괴하는 게 좋을 것이다.

전제정체의 원리가 두려움이라면 그 목적은 고요함이다. 그러나 그것은 평화가 아니라 적에 의해 점령되기 직전인 도시의 침묵이다.

힘은 국가가 아니라 국가를 세운 군대에 있으므로, 국가를 지키기 위해서는 군대를 유지해야 할 것이다. 그러나 군대는 군주에게 무서운 존재이다. 그러니 국가의 안전과 일신의 안전을 어떻게 조화시킬 것인가?

러시아 정부가 인민보다 정부에게 더 무겁게 느껴지는 전제정체에서 벗어나려고 얼마나 열심히 애쓰고 있는지 보기 바란다. 그들은 대군단을 해산했고, 형벌을 축소했고, 재판소를 설치했고, 법을 알기 시작했고, 인민을 교육시켰다. 그러나 특별한 이유로 인해 러시아 정부는 아마 도망치고자 했던 불행으로 되돌아가게 될 것이다.

그런 나라에서는 다른 어떤 나라에서보다 종교가 더 큰 영향력을 갖는다. 종교는 두려움에 첨가된 또 하나의 두려움이다. 이슬람 제국에서 사람들이 군주에 대해 갖는 놀라운 존경심은 부분적으로 종교에서 나온다.

터키의 국가 구조를 다소 수정해 주는 것은 바로 종교이다. 신하들은 명예가 아니라 종교의 원리와 힘에 의해 국가의 영광과 위대함에 애착을 갖는다.

모든 전제정체 중에서, 군주가 모든 토지 자산의 소유주이고 모든 신하의 상속자라고 선언하는 정체보다 더 위태로운 것은 없다. 그것은 반드시 토지 경작을 포기하는 사태를 초래한다. 게다가 만약 군주가 상인이라면 모든 종류의 산업이 파괴된다.

그런 나라에서는 사람들이 아무것도 고치지 않고 개선하지 않는다. 40 사람들은 오직 한평생을 위해서만 집을 지으므로, 도랑도 파지 않고 나무도 심지 않는다. 땅에서 모든 것을 끌어내고 아무것도 돌려주지 않는다. 그래서 모든 국토가 황무지이고 사막이다.

토지 소유권과 재산 상속을 빼앗는 법이 귀족들의 인색함과 탐욕을 줄여줄 것이라 생각하는가? 그렇지 않다. 그런 법률은 인색함과 탐욕을 자극하게 될 것이다. 훔치거나 숨길 수 있는 금이나 은만 자기 고유의 재산으로 가질 수 있다고 생각하기 때문에, 수많은 억압을 저지르기 쉽다.

모든 것을 잃지 않으려면, 어떤 관습으로 군주의 탐욕을 억제하는 것이 좋다. 그리하여 터키에서는 일반적으로 군주가 서민의 상속 재산의 3%를 취하는 것으로 그친다. 41 그러나 군주는 토지 대부분을 군대에 주고 그것을 멋대로 처분하기 때문에, 또한 제국 관리들의 모든 상속 재산을 몰수하고 어떤 남자가 아들 없이 죽었을 때는 군주가 소유권을 갖고 딸은 용익권(用益權) 밖에 갖지 못하기 때문에, 나라의

---

40 리코트, 《오스만 제국의 상태》, 196쪽 참조.
41 터키인의 상속은 《고대와 현대의 스파르타》를 참조할 것. 또한 리코트, 《오스만 제국의 상태》를 참조할 것.

재산 대부분은 불안정한 방법으로 소유되는 일이 발생한다.

반튼(16)의 법에 따르면, 왕은 모든 상속 재산, 심지어 여자와 아이들과 집까지 가져간다. 42 이 법의 가장 잔인한 처분을 모면하기 위해서는 아이들이 불운하게도 아버지의 상속 재산 중 일부가 되지 않도록 아이들을 8살, 9살, 10살, 때때로 그보다 더 어린 나이에 혼인시켜야 한다.

기본법이 없는 나라에는 왕위계승이 정해져 있을 수 없다. 그런 나라에서는 군주가 자기 가족의 안팎에서 왕위계승자를 선택한다. 장자가 계승한다고 정해 놓아도 소용이 없다. 군주는 언제나 다른 사람을 선택할 수 있다. 계승자는 군주 자신이나 대신들에 의해 혹은 내란에 의해 선포된다. 그러므로 이런 국가는 해체될 수 있는 요인을 군주 정체보다 하나 더 가지고 있다.

왕가의 모든 왕자가 똑같이 선출될 자격을 가지고 있으므로, 터키에서처럼 왕좌에 오른 자는 우선 형제들을 교살하게 하는 일이 발생한다. 또는 페르시아에서처럼 장님으로 만들거나 몽골에서처럼 미치광이로 만든다. 혹은 그런 예방조치를 취하지 않을 경우, 모로코에서처럼 왕좌가 빌 때마다 끔찍한 내전이 이어진다.

러시아의 정체 구조에 의하면, 43 황제는 계승자를 자기 가족의 안에서든지 밖에서든지 원하는 대로 선택할 수 있다. 이러한 계승제도

---

42 《동인도회사 설립에 도움을 준 여행기 모음집》, 제1권. 페구(미얀마 중부의 도시_옮긴이 주)의 법은 좀 덜 잔인하여, 만약 자식들이 있으면 왕이 유산의 3분의 2만 상속했다. 위의 책, 제3권, 1쪽.
43 여러 구조, 특히 1722년의 구조를 볼 것.

는 수많은 혁명을 야기하고, 계승이 자의적인 만큼 왕좌를 불안정하게 만든다. 계승의 순위는 인민이 알아야 할 가장 중요한 것 중 하나이므로, 출생이나 출생의 순서처럼 명백하게 눈에 보이는 것이 가장 좋다. 그런 규정은 음모를 막고 야망을 잠재운다. 또한 병약한 군주의 정신을 더 이상 붙잡으려고 하지 않고, 죽어 가는 자에게 말을 시키지도 않는다.

계승이 기본법으로 정해지면, 단 한 명의 왕자가 계승자가 되고 다른 형제에게는 왕위를 다툴 실질적인 권리 혹은 명백한 권리가 없다. 부왕의 특별한 의지를 추측할 수도, 주장할 수도 없다. 따라서 왕의 형제이든 다른 어떤 신하이든 체포하거나 죽일 필요가 더 이상 없다.

그러나 군주의 형제가 그의 노예인 동시에 경쟁자이기도 한 전제국가에서는 신중을 기해 그들의 신병을 확보해 두는 것이 낫다. 종교에 의해 승리나 성공이 신의 심판으로 간주되는 이슬람 국가에서는 특히 그렇다. 따라서 그런 국가에서는 누구도 권리에 따라 군주가 되는 것이 아니라 오직 사실에 의해 군주가 된다.

왕자들이 왕위에 오르지 못하면 감금되거나 살해된다는 것을 알고 있는 나라에서는 우리의 경우보다 훨씬 더 강하게 야망이 자극된다. 우리의 왕자들은 비록 야망을 그다지 충족시켜 주지는 못해도 어쩌면 온건한 욕망은 더 잘 만족시킬 수 있는 사회적 신분을 향유하고 있다.

전제국가의 군주들은 항상 혼인을 남용했다. 그들은 보통 여러 명의 아내를 두었는데, 전제주의가 정착된 아시아와 같은 곳에서 특히 그랬다. 그래서 그들은 자식이 매우 많았으므로 자식에 대해 거의 애정을 갖지 않았고, 자식들도 자기 형제에 대해 애정이 거의 없었다.

왕가는 나라와 유사하다. 나라처럼 왕가도 그 자체는 몹시 약하지만 우두머리는 대단히 강하고, 규모가 커 보이지만 완전히 사라져 버리기도 한다. 아르타크세르크세스(17)는 자신에게 음모를 꾸몄다는 이유로 자기 자식들을 모두 죽여 버렸다. 44 50명의 자식이 결탁해서 아버지에 대한 음모를 꾸몄다는 것은 있을 것 같지 않은 일이다. 아버지가 애첩을 장남에게 양보하려 하지 않았기 때문에 그들이 결탁해 음모를 꾸몄다는 것은 더더욱 있을 것 같지 않다. 차라리 동방의 후궁들에서 어떤 간계가 있었다고 생각하는 편이 더 간단하다. 동방의 후궁은 책략과 악의와 술수가 침묵 속에서 지배하고 두꺼운 어둠으로 덮여 있는 곳이다. 그곳에서 나날이 더 멍청해지는 늙은 군주는 궁정의 일등 수인(囚人)이다.

앞서 말한 모든 것을 생각해 보면, 인간의 본성이 끊임없이 전제정체에 대항해서 봉기할 것처럼 생각된다. 그러나 자유에 대한 인간의 사랑에도 불구하고, 폭력에 대한 인간의 증오에도 불구하고, 대부분의 민족은 이 정체에 복종하고 있다. 그것은 이해하기 쉬운 일이다. 제한된 정체를 구성하기 위해서는 여러 힘을 결합하고, 규제하고, 완화시키고, 작동시켜야 한다. 말하자면 한쪽 힘에 모래주머니를 달아서 다른 힘에 저항할 수 있는 상태로 만들어야 한다. 그것은 입법을 거쳐 나오는 훌륭한 결과물이지, 우연히 만들어지거나 신중함에 맡긴다고 이루어지는 일이 아니다. 반면에 전제정체는 매우 명명백백

---

44 유스티누스(Marcus Junianus Justinus, 3~4세기에 활동한 로마 제국의 역사가로《필리포스 역사의 개요》를 썼다__옮긴이 주)를 참조할 것.

하다. 그것은 어디서나 똑같다. 전제정체를 수립하기 위해서는 오직 정념만 있으면 되기 때문에 누구나 할 수 있다.

제15장 : 같은 주제 계속

보통 전제정체가 지배하는 따뜻한 풍토에서는 정념이 비교적 빨리 나타나고 또한 빨리 가라앉는다. 45 정신도 더 빨리 성숙해진다. 거기서는 재산 탕진의 위험이 더 적고, 입신출세하기가 더 어렵다. 집 안에 틀어박혀 지내는 젊은이들 사이에는 교제가 적고, 더 일찍 혼인한다. 따라서 유럽의 풍토에서보다 더 빨리 성인이 될 수 있다. 터키에서는 성년이 15세에 시작된다. 46

여기서는 재산의 양도가 발생할 수 없다. 아무도 확실한 소유권을 갖지 않는 정체에서는 재산보다는 사람을 보고 돈을 빌려준다.

제한된 정체, 특히 공화정체에서는 당연히 재산 양도가 행해진다. 47 그것은 시민들의 성실성에서 비롯되는 커다란 신뢰와 각자 자기 자신에게 직접 부여한 것으로 여겨지는 통치 형태가 마음속에 불러일으킨 온화함이 있기 때문이다.

만약 로마공화국에서 입법자들이 재산의 양도를 제정했더라면, 48

---

45 이 책 제14편 "풍토의 성질과 법의 관계"를 참조할 것.
46 라 기예티에르, 《고대와 현대의 스파르타》, 463쪽.
47 정당한 파산에서 지급유예의 경우도 마찬가지이다.
48 그것은 율리아 법 De cessione bonorum (재산 양도에 관하여) 에 이르러서야 규정되었다. 그래서 투옥과 불명예스러운 재산 양도를 피할 수 있게 되었다.

그토록 많은 폭동과 내분에 빠지지 않았을 테고 폐해의 위험도 대책을 마련해야 하는 위기도 겪지 않았을 것이다.

전제국가에서 가난과 재산의 불안정은 고리대금을 정착시킨다. 각자 돈을 빌려주는 데 따르는 위험에 비례해서 자기 돈의 가치를 올리기 때문이다. 따라서 이런 불행한 나라에서는 모든 방면에서 빈곤이 초래된다. 돈을 빌리는 수단에 이르기까지 모든 것을 빼앗기기 때문이다.

그 결과 전제정체에서는 상인이 큰 장사를 할 수가 없다. 그는 하루 벌어 하루 먹고 산다. 만약 그가 많은 상품을 쌓아 놓는다면, 상품으로 버는 돈보다 상품값을 치르기 위해 내는 이자가 더 많아서 손해를 보게 될 것이다. 그래서 거기서는 상업에 관한 법이 거의 없고, 단순한 치안 규정으로 그칠 뿐이다.

부정한 정부에는 반드시 부정행위를 저지르는 손이 있게 마련이다. 그런데 이 손이 사리사욕을 위해 사용되지 않기란 불가능한 일이다. 따라서 전제국가에서 공금횡령은 자연스러운 현상이다.

전제국가에서 그런 범죄는 일상적인 범죄이므로 재산 몰수가 유익하다. 그를 통해 사람들은 위안을 받고, 거기서 얻는 돈은 군주가 파산상태의 신민들에게서는 징수하기 어려울 막대한 조세가 된다. 심지어 그런 나라에는 보호하고자 하는 가문도 없다.

제한된 국가에서는 상황이 전혀 다르다. 몰수는 재산의 소유권을 불안하게 만들고, 죄 없는 아이들을 헐벗게 만들 것이다. 죄인 한 사람만 처벌해야 할 경우에도, 재산을 몰수하면 한 가족을 파멸시키게 된다. 공화정체에서 몰수는 한 시민에게서 물질적인 필수품을 빼앗음

으로써 공화정체의 정신을 이루는 평등을 해치는 잘못을 초래한다. 49

로마의 한 법50은 대역죄의 경우에만 몰수한다. 이 법의 정신을 따라 몇몇 범죄에 대해서만 몰수하는 것으로 한정하는 것은 대체로 매우 현명한 일이다. 지역의 관습이 '고유 재산'을 인정한 나라에서, 보댕(18)이 '취득 재산'(19)만 몰수해야 한다고 말한 것은 매우 합당하다. 51

제16장 : 권력의 전달

전제정체에서 권력은 그것을 위임받은 사람의 수중으로 전부 옮겨진다. 대신은 전제군주 자신이 되고, 개개의 관리는 대신이 되는 것이다. 군주정체에서는 권력이 그렇게까지 직접적으로 적용되지 않는다. 군주는 권력을 주면서 그것을 약화시킨다. 52 그는 권력의 한 부분을 줄 때 반드시 더 큰 부분을 따로 남겨두는 식으로 권력을 분배한다.

그리하여 군주국에서 도시의 지배자는 주(州)의 지배자에게 소속되는 것 이상으로 군주에게 훨씬 더 많이 소속되며, 군대의 각 장교도 장군에게 종속되는 것 이상으로 군주에게 훨씬 더 많이 종속된다.

---

49 아테네 공화국에서는 몰수를 너무 좋아한 것 같다.
50 Authentica, Bona damnatorum. Cod. , De bon. damn.
51 제5편 제3장.
52 Ut esse Phœbi dulcius lumen solet / Jamjam cadentis… (태양 빛은 보통 더 부드럽다 / 해가 질 때), (세네카의 작품 《트로아스》 5막 1장에서 인용한 것이다_ 옮긴이 주).

대부분의 군주국에서는 현명하게도 다소 광범위한 명령권을 가지고 있는 자들은 어떤 군대에도 관련되지 않도록 정해 놓았다. 그래서 그들은 오직 군주의 특별한 의지에 의해서만 명령권을 가지게 되고 군주는 그들을 사용할 수도 있고 사용하지 않을 수도 있으므로, 어떻게 보면 근무를 하는 것이고 또 어떻게 보면 근무를 하지 않는 것이기도 하다.

이것은 전제정체와는 양립될 수 없다. 현재 맡은 직무가 없는 자가 여전히 특권과 칭호를 갖고 있다면 자기 혼자 힘으로 높은 지위에 오른 사람이 나라 안에 존재하는 셈인데, 이것은 이 정체의 본질에 어긋나기 때문이다.

만약 도시의 지배자가 주를 지배하는 고관으로부터 독립되어 있다면, 둘을 조화시키기 위해 날마다 타협이 필요할 것이다. 그것은 전제정체에서는 불합리한 일이다. 게다가 도시의 지배자가 복종하지 않을 수도 있는데, 상대방은 과연 목숨을 걸고 자신의 주를 책임질 수 있겠는가?

이 정체에서는 권력이 균형을 유지할 수 없다. 말단 관리의 권력도 전제군주의 권력과 마찬가지로 균형을 유지하지 못한다. 제한된 국가에서는 어디서나 사려 깊은 법이 잘 알려져 있으므로, 가장 낮은 관리들도 그것을 따를 수 있다. 그러나 법이 오로지 군주의 의지에 지나지 않는 전제주의에서는 군주가 현명하더라도 관리가 그 의지를 모르는데 어떻게 그것을 따를 수 있겠는가? 결국 그는 자기 자신의 의지를 따를 수밖에 없다.

그 밖에도 문제가 또 있다. 법이 곧 군주가 원하는 것에 불과하고 군주는 자기가 아는 것만 원할 수 있으므로, 수많은 사람이 그를 위해서 그가 원하는 것을 함께 원해야 한다.

요컨대 법은 군주의 순간적인 의지이므로, 군주를 위해 원하는 사람들은 그가 원하는 것을 급작스럽게 따라가야 한다.

제17장 : 선물

윗사람에게 접근할 때는 그가 누구든 반드시 선물하는 것이 전제국가의 관습이다. 왕에게도 마찬가지이다. 몽골의 황제는 뭔가를 받지 않고는 결코 신하의 청원을 받지 않았다.[53] 이 군주들은 자기 자신의 자비심을 오염시키는 것이다.

아무도 시민이 아닌 정체, 상급자가 하급자에 대해 아무런 의무가 없다는 생각이 팽배한 정체, 사람들이 서로에게 행사하는 형벌에 의해서만 연결되어 있다고 생각하는 정체, 공무가 별로 없어서 사람들이 고관 앞에 나가 요구할 필요가 있는 경우가 드물고 불평을 제기하는 일은 더더욱 적은 정체에서는 그렇게 될 수밖에 없다.

공화국에서 선물은 불쾌한 것이다. 덕성은 그것을 필요로 하지 않기 때문이다. 군주국에서는 명예가 선물보다 더 강한 동기가 된다. 그러나 전제국가에서는 명예도 덕성도 없으므로 안락한 생활에 대한 기대에 의해서만 행동을 결정할 수 있다.

플라톤이 자기 의무를 이행하는 것에 대해 선물 받는 자들을 사형

---

53 《동인도회사 설립에 도움을 준 여행기 모음집》, 제1권, 80쪽.

에 처하도록 한 것54은 공화정체의 관념에 의한 것이다. "좋은 일을 위해서든 나쁜 일을 위해서든 선물을 받아서는 안 된다"라고 그는 말했다.

1년에 100에퀴를 넘지 않는 한 작은 선물55을 받아도 좋다고 관리에게 허락한 로마의 법56은 나쁜 법이었다. 아무것도 받지 않는 사람은 아무것도 바라지 않는다. 하지만 조금 받는 사람은 곧 좀 더 바라게 되고 나중에는 많이 바라게 된다. 게다가 아무것도 받으면 안 되는데 뭔가를 받은 사람의 유죄를 입증하는 것보다 적게 받아야 하는데 더 많이 받고 그에 대해 항상 그럴듯한 이유와 핑계와 구실을 찾는 사람의 유죄를 입증하기가 더 어렵다.

제18장 : 최고 주권자의 포상

전제정체에서는 앞서 말한 바와 같이 사람들이 안락한 생활에 대한 기대에 의해서만 행동을 결정하므로, 상을 주려는 군주는 돈을 주는 수밖에 없다. 오직 명예가 지배하는 군주정체에서는 군주의 포상이 단지 특전으로만 이루어질 수 있을 것이다. 하지만 명예에 의해 결정되는 특전은 필연적으로 욕구를 낳는 사치와 결합하게 마련이다. 따라서 군주정체에서 군주는 부(富)로 이끄는 명예에 의해 포상한다.

---

54 《법률》, 제12편.
55 Munuscula(작은 선물).
56 L. 5, § 2, Dig., ad leg. Jul. repet.

그러나 스스로 자족하고 다른 모든 것을 배제하는 동기인 덕성이 지배하는 공화정체에서는 국가가 오직 이 덕성을 증명하는 것으로만 상을 준다.

군주정체와 공화정체에서 포상이 크면 정체가 쇠퇴하는 조짐이라는 것이 일반적 원칙이다. 큰 포상은 정체의 원리가 부패했다는 것, 즉 군주정체에서는 명예의 관념이 더 이상 큰 힘을 갖지 못하고 공화정체에서는 시민의 자질이 약해졌다는 것을 증명해 주기 때문이다.

로마의 최악의 황제는 상을 가장 많이 준 황제들이었다. 예를 들면 칼리굴라, 클라우디우스, 네로, 오토, 비텔리우스, 콤모두스, 엘라가발루스, 카라칼라 등이다. 아우구스투스, 베스파시아누스, 안토니누스 피우스, 마르쿠스 아우렐리우스, 페르티낙스와 같은 가장 훌륭한 황제들은 좀처럼 상을 주지 않았다. 훌륭한 황제 밑에서는 국가가 그 원리를 되찾았고, 명예라는 보물이 다른 보물들을 대신했다.

제19장 : 세 가지 정체의 원리에 대한 새로운 귀결

나는 세 가지 원리를 좀 더 적용해 보지 않고는 도저히 이 편을 끝낼 수가 없다.

〈질문 1〉 법은 시민에게 공직을 맡을 것을 강제해야 하는가?

공화정체에서는 그래야 하고 군주정체에서는 그럴 필요가 없다고 생각한다. 공화정체에서는 공직이 덕성의 증거이고 조국이 한 시민에게 맡기는 위탁물이며, 그 시민은 오직 조국을 위해 살고 행동하고 생각해야 한다. 따라서 그는 그것을 거절할 수 없다.[57] 군주정체에서 공직은 명예의 증거이다. 그런데 명예는 기묘해서 원할 때 원하는 방식으로만 수락하는 것을 좋아한다.

세상을 떠난 사르데냐(20)의 왕58은 나라의 공직이나 고위직을 거절한 자들을 처벌했다. 그는 자신도 모르게 공화정체의 이념을 따른 것이다. 하지만 그의 통치 방식은 그것이 그의 의도가 아니라는 것을 충분히 증명하고 있다.

〈질문 2〉 한 시민이 군대에서 자기가 차지했던 지위보다 더 낮은 지위를 받아들여야 하는 것은 좋은 규범인가?

로마에서는 대장이 다음 해에 자기 부관 밑에서 복무하는 것을 종종 볼 수 있었다. 59 공화국에서는 국가를 위해 자기 자신과 자신의 반감을 끊임없이 희생시킬 것을 덕성이 바라기 때문이다. 그러나 군주국에서는 진정한 명예든 거짓된 명예든 지위가 떨어지는 것을 용인할수 없다. 명예와 직위와 신분이 똑같이 남용되는 전제정체에서는 아무렇지 않게 군주를 군대 하인으로 만들기도 하고 군대 하인을 군주로 만들기도 한다.

〈질문 3〉 같은 사람에게 군대의 직무와 민간의 직무를 맡겨도 될까?

---

57 플라톤은 《국가》 제8편에서 공직을 거절하면 공화정체가 부패한 표시로 보았다. 《법률》 제6편에서는 그것을 벌금형으로 처벌하라고 말했다. 베네치아에서는 유배형으로 처벌했다.

58 비토리오 아메데오.

59 몇몇 백인대장(로마 군대의 조직 가운데 100명 정도의 병사들로 조직된 단위 부대의 우두머리_옮긴이 주)이 전에 차지했던 직책을 요구하기 위해 인민에게 호소하자, 한 백인대장이 "나의 동료들이여, 그대들은 공화국을 수호하는 모든 직위를 명예롭게 여기는 것이 정당하다"라고 말했다. 티투스 리비우스, 제42편.

공화정체에서는 둘을 결합시켜야 하고 군주정체에서는 분리해야 한다. 공화정체에서 민간의 임무를 이행하는 사람과 구별하여 군직을 특별한 신분으로 만드는 것은 위험하다. 그리고 군주정체에서 같은 사람에게 두 가지 임무를 부여하는 것도 마찬가지로 위험하다.

공화정체에서는 사람들이 법과 조국의 수호자로서만 무기를 잡는다. 그들이 한동안 군인이 되는 것은 시민이기 때문이다. 만약 두 신분이 분리되어 있다면, 군대에 있으면서도 스스로 시민이라고 생각하던 사람들은 자신이 그저 군인일 뿐이라고 느끼게 될 것이다.

군주정체에서 군직에 종사하는 사람은 오로지 영광 또는 적어도 명예나 재산만을 목적으로 한다. 이런 사람들에게는 민간의 직무를 부여하지 않도록 조심해야 한다. 오히려 그들은 민간 행정관에 의해 제약을 받아야 하고, 같은 사람이 인민의 신임과 그것을 남용할 힘을 동시에 가져서는 안 된다. 60

군주정체의 형태 밑에 공화정체가 감춰져 있는 나라(21)에서 군인이라는 특별한 신분을 사람들이 얼마나 두려워하는지 보라. 그리고 어떻게 군인이 계속해서 시민으로 남고 또는 심지어 행정관이 되는지 보라. 그것은 시민과 행정관이라는 자격이 조국을 위한 담보가 되어 결코 조국을 잊지 않게 하기 위함이다.

---

60 Ne imperium ad optimos nobilium transferretur, senatum militiâ vetuit Gallienus, etiam adire exercitum(정치적 권력이 최고 귀족에게 이전되지 않도록, 갈리에누스는 원로원에게 군사적인 업무를 금지하고 심지어 군대에 가는 것조차 금했다). 아우렐리우스 빅토르(Aurelius Victor, 4세기 로마의 역사가__옮긴이 주), 《저명한 사람들에 대하여(De Viris Illustribus)》.

공화국이 멸망한 후에 로마인이 민간 행정관과 군무 행정관을 분리한 것은 자의적인 행동이 아니었다. 그것은 로마의 구조가 변한 결과였고, 군주정체의 본질에 속하는 것이었다. 그리고 아우구스투스61 때 시작만 했던 것을 그 뒤의 황제가62 군벌정치를 완화하기 위해 끝마쳐야 했다.

그러므로 발렌스와 제위를 다툰 프로코피우스(22)가 페르시아 왕족인 호르미스다스에게 지방 총독이라는 고위직을 수여하면서63 그 직책이 예전에 가졌던 군대 지휘권을 다시 주었을 때, 그는 그런 문제를 전혀 이해하지 못하고 있었던 것이다. 그에게 특별한 이유가 있었다면 모르지만 말이다. 주권을 갈망하는 사람은 국가에 이로운 것보다 자신에게 이익이 되는 것을 추구하게 마련이다.

〈질문 4〉 공직이 돈으로 매매되는 것이 적절한가?

신하가 군주에 의해 곧바로 임명되기도 하고 파면되기도 해야 하는 전제국가에서는 그래서는 안 된다. 이 매관제도는 군주국가에는 좋

---

61 아우구스투스는 원로원 의원, 지방 총독, 지사로부터 무기를 갖는 권리를 빼앗았다. 디오, 제 33편.

62 콘스탄티누스(Constantinus I, 272~337, 첫 번째 기독교인 로마 군주로 알려진 콘스탄티누스 대제를 말한다. 그의 개종에 힘입어 로마 제국은 기독교 국가로 변모하기 시작했고, 그의 추진력 덕분에 형성된 기독교 문화는 비잔티움 제국과 서유럽의 중세 문화가 발전할 수 있는 길을 열어 주었다_옮긴이 주). 조시모스(Zosimos, 5세기 말과 6세기 초에 살았던 그리스 역사가로, 특히 서로마 제국의 말년을 다룬 《새로운 역사》의 저자이다_옮긴이 주), 제 2편 참조.

63 암미아누스 마르켈리누스(Ammianus Marcellinus, 4세기 로마의 역사가로 총 31편으로 이루어진 《사건 연대기》란 제목의 역사책을 썼다_옮긴이 주), 제 26편. More veterum, et bella recturo(고대의 관습에 따라 전쟁을 지휘한다).

다. 그것은 덕성을 위해서는 하려고 하지 않는 일을 가업으로 하게 하고, 각자에게 의무를 정해주며 국가의 계급을 더 항구적으로 만들어주기 때문이다. 아나스타시우스(23)가 모든 관직을 팔았을 때, 제국을 일종의 귀족정체로 만든 것이라고 한《수이다스》(24)의 표현은 매우 적절했다.64

플라톤은 이 매관제도를 용인할 수 없었다.65 "그것은 마치 배 안에서 어떤 사람을 그의 돈을 보고 수로(水路) 안내인이나 선원으로 만드는 것과 같다. 이런 규칙은 일상의 일자리에 대해서도 나쁜 것인데, 유독 국가를 관리하는 데에는 좋다는 것이 가능한 일인가?"라고 그는 말했다. 그러나 플라톤은 덕성을 토대로 하는 공화정체에 대해 말하는 것이고, 우리는 군주정체에 대해 말하고 있다. 국가의 규칙으로 공직의 매매를 금하더라도 궁정 신하들이 가난과 탐욕 때문에 여전히 공직을 팔게 되는 군주정체에서는 군주의 선택보다 우연에 의해서 더 좋은 신하를 얻을 수 있다. 그리고 재산을 통해 출세하는 방식은 근로를 고무시키고 유지한다. 그것은 이런 종류의 정체에서 매우 필요하다.66

---

64 콘스탄티노스 포르피로엔니토스(Kōnstantinos Porphyrogennētos, 913~959년에 비잔티움 제국의 황제였던 콘스탄티노스 7세를 가리킨다. 별칭인 포르피로엔니토스는 황실에서 태어난 황태자를 의미한다. 그는 황제이자 작가, 저술가로서도 유명한데 그가 남긴 저서들은 당시의 비잔티움 제국을 이해하는 데 귀중한 자료가 되었다_옮긴이 주) 의 "대사들"에서 발췌한 부분.
65 《국가》, 제8편.
66 스페인의 게으름. 거기서는 모든 일자리가 그냥 제공된다.

〈질문 5〉 어떤 정체에 감찰관이 필요한가?

정체의 원리가 덕성인 공화정체에 필요하다. 덕성을 파괴하는 것은 단지 범죄만이 아니다. 태만, 실수, 미온적인 조국애, 위험한 사례, 타락의 씨앗, 법에 어긋나지는 않지만 교묘히 법망을 피하는 것, 법을 파괴하지는 않지만 약화시키는 것, 이 모든 것은 감찰관에 의해 교정되어야 한다.

아레오파고스 회의의 한 일원이 매에 쫓겨 자기 품으로 도망쳐 들어온 참새를 죽인 것 때문에 처벌받은 것에 우리는 놀란다. 또 아레오파고스 회의가 자기 새의 눈을 도려낸 한 아이를 죽인 것에 대해서도 놀란다. 그러나 이것은 범죄에 대한 판결이 아니라 풍습에 근거를 둔, 한 공화국의 풍습재판과 관련된 것이라는 점을 주의해야 한다.

군주정체에서는 감찰관이 필요 없다. 군주정체는 명예를 토대로 하는데, 명예는 본질상 온 세상을 감찰관으로 하기 때문이다. 누구든 명예를 실추시키는 사람은 심지어 명예가 없는 사람들의 비난마저 받아야 한다.

여기서는 감찰관이 오히려 그들이 교정해야 할 사람들에 의해 부패될 것이다. 그들은 군주정체의 부패를 막는 데 도움이 되지 않지만, 군주정체의 부패는 그들이 감당하기에는 너무 버거울 것이다.

전제정체에서 감찰관이 필요 없다는 것은 잘 알 수 있는 일이다. 중국의 예는 이 규칙에 어긋나는 듯한데, 이 책의 뒤에서 그 제도의 특별한 이유를 살펴볼 것이다.

시민법과 형법의 단순성, 재판 절차, 형벌의 결정에 관한 여러 정체의 원리에서 나오는 결과

제1장 : 여러 정체에서 시민법의 단순성

군주정체는 전제정체처럼 간단한 법을 허용하지 않는다. 거기에는 재판소가 필요하다. 이 재판소가 판결을 내린다. 그 판결은 보존되어야 하고 알려져야 한다. 어제 판결한 것처럼 오늘도 판결하기 위해서, 그리고 시민들의 재산과 생명이 국가의 구조 자체와 마찬가지로 확실하고 안전하게 하기 위해서이다.

군주정체에서는 생명과 재산뿐만 아니라 명예에 대해서도 판결하므로 재판의 시행은 세심한 조사를 요구한다. 재판관은 맡은 일이 중대할수록, 손해배상의 규모가 클수록 더욱 신중해진다.

따라서 그런 나라의 법에서는 특수한 경우들을 증가시키고 이성 자체를 한낱 하나의 기술로 만드는 것처럼 보일 만큼 많은 규칙과 제한과 확대가 발견되더라도 놀라서는 안 된다.

군주정체에 확립된 계급, 출신, 신분의 차이는 종종 재산의 성질에도 구별을 초래한다. 그리고 이런 국가의 구조에 관계된 법은 그런 구별을 더 많게 할 수 있다. 그리하여 우리에게는 부부 각자의 고유 재산, 획득 또는 취득 재산, 지참 재산, 지참금이 아닌 재산, 부계 재산과 모계 재산, 여러 종류의 동산, 자유 상속 재산과 상속인 한정 재산, 가문에 속한 재산과 그렇지 않은 재산, 귀족의 사유지 혹은 평민의 사유지, 토지 임대료 혹은 연금 등이 있다. 재산의 종류마다 특정한 규칙에 따르므로, 그것을 처분하려면 그 규칙을 지켜야 한다. 이런 점이 또한 단순성을 잃게 만든다.

우리의 정체에서 봉토(封土)는 세습제가 되었다. 봉토의 소유주가 군주에게 봉사할 수 있게 하려면, 귀족이 일정한 재산을 가질 필요가 있었다. 다시 말해 봉토에는 일정한 면적이 필요했다. 이로 인해 여러 가지 변화가 생겼다. 예를 들어 봉토를 형제들 간에 나누어 가질 수 없는 지방도 있고, 동생들이 보다 넓은 면적을 가지고 생활수단을 얻을 수 있었던 지방도 있다.

자기 나라의 주(州)를 하나하나 잘 알고 있는 군주는 다양한 법을 제정할 수도 있고 상이한 관습을 용인할 수도 있다. 그러나 아무것도 모르는 전제군주는 무엇에 대해서도 주의를 기울일 수가 없다. 그에게는 보편적 태도가 필요하므로, 그는 어디서나 똑같이 엄격한 의지로 통치한다. 모든 것이 그의 발밑에서 평평해지는 것이다.

군주국에서는 재판소의 판결이 많아짐에 따라 때때로 판례를 보면 서로 모순되는 판결로 가득 차 있다. 그것은 뒤를 잇는 재판관들의 견해가 다르거나 같은 사건이라도 변호가 잘되기도 하고 잘못되기도 하기 때문이다. 또는 사람의 손을 거치는 모든 일에 끼어드는 수많은 폐습 때문이기도 하다. 그것은 제한된 정체의 정신에도 어긋나는 일종의 필요악인데, 입법자는 때때로 이것을 교정한다. 불가피하게 재판소에 도움을 요청해야 할 때, 그것은 법의 모순과 불확실이 아니라 국가 구조의 본질에서 비롯되어야 하기 때문이다.

필연적으로 사람들 사이에 차별이 있는 정체에서는 특권이 있어야 한다. 그것이 또한 단순성을 감소시키고 수많은 예외를 만들어 낸다.

사회에, 특히 특권을 부여하는 자에게 가장 부담이 적은 특권 중의 하나는 특정한 재판소에 소송을 제기하는 특권이다. 여기서 새로운 문제가 생긴다. 즉, 어떤 재판소에 소송을 제기해야 하는가 하는 문제이다.

전제국가의 인민은 전혀 다른 상황에 놓여 있다. 그런 나라에서는 무엇을 토대로 입법자가 법을 제정하고 사법관이 판결할 수 있는지 나는 모른다. 토지는 군주에게 속했으므로 토지 소유권에 대해서는 시민법이 거의 존재하지 않는다. 최고 주권자가 상속권을 가졌으므로 상속에 관한 법도 없다. 몇몇 나라에서는 최고 주권자가 독점적으로 교역을 하므로 상업에 관한 모든 종류의 법이 무용지물이다. 노예 신분의 여자와 혼인하면, 지참금이나 여성의 이익에 관한 시민법이 존재하지 않게 된다. 또한 노예의 수가 놀랄 만큼 많으므로, 자기 고유의 의지를 가지고 재판관 앞에서 자신의 행동을 책임져야 하는 사람이 별로 없다. 대부분의 도덕적 행위는 아버지, 남편, 주인의 의지에 불과한 것이므로 사법관이 아니라 그들에 의해 해결된다.

지금까지 잊고 있었던 것을 한 가지 더 말해야겠다. 이런 나라에는 우리가 '명예'라고 부르는 것이 거의 알려지지 않았으므로, 우리에게는 너무도 중대한 문제인 명예에 관한 모든 사건이 발생하지 않는다. 전제주의는 그 자체로 충분할 뿐, 주변의 모든 것은 비어 있다. 그러므로 여행자들이 전제주의에 따라 통치되는 나라에 대해 우리에게 이야기할 때, 시민법에 관해 이야기하는 일은 드물다.[1]

따라서 거기서는 논쟁과 소송의 모든 기회가 박탈된다. 그것은 소송을 좋아하는 사람들이 몹시 냉대 받는 이유 중의 하나이기도 하다. 그들이 청원한 부당행위는 감추어지거나 변명되지 않고 수많은 법의 보호를 받지도 못하므로 백일하에 드러나고 만다.

제 2장 : 여러 정체에서 형법의 단순성

재판은 어디서나 터키에서처럼 행해져야 한다는 말을 끊임없이 듣게 된다. 그렇다면 이 세상에서 사람이 알아야 할 가장 중요한 것을 명확하게 이해하고 있는 사람들은 모든 민족 중에서 가장 무지한 민족뿐이란 말인가?

한 시민이 자기 재산을 되찾거나 손해배상을 얻어내기 위해 치르는

---

1 마술리파탐(인도 남부에 위치한 항구 도시로 대항해 시대에 무역의 거점 지역이 되면서 크게 성장했다_옮긴이 주)에 성문법이 있었다는 것은 발견되지 않았다. 《동인도회사 설립에 도움을 준 여행기 모음집》, 제 1권, 제 1부, 391쪽을 참조할 것. 인도인은 재판할 때 몇몇 관습에 의해서만 판결을 받았다. 《베다》(인도 브라만교의 경전_옮긴이 주)와 그 밖의 유사한 책들에는 시민법은 없고 종교적 계율이 있을 뿐이다. 《교훈적이고 신기한 편지들》, 제 4집 참조.

노고와 관련하여 재판 절차를 살펴본다면, 아마도 너무 지나치다고 생각될 것이다. 하지만 시민의 자유와 안전과 관련하여 재판 절차를 생각한다면, 종종 너무 간소하다고 생각될 것이다. 그리고 재판에 따르는 수고와 비용, 시간, 위험까지도 각 시민이 자신의 자유를 위해 치르는 대가라는 것을 알게 될 것이다.

신하들의 재산, 생명, 명예에 거의 주의를 기울이지 않는 터키에서는 모든 싸움이 어떻게 해서든지 신속하게 끝난다. 싸움이 끝나기만 한다면 그 방법은 아무래도 좋다. 터키 고관은 우선 사정 이야기를 듣고 난 후, 마음 내키는 대로 소송인의 발바닥을 몽둥이로 때리고 집으로 돌려보낸다.

그 나라에서 소송에 대한 열의는 위험한 것이다. 그것은 자신이 정당하게 평가받고자 하는 열렬한 욕구, 증오, 활발한 정신력, 끈질긴 추진력을 전제로 한다. 그런데 그 모든 것은 두려움 이외의 감정을 가져서는 안 되며 모든 것이 예측할 수도 없이 갑자기 격변을 초래하는 정체에서는 피해야 하는 것들이다. 각자 자신에 대한 말이 재판관의 귀에 들어가서는 안 되며 자신의 안전은 오로지 자신을 무(無)로 만드는 것에 달려 있다는 것을 알아야 한다.

그러나 가장 보잘것없는 시민의 목숨도 존중하는 제한된 정체에서는 오랫동안 조사한 후에야 그의 명예와 재산을 빼앗는다. 그의 생명을 빼앗는 것은 조국 자체가 그를 고발하는 경우뿐이다. 그리고 그 경우에도 그에게 자기 목숨을 방어할 수 있는 모든 수단을 반드시 남겨준다.

그러므로 어떤 사람이 자기 자신을 보다 절대적 존재로 만들고자 할 때, 2 그는 우선 법을 단순화시킬 생각을 한다. 그런 나라에서는 전혀 관심도 두지 않는 신하들의 자유보다 먼저 개개의 불편함에 큰 타격을 받는다.

공화정체에는 적어도 군주정체만큼의 재판 절차가 필요하다는 것을 알 수 있다. 공화정체에서든 군주정체에서든 시민의 명예와 재산과 생명과 자유를 중시할수록 재판 절차가 복잡해진다.

공화정체에서는 모든 사람이 평등하다. 전제정체에서도 평등하다. 공화정체에서는 사람이 전부이기 때문이고, 전제정체에서는 사람이 아무것도 아니기 때문에 그렇다.

제 3장 : 어떤 정체에서, 어떤 경우에 정확히 법조문에 따라 재판해야 하나

통치 형태가 공화정체에 가까울수록 재판 방식이 고정된다. 에포로스가 법의 인도 없이 자의적으로 재판한 것은 스파르타 공화국의 악습이었다. 로마에서는 초기 집정관이 에포로스처럼 재판했는데, 그 폐해를 느끼고 명확한 법을 만들었다.

전제국가에는 법이 없다. 재판관 자신이 곧 규율이다. 군주국에는 법이 있다. 거기서는 법이 명확할 때는 재판관이 그것을 따르고, 명확하지 않을 경우에는 법의 취지를 찾는다. 공화정체에서는 국가 구조의 본질상 재판관이 법조문을 따른다. 시민의 재산과 명예와 생명

---

2 카이사르, 크롬웰, 그 밖의 많은 인물.

이 문제가 될 때, 그 시민에게 불리하게 법을 해석할 수 없다.

로마에서 재판관은 단지 특정한 범죄에 대해 피고가 유죄라는 것만 선고했고, 형벌은 제정된 다양한 법률에서 볼 수 있듯이 법으로 정해져 있었다. 마찬가지로 영국에서도 배심원들은 그들 앞에 제소된 사건에 대해 피고의 유무죄를 결정한다. 그리고 피고가 유죄라면 재판관은 그 행위에 대해 법이 부과하는 형벌을 선고한다. 그것을 위해서 재판관에게는 눈만 필요할 뿐이다.

제4장 : 판결을 내리는 방법

그로 말미암아 판결을 내리는 여러 가지 방법이 생긴다. 군주정체에서는 재판관이 중재자(1)의 방식을 취하여, 함께 심의하고 서로 의견을 교환하여 조정한다. 그들은 다른 사람의 의견에 맞춰 자기 의견을 수정하기도 하고, 가장 소수의 의견은 가장 다수에 해당하는 두 가지 의견을 따르게 된다. 그것은 공화정체의 본질에 해당하지 않는다. 로마와 그리스의 도시국가에서는 재판관들이 서로 의견을 교환하지 않았다. 각자 "나는 무죄를 선고한다, 나는 유죄를 선고한다, 내게는 명확하지 않다3"의 세 가지 중 하나로 자기 의견을 제시했다.

이것은 인민이 재판했기 때문이거나 혹은 재판한 것으로 간주되었기 때문이다. 그러나 인민은 법학자가 아니므로, 중재자의 그 모든 수정과 타협은 인민에게 적당하지 않다. 인민에게는 하나의 목적, 단

---

3   Non liquet(명확하지 않다).

하나의 사실만 제시되어야 하고, 인민은 유죄를 선고해야 할지 무죄를 선고해야 할지 아니면 판결을 연기해야 할지만 보면 된다.

로마인은 그리스인의 예를 따라 여러 소송 방식을 도입하고,4 각 사건을 그에 알맞은 소송에 의해 처리할 필연성을 확립했다. 그들의 재판 방식에는 그것이 필요했다. 쟁점이 무엇인지 인민이 늘 훤히 알 수 있도록 쟁점의 상태를 고정시켜야 했던 것이다. 그렇지 않으면, 큰 사건이 진행되는 동안 쟁점의 상태가 계속 변하여 더 이상 알 수 없게 될 것이다.

따라서 로마의 재판관은 아무것도 보태거나 줄이거나 변경시키지 않고 정확하게 청원한 것만 해결했다. 그러나 법무관(2)은 이른바 "선의에 따른 것"5이라 불리는 다른 소송 방식을 고안해 냈다. 그것은 재판관의 재량권에 더 많이 의존하는 선고 방식이었다. 이것은 군주정체의 정신에 더 적합한 것이었다. 그래서 프랑스 법학자들은 "프랑스에서는 모든 소송이 선의에 따른 소송이다"6라고 말했다.

---

4 Quas actiones ne populus prout vellet institueret, certas solemnesque esse voluerunt(사람들이 자기 마음대로 소송 방식을 도입하지 않도록 어떤 형식이 확립되고 확정되었다). Leg. 2. § 6. Digest., de orig. jur.
5 거기에는 ex bonâ fide(선의로)라는 말이 들어가 있었다.
6 프랑스에서는 채무액 이상을 청구받았더라도 그가 채무액을 내고 공탁하지 않았다면 소송비용을 부담하라는 판결을 받는다.

제 5장 : 어떤 정체에서 주권자가 재판관이 될 수 있나

마키아벨리는 피렌체가 자유를 상실한 이유를 인민에게 저지른 대역죄를 로마에서처럼 인민 모두가 함께 재판하지 않은 탓으로 여긴다. 7 그것을 위해 8명의 재판관이 정해져 있었지만, 마키아벨리는 "소수는 소수에 의해 부패된다"라고 말한다. 나는 이 위대한 인물의 금언을 채택하고 싶지만, 이런 경우에는 정치적 이득이 시민적 이득을 억누르게 되므로(인민이 자신이 받은 침해를 스스로 재판하는 것은 언제나 불편한 일이기 때문이다) 그것을 개선하기 위해 법이 개인의 안전을 최대한 고려해야 한다.

이런 생각에서 로마의 입법자들은 두 가지 일을 했다. 피고인이 판결받기 전에8 망명할 것을 허용했고, 9 유죄판결 받은 자의 재산이 인민에게 몰수되지 않도록 재산을 신에게 바치게 했다. 제 11편에서 인민이 갖는 재판 권한에 대한 그 밖의 다른 제한을 살펴볼 것이다.

솔론은 인민이 형사재판에서 권한을 남용하는 것을 예방할 수 있었다. 그는 아레오파고스 회의가 사건을 재검토하고 피고가 부당하게 무죄가 되었다고 생각한다면 인민 앞에서 새로이 그를 고발하도록 했고, 10 부당하게 유죄선고를 받았다고 생각한다면 형 집행을 정지하

---

7 《티투스 리비우스의 첫 열 편에 대한 논고》, 제1편, 제7장.
8 그것은 데모스테네스의 주장대로라면 아테네의 법이었다. 소크라테스는 그 법의 사용을 거부했다.
9 이것은 키케로의 연설문 "카이키나 변호문" 끝에 잘 설명되어 있다.
10 데모스테네스, "왕관에 대하여", 1604년의 프랑크푸르트 간행본, 494쪽.

고 인민에게 재심을 청구하도록 했다. [11] 이것은 인민이 가장 존중하는 사법관직에 대한 검열과 인민 자신에 대한 검열에 인민을 복종하게 하는 훌륭한 법이었다!

인민이 평정을 되찾고 냉정하게 판결할 수 있도록 이런 사건은 다소 느리게 진행되는 것이 좋을 것이다. 피고가 감금되어 있는 경우라면 특히 그렇다.

전제국가에서는 군주가 직접 재판할 수 있다. 군주국가에서는 그럴 수 없다. 그러면 국가 구조가 파괴되고, 종속적인 중개 권력은 전멸될 것이다. 모든 판결절차도 중단될 것이며, 두려움이 모든 사람의 정신을 사로잡아 모두의 안색이 창백해질 것이다. 그리하여 더 이상 신뢰도, 명예도, 사랑도, 안정도, 군주정체도 없을 것이다.

다른 식으로 생각해 보자. 군주정체에서는 군주가 피고를 기소하여 벌을 받게 하거나 사면을 받게 하는 당사자이다. 그런데 만약 군주가 직접 재판한다면, 그는 재판관인 동시에 당사자가 될 것이다.

그런 나라에서는 군주가 종종 재산을 몰수하기도 하는데, 만약 군주가 범죄를 재판한다면 그는 또 재판관인 동시에 당사자가 된다.

게다가 그는 왕권의 가장 훌륭한 속성, 즉 사면하는 속성을 잃게 될 것이다. [12] 자기가 판결하고 그 판결을 취소한다는 것은 분별없는 짓이므로, 그는 자가당착에 빠지고 싶지 않을 것이다. 그것은 모든

---

11 필로스트라토스(Philostratos, 3세기에 활동한 고대 그리스 문인_옮긴이 주),
   《소피스트들의 생애》, 제1편, "아이스키네스의 생애" 참조.
12 플라톤은 성직자인 국왕이 사형, 유배형, 징역형을 선고하는 재판에 참여할 수 있다고 생각하지 않는다고 말했다.

관념을 혼란스럽게 만들 뿐만 아니라, 어떤 사람이 무죄판결을 받는 것인지 아니면 군주의 사면을 받는 것인지도 알 수 없을 것이다.

루이 13세가 라 발레트 공작의 소송13에서 재판관이 되고자 고등법원의 관리 몇 명과 몇몇 고문관을 집무실로 불러서 그들에게 체포 명령에 대한 의견을 진술하게 했을 때, 벨리에브르 위원장은 다음과 같이 말했다.

"이 사건에서 이상하게 보이는 점은 군주가 신하 한 사람의 소송에 의견을 진술한다는 것입니다. 원래 왕은 사면권만 가지고 있었고 형의 선고는 관리에게 맡겼습니다. 그런데 전하는 심문대 위의 인물을 바로 눈앞에서 보고자 하십니다. 전하의 판결에 의해 한 시간 뒤에는 저세상으로 갈 사람을 말입니다! 자고로 은총이 넘치는 군주의 얼굴은 그런 것을 견딜 수 없습니다. 군주의 얼굴이 보이기만 해도 교회의 추방령이 거두어졌고 사람들은 반드시 만족해하며 군주 앞에서 물러났습니다."

판결이 내려질 때도 그는 의견서에 다음과 같이 썼다.

"프랑스 왕이 재판관 자격으로 자신의 의견에 의해 한 귀족에게 사형을 선고한 것은 전례가 없는 판결인 데다가 과거로부터 오늘날에

---

13 라 발레트 공작에게 제기된 소송에 대한 설명을 참조할 것. 몽트레조르〔몽트레조르 백작인 클로드 드 부르데유(Claude de Bourdeille, 1606~1663)를 말한다. 그는 17세기 전반에 있었던 여러 음모에 가담한 인물이다. 1636년과 1642년에는 리슐리외 추기경을 암살 혹은 제거하려는 음모에 가담했으나 실패했고, 리슐리외와 루이 13세 사망 후인 1643년에는 리슐리외의 지지자들로부터 재산과 특권을 빼앗고 리슐리외 추기경 시절에 자신들이 잃어버린 재산을 찾기 위한 유력자들의 음모에 가담했으나 실패했다_옮긴이 주〕의 《회고록》, 제2권, 62쪽에 있다.

이르기까지 모든 선례에 위배되는 것이다. "[14]

군주에 의해 이루어지는 판결은 불의와 폐해가 그치지 않는 원천이 될 것이다. 궁정 신하들은 끈질기게 그의 판결을 강요할 것이다. 로마의 몇몇 황제들은 직접 재판하는 일에 열중했는데, 그들의 치세는 그 어떤 치세보다 불의로 세상을 놀라게 했다.

"클라우디우스는 사건의 판결과 사법관의 임무를 자기 수중에 넣음으로써 모든 종류의 약탈을 초래했다"라고 타키투스는 말했다.[15] 그리하여 클라우디우스 다음에 제위에 오른 네로는 인심을 얻고자 다음과 같이 선언했다.

"나는 모든 사건에서 재판관이 되지 않도록 조심할 것이다. 그것은 원고와 피고가 궁전의 담장 안에서 몇몇 무법자들의 불공정한 권력에 노출되지 않도록 하기 위해서이다. "[16]

조시모스는 다음과 같이 말했다.[17]

"아르카디우스(3) 치세 때는 중상모략하는 자들이 넘쳐 궁정을 둘러싸고 오염시켰다. 누군가 죽으면 그에게 자식이 없는 것으로 간주하고 황제의 칙서를 통해 그의 재산을 남에게 주었다.[18] 군주는 놀랄 만큼 어리석은데 황후가 극도로 대담했으므로, 그녀가 자기 하인이나 심복들의 끝없는 탐욕을 채워주었기 때문이다. 그 때문에 성실한

---

14 이 판결은 나중에 바뀌었다. 같은 보고서 설명을 참조할 것.
15 《연대기》, 제11편.
16 위의 책, 제13편.
17 《새로운 역사》, 제5편.
18 테오도시우스 2세 때도 똑같은 혼란이 있었다.

사람들에게는 죽음보다 더 바람직한 것이 없었다."

프로코피우스(4)는 다음과 같이 말했다. 19

"옛날에는 궁정에 극소수의 사람밖에 없었다. 그러나 유스티니아누스(5) 치세 때는 재판관에게 더 이상 재판의 자유가 없었으므로 그들의 재판소는 텅텅 비는 반면 군주의 궁정에서는 자신들의 사건에 대해 청원하는 재판 당사자들의 아우성이 울려 퍼졌다."

그 궁정에서 판결이, 심지어 법이 어떻게 판매되었는지는 모든 사람이 알고 있는 바이다.

법은 군주의 눈이다. 그는 법이 없다면 보지 못할 것을 법을 통해 본다. 그가 재판소의 직무를 수행하고자 한다면, 그는 자기 자신이 아니라 그를 기만하는 유혹자들을 위해서 일을 하게 된다.

제 6장 : 군주정체에서 대신은 재판하면 안 된다

군주정체에서 군주의 대신들이 직접 소송사건을 재판하는 것 또한 매우 부적절하다. 재정적 문제를 결정하기 위한 재판관이 수없이 많이 있는데도 대신이 재판하려고 하는 (누가 그것을 믿겠는가!) 나라들을 오늘날에도 볼 수 있다. 고찰해야 할 것이 수없이 많지만, 나는 다음과 같은 것으로 그치고자 한다.

군주의 자문회의와 재판소 사이에는 당연히 일종의 상반되는 차이가 있다. 왕의 자문회의는 적은 수의 사람들로 구성되어야 하고, 재

---

19 《비사(秘史)》.

판소는 많은 재판관이 필요하다. 그 이유는 다음과 같다. 왕의 자문 회의에서는 일정한 열정을 가지고 일을 처리하고 관리해야 하는데, 그것은 그 일을 담당하는 사람들이 너덧 명일 때만 기대할 수 있다. 반대로 재판관들에게는 냉정함이 필요하다. 이를테면 그들은 모든 사건에 대해 무심해야 한다.

제7장 : 단독사법관

단독사법관은 전제정체에서만 있을 수 있다. 로마의 역사를 보면 단독사법관이 어느 정도로 그 권력을 남용할 수 있는지 알 수 있다. 아피우스가 자신이 만든 법까지 어긴 마당에20 어떻게 법을 무시하지 않았겠는가? 티투스 리비우스는 이 10인 위원(6)의 불공정한 특권을 우리에게 알려 준다. 아피우스는 어떤 사람을 사주하여 자기 앞에서 베르기니아를 노예로 요구하게 했다. (7) 베르기니아의 친척들은 그가 만든 법에 근거하여 최종 판결이 날 때까지 그녀를 자신들에게 인도해 줄 것을 그에게 요청했다. 그러나 그는 자신의 법은 아버지를 위해서 만들어진 것인데 아버지인 베르기니우스가 부재중이었으므로 그 법은 적용될 수 없다고 선언했다. 21

20　제2법, § 24, De orig. jur. 참조.

21　Quod pater puellæ abesset, locum injuriæ esse ratus (처녀의 아버지가 부재중 이었으므로, 그는 부당한 행위를 저지르기에 적절한 순간이라고 생각했다). 티투스 리비우스, 10편 묶음집 제1권, 제3편.

제 8장 : 다양한 정체에서의 고발

로마에서는[22] 한 시민이 다른 시민을 고발하는 것이 허용되었다. 그것은 각 시민이 공익을 위하여 무한한 열의를 가져야 하고 조국의 모든 권리를 자기 수중에 가지고 있는 것으로 간주하는 공화국의 정신에 따라 확립된 것이다. 황제의 치하에서도 공화정체의 원칙을 따르자, 곧 해로운 인간 유형, 즉 밀고자의 무리가 나타났다. 많은 악덕과 재능, 저속한 영혼과 야심을 가지고 있는 자는 누구나 그 처벌이 군주의 마음에 들 수 있는 죄인을 찾고자 했다. 그것은 권세와 재산에 다가가는 길이었기 때문이다.[23] 이런 일은 우리나라에서는 볼 수 없는 일이다.

오늘날 우리는 훌륭한 법을 가지고 있다. 그 법에 따르면, 법을 집행시키기 위해 그 자리에 있는 군주는 각 재판소에 군주의 이름으로 모든 범죄를 기소하기 위한 관리를 임명한다. 따라서 밀고자의 역할은 우리에게는 알려져 있지 않다. 그리고 만약 이 공공의 징벌자가 자신의 직권을 남용했다는 의심을 받게 될 경우, 그는 고발인의 이름을 밝혀야 한다.

플라톤의 《법률》[24]에 따르면, 사법관에게 알리는 것이나 협조하는 것을 게을리하는 사람은 처벌받아야 한다. 이것은 오늘날에는 적

---

22 그리고 다른 많은 도시국가에서.
23 타키투스의 저서에서 밀고자에게 주어진 보상을 참조할 것.
24 제9편.

절하지 않다. 오늘날에는 검찰관이 시민을 위해 감시한다. 즉, 검찰관이 행동하고, 시민은 평온을 누린다.

제 9장 : 다양한 정체에서 형벌의 가혹함

가혹한 형벌은 명예나 덕성이 원동력인 군주정체나 공화정체보다는 두려움을 원리로 하는 전제정체에 더 적합하다.

제한된 나라에서는 조국애나 비난에 대한 수치심과 두려움이 많은 범죄를 저지할 수 있게 억압하는 동기가 된다. 악행에 대한 가장 큰 형벌은 그것을 인정하는 일일 것이다. 따라서 시민법에 의해 더 쉽게 교정될 수 있으므로 그다지 많은 강제력이 필요하지 않다.

이런 나라에서 훌륭한 입법자는 범죄의 처벌보다 예방에 더 힘쓰고, 형벌을 가하는 것보다 좋은 풍습을 고취시키는 일에 더 열중할 것이다.

중국의 저자들이 줄곧 지적하는 바에 의하면, 그들의 제국에서 형벌이 증가할수록 혁명이 임박한 것이었다고 한다. 25 좋은 풍습이 상실되어 감에 따라 형벌이 증가했기 때문이다.

유럽의 모든 나라 또는 거의 모든 나라에서 자유에 가까워지거나 멀어짐에 따라 형벌이 감소하거나 증가했다는 것을 증명하기는 쉬운 일이다.

전제국가에서는 사람들이 너무 불행하므로 생명을 잃는 것을 애석

---

25 이 점에서 중국이 공화정체 혹은 군주정체에 해당한다는 것을 나중에 살펴볼 것이다.

해하기보다 죽음을 두려워한다. 따라서 여기서는 형벌이 더 엄격해야 한다. 제한된 나라에서는 죽음 그 자체를 두려워하기보다 생명을 잃는 것을 두려워한다. 따라서 여기서는 단순히 생명을 빼앗는 형벌로도 충분하다.

극도로 행복한 사람과 극도로 불행한 사람은 똑같이 엄격해지는 경향이 있다. 수도사와 정복자가 그 증거이다. 평범함 혹은 행운과 불행의 혼합만이 온화함과 연민을 부여한다.

개개의 인간에게서 볼 수 있는 것은 여러 국민에게서도 볼 수 있다. 매우 혹독한 삶을 영위하는 미개한 민족이나 단 한 사람만 엄청난 행운을 누리고 나머지 모든 사람은 불행한 전제정체의 민족은 똑같이 잔인하다. 온화함은 제한된 정체에서 유지되는 것이다.

우리는 역사서에서 전제군주의 잔혹한 판결의 예를 읽을 때, 일종의 고통과 함께 인간 본성의 사악함을 느낀다.

제한된 정체에서 훌륭한 입법자는 모든 것을 형벌을 구성하는 데 이용한다. 스파르타에서는 아내를 남에게 빌려줄 수도 없고 남의 아내를 빌릴 수도 없으며 처녀 이외에는 집 안에 함께 있을 수 없는 것이 주된 형벌 중 하나였다니, 참으로 기이하지 않은가? 요컨대 법이 형벌이라고 부르는 모든 것이 실제로 형벌인 것이다.

제10장 : 프랑스의 옛 법

프랑스의 옛 법에서는 군주정체의 정신을 볼 수 있다. 벌금형의 경우
귀족이 아닌 사람은 귀족보다 더 가볍게 처벌된다. 26 범죄의 경우는
정반대이다. 27 귀족은 명예와 법정에서 발언할 권리를 잃지만, 명예
가 없는 평민은 체형의 벌을 받는다.

제11장 : 인민에게 덕이 있을 때는 형벌이 별로 필요하지 않다

로마의 인민은 성실성을 가지고 있었다. 이 성실성은 그 힘이 대단해
서, 종종 입법자가 인민에게 선(善)을 따르게 하려면 선을 보여주면
될 정도였다. 법령 대신 인민에게 조언만 하면 충분해 보였다.

왕정시대 법의 형벌이나 12표법의 형벌은 공화정체에서 발레리아
법28이나 포르키아 법29의 결과에 따라 거의 모두 폐지되었다. 그 때

---

26 "구금을 피하기 위해 귀족이 아닌 사람은 40수의 벌금을 내야 하지만, 귀족은 60
리브르를 낸다."《시골 전서(全書, *Somme rurale*)》, 제2편, 198쪽, 1512년의
고트(goth.) 간행본. 보마누아르〔Philippe de Beaumanoir, 13세기 프랑스 법률
가. 그의 저서《보부아지 지방의 관습(*Coutumes de Beauvoisis*)》은 보부아지라는
프랑스 지방의 옛 명칭이 보베지(Beauvaisis)라고도 불렸으므로《보베지 지방의
관습》이라고도 한다_옮긴이 주〕, 61장, 309쪽.

27 피에르 드 퐁텐〔Pierre de Fontaines, 13세기 프랑스의 법학자로, 1253년에 그가
쓴《피에르 드 퐁텐이 친구에게 주는 조언(*Conseil que Pierre de Fontaines donna à
son ami*)》이라는 책은 프랑스어로 된 가장 오래된 법률학 개론이다. 몽테스키외
는 이 책에서 줄곧 Desfontaines으로 표기하고 있는데, '드 퐁텐'으로 바로잡아 옮
긴다_옮긴이 주〕의《조언》, 제13장, 특히 제22항을 참조할 것.

문에 공화국이 통제가 안 된 것은 아니었고, 또한 치안유지의 측면에서 어떠한 손해도 초래되지 않았다.

이 발레리아 법은 인민에게 상소한 시민에 대해 사법관이 어떤 폭력 행위도 하지 못하도록 했는데, 이를 위반한 자에게는 악인이라는 평판을 얻는 형벌만 부과했을 뿐이다. 30

제 12장 : 형벌의 힘

경험에 의하면, 형벌이 가벼운 나라에서도 시민의 정신은 형벌이 엄한 나라에서와 마찬가지로 형벌에 타격을 받는다는 것을 알 수 있다.

나라 안에서 뭔가 불편함이 느껴지면, 강한 정부는 갑자기 그것을 바로잡고자 한다. 그래서 낡은 법을 집행할 생각을 하는 대신 당장 해악을 멈추게 할 잔인한 형벌을 설정한다. 그러나 그로 인해 정체의 원

---

28 이것은 왕이 추방된 후 곧이어 발레리우스 푸블리콜라(Publius Valerius Publicola 또는 Poplicola, BC509년 왕정을 폐지하고 시작된 로마 공화정 초기의 집정관으로 푸블리콜라 또는 포플리콜라는 '시민의 친구'라는 뜻의 명예로운 호칭으로 붙여진 것이다_옮긴이 주)에 의해 만들어진 법이다. 티투스 리비우스가 그의 저서 제 10편에서 말한 것처럼, 이 법은 같은 가문의 사법관들에 의해 두 번 개정되었다. 그 것은 그 법에 더 많은 힘을 부여하기 위해서가 아니라 그 규정을 완벽하게 하기 위해서였다. 티투스 리비우스는 앞의 책에서 "Diligentius sanctum"(더 철저하게 존중되도록)이라 말한다.

29 Lex Porcia pro tergo civium lata(포르키아 법은 시민을 보호하기 위해 만들어졌다). 이 법은 로마가 건국된 지 454년 만에 만들어졌다.

30 Nihil ultra quam improbe factum adjecit(나쁜 행동이라는 것 이외에 아무것도 덧붙이지 않았다). 티투스 리비우스.

동력은 약화된다. 상상력이 아주 가벼운 형벌에 익숙해졌던 것처럼 이 무거운 형벌에도 익숙해지기 때문이다. 그리고 무거운 형벌에 대한 두려움이 약해지므로, 곧 모든 경우에 또 다른 형벌을 설정하지 않을 수 없게 된다. 어떤 나라에서 노상 절도 행위가 빈번하여 그것을 막으려고 수레바퀴 형벌을 만들어 내자 한동안 절도 행위가 중단되었다. 그러나 그 후에는 전과 마찬가지로 노상 절도가 행해졌다.

요즘 탈영(脫營)이 매우 빈번해졌다. 그래서 탈영병을 사형에 처하기로 했으나, 탈영은 줄어들지 않았다. 그 이유는 지극히 당연하다. 병사는 날마다 목숨을 위험에 내놓는 일에 익숙하므로 목숨을 경시하거나 목숨의 위협을 경시하는 것을 뽐내기 때문이다. 병사는 날마다 겪는 치욕에 대한 두려움에 익숙해 있으므로, 평생 불명예를 짊어져야 하는 형벌31을 주어야 했다. 형벌을 무겁게 한다는 것이 실제로는 가볍게 한 셈이었다.

사람들을 극단적 방법으로 다루어서는 안 된다. 그들을 지휘하도록 자연이 우리에게 제공한 방법들을 신중하게 사용해야 한다. 기강이 해이해지는 원인을 살펴보면, 형벌이 온건해서가 아니라 범죄를 처벌하지 않는 데서 비롯되는 것임을 알 수 있을 것이다.

인간에게 수치심을 징벌로 준 자연을 따르도록 하자. 그리하여 형벌을 받는 치욕이 곧 최대의 형벌이 되게 하자.

벌을 받아도 수치심이 없는 나라가 있다면, 그것은 악당에게나 선한 사람에게나 똑같은 형벌을 가한 폭정에서 초래된 결과이다.

---

31 코를 도려내거나 귀를 잘랐다.

그리고 사람들이 잔혹한 형벌에 의해서만 제지되는 나라가 있다면, 그것 역시 대부분 정부의 난폭함에서 비롯되는 것으로 생각해야 한다. 정부가 가벼운 잘못에 대해서도 그런 잔혹한 형벌을 사용했기 때문이다.

종종 악행을 교정(矯正)하고자 하는 입법자는 오직 교정만 생각한다. 그래서 그의 눈은 그 목적을 향해서는 열려 있지만, 부정적 측면에 대해서는 닫혀 있다. 일단 악행이 교정되면, 사람들에게는 입법자의 가혹함밖에 보이지 않는다. 그러나 국가에는 그 가혹함으로 생긴 악습이 남게 된다. 즉, 사람들의 정신이 부패하고, 전제정치에 길들게 된다.

리산드로스(8)가 아테네 사람들에게 승리를 거두었을 때, 32 죄수들에 대한 재판이 시행되었다. 아테네인이 두 척의 갤리선에 있던 포로를 모두 바다에 던졌고 장차 붙잡게 될 포로들의 손목을 자르기로 전체 회의에서 결정한 것 때문에 고발된 것이다. 그 명령에 반대한 아데이만토스(9)를 제외하고 그들은 모두 참수되었다. 리산드로스는 필로클레스를 처형하기에 앞서 사람들의 정신을 타락시키고 그리스 전체에 잔혹성을 가르쳤다고 문책했다.

"아르고스 사람들이 1천 5백 명의 시민을 처형하자, 아테네인들은 속죄의 제물을 바쳐 신을 기쁘게 하여 아테네인의 마음에서 그토록 잔인한 생각을 떨쳐내 줄 것을 기도했다"라고 플루타르코스는 말했다. 33

---

32 크세노폰, 《역사》, 제2편.
33 《모랄리아》, "나랏일을 담당하는 사람들에 관하여".

부패에는 두 가지 종류가 있다. 하나는 인민이 법을 준수하지 않는 경우이고, 다른 하나는 인민이 법에 의해 부패하는 경우인데 이것은 고칠 수 없는 해악이다. 그것이 치료법 자체에 들어있기 때문이다.

제13장 : 일본법의 무력함

과도한 형벌은 전제정체 자체를 부패시킬 수 있다. 일본을 보자.

일본에서는 거의 모든 죄를 죽음으로 벌한다.[34] 일본의 황제처럼 위대한 황제에 대한 불복종은 막중한 범죄이기 때문이다. 죄인을 교정하는 것이 문제가 아니라 군주의 복수를 하는 것이 중요한 것이다. 이런 생각은 종속관계에서 비롯된 것으로, 특히 황제가 모든 재산의 소유자이므로 거의 모든 범죄가 곧바로 황제의 이익에 반하는 것이라는 생각에서 기인한다.

재판관 앞에서 거짓말을 하면 사형의 벌을 받는데,[35] 이것은 자연적 방어권에 어긋난다.

겉으로 보기에 범죄가 아닌 것도 일본에서는 심하게 처벌받는다. 예를 들어 도박에 돈을 거는 사람은 사형에 처한다.

사실 완고하고 변화무쌍하고 단호하고 기이하며 모든 위험과 불행을 무릅쓰는 이 민족의 놀라운 성격은 언뜻 보아 잔혹한 법을 만든 입

---

34 캠퍼(Engelbert Kämpfer. 17세기 독일의 의사이자 여행가로서, 2년 동안 일본에 머물면서 그 이전의 어떤 유럽인보다 더 많은 정보를 수집했다. 그의 저서는 《일본의 역사》로 출판되었다_옮긴이 주) 참조.

35 《동인도회사 설립에 도움을 준 여행기 모음집》, 제3권, 제2부, 428쪽.

법자들을 용서하는 것처럼 보인다. 그러나 처형을 끊임없이 보여준다고 해서 천성적으로 죽음을 대수롭지 않게 여기고 하찮은 변덕으로 할복(割腹)하는 사람들을 교정하거나 제지할 수 있을까? 오히려 그런 것에 익숙해지지 않겠는가?

일본인의 교육에 관해 여행기가 전하는 바로는, 아이들은 벌을 주면 고집을 부리므로 부드럽게 대해야 하고, 노예는 즉시 방어 태세를 취하므로 너무 가혹하게 다루어서는 안 된다고 한다. 가정을 다스리는 데 필요한 정신을 통해, 정치적, 시민적 통치에서 지녀야 할 정신도 판단할 수 있지 않았을까?

현명한 입법자라면 형벌과 보상의 올바른 균형을 통해, 일본인의 성격에 잘 어울리는 철학적, 도덕적, 종교적 규범을 통해, 명예의 규칙을 올바르게 적용하는 것을 통해, 수치심이라는 형벌을 통해, 항구적인 행복과 달콤한 평온의 향유를 통해 사람들의 정신을 회복시키려고 노력했을 것이다. 그리고 만약 잔인한 형벌에 의해서만 제지되는 것에 익숙해진 사람들의 정신이 더 가벼운 형벌로는 제지되지 않을 것을 염려한다면, 은밀하고 점진적인 방법으로 행동했을 것이다. 36 즉, 가장 용서하기 쉬운 특별한 경우부터 죄에 대한 형벌을 완화한 후에 차츰 모든 경우로 확대하여 형벌을 변경시키는 것이다.

그러나 전제주의는 그런 원동력을 알지 못하므로 그런 길로 이끌지 못한다. 그것은 단지 자기 자신을 혹사할 수 있을 뿐이다. 일본에서

---

36 지나치게 엄격한 형벌로 인해 사람들의 정신이 피폐해진 경우에는 이것을 실천 규범으로 잘 기억해 두라.

전제주의는 대단한 노력을 했고, 결국 훨씬 더 잔인하게 되었다.

곳곳에서 겁을 먹고 더 잔인해진 사람들의 영혼은 더 큰 잔혹성에 의해서만 통솔될 수 있었다.

이것이 일본법의 기원이고 정신이다. 그러나 일본법에는 힘보다 분노가 더 많다. 일본법은 기독교를 파괴하는 데 성공했지만, 상상을 초월하는 노력은 일본의 법이 무력하다는 증거이다. 일본의 법은 훌륭한 통치 조직을 확립하고자 했으나 그 약점이 훨씬 더 잘 드러나고 말았다.

수도에서 다이로(10)와 황제 사이에 있었던 회담 내용을 여행기에서 읽어 볼 필요가 있다. 37 거기서 악한들에게 괴롭힘을 당하거나 살해된 사람들의 수는 믿을 수 없을 만큼 많았다. 어린 소녀와 소년들이 납치되었고, 그들은 발가벗겨진 채 지나온 길을 알 수 없도록 자루에 넣어져 꿰매진 상태로 날마다 공공장소에서 터무니없이 늦은 시간에 발견되곤 했다. 사람들은 원하는 것은 뭐든지 훔쳤고, 말에 탄 사람들을 떨어뜨리기 위해 말의 배를 갈랐으며, 부인들의 옷을 벗기기 위해 마차를 전복시켰다. 네덜란드인들은 발판 위에서 밤을 보내면 암살된다는 말을 듣고 거기서 내려갔다는 등의 이야기를 여행기에서 읽을 수 있다.

한 가지 다른 사실에 대해 간단히 언급하고자 한다. 명예롭지 못한 쾌락에 빠진 황제가 혼인을 안 해서 후계자 없이 죽을 염려에 놓였다. 그러자 다이로는 매우 아름다운 처녀를 두 명 보냈다. 황제는 예의상

---

37 《동인도회사 설립에 도움을 준 여행기 모음집》, 제5권, 2쪽.

그중 한 명과 결혼했으나 그녀와 육체적 관계를 전혀 맺지 않았다. 그의 유모는 제국에서 가장 아름다운 여자를 찾아오게 했으나 만사가 소용이 없었다. 그런데 한 무기상의 딸이 그의 취향을 뒤흔들었다. 38 그는 마음을 결정했고, 그녀로부터 아들을 하나 얻었다. 궁정의 귀부인들은 황제가 자기들보다 그토록 천한 태생의 여자를 더 좋아한 것에 분개하여 아이를 질식시켰다. 황제에게는 이 범죄를 숨겼다. 그가 알았다면 엄청난 피를 흘리게 되었을 것이다. 그러므로 법의 잔혹성은 법의 집행을 방해한다. 형벌이 도를 넘을 때는, 종종 벌을 주는 것보다 처벌하지 않는 것을 택할 수밖에 없게 된다.

제 14장 : 로마 원로원의 정신

아킬리우스 글라브리오와 피소(11)의 집정관 체제에서, 음모를 막기 위해 아킬리아 법39이 만들어졌다. 디오에 의하면, 원로원이 집정관들에게 그 법을 제안하라고 권했다고 한다. 40 호민관 C. 코르넬리우스가 이 범죄에 대해 끔찍한 형벌을 정할 결심을 했고 민심도 그렇게 기울었기 때문이다. 과도한 형벌은 사람들에게 두려움을 주기는 하겠지만 고발하려는 사람도 단죄하려는 사람도 더 이상 찾아볼 수 없는 결과를 초래하는 반면, 가벼운 형벌을 제안하면 재판관과 고발자

---

38 위의 책.
39 죄인들은 벌금형에 처했다. 그들은 더 이상 원로원 의원이 될 수도 없었고, 어떤 관직에도 임명될 수 없었다. 디오, 제36편.
40 위의 책.

가 나타날 거라고 원로원은 생각했던 것이다.

제 15장 : 형벌에 관한 로마인의 법

로마인의 생각이 내 생각과 같을 때 나는 내 원칙에 강한 자신이 생긴다. 그리고 이 위대한 민족이 정치법을 바꿈에 따라 그 점에 관한 시민법도 바꾸는 것을 볼 때 형벌이 정체의 본질과 관계가 있다고 생각된다.

도망자, 노예, 부랑자들로 구성된 하층계급을 위해 만들어진 왕정의 법은 매우 엄격했다. 공화정체의 정신을 따른다면, 10인 위원은 이 법을 12표법에 넣지 않으려고 했을 것이다. 그러나 참주 정치를 동경한 사람들은 공화정체의 정신을 따르고자 하지 않았다.

툴루스 호스틸리우스(12)가 알바롱가(13)의 독재관인 메티우스 푸페티우스(14)에게 두 대의 수레로 잡아당겨지는 형벌을 선고한 것에 대해 티투스 리비우스는 인간성에 대한 기억을 잃어버렸음을 보여주는 처음이자 마지막 형벌이었다고 말한다. **41** 그러나 그는 틀렸다. 12표법에는 매우 잔인한 규정이 가득하기 때문이다. **42**

10인 위원의 의도를 가장 잘 드러내는 것은 풍자문의 저자와 시인에게 선고된 사형이다. 그것은 결코 공화정체의 특성이 아니다. 공화

---

41 제1편.
42 거기에는 불을 이용한 형벌, 거의 언제나 목숨을 앗아가는 형벌, 사형에 처하는
절도 등이 있다.

정체에서는 지체 높은 사람들이 모욕당하는 것을 보기를 좋아한다. 그러나 자유를 파괴하고자 했던 사람들은 자유의 정신을 상기시킬 수 있는 저작을 두려워했다. 43

10인 위원이 추방된 후, 형벌을 정한 거의 모든 법이 사라졌다. 명시적으로 폐지된 것은 아니었으나, 포르키아 법에 의해 로마 시민을 사형에 처하는 것이 금지되었으므로 그런 법들이 더 이상 적용되지 않았다.

바야흐로 로마인이 이보다 더 형벌의 완화를 좋아한 적은 없었다고 한 티투스 리비우스44의 말을 상기할 수 있는 시기였다.

만약 형벌의 관대함에다가 피고인이 가지고 있던 판결 전에 퇴장할 권리를 덧붙여 본다면, 내가 말한 공화정체 본래의 정신을 로마인이 따르고 있었음을 잘 알 수 있을 것이다.

참주 정치와 무질서와 자유를 혼동한 술라는 코르넬리아 법을 만들었다. 그는 오직 범죄를 밝히기 위해서 규칙을 만드는 것 같았다. 그리하여 수많은 행동을 살인이라는 이름으로 규정하면서, 사방에서 살인자를 찾아냈다. 그리고 아주 끈질기게 계속 실행하면서 모든 시민이 다니는 길에 함정을 파고 가시를 뿌리고 덫을 놓았다.

술라의 거의 모든 법에는 물과 불을 박탈하는 것만 들어 있었다. 카이사르는 여기에 재산 몰수를 덧붙였다. 45 부자가 유배지에서 세

---

43 10인 위원과 같은 정신에 이끌린 술라는 그들처럼 풍자적인 작가들에 대한 형벌을 증가시켰다.

44 제1편.

45 Pœnas facinorum auxit, cum locupletes eo facilius scelere se obligarent,

습재산을 보유하면 범죄를 저지르는 데 더 대담해지기 때문이었다.

황제들은 무력에 의한 정체를 수립했으나, 곧 그것이 신민뿐만 아니라 그들 자신에게도 무서운 것임을 깨닫게 되었다. 그들은 그 정체를 완화시키려고 애썼고, 품위와 품위에 대한 사람들의 존중이 필요하다고 생각했다.

그리하여 다소 군주정체에 가까워졌고, 형벌은 세 등급으로 나뉘었다.46 국가의 주요 인물들47에 관한 형벌은 상당히 가벼웠고, 더 하위 계급의 사람들48에게 가하는 형벌은 더 엄격했다. 마지막으로 천한 신분49에게만 관련된 형벌이 가장 가혹했다.

광포하고 무분별한 막시미누스(15)는 무력에 의한 정체를 완화시켜야 하는데 오히려 더 자극했다. 카피톨리누스(16)에 의하면, 50 품위에 대한 고려가 전혀 없이 어떤 사람은 십자가에 못 박히고, 어떤 사람은 짐승의 밥이 되거나 최근에 죽인 짐승의 가죽 안에 갇혔다고 원

---

quod integris patrimoniis exularent (그는 범죄에 대한 형벌을 늘렸다. 부자들은 유죄가 판명되어 유배되더라도 그들의 재산은 고스란히 남게 되므로, 더 쉽게 죄를 저지르기 때문이었다). 수에토니우스 (Suetonius, 69~122. 로마 제국 오현제 시대의 역사가이자 정치가이다. 종신독재관이 된 가이우스 율리우스 카이사르와 아우구스투스부터 도미티아누스에 이르는 로마 제국의 초창기 11명의 황제를 다룬 《황제들의 생애》의 작가이다. 이 저서의 원어 제목을 그대로 옮기면 《열두 명의 카이사르의 생애》이다_옮긴이 주), "율리우스 카이사르"에서.

46 제3법, § Legis, ad legem Cornel. de sicariis 참조. 그리고 판례집과 법전의 수많은 다른 경우들도 참조할 것.

47 Sublimiores (고귀한).

48 Medios (중간).

49 Infimos (가장 낮은). Leg. 3. § legis, ad leg. Cornel. de sicariis.

50 율리우스 카피톨리누스, "두 명의 막시미누스"(Maximini duo).

로원에 보고되었다. 마치 군대의 규율을 실행하려는 것처럼 보이는데, 그는 군대의 규율을 모델로 민간 업무를 해결하고자 한 것이다.

《로마인의 위대함과 그 쇠락의 원인에 관한 고찰》을 보면, 콘스탄티누스가 어떻게 무력에 의한 전제정체를 무력 및 문민에 의한 전제정체로 바꾸었고, 군주정체에 다가갔는지 알 수 있을 것이다. 그 저서에서 그 나라의 여러 변혁의 발자취를 따라가 볼 수 있고, 또한 어떻게 엄격함에서 느슨함으로, 그리고 느슨함에서 무처벌로 나아갔는지 볼 수 있을 것이다.

제16장 : 죄와 형벌의 올바른 균형

형벌에는 상호 조화가 있어야 한다. 작은 죄보다 큰 죄를 피하는 것, 사회에 충격을 덜 주는 것보다 사회를 더 많이 공격하는 것을 피하는 것이 중요하기 때문이다.

"자칭 콘스탄틴 두카스라고 하는 한 사기꾼이 콘스탄티노폴리스에서 큰 반란을 일으켰다. 그는 체포되어 태형에 처해졌다. 그러나 유력자들을 비난했을 때는 비방자로서 화형을 당했다."[51] 대역죄와 비방죄 사이에 이런 식으로 형벌을 안배했다니 이상한 일이다.

이것은 영국 왕 찰스 2세의 말을 상기시킨다. 그는 지나가다가 한 남자가 형틀에 묶여 있는 것을 보고 그 이유를 물었다. "전하, 저놈은 전하의 대신들에 대한 비방문을 썼기 때문입니다"라고 하자, 왕은

---

51 콘스탄티노폴리스의 총대주교 니케포로스의 《역사》.

"천하에 바보 같은 녀석, 어찌 나에 대한 비방문을 쓰지 않았더란 말이냐? 그랬다면 아무 처벌도 받지 않았을 텐데"라고 말했다.

"70명이 바실레이오스(17) 황제에 대해 음모를 꾸몄다. 그는 그들을 태형에 처하고 머리카락과 털을 태우게 했다. 또 한번은 사슴의 뿔에 황제의 허리띠가 걸렸는데, 수행원 중 한 사람이 칼을 뽑아 허리띠를 잘라 그를 구했다. 그는 그 수행원의 목을 베게 했다. 그는 자신을 향해 칼을 뽑았기 때문이라고 말했다."52

이 두 가지 판결이 같은 황제 밑에서 내려졌다고 누가 생각할 수 있겠는가?

우리의 경우, 대로에서 도둑질한 자와 도둑질과 함께 살인한 자를 똑같은 형벌에 처하는 것은 매우 나쁘다. 공공의 안녕을 위해 형벌에 차이를 두어야 하는 것은 명백한 일이다. 중국에서는 잔악한 도둑은 몸을 조각냈지만, 다른 도둑은 그렇게 하지 않았다.53 그렇게 차이를 둔 결과 거기서는 도둑질은 하지만 살인은 하지 않는다. 도둑과 살인자의 형벌이 같은 러시아에서는 늘 살인이 일어난다.54 거기서는 죽은 자는 말이 없다고 한다.

형벌에 차이가 없을 때는 사면 가능성에 차이를 두어야 한다. 영국

---

52 니케포로스의 《역사》.
53 뒤 알드(Jean-Baptiste Du Halde, 프랑스의 예수회 사제이자 역사가로 1735년에 네 권으로 된 《중국 제국에 대한 묘사》를 출판했다. 원제는 훨씬 긴데, 몽테스키외는 이 책에서 《중국의 역사》 또는 《중국 회고록》으로 말하기도 하나, 《중국 제국에 대한 묘사》로 통일한다_옮긴이 주), 제1권, 6쪽.
54 페리의 《대러시아의 현재 상태》.

에서는 살인이 일어나지 않는다. 도둑은 식민지로 추방되는 것을 바랄 수 있지만, 살인자에게는 그런 희망이 없기 때문이다.

사면장은 제한된 정체의 커다란 원동력이다. 군주의 사면권은 현명하게 집행되면 훌륭한 효과를 거둘 수 있다. 전제정체의 원리는 누구든 결코 용서하지도 용서받지도 않는 것이므로 이런 이점이 박탈된다.

제 17장 : 죄인에 대한 고문 또는 고신

인간은 사악하므로 법은 인간을 실제보다 더 선량하게 간주할 수밖에 없다. 그리하여 모든 죄에 있어서 두 명의 증인이 증언하면 벌하는 데 충분한 것이 된다. 법은 마치 그들이 진실의 입으로 말하는 것처럼 그들을 믿는 것이다. 또 결혼생활 중에 임신한 아이는 모두 적자(嫡子)로 판단한다. 법은 어머니를 마치 정숙함 그 자체인 것처럼 신뢰하는 것이다. 그러나 죄인에 대한 **고문**은 그처럼 부득이한 경우가 아니다. 오늘날 우리는 매우 문명화된 국민55이 아무 불편 없이 고문을 폐지한 것을 볼 수 있다. 따라서 그것은 본질적으로 꼭 필요하지 않은 것이다. 56

---

55 영국 국민.
56 아테네의 시민은 고문을 받지 않았는데(리시아스, "아고라토스의 고발행위를 비난하여"), 대역죄는 예외였다. 고문은 유죄판결을 받은 30일 후에 행해졌다(쿠리우스 포르투나티아누스(Curius Fortunatianus 또는 C. Chirius Fortunatianus로도 알려져 있는 4세기 로마의 수사학자이다. 몽테스키외는 Curius Fortunatus로

수많은 현자와 훌륭한 사람들이 이 관행에 반대하는 글을 썼으므로, 나는 감히 그들의 뒤를 이어 말하지는 않겠다. 다만 두려움을 불러일으키는 것이라면 무엇이든 정체의 원동력이 되는 전제정체에는 고문이 어울릴 수 있겠다는 말을 하고자 했다. 그리고 그리스인과 로마인의 경우에는 노예에 대해 말하려고 했다 … 그러나 내게 반대하며 소리치는 자연의 목소리가 들린다.

제 18장 : 금전형과 체형

우리의 조상 게르만족은 금전형만 인정했다. 이 자유롭고 호전적인 사람들은 손에 무기를 들었을 때만 피를 흘려야 한다고 생각했던 것이다. 그와 반대로 일본인은 부자들은 벌을 받지 않게 된다는 이유로 그런 종류의 형벌을 배척한다.[57] 그러나 부자들은 재산을 잃는 것을 두려워하지 않을까? 금전형은 재산에 비례할 수 없을까? 그리고 이 형벌에 치욕을 덧붙일 수는 없을까?

좋은 입법자는 중용을 취한다. 그래서 언제나 금전형을 명하지도 않고 언제나 체형을 부과하지도 않는다.

잘못 표기했다_옮긴이 주), 《수사학》, 제 2편]. 사전 고문은 없었다. 로마에서는 제 3법과 제 4법 ad. leg. Juliam majest. 을 보면, 대역죄가 아니라면 가문, 고위직, 군직의 경우 고문이 면제되었다는 것을 알 수 있다. 서고트족의 법이 이 관행에 대해 현명하게 제한한 것을 참조할 것.

[57] 캠퍼 참조.

제19장 : 탈리온 법(18)

간단한 법을 좋아하는 전제국가에서는 탈리온 법이 많이 사용된다. 58
제한된 국가에서도 때때로 이 법을 받아들이지만, 전제국가는 엄격
하게 실행하는 데 반해 제한된 국가는 거의 언제나 경감을 한다는 차
이가 있다.

12표법은 그 두 가지를 인정했다. 12표법에 의하면, 먼저 고소인
의 마음을 진정시킬 수 없을 때만 탈리온 법으로 판결하였다. 59 판결
후에는 손해배상을 할 수 있었는데, 60 그러면 체형이 금전형으로 전
환되었다. 61

제20장 : 자식의 범죄에 대한 아버지의 처벌

중국에서는 자식의 잘못에 대해 아버지를 처벌했다. 그것은 페루의
관습이기도 했다. 62 이것도 전제적 관념에서 유래한 것이다.

---

58 이 법은 《쿠란》에도 확립되어 있다. "암소에 대하여"라는 장을 볼 것.
59 Si membrum rupit, ni cum eo pacit, talio esto(팔다리가 부러졌을 경우, 합의
    가 이루어지지 않는다면 그와 똑같이 갚아준다). 아울루스 겔리우스(Aulus
    Gellius, 2세기에 활동한 고대 로마의 작가로 문학, 예술, 철학, 역사, 법, 지리,
    의학, 자연과학과 기상학 등의 온갖 주제를 다루는 《아테네의 밤》을 집필했다_
    옮긴이 주), 제20편, 제1장.
60 위의 책.
61 서고트족의 법, 제6편 제4조 제3항과 제5항도 참조할 것.
62 가르실라소(Inca Garcilaso de la Vega, 1539~1616, 스페인 제국 당시 페루 출
    신의 연대기 작가로 잉카 왕국과 페루 정복에 관한 저서를 남겼다. 여기서 인용된

중국에서 아버지를 처벌하는 것은 자연에 의해 확립되었고 법 자체가 확장해 준 부권(父權)을 사용하지 않은 것 때문이라고 말해 봐야 소용없다. 여전히 그것은 중국인들에게 명예가 없다는 것을 전제로 한다. 우리의 경우, 자식이 처형된 아버지나 아버지가 처형된 자식63은 그 자체로 치욕이라는 형벌도 받게 된다. 그것은 중국에서 사형의 형벌을 받은 것이나 마찬가지이다.

제 21장 : 군주의 관용

관용은 군주의 특성이다. 덕성을 원리로 하는 공화정체에서는 관용이 그다지 필요하지 않다. 두려움이 지배하는 전제국가에서는 관용이 별로 사용되지 않는다. 국가의 주요 인물을 엄격함의 본보기로 제압해야 하기 때문이다. 명예에 의해 통치되는 군주정체에서는 명예가 종종 법으로 금지하는 것을 요구하기도 하므로 관용이 더 필요하다. 군주정체에서 군주의 총애를 잃는 것은 형벌에 해당하고, 재판의 절차 자체가 처벌인 셈이다. 모든 방면에서 치욕이 특별한 종류의 형벌을 이루기 때문이다.

군주정체에서는 총애를 잃는 것, 종종 상상으로라도 재산과 신망

서명의 스페인 내전도 아메리카 대륙에서 일어난 스페인 내전을 말한다. 몽테스키외는 이후 '잉카 가르실라소'라고 칭하기도 한다_옮긴이 주), 《스페인 내전의 역사》 참조.

63 플라톤은 자식을 처벌하는 대신 아버지를 닮지 않은 것에 대해 칭찬해 주어야 한다고 말했다. 《법률》, 제 9편.

과 친교와 즐거움을 잃는 것은 주요 인물들에게 대단한 처벌이 되므로 그들에 대한 준엄성은 필요하지 않다. 준엄성은 단지 신하에게서 군주에 대한 사랑과 지위에 대한 존경심을 없애기만 할 뿐이다.

주요 인물의 신분이 불안정한 것이 전제정체의 본질에 속하는 것처럼, 그들의 안전은 군주정체의 본질에 속한다.

군주는 관용을 통해 얻는 것이 많다. 관용을 베풀면 그만큼 애정이 따라오고 군주는 거기서 많은 영광을 얻게 되므로, 관용을 베풀 기회를 갖게 되는 것은 거의 언제나 군주에게는 행운이다. 우리의 나라들에서는 거의 언제나 그렇게 할 수 있다.

아마 군주들은 권한의 어느 한 부분을 놓고 다투는 일은 있어도 권한 전체를 놓고 다투는 일은 거의 없을 것이다. 때때로 그들은 왕위 때문에 싸우기는 해도 목숨 때문에 싸우지는 않는다.

그런데 언제 처벌해야 하고 언제 용서해야 하는가? 하는 질문이 생길 것이다. 그것은 규정될 수 있는 문제가 아니라, 느낌으로 알 수 있는 문제이다. 관용에 위험이 따를 경우, 그 위험은 눈에 아주 잘 보인다. 군주가 처벌을 경시하거나 심지어 처벌하지 못하게 만드는 나약함은 관용과 쉽사리 구별된다.

마우리키우스 황제(19)는 결코 신민의 피를 흘리게 하지 않겠다고 결심했다. 64 아나스타시오스(20)는 범죄를 처벌하지 않았다. 65 이사

---

64 에바그리오스(Evagrios Scholastikos, 그리스어로 저술한 6세기 역사가_옮긴이 주), 《역사》.
65 콘스탄티노스 포르피로옌니토스에 나오는 《수이다스》의 단편.

키오스 앙겔로스(21)는 자기 치하에서 아무도 사형시키지 않겠다고 맹세했다. 이 그리스 황제들은 그들이 쓸데없이 검을 차고 있는 것이 아니라는 사실을 잊고 있었다.

제 7 편

사치 단속법, 사치, 여자의 지위에 관한
세 정체의 상이한 원리의 귀결

제 1장 : 사치

사치는 언제나 재산의 불평등에 비례하여 나타난다. 한 국가에서 재산이 똑같이 분배된다면, 사치는 없을 것이다. 사치는 다른 사람들의 노동을 통해 얻는 편리함에만 토대를 두는 것이기 때문이다.

재산이 똑같이 분배되기 위해서는, 법이 각자에게 육체적 필요를 충족시키는 것만 주어야 한다. 그 이상을 가지게 되면, 어떤 사람들은 소비하고 또 어떤 사람들은 취득할 것이므로 불평등이 성립될 것이다.

육체적으로 필요한 것과 주어진 금액이 같다고 가정한다면, 필요한 것만 갖게 되는 사람들의 사치는 제로에 해당할 것이다. 그 두 배를 갖게 되는 사람은 1에 해당하는 사치를 하게 될 것이다. 이 두 번째 사람의 재산의 두 배를 갖게 되는 사람은 3에 해당하는 사치를 하게 될 것이고, 또 그 두 배를 가지게 되면 7에 해당하는 사치를 하게 될 것이다. 그래서 뒤를 잇는 개인의 재산이 언제나 앞선 개인의 두 배라고 가정한다면, 사치는 0, 1, 3, 7, 15, 31, 63, 127과 같은 수열로 두 배에 1을 더한 것으로 증가할 것이다.

플라톤의 공화국에서는 사치가 정확하게 계산될 수 있었을 것이다.[1] 호구조사에는 네 가지 등급이 있었다. 첫 번째는 빈곤이 끝나는 바로 그 경계였고, 두 번째는 첫 번째의 두 배, 세 번째는 세 배, 네 번째는 네 배였다. 첫 등급에서는 사치가 제로에 해당했고, 두 번째 등급에서는 1, 세 번째 등급에서는 2, 네 번째 등급에서는 3에 해당하였다. 그런 식으로 사치는 산술적 비례를 따랐다.

여러 민족의 사치를 서로 비교해 살펴보면, 그것은 각 나라 시민들 사이의 재산의 불평등 및 여러 나라의 부의 불평등과 복비(複比)를 이룬다. 예를 들어 폴란드에서는 재산이 극도로 불평등하지만, 전체적 빈곤으로 인해 더 부유한 나라에서만큼 사치가 존재하지 않는다.

사치는 또한 도시, 특히 수도의 크기에 비례한다. 따라서 그것은 국가의 부, 개인 재산의 불평등, 특정한 장소에 모여 있는 사람들의 수와 복비를 이룬다.

같이 있는 사람의 수가 많을수록 사람들은 허영심이 많아지고 사소한 것으로 두드러지고자 하는 욕망이 생기는 것을 느끼게 된다.[2] 사

---

1   호구조사의 첫 대상은 토지의 세습되는 몫이었다. 플라톤은 사람들이 세습되는 몫의 세 배 이상을 다른 재산으로 갖지 못하게 했다. 《법률》, 제 5편 참조.

2   《꿀벌 우화》의 저자〔1670년 네덜란드에서 태어나 영국에서 활동하다 1733년에 죽은 버나드 맨더빌(Bernard Mandeville)을 말한다_옮긴이 주〕는 제 1권 133쪽

람의 수가 많으면, 대부분 서로 모르므로 두각을 드러내고 싶다는 욕망이 더욱 거세지는 것이다. 성공에 대한 희망이 더 많아지기 때문이다. 사치는 그런 희망을 주므로, 각자 자신의 신분을 능가하는 신분의 표식을 착용한다. 그러나 모두가 두각을 드러내고 싶은 나머지 모두가 똑같아지고 더 이상 구별이 되지 않는다. 모든 사람이 남의 눈에 띄기를 바라기 때문에 아무도 눈여겨보지 못하게 되는 것이다.

이 모든 것으로부터 전반적인 불편함이 초래된다. 한 업계에서 뛰어난 사람들은 자신들의 기술에 원하는 가격을 매기고, 능력이 가장 뒤지는 사람들도 그 예를 따른다. 그리하여 우리의 욕구와 그것을 충족시키는 수단이 더 이상 조화를 이루지 못한다. 내게 소송할 일이 생기면 변호사에게 줄 돈이 필요하고, 아플 때는 의사를 부를 돈이 필요하게 된다.

어떤 사람들은 수도에 많은 사람이 모여 있으면 교류가 줄어든다고 생각했다. 사람들이 일정한 거리를 두고 떨어져 살지 않기 때문이라는 것이다. 나는 그렇게 생각하지 않는다. 사람들은 같이 있을 때 더 많은 욕망, 더 많은 욕구, 더 많은 바람이 생기는 법이다.

에서, 대도시에서는 사람들이 대중에게 실제 이상의 평가를 받기 위해 자기 능력 이상으로 옷을 입는다고 말한다. 그것은 나약한 인간에게는 욕망이 성취되는 것과 거의 같을 정도로 커다란 기쁨이 된다.

제 2장 : 민주정체에서의 사치 단속법

재산이 평등하게 분배되는 공화정체에서는 사치가 있을 수 없다고 나는 방금 말했다. 그리고 제 5편에서 본 것처럼,[3] 이 분배의 평등이 공화정체의 우수성을 이루는 것이므로 공화정체에 사치가 적으면 적을수록 그 공화정체는 더욱 완벽한 것이라는 결론이 나온다. 초기 로마인에게는 사치가 없었고, 스파르타인에게도 사치가 없었다. 그리고 평등이 완전히 상실되지 않은 공화정체에서는 상업과 노동과 덕성의 정신 덕분에 각자 자기 재산으로 살 수 있고 또 그러기를 바라므로, 사치가 별로 존재하지 않는다.

몇몇 공화정체에서 그토록 열렬히 요구되었던 농지의 새로운 분배법은 본질상으로는 유익한 것이었다. 그것은 급격한 행동으로 나타날 때만 위험하다. 어떤 사람에게서 갑자기 재산을 빼앗고 마찬가지로 어떤 사람의 재산을 갑자기 증가시키므로, 각 가정에 격변을 초래하고 결과적으로 나라 전체에도 격변을 초래하기 때문이다.

공화정체에서 사치가 확립되면, 그에 따라 사람들의 정신이 개인적 이익을 향하게 된다. 필요한 것 이외에는 아무것도 필요로 하지 않는 사람들에게는 조국의 영광과 자기 자신의 영광밖에 바랄 게 없다. 그러나 사치에 의해 타락한 영혼은 다른 많은 욕망을 가진다. 그리고 곧 자신을 방해하는 법을 싫어하게 된다. 레조(1)의 주둔군은 사치를 알게 되자, 주민들을 학살했다.

----

3   제 3장과 제 4장.

로마인이 타락하자, 곧 그들의 욕망은 엄청난 것이 되었다. 그들이 물건에 매긴 가격을 통해 그것을 판단할 수 있다. 팔레르노 포도주 한 병이 로마 화폐 100데나리우스에 팔렸고,[4] 폰토스 왕국의 소금에 절인 고기 한 상자는 400데나리우스였다. 좋은 요리사는 4달란트였고, 미소년의 값은 제한이 없었다. 모든 사람이 전체적으로 맹렬하게 쾌락을 향해 갈 때,[5] 덕성은 어떻게 되었을까?

제 3장 : 귀족정체에서의 사치 단속법

제대로 조직되지 못한 귀족정체에는 귀족이 재산은 있어도 소비해서는 안 되는 불행이 존재한다. 절제의 정신에 어긋나는 사치는 귀족정체에서 추방되어야 하기 때문이다. 따라서 거기서는 취득하지 못하는 매우 가난한 사람들과 소비하지 못하는 매우 부유한 사람들만 존재한다.

베네치아에서는 법으로 귀족에게 절제를 강요한다. 그들은 절약이 몸에 배어 있으므로 창부들이 아니고는 그들에게 돈을 쓰게 할 수가 없다. 산업을 유지하기 위해 그런 방법이 사용되는 것이다. 즉, 거기서는 가장 천한 여자들이 아무 위험 없이 소비하는 동안, 그 여자들에게 돈을 바치는 사람들은 가장 추잡한 생활을 한다.

4 　콘스탄티노스 포르피로엔니토스가 《덕과 악의 발췌본》에서 인용한 디오도로스의 저서 제 36편의 단편.
5 　Cum maximus omnium impetus ad luxuriam esset(모든 사람이 최고의 호사를 누리려고 고군분투했으므로). 위의 책.

그리스의 훌륭한 공화국들은 그 점에 관해 감탄할 만한 제도를 가지고 있었다. 부자들은 축제, 합창대, 경주용 수레나 말, 비용이 드는 관직을 위해 그들의 돈을 사용했다. 거기서는 부도 가난과 마찬가지로 부담스러운 것이었다.

제4장 : 군주정체에서의 사치 단속법

타키투스는 "게르만족인 스비아족(2)은 부를 존경한다. 그로 인해 그들은 단 한 사람의 통치하에 살고 있다"[6]라고 말한다. 이것은 사치가 유난히 군주정체에 적합하므로 군주정체에는 사치 단속법이 있어서는 안 된다는 것을 잘 나타내 준다.

군주정체는 구조적으로 재산이 불평등하게 분배되므로 사치가 존재해야 한다. 만약 부자들이 소비를 많이 하지 않는다면, 가난한 사람들은 굶어 죽을 것이다. 심지어 부자들은 재산의 불평등에 비례하여 소비해야 하고, 앞에서 말했듯이 그 비례대로 사치가 증가해야 한다. 개인의 부는 단지 일부 시민으로부터 생필품을 빼앗았기 때문에 증가한 것이므로, 그들에게 돌려주어야 한다.

따라서 군주국이 유지되기 위해서는 사치가 농부에서부터 수공업자, 상인, 귀족, 행정관, 대영주, 주요 징세 청부인, 군주로 단계적

---

6 《게르만족의 풍속(*De moribus Germanorum*)》(라틴어 원제는 *De Origine et situ Germanorum*으로 "게르만족의 기원과 현황"이란 뜻이다. 우리나라에서는 《게르마니아》로 번역 출판되어 있다__옮긴이 주).

으로 증가해야 한다. 그렇지 않으면 모든 것을 다 잃게 될 것이다.

엄격한 행정관, 법률가, 초기 시대의 관념으로 머리가 꽉 찬 사람들로 이루어진 로마의 원로원에서, 아우구스투스 치세 때 풍속과 여자의 사치를 교정하자는 제안이 나왔다. 아우구스투스가 그 원로원 의원들의 귀찮은 요구를 얼마나 교묘하게 피했는지를 디오7에서 읽어 보면 참 흥미롭다. 그는 군주정체를 수립하고 공화정체를 해체하고 있었기 때문이다.

티베리우스 치세 때, 조영관들은 원로원에서 옛 사치 단속법을 부활시킬 것을 제안했다.8 현명했던 이 군주는 거기에 반대했다. "국가는 현재의 상태로 존속할 수 없을 것이오. 로마는 어떻게 살아갈 수 있겠소? 여러 속주는 어떻게 살아갈 수 있겠소? 우리가 오직 한 도시의 시민이었을 때, 우리는 검소했소. 하지만 오늘날 우리는 전 세계의 부를 소비하고 있소. 사람들은 우리를 위해 주인과 노예를 일하게 만들고 있소"라고 그는 말했다. 그는 더 이상 사치 단속법이 필요 없다는 것을 잘 알고 있었다.

같은 황제 치하에서, 총독의 아내가 무절제한 생활을 한다는 이유로 총독에게 아내를 속주로 데려가지 못하게 하는 안이 원로원에서 제시되었을 때 그것은 부결되었다. 사람들은 "옛사람들의 모범적인 엄격함은 이제 더 쾌적한 생활 방식으로 바뀌었다"9고 말했다. 다른

---

7   디오 카시우스, 제54편.
8   타키투스, 《연대기》, 제3편.
9   Multa duritiei veterum melius et lætius mutata(옛사람들의 많은 엄격함은 더
    좋고 더 즐거운 방식으로 바뀌었다). 타키투스, 《연대기》, 제3편.

풍속이 필요하다는 것을 느끼고 있었던 것이다.

따라서 사치는 군주국가에 필요한 것이다. 또한 전제국가에도 필요하다. 군주국가에서 사치는 사람들이 자유롭게 소유한 것을 사용하는 것이고, 전제국가에서는 노예 상태의 이점을 남용하는 것이다. 다른 노예들을 가혹하게 다스리기 위해서 주인에게 선택된 노예는 나날의 행운을 내일도 기대할 수 있을지 확신할 수 없으므로 교만과 욕망과 나날의 쾌락을 충족시키는 것 이외의 다른 기쁨이 없다.

이 모든 것은 하나의 사고(思考)로 귀결된다. 즉, 공화정체는 사치에 의해서 끝나고, 군주정체는 빈곤에 의해서 끝난다는 것이다. 10

제5장 : 어떤 경우에 군주정체에서 사치 단속법이 유익한가

13세기 중엽 아라곤에서 사치 단속법을 만들었던 것은 공화정체의 정신에서 혹은 몇몇 특수한 경우에서였다. 차이메 1세(3)는 왕이든 신민이든 식사 때 두 종류 이상의 고기를 먹을 수 없고, 자신이 직접 사냥해서 잡지 않은 한 고기는 오직 한 가지 방법으로만 조리해야 한다고 명령했다. 11

최근 스웨덴에서도 사치 단속법을 제정했으나, 그것은 아라곤의 사치 단속법과는 목적이 다르다.

---

10 Opulentia paritura mox egestatem(부유함은 곧 빈곤을 낳는다). 플로루스, 제3편.
11 1234년의 차이메 1세 법령, 제6항. 《스페인 변방(Marca Hispanica)》, 1429쪽.

국가는 절대적 검소함을 목적으로 사치 단속법을 만들 수 있다. 그것이 바로 공화정체의 사치 단속법의 정신이다. 그리고 그것이 아라곤의 사치 단속법의 목적이라는 것은 상황의 본질을 보면 알 수 있다.

사치 단속법은 또한 상대적 검소함을 목적으로 할 수도 있다. 외국 상품의 가격이 너무 비싸 자국 상품의 많은 수출이 기대되므로 외국 상품에 대한 욕구를 충족시키기보다 아예 자국 상품에 대한 욕구를 포기해야 한다고 생각한 국가가 그 욕구에 대한 접근을 완전히 금지할 때가 바로 그런 경우이다. 이것이 최근 스웨덴에서 제정된 법의 정신이고,12 군주정체에 유일하게 적합한 사치 단속법이다.

일반적으로 나라가 가난하면 가난할수록 상대적 사치에 의해 붕괴된다. 따라서 그런 나라에는 상대적 사치 단속법이 더욱 필요하다. 나라가 부유하면 부유할수록 상대적 사치는 나라를 더 부유하게 하므로, 그런 나라에서는 상대적 사치 단속법을 만들지 않도록 경계해야 한다. 이 점에 관해서는 이 책의 상업에 관한 편에서 더 자세히 설명할 것이다.13 여기서는 절대적 사치만 다루고자 한다.

---

12 스웨덴에서는 고급 포도주 및 그 밖의 값비싼 상품을 금지했다.
13 제 20편 제 20장 참조.

제 6장 : 중국에서의 사치

어떤 나라에서는 특별한 이유에 의해 사치 단속법이 요구된다. 풍토의 영향으로 인구가 많아지고 다른 한편으로는 그들을 존속시킬 수있는 수단이 너무 불확실해질 수 있다. 그런 경우에는 모든 사람을 토지 경작에 전념시키는 것이 좋다. 이런 나라에서는 사치가 위험하므로, 사치 단속법이 엄격해야 한다. 그러므로 사치를 권장해야 하는지혹은 금지해야 하는지를 알기 위해서는 먼저 인구와 생활의 용이성사이의 관계에 주목해야 한다.

영국의 토지는 토지를 경작하는 사람들과 옷을 제공하는 사람들을먹여 살리는 데 필요한 것보다 훨씬 더 많은 곡식을 생산한다. 그래서거기서는 경박한 기교, 결과적으로 사치가 존재할 수 있다. 프랑스에서는 농민과 제조업에 종사하는 사람들의 양식으로 충분한 양의 밀이생산된다. 게다가 외국과의 교역을 통해 하찮은 물건들 대신 수많은필수품을 가져올 수 있으므로 사치를 별로 두려워할 필요가 없다.

그와 반대로 중국에서는 여자들이 출산을 많이 해서 인구가 늘어나므로 아무리 토지를 경작해도 주민들을 가까스로 먹여 살리는 정도이다. 그러므로 중국에서는 사치가 해롭고, 공화정체에서와 마찬가지로 노동과 절약의 정신이 요구된다.[14] 필요한 기술에 전념해야 하고, 쾌락을 위한 기술은 피해야 한다.

그것이 바로 중국 황제들의 훌륭한 칙령에 담긴 정신이다. 당나라

---

14 여기서는 늘 사치가 억제되었다.

의 어떤 황제는 "우리 조상들은 만일 경작하지 않는 남자와 실을 잣지 않는 여자가 있다면 제국 안에서 누군가가 추위나 배고픔으로 고통받게 된다는 것을 격언으로 삼았다"[15]라고 말했다. 그리고 그 원칙을 토대로, 그는 수많은 불교 사원을 허물게 했다.

제 21대 왕조의 제 3대 황제는 어떤 자가 광산에서 발견한 보석을 가져오자 광산의 문을 닫게 했다.[16] 자기 백성이 의식(衣食)을 제공해 주지도 못하는 물건 때문에 일하느라 피곤해지는 것을 바라지 않았기 때문이다.

"백성들이 어쩔 수 없이 팔아야 하는 아들딸의 신발조차 수놓아 장식할 정도로 우리의 사치가 너무 심합니다"라고 가의는 문제에게(4) 말했다.[17] 수많은 사람이 한 사람을 위해 옷을 만드는 데 종사하니, 많은 사람에게 옷이 부족한 것을 막을 방법이 있겠는가? 한 사람의 농부가 경작하는 토지의 수익으로 10명이 먹고 산다고 할 때, 많은 사람에게 식량이 부족한 것을 막을 방법이 있겠는가?

---

15 뒤 알드 신부가 제 2권 497쪽에서 이야기한 칙령에서.
16 뒤 알드 신부의 저서 《중국 제국에 대한 묘사》, 제 1권, 제 21대 왕조.
17 뒤 알드 신부가 인용한 이야기에서. 제 2권, 418쪽.

제 7장 : 중국에서 사치의 치명적 결과

중국 역사를 보면, 22개의 왕조가 잇달아 이어진 것을 알 수 있다. 다시 말해 수많은 특수한 경우는 꼽지 않더라도 중국이 22번의 전체적인 혁명을 겪은 것이다. 처음의 세 왕조는 현명하게 통치되었고 제국의 영역도 후대에 비해 좁았기 때문에 꽤 오랫동안 지속하였다. 그러나 대체로 모든 왕조가 처음 시작은 상당히 좋았다고 말할 수 있다. 중국에서는 덕성, 조심성, 경계심이 필수적인데, 그것들은 왕조의 초기에는 있었지만 말기에 가면 부족해졌다. 사실 전쟁의 고역 속에서 성장하여 쾌락에 빠진 한 가문을 권좌에서 끌어내리는 데 성공한 황제들이 그 유용함을 몸소 느꼈던 덕성을 유지하고 너무도 해로운 것임을 목격한 쾌락을 두려워하는 것은 당연한 일이었다. 그러나 초기 서너 명의 군주 이후에는 후계자들이 부패, 사치, 나태, 쾌락에 사로잡히게 된다. 그들은 궁전에 틀어박혀 지내면서 정신이 약해지고 수명은 짧아져서 가문이 쇠퇴한다. 그리하여 고위층이 봉기하고 환관들이 신임을 얻는다. 오로지 아이들만 권좌에 앉혀지고, 궁전은 제국의 적이 된다. 궁전에 사는 게으른 자들은 근면하게 일하는 사람들을 파멸시킨다. 결국 황제는 찬탈자에게 죽임을 당하거나 파기되고, 찬탈자가 왕조를 세우는데 그 왕조의 세 번째나 네 번째 후계자는 똑같은 궁전에 다시 틀어박힌다.

제 8장 : 대중의 정숙함

여자들이 덕성을 잃게 되면 그에 결부된 많은 결함이 나타나고, 여자들의 정신 전체가 몹시 타락한다. 이 주요한 안전장치가 제거되면 다른 많은 안전장치도 무너지게 되므로, 민중적 국가에서 대중의 방탕함은 불행 중에서도 가장 큰 불행이며 국가 구조의 확실한 변화로 간주할 수 있다.

그래서 훌륭한 입법자들은 여자에게 상당히 엄격한 풍속을 요구했다. 그들은 자기네 공화국으로부터 악덕뿐만 아니라 악덕의 징후까지도 추방했다. 그들은 게으름을 낳는 감언이설의 교제마저 몰아냈다. 그런 교제는 여자들이 스스로 타락하기도 전에 다른 사람들을 타락시키고, 모든 하찮은 것에 가치를 부여하면서 중요한 것의 가치를 떨어뜨리고, 여자들이 능숙한 솜씨를 발휘하는 조롱의 규범에 의해서만 사람들을 행동하게 만들기 때문이다.

제 9장 : 여러 정체에서 여자의 지위

군주정체에서는 여자들이 그다지 조심하지 않는다. 신분의 구별이 여자들을 궁정으로 부르는데, 그녀들은 거기서 거의 유일하게 허용되는 자유의 정신을 갖게 되기 때문이다. 각자 자신의 입신출세를 위해 그녀들의 매력과 정열을 이용한다. 그리고 그녀들의 나약함은 자부심이 아니라 허영심을 허용하므로, 거기서는 늘 사치가 그녀들과 함께 세력을 떨친다.

전제국가에서는 여자들이 사치하지는 않지만, 여자들 자체가 사치품이다. 여자들은 극도로 예속된 존재여야 한다. 모든 사람이 정체의 정신을 따르고, 다른 곳에서 확립된 것을 자기 집으로 옮겨 온다. 거기서는 법이 준엄하고 당장 실행되므로, 여자들의 자유가 뭔가 일을 저지를까 봐 두려워한다. 여자들의 불화, 경솔함, 반감, 성향, 질투, 신랄한 말, 하찮은 자들이 지체 높은 사람들의 관심을 끌려는 그 기교가 거기서는 막대한 결과를 초래할 수 있다.

게다가 그런 나라에서는 군주가 인간의 본성을 마음대로 즐기기 때문에 여러 명의 처첩을 두는데, 그녀들은 수많은 이유로 가두어진다.

공화정체에서는 여자들이 법에 의해서는 자유롭지만, 풍속에 의해서 억제를 받는다. 거기서 사치는 추방되고, 그와 더불어 타락과 악덕도 추방된다.

심지어 남자에게도 순결의 풍속을 덕성의 일부로 정해 놓은 종교 밑에서 살지 않았던 그리스의 여러 도시에서, 맹목적 악덕이 과도하게 기승을 부리고 사랑은 감히 입 밖에 낼 수 없는 한 가지 형태로만 존재했던 반면 결혼생활에는 단순한 우정만 존재했던[18] 그리스의 여러 도시에서, 여자들의 덕성과 순박함과 순결함은 참으로 대단해서 그 점에 관해 더 좋은 치안 조직을 가진 민족을 결코 보지 못했을 정도이다. [19]

---

18 진정한 사랑에 대해 여자들은 아무 관계가 없다고 플루타르코스는 말한다. 《모랄리아》, "사랑에 대하여", 600쪽. 그는 자기 시대의 사람들처럼 말한 것이다. 크세노폰의 《히에론》이라는 제목의 대화를 참조할 것.

19 아테네에는 여자들의 행동을 감시하는 특별 행정관이 있었다.

제10장 : 로마의 가정 법정

로마인은 그리스인처럼 여자들의 행동을 감시하는 특별한 행정관을 두지 않았다. 감찰관은 공화국의 다른 사람들을 주시하는 것과 마찬가지로 여자들을 주시했을 뿐이다. 가정 법정이라는 제도20가 그리스에 설치되었던 관직을 대신했다. 21

남편은 아내의 친척을 불러 모아 그들 앞에서 아내를 재판했다. 22 이 법정은 공화국에서 풍속을 유지했고, 동시에 풍속이 이 법정을 유지했다. 이 법정은 법의 위반뿐만 아니라 풍속의 위반도 재판해야 하는데, 풍속의 위반을 재판하기 위해서는 풍속을 가지고 있어야 하기 때문이다.

---

20 할리카르나소스의 디오니시오스, 제2편, 96쪽에서 나타나듯이 로물루스가 이 법정을 창설했다.
21 티투스 리비우스 제39편에서, 바쿠스제의 음모가 있었을 때 이 법정을 사용한 것을 볼 것. 여자들과 청년들의 풍속을 타락시킨 회합을 사람들은 공화국에 대한 음모라고 불렀다.
22 할리카르나소스의 디오니시오스 제2편에 의하면, 로물루스의 제도에서는 보통의 경우 남편이 아내의 친척 앞에서 혼자 재판했고 중대한 범죄에서는 친척 중 5명과 함께 재판했던 것으로 보인다. 그래서 울피아누스〔Domitius Ulpianus, 3세기 고대 로마의 법학자로 법에 관한 많은 글을 써서 유스티니아누스 1세의 《학설휘찬》에서 전체 내용의 1/3 이상을 차지할 정도로 후세에 많은 영향을 미쳤다. 그의 대표 저서로는 《시민법 주석서》와 《고시주해》 등이 있으나, 여기서 몽테스키외가 인용하는 저서는 울피아누스의 주요 규칙들을 29개 조항으로 모아 놓은 《단장 (Domitii Ulpiani Fragmenta)》이다_옮긴이 주〕는 제6조 제9항, 제12항, 제13항의 풍속 재판에서 중대한 것과 덜 중대한 것(mores graviores, mores leviores)을 구별했다.

이 법정의 형벌은 자의적일 수밖에 없고, 실제로 그러했다. 풍속에 관한 모든 것, 정숙함의 규칙에 관한 모든 것이 법전에 다 포함될 수 없기 때문이다. 다른 사람에게 해야 하는 것을 법으로 정하기는 쉽지만, 자기 자신에 대해 스스로 해야 하는 모든 것을 법에 포함시키기는 어려운 일이다.

가정 법정은 여자들의 전반적 행동을 다루었다. 그러나 이 법정의 질책 이외에 공적 고발도 당해야 하는 범죄가 있었는데, 그것은 바로 간통(姦通)이었다. 공화국에서 그토록 중대한 풍속 위반은 정체와 관련되기 때문이든, 아내의 방탕함이 남편의 방탕함도 의심하게 만들 수 있기 때문이든, 또는 정직한 사람들조차 그 범죄를 처벌하기보다 감추고 싶어 하고 그 범죄에 대해 보복하기보다 모른 척하기를 더 좋아할까 봐 염려되기 때문이든, 어쨌든 간통은 공적으로 고발되어야 할 범죄였다.

제 11장 : 로마에서는 어떻게 제도가 정체와 함께 변화했나

가정 법정이 풍속을 전제로 한 것처럼, 공적 고발도 풍속을 전제로 했다. 그리고 그로 인해 이 두 가지는 풍속과 함께 무너졌고 공화국과 함께 끝났다. 23

---

23 Judicio de moribus (quod antea quidem in antiquis legibus positum erat, non autem frequentabatur) penitus abolito〔풍속에 따른 재판(자주 사용되지는 않았어도 예전에는 고대의 법에 들어 있었는데)은 이제 완전히 폐지되었다〕. Leg. XI, Cod. De repud.

상설 심문 기관의 설립, 즉 법무관들 사이의 재판권 분할이 확립되고 이 법무관들이 직접 모든 사건을 재판하는24 관습이 점점 도입되자, 가정 법정의 사용은 줄어들었다. 티베리우스가 이 법정을 통해 판결하게 한 것을 기이한 사실로, 낡은 관행의 재발로 본 역사가들의 놀라움을 보면 그러한 사실을 알 수 있다.

군주정체의 설립과 풍속의 변화는 또한 공적 고발도 중지시켰다. 정직하지 못한 한 남자가 여자의 경멸에 자존심이 상하고 그녀의 거절에 분개해서 그녀의 덕성 자체에 화를 내며 그녀를 파멸시키려는 계획을 세울지도 모른다고 염려했을 수도 있었다. 그래서 율리아 법은 아내의 방탕을 조장한 것에 대해 남편을 고발한 후에야 비로소 간통한 여자를 고발할 수 있도록 정했다. 이것은 이 고발을 크게 제한했고, 말하자면 소멸시켰다. 25

교황 식스토 5세(5)는 공적 고발을 되살리고 싶었던 듯하다. 26 그러나 조금만 생각해 보면, 그의 나라와 같은 군주국에서는 다른 어떤 군주국에서보다 그 법이 훨씬 더 부적당하다는 것을 알 수 있다.

---

24 Judicia extraordinaria (일상적이지 않은 법적 절차).
25 콘스탄티누스는 그것을 완전히 폐지했다. 그는 "평온한 결혼생활이 외부인의 뻔뻔함에 의해 깨진다는 것은 온당치 않은 일이다"라고 말했다.
26 식스토 5세는 아내의 방탕함을 자신에게 한탄하러 오지 않는 남편을 사형에 처하라고 명령했다. 레티(Gregorio Leti, 17세기 이탈리아 역사가로 《교황 식스토 5세의 생애》를 집필했다__옮긴이 주) 참조.

제12장 : 로마에서 여자에 대한 후견

로마인의 제도는 여자들이 남편의 권위 아래 있지 않는 한 영구적인
후견인을 두었다. 27 이 후견의 지위는 가장 가까운 부계 친척에게 주
어졌다. 그리고 통속적 표현에 의하면, 28 여자들은 대단히 구속받았
던 것 같다. 그것은 공화정체에는 좋은 것이었으나, 군주정체에는 필
요 없는 것이었다. 29

  야만족의 여러 법전에 의하면 초기 게르만족도 여자에게 영구적인
후견인을 두었던 것 같다. 30 이 관행은 그들이 세운 여러 군주국으로
전해졌지만 존속하지는 않았다.

제13장 : 여자의 방탕에 대해 황제들이 정한 형벌

율리아 법은 간통에 대한 형벌을 정했다. 그러나 이 법과 간통에 대한
그 후의 법들은 좋은 풍속의 증거가 되기는커녕 오히려 퇴폐의 증거
가 되었다.

  여자에 관한 모든 정치적 체제는 군주정체에서 바뀌었다. 더 이상
여자들에게 순결한 풍속을 확립하는 것이 문제가 아니라 그녀들의 범

---

27 Nisi convenissent in manum viri(남편의 수중에 들어가지 않는 한).
28 Ne sis mihi patruus oro(제발 내게 숙부가 되지 말아 주세요).
29 아우구스투스 치세 때, 파피아 법은 자식을 셋 낳은 여자는 이 후견에서 벗어난다
    고 정했다.
30 게르만족은 이 후견을 Mundeburdium이라고 불렀다.

죄를 처벌하는 것이 문제가 된 것이다. 그 범죄를 처벌하기 위해 새로운 법이 만들어졌다. 단지 그 이유는 그런 범죄에 해당하지 않는 위반 행위는 더 이상 처벌되지 않고 있었기 때문이었다.

풍속이 몹시 추할 정도로 문란해지자, 황제들은 방탕한 행동을 어느 지점에서 저지하기 위해 법을 만들지 않을 수 없었다. 그러나 그들의 의도는 일반적으로 풍속을 교정하는 것이 아니었다. 그 모든 법이 그와 반대의 사실을 증명할 수 있다 하더라도, 역사가들이 이야기한 명백한 사실들은 더 확실하게 그 점을 증명해 준다. 디오의 저서를 보면, 그 점에 관한 아우구스투스의 행동, 즉 법무관과 감찰관의 직무를 행할 때 그에게 주어진 청원을 그가 어떻게 피했는지 알 수 있다. 31

아우구스투스와 티베리우스 치세에 몇몇 로마 귀부인의 음란함에 대해 엄격한 판결이 내려진 것을 역사가들의 저서에서 볼 수 있다. 그러나 역사가들은 우리에게 그 치세의 정신을 알려줌으로써 그 판결의 정신을 알게 해준다.

아우구스투스와 티베리우스는 주로 그들의 여자 친족들의 방탕함을 처벌할 생각이었다. 그들은 풍속의 타락을 처벌한 것이 아니라, 그들이 꾸며낸 일종의 불충죄 또는 대역죄를 처벌한 것이다. 32 그것

---

31 예전에 그와 부정한 관계를 맺었던 여자와 결혼한 청년이 그의 앞에 끌려왔을 때, 그는 이를 용인하지도 처벌하지도 않은 채 오랫동안 주저했다. 마침내 그가 정신을 차리고 말했다. "반란이 큰 악행의 원인이었으니, 잊어버리도록 하자(디오, 제 54편)." 원로원 의원들이 여자들의 풍속에 관한 규정을 그에게 요구했을 때, 그가 자기 아내를 교정한 것처럼 그들도 그들의 아내를 교정하도록 하라고 말하면서 그 요구를 피했다. 그러자 그들은 그가 아내를 어떻게 다루는지 말해 달라고 간청했다(내가 보기에 매우 조심성 없는 질문이다).

은 존엄성을 위해서도 그들의 복수를 위해서도 유익한 것이었다. 바로 그 때문에 로마의 저술가들은 그런 폭정에 강하게 항의했다.

율리아 법의 형벌은 가벼웠다. 33 황제들은 재판에서 자신들이 만든 법의 형벌이 무겁게 부과되기를 바랐다. 그것은 역사가들의 비난의 대상이 되었다. 그들은 여자가 처벌받아 마땅한지 아닌지를 검토한 것이 아니라, 여자를 처벌하기 위해 법이 위반되었는지 아닌지를 검토했다.

티베리우스의 주요 폭정 중의 하나는 옛 법을 남용한 것이었다. 34 그는 로마의 어떤 귀부인을 율리아 법이 정한 형벌 이상으로 처벌하고 싶었을 때, 그녀에 대해 가정 법정을 복원시켰다. 35

---

32 Culpam inter viros et feminas vulgatam, gravi nomine læsarum religionum, ac violatæ majestatis appellando, clementiam majorum suasque ipse leges egrediebatur(남녀 사이의 저속한 잘못을 신성모독이나 반역이라는 심각한 명칭으로 부름으로써, 그는 우리 선조들이나 자기 자신의 법이 내릴 수 있는 관대한 처분의 한도를 넘었다). 타키투스 《연대기》, 제3편.

33 이 법은 《학설휘찬》에 실려 있지만, 형벌은 언급되지 않았다. 근친상간의 형벌이 겨우 추방이었으니까 이 형벌도 유형에 지나지 않았으리라고 판단된다. L. Si quis viduam, ff. De quest.

34 Proprium id Tiberio fuit, scelera nuper reperta priscis verbis obtegere(최근에 행해진 범죄를 옛날 말로 뒤덮는 것이 티베리우스의 특성이었다). 타키투스.

35 Adulterii graviorem pœnam deprecatus, ut, exemplo majorum, propinquis suis ultra ducentesimum lapidem removeretur, suasit. Adultero Manlio Italia atque Africa interdictum est(간음죄에 대해 더 무거운 형벌을 제시하기 위하여, 그는 선조들의 본을 따라 그녀가 친척들에 의해 200번째 표석 너머로 쫓겨나야 한다고 주장했다. 간통자인 만리우스는 이탈리아와 아프리카에서 모두 추방당했다). 타키투스, 《연대기》, 제2편.

여자들에 대한 이런 규정은 원로원 의원의 가족에게만 해당되었고, 서민의 가족과는 관계가 없었다. 고위층에 대한 고발의 구실이 필요했는데, 여자들의 방탕은 수없이 그 구실을 제공해 줄 수 있었다.

요컨대 내가 말한 것, 즉 좋은 풍속은 일인 통치의 원리가 아니라는 것이 이 초기 황제들의 치하에서 가장 잘 증명되었다. 만일 그것이 의심된다면, 타키투스, 수에토니우스, 유베날리스, (6) 마르티알리스(7)를 읽어 보기만 하면 된다.

제 14장 : 로마인의 사치 단속법

대중의 방탕함은 사치와 결합되기 때문에 늘 사치를 동반한다고 우리는 말했다. 만약 마음의 움직임을 자유롭게 내버려 둔다면, 어떻게 정신의 나약함을 억제할 수 있겠는가?

로마에서는 일반적인 제도 이외에, 감찰관이 집정자에게 몇 가지 특별법을 만들게 하여 여자들을 검소한 상태로 유지했다. 파니아 법, 리키아 법, 오피아 법은 그런 목적을 가지고 있었다. 여자들이 오피아 법의 폐지를 요구했을 때 원로원이 얼마나 흥분했는지 티투스 리비우스의 저서를 보면 알 수 있다. 36 발레리우스 막시무스(8)는 이 법이 폐기되었을 때 로마인의 사치의 시대가 시작되었다고 본다.

---

36 10편 묶음집 제 4권, 제 4편.

제15장 : 여러 정체에서 혼인의 이점과 지참 재산

군주정체에서는 남편이 그 신분과 기존의 사치를 유지할 수 있도록 지참 재산이 많아야 한다. 사치가 지배해서는 안 되는 공화정체에서는 지참 재산이 적당해야 한다. 37 어떻게 보면 여자들이 노예라고 할 수 있는 전제국가에서는 지참 재산이 거의 없어야 한다.

프랑스법에 의해 도입된 부부 재산 공유제는 군주정체에는 매우 적절하다. 그로 인해 여자들이 가정일에 관심을 갖고 집안을 돌보지 않을 수 없기 때문이다. 여자들이 더 많은 덕성을 지닌 공화정체에는 부부 재산 공유제가 그다지 적절하지 않다. 그리고 전제국가에는 불합리한 것이다. 거기서는 거의 언제나 여자들 자체가 주인 재산의 일부이기 때문이다.

여자들은 혼인을 상당히 바라는 상황이므로, 법이 남편의 재산에 대해 여자에게 주는 이득이 별로 소용이 없다. 그러나 공화정체에서는 그런 이득이 매우 해로울 수도 있다. 여자들의 개인적인 부는 사치를 낳기 때문이다. 전제국가에서는 혼인의 이득이 여자들의 생필품이어야 하고 그 이상의 것이 있어서는 안 된다.

---

37 마르세유는 그 당시 가장 현명한 공화국이었다. 지참 재산은 돈으로 100에퀴, 의복으로 다섯 벌을 초과할 수 없었다고 스트라본은 제4편에서 말한다.

제16장 : 삼니움족의 훌륭한 관습

삼니움족은 작은 공화국에서, 특히 그들과 같은 상황에서 놀라운 효과를 산출하는 관습을 하나 가지고 있었다. 그들은 모든 청년을 모아놓고 평가했다. 그중 가장 훌륭한 청년으로 선포된 사람은 자기가 원하는 여자를 아내로 취했다. 그다음으로 표를 얻은 사람이 이어서 선택하고, 그런 식으로 계속되었다. 38

청년의 자산 중에서 훌륭한 자질과 조국에 대한 봉사만 고려한다는 것은 감탄할 만한 일이었다. 그런 종류의 자산을 가장 많이 가지고 있는 자가 온 민족 중에서 한 여자를 선택한 것이다. 사랑, 미, 순결, 덕성, 출신 가문, 부 자체까지 그 모든 것이 말하자면 덕성에 대한 지참 재산이었다. 이보다 더 고상하고 위대한 보상, 작은 나라에 이보다 더 부담이 적고 남녀 양성에 이보다 더 강하게 영향을 미칠 수 있는 보상을 상상하기란 어려울 것이다.

삼니움족은 스파르타인의 후손이었는데, 리쿠르고스 법을 완성시켜 여러 제도를 만든 플라톤도 그와 거의 유사한 법을 제시했다. 39

---

38 콘스탄티노스 포르피로옌니토스의 《모음집》, 스토바이오스(Stobaios, 5세기 그리스의 서적 편찬자_옮긴이 주)에서 인용한 다마스쿠스의 니콜라오스(Nikolaos Damaskenos, 기원전 1세기의 그리스어 철학자, 역사가_옮긴이 주)의 단편.
39 심지어 플라톤은 그들에게 더 자주 서로 만날 것을 허락했다.

제 17장 : 여자들의 행정부

이집트에 확립되었던 것처럼 여자가 집안의 주인이 되는 것은 이성 (理性)에도 자연에도 어긋나는 일이지만, 여자가 제국을 통치하는 것은 그렇지 않다. 첫 번째 경우에는 여자들이 처한 나약한 상태가 여자들에게 우위를 허용하지 않는다. 하지만 두 번째 경우에는 바로 그 나약함이 여자에게 더 많은 온화함과 절제를 주는데, 이는 엄격하고 가혹한 덕성보다 오히려 더 훌륭한 통치를 할 수 있게 한다.

인도 지역에서는 여자의 통치가 아주 잘 이루어진다. 왕가 혈통의 어머니에게서 아들이 태어나지 않으면 같은 혈통의 어머니가 낳은 딸이 계승하도록 정해져 있다.**40** 그녀들이 통치의 부담을 감당하도록 도와주기 위해 일정한 수의 사람들이 그녀들에게 주어진다. 스미스(9)에 의하면,**41** 아프리카에서도 여자의 통치가 아주 잘 행해진다고 한다. 여기에 러시아와 영국의 예를 덧붙인다면, 제한된 정체에서나 전제정체에서나 여자들이 똑같이 성공하고 있다는 것을 알 수 있다.

---

40 《교훈적이고 신기한 편지들》, 제14집.
41 《기니 여행》, 제2부, 번역본 165쪽, 황금 해안(서아프리카 가나의 기니만 연안의 해변_옮긴이 주)에 있는 아고나 왕국(현재의 가나 남부에 1620년부터 1868년까지 있었던 덴키라 왕국의 옛 명칭_옮긴이 주)에 대하여.

제8편

세 정체의 원리의 부패

제 1장 : 개요

각 정체의 부패는 거의 언제나 원리의 부패로부터 시작된다.

제 2장 : 민주정체의 원리의 부패

민주정체의 원리는 평등의 정신을 잃어버릴 때뿐만 아니라 사람들이 극도의 평등 정신을 가지게 되어 각자 자신을 통솔하기 위해 선택한 사람들과 평등하기를 원할 때도 부패한다. 그런 경우, 인민은 자신이 위임한 권력마저 허용할 수가 없어서 모든 것을 직접 하려고 한다. 원로원을 대신해 심의하고, 행정관을 대신해 집행하고, 모든 재판관을 없애고자 한다.

그러면 공화국에는 더 이상 덕성이 있을 수 없다. 인민이 행정관의 역할을 하고자 하므로, 사람들은 더 이상 행정관을 존중하지 않는다. 원로원의 심의는 더 이상 영향력을 갖지 못하므로, 사람들은 원로원 의원에 대해 존경심을 갖지 않고 그 결과 노인에 대한 존경심이 없어 진다. 노인을 존경하지 않는다면 아버지도 존경하지 않을 것이다. 남 편도 더 이상 공경받지 못하고 주인도 복종받지 못한다. 결국 모든 사 람이 이런 방종을 좋아하게 될 테고, 복종의 구속이 약해지는 것처럼 명령의 구속도 약해질 것이다. 여자, 아이, 노예는 누구에게도 복종 하지 않을 것이다. 그렇게 되면 풍속도 질서에 대한 사랑도 없어질 것 이고, 마침내 덕성도 없어질 것이다.

크세노폰의 《향연》에서 인민이 평등을 남용한 한 공화국에 대한 매우 소박한 묘사를 볼 수 있다. 회식자(會食者)는 저마다 차례로 왜 자신에게 만족하는지 그 이유를 말한다.

"나는 가난하기 때문에 나 자신에게 만족합니다. 내가 부자였을 때 는 비방자들의 비위를 맞추지 않을 수 없었어요. 내가 그들에게 해를 끼치기보다는 그들로부터 해를 입기가 더 쉽다는 것을 잘 알고 있었 으니까요. 공화국은 항상 내게 새로운 세금을 요구했고, 나는 외출할 수도 없었습니다. 가난해진 이후로 나는 권력을 얻었습니다. 아무도 나를 위협하지 않고, 내가 다른 사람들을 위협하지요. 나는 나갈 수 도 있고 집에 남아 있을 수도 있어요. 부자들은 일찌감치 자리에서 일 어나 내게 길을 양보합니다. 나는 왕이에요. 전에는 노예였는데요. 전에는 내가 공화국에 조세를 바쳤지만, 지금은 공화국이 나를 먹이 고 있지요. 이제는 뭔가를 잃어버릴까 봐 염려하지 않고 얻을 것을 기 대하고 있습니다"라고 카르미데스(1)는 말한다.

인민의 위탁을 받은 사람들이 자기 자신의 부패를 감추려고 인민을 부패시키려고 할 때 인민은 그러한 불행에 빠진다. 그들은 인민이 그들의 야심을 보지 못하도록 인민에게 오직 인민의 위대함에 대해서만 이야기하고, 그들의 탐욕을 들키지 않으려고 끊임없이 인민의 탐욕을 부추긴다.

　부패는 부패시키는 자들 사이에서 더 증가할 것이고, 이미 부패된 자들 사이에서도 증가할 것이다. 인민은 모든 국고를 서로 분배할 것이다. 그리고 게으르면서도 나랏일을 관리하는 것처럼, 가난하면서도 사치를 즐기고자 할 것이다. 그러나 게으르고 사치하는 인민에게 목적이 될 수 있는 것은 오직 국고(國庫) 밖에 없다.

　돈 때문에 투표하는 것을 보게 되어도 놀랄 일이 아닐 것이다. 인민에게 많은 것을 줄 수 있으려면, 인민에게서 훨씬 더 많이 빼앗아야 한다. 그러나 인민에게서 빼앗으려면 국가를 전복시켜야 한다. 인민이 자유로부터 이익을 얻는 것처럼 보이면 보일수록 자유를 잃을 수밖에 없는 순간에 더 다가가게 될 것이다. 수많은 작은 폭군들이 만들어지는데, 그들은 단 한 사람의 폭군이 지니는 모든 악을 다 가지고 있다. 머지않아 남아 있는 자유도 견딜 수 없는 것이 된다. 그러면 단 한 사람의 폭군이 나타나고, 인민은 부패로부터 얻은 이익까지 포함해서 모든 것을 잃게 된다.

　그러므로 민주정체는 불평등 정신과 극도의 평등 정신이라는 두 가지 극단을 피해야 한다. 불평등 정신은 민주정체를 귀족정체 혹은 일인 통치로 이끌고, 극도의 평등 정신은 일인 전제정체로 이끈다. 결국 정복으로 끝이 나는 일인 전제정체 말이다.

사실 그리스의 여러 공화국을 부패시킨 사람들이 반드시 폭군이 된 것은 아니었다. 모든 그리스인의 마음속에는 공화정체를 전복시킨 사람들에 대한 억제할 수 없는 증오가 있었을 뿐만 아니라, 그들은 무술보다 언변에 더욱 애착을 가지고 있었기 때문이다. 그로 인해 무정부 상태는 참주(僭主) 정치로 변하는 대신 궤멸 상태로 빠져들었다.

그러나 참주 정치로 변한 수많은 작은 과두(寡頭) 정치들 속에 놓여 있던 시라쿠사,1 역사에서 거의 한 번도 언급되지 않은 원로원2을 가지고 있던 시라쿠사, 그 시라쿠사는 평범한 부패가 초래할 수 없는 불행을 겪었다. 언제나 방종3 혹은 억압의 상태에 있던 이 도시는 자유와 예속에 똑같이 영향을 받았고, 늘 폭풍우처럼 자유와 예속을 받아들였다. 그리고 대외적으로 힘을 가지고 있었는데도 불구하고, 가장 작은 외부의 힘에 의해 언제나 혁명이 유발되었다. 이 도시의 내부에는 엄청난 수의 인민이 있었는데, 그들에게는 참주를 세우느냐 아니면 스스로 참주가 되느냐 하는 잔인한 양자택일밖에 없었다.

---

1 플루타르코스, "티몰레온의 생애"과 "디오의 생애" 참조.
2 디오도로스가 제19편에서 서술한 600명의 원로원이다.
3 그들은 참주들을 추방했을 때, 외국인과 용병을 시민으로 삼았다. 이것이 내전의 원인이 되었다. 아리스토텔레스, 《정치학》, 제5편, 제3장. 인민 때문에 아테네인에게 승리하게 되자, 공화정체가 변했다. 위의 책, 제4장. 한 사람은 상대방에게서 소년을 빼앗고 상대방은 그 사람의 아내를 방탕에 빠뜨렸던 두 젊은 행정관의 열정은 이 공화국의 형태를 바꾸었다. 위의 책, 제7편, 제4장.

제 3장 : 극도의 평등 정신

진정한 평등 정신과 극도의 평등 정신은 하늘과 땅 사이의 거리만큼
이나 멀다. 진정한 평등 정신은 모든 사람이 명령하거나 아무도 명령
을 받지 않도록 하는 것이 아니라, 동등한 사람에게 복종하고 동등한
사람에게 명령하도록 하는 것이다. 지배자를 없애려는 것이 아니라,
동등한 사람만을 지배자로 갖고자 한다.

　자연 상태에서 인간은 평등한 존재로 태어난다. 그러나 인간은 계
속 평등한 존재로 머물러 있을 수는 없다. 사회가 평등을 잃어버리게
만드는데, 인간은 오직 법에 의해 다시 평등한 존재가 된다.

　규율이 있는 민주정체와 그렇지 않은 민주정체의 차이는 크다. 전
자에서는 사람들이 오직 시민으로서 평등할 뿐인데, 후자에서는 행
정관, 원로원 의원, 재판관, 아버지, 남편, 주인으로서도 평등하다.

　덕성의 위치는 당연히 자유 옆자리다. 그러나 덕성의 위치가 예속
의 옆자리가 아닌 것과 마찬가지로 극단적 자유의 옆자리도 아니다.

제 4장 : 인민이 부패하는 특별한 원인

커다란 성공, 특히 인민이 기여한 바가 큰 성공은 인민에게 대단한 자
부심을 주어 더 이상 인민을 지휘할 수 없게 된다. 인민은 행정관을
시샘하다가 행정관직을 열망하게 된다. 인민은 지배하는 사람들의
적이 되고, 곧 국가 조직의 적이 된다. 이렇게 하여 페르시아인에 대
한 살라미스의 승리(2)는 아테네 공화정체를 부패시켰고, 4 아테네인

의 패배는 시라쿠사 공화국을 멸망시켰다. 5

마르세유 공화정체는 이와 같은 미천함에서 위대함으로의 대이행을 겪은 적이 없었다. 그래서 항상 현명하게 통치되었고, 공화정체의 원리를 보존했다.

제 5장 : 귀족정체의 원리의 부패

귀족정체는 귀족의 권력이 자의적으로 될 때 부패한다. 그러면 지배하는 사람들에게도 지배받는 사람들에게도 더 이상 덕성이 존재할 수 없다.

지배하는 가문들이 법을 지킬 때는 여러 명의 군주가 있는 군주정체로서 본질적으로 매우 좋은 군주정체이다. 거의 모든 군주가 법의 구속을 받는다. 그러나 그들이 법을 지키지 않을 때는 여러 명의 전제군주를 갖는 전제국가가 된다.

그런 경우 공화정체는 귀족에 대해서만, 귀족들 사이에서만 존재한다. 공화정체는 지배하는 집단 안에 있고, 지배받는 집단 안에는 전제국가가 있는 것이다. 그것은 이 세상에서 가장 반목하는 두 집단을 만들어 낸다.

귀족이 세습될 때는 극단적 부패가 나타난다. 6 그들은 더 이상 절

---

4   아리스토텔레스, 《정치학》, 제 5편, 제 4장.

5   위의 책.

6   귀족정체는 과두정체로 변한다.

제하지 못한다. 그들이 소수이면, 권력은 커지지만 안전은 줄어든다. 그들이 다수이면, 권력은 작아지지만 안전은 더 커진다. 그 결과 머리 위에 과도한 권력과 위험이 걸려 있는 전제군주에 이를 때까지 권력은 증가하고 안전은 줄어든다.

따라서 세습적 귀족정체에서 귀족의 수가 많으면 정체가 덜 과격할 것이다. 그러나 거기에는 덕성이 거의 없을 것이므로, 사람들이 무기력과 게으름과 방임의 정신에 빠지게 되어 국가는 더 이상 힘도 원동력도 없게 될 것이다. 7

만약 법이 귀족에게 지배의 즐거움보다 그 위험과 노고를 더 잘 느끼게 할 수 있다면, 그리고 뭔가 두려운 대상이 있어서 국가가 내부에서는 안전하고 외부로부터 불안정이 초래되는 상태라면, 귀족정체는 그 원리의 힘을 유지할 수 있다.

어느 정도의 신뢰가 군주국의 영광과 안전을 가져오는 것처럼, 반대로 공화국에는 뭔가 두려워하는 것이 있어야 한다. 8 페르시아인에 대한 두려움이 그리스인에게서 법을 유지시켰다. 카르타고와 로마는 서로 위협함으로써 강해졌다. 기이한 일이지만, 그런 국가들은 안전하면 할수록 고여 있는 물처럼 부패하기 쉽다.

7 　베네치아는 세습적 귀족정체의 결함을 법으로 잘 교정한 공화국 중의 하나이다.
8 　유스티누스는 에파메이논다스의 죽음으로 인해 아테네에 덕성이 사라졌다고 보았다. 경쟁심이 없어졌기 때문에 그들은 수입을 축제에 소비한 것이다. frequentius cœnam quam castra visentes(막사를 방문하는 것보다 저녁 식사를 하러 가는 일이 더 잦았다). 마케도니아인들이 어둠에서 나온 것은 바로 그때였다. 제6편.

제 6장 : 군주정체의 원리의 부패

인민이 원로원과 행정관과 재판관으로부터 그 역할을 빼앗을 때 민주정체가 파멸하는 것처럼, 군주정체는 여러 단체의 특권이나 도시의 특혜를 조금씩 빼앗을 때 부패한다. 전자의 경우는 만인의 전제정치로 이르고, 후자의 경우는 한 사람의 전제정체로 이르게 된다.

　중국의 한 저자는 "진 왕조와 수 왕조가 멸망한 것은 군주가 옛사람들처럼 최고 주권자답게 전체적인 감독을 하는 것으로 그치지 않고 모든 것을 직접 통치하고자 했기 때문이다"9라고 말했다. 이 중국 저자는 우리에게 거의 모든 군주정체의 부패 원인을 말해주고 있다.

　군주가 사물의 질서를 따르기보다 그것을 바꿈으로써 자신의 힘을 더 많이 보여준다고 생각할 때, 어떤 사람들로부터 본래의 역할을 빼앗아 임의로 다른 사람들에게 줄 때, 자신의 의지보다 일시적 욕망을 더 좋아할 때 군주정체는 붕괴한다.

　군주가 모든 것을 오직 자기 자신에게만 결부시켜서 국가를 자신의 수도로, 수도를 자신의 궁정으로, 궁정을 자기 일신으로 여길 때 군주정체는 붕괴한다.

　끝으로 군주가 자신의 권위와 지위와 인민에 대한 사랑을 등한시할 때, 그리고 전제군주가 자신이 위험한 상황에 처했다고 믿어야 하는 것처럼 군주는 자신이 안전하다고 판단해야 한다는 것을 잘 깨닫지 못할 때 군주정체는 붕괴한다.

9　뒤 알드 신부가 인용한 《명 왕조의 저작집》.

제 7장 : 같은 주제 계속

최고의 고위직이 최고의 예속의 표시일 때, 지위가 높은 사람들에게서 서민의 존경을 빼앗고 그들을 자의적인 권력의 비루한 도구로 만들 때 군주정체의 원리는 부패한다.

명예가 다른 여러 명예와 모순되는 상태가 되어 사람들에게 불명예와 고위직을 동시에 안겨주게 될 때는10 군주정체의 원리가 훨씬 더 많이 부패한다.

군주가 자신의 법정을 가혹하게 변화시킬 때, 로마 황제들처럼 자기 가슴에 메두사의 머리를 지닐 때,11 콤모두스 황제의 동상에서 볼

---

10 티베리우스 치세에서는 동상을 많이 세우고 밀고자들에게 영예로운 훈장을 수여했다. 그로 인해 그런 명예의 가치가 너무 떨어진 탓에, 명예를 받을 만한 자격이 있는 사람들이 명예를 경멸하게 되었다. 콘스탄티노스 포르피로옌니토스의《덕과 악의 발췌본》에서 인용한 디오의 저서 제 58편의 단편. 타키투스의 저서에서 네로가 이른바 음모를 발견하고 처벌한 것에 대해 페트로니우스 투르필리아누스 (Petronius Turpilianus, 25~68, 로마의 장군이자 정치가_옮긴이 주), 네르바 (Marcus Cocceius Nerva, 30~98, 로마 제국의 제 12대 황제로, 플라비우스 왕조의 통치자들 밑에서 생애 대부분을 보낸 후 66세가 다 되어서야 황제가 되었다. 네로 밑에 있었을 때, 그는 네로의 측근으로 65년 피소 음모를 밝혀내는 데 중요한 역할을 했다. 그는 친위대 사령관 티겔리누스의 몫과 동등한 보상을 받았다. 보통 군사적 승리를 거둔 자에게 주어지는 개선식이 치러졌고, 그는 궁정 전역에 그의 조각상을 둘 수 있는 권한을 얻었다_옮긴이 주), 티겔리누스에게 어떻게 영예로운 훈장을 수여했는지 볼 것.《연대기》, 제 14편. 또한 장군들이 명예를 무시했기 때문에 전쟁을 얼마나 소홀히 했는지도 볼 것. Pervulgatis triumphi insignibus(탁월한 승리의 가치가 떨어졌다). 타키투스,《연대기》, 제 13편.

11 이런 나라에서 군주는 자기 정체의 원리가 무엇인지 잘 알고 있었다.

수 있는 것처럼 위협적이고 무시무시한 모습을 취할 때12 군주정체의 원리는 부패한다.

매우 비겁한 자들이 자신의 예속으로부터 얻을 수 있는 권세를 자랑스럽게 여길 때, 모든 것이 군주의 덕택이므로 조국에 빚진 것은 아무것도 없다고 생각할 때 군주정체의 원리는 부패한다.

그러나 군주의 권력이 거대해짐에 따라 그의 안전은 줄어드는 것이 사실이라면(우리는 모든 시대에서 그 사실을 보았다), 그 본질이 변할 정도로 권력을 부패시키는 것은 군주에 대한 대역죄가 아니겠는가?

제 8장 : 군주정체의 원리 부패의 위험

국가가 어떤 제한된 정체에서 다른 제한된 정체, 예를 들어 공화정체에서 군주정체 혹은 군주정체에서 공화정체로 이동할 때는 불편이 없다. 그러나 제한된 정체에서 전제정체로 급변할 때는 그렇지 않다.

대부분의 유럽 민족은 여전히 풍속에 의해 지배를 받고 있다. 그러나 오랜 권력 남용이나 대정복에 의해 전제정체가 어느 정도 확립된다면, 풍속도 풍토도 유지되지 못할 것이다. 그리고 세계에서 가장 아름다운 이 지역에서도 세계의 다른 세 지역에서처럼 적어도 한동안은 인간성이 모욕을 겪게 될 것이다.

---

12 헤로디아노스(Herodianos, 2세기경의 역사가로서 그리스어로 《마르쿠스 아우렐리우스부터 고르디아누스 3세에 이르기까지 로마 황제들의 역사》를 썼다__옮긴이 주).

제 9장 : 귀족은 왕권을 지키려는 경향이 얼마나 있나

영국의 귀족은 찰스 1세와 함께 왕좌의 잔해 밑에 매몰되었다. 그에 앞서 필리프 2세가 프랑스 사람들의 귀에 '자유'라는 말을 들려주었을 때, 왕관은 항상 귀족에 의해 유지되었다. 이 귀족은 왕에게 복종하는 것을 명예로 여겼지만, 서민과 권력을 나누어 갖는 것은 최대의 모욕으로 생각했다.

우리는 오스트리아 왕가가 헝가리 귀족을 끊임없이 억압하려고 애쓰는 것을 보았다. 오스트리아 왕가는 훗날 헝가리 귀족이 자신들에게 얼마나 가치 있는 존재가 될 것인지 알지 못했다. 오스트리아 왕가는 헝가리 민족에게서 그들에게 없는 돈을 찾았고, 거기에 있는 사람들은 보지 못했다. 수많은 군주가 오스트리아 왕가의 나라를 자기들끼리 나누어 가질 때, 오스트리아의 모든 부분은 움직임 없이 아무런 행동도 하지 않은 채 차례로 무너졌다. 오직 헝가리 귀족계급에만 생명력이 있었다. 그들은 분개하여 모든 것을 잊고 싸웠으며, 죽는 것과 용서하는 것이 자신의 영광이라고 믿었다. (3)

제 10장 : 전제정체 원리의 부패

전제정체는 본질적으로 부패되어 있기 때문에 그 원리가 끊임없이 부패한다. 다른 정체들은 특별한 사건이 일어나 그 원리를 침해하기 때문에 멸망하지만, 전제정체는 어떤 우연한 원인이 원리의 부패를 막지 않는다면 내적인 악에 의해 멸망한다. 따라서 풍토, 종교, 상황

혹은 민족성에서 비롯되는 여러 조건이 어떤 질서를 따르고 규칙을 허용하도록 강요할 때만 전제정체가 유지될 수 있다. 이런 것들은 정체의 본질을 억제하지만 바꾸지는 않는다. 그러므로 그 잔혹성은 그대로 남아 있고, 잠시 순화될 뿐이다.

제 11장 : 원리의 양호함과 부패에서 생기는 자연적 결과

정체의 원리가 일단 부패하면, 가장 좋은 법도 악법이 되어 나라에 적대적인 것이 된다. 정체의 원리가 건전하면, 나쁜 법도 좋은 법의 효과를 나타낸다. 원리의 힘이 모든 것을 이끌어가는 것이다.

크레타인은 최고 행정관들을 법의 지배하에 두기 위해서 아주 기이한 방법을 사용했다. 그것은 '반란'의 방법이었다. 일부 시민이 반란을 일으켜 행정관들을 몰아내고 그들을 개인 신분으로 돌아가게 한 것이다.13 이것은 법에 따라 행해진 것으로 간주되었다. 권력 남용을 막는 방법으로 반란을 정해 놓은 이러한 제도는 어떤 공화국이든 틀림없이 전복시킬 것처럼 보였다. 그러나 그 제도는 크레타 공화국을 파괴하지 않았다. 그 이유는 다음과 같다.14

옛사람들은 조국을 가장 사랑하는 민족에 대해 말하고자 할 때 크레타인을 인용했다. "조국, 크레타인에게 너무도 다정한 이름"이라고

---

13 아리스토텔레스, 《정치학》, 제2편, 제10장.

14 사람들은 우선 외적에 대항하여 항상 모였는데, 이것을 syncrétisme(크레타섬 사람들의 융합이라는 의미였는데, 오늘날에는 혼합주의를 뜻한다_옮긴이 주)이라고 불렀다. 플루타르코스, 《모랄리아》, 88쪽.

플라톤은 말했다. 15 그들은 자식에 대한 어머니의 사랑을 표현하는 단어를 '조국애'라고 불렀다. 16 그런데 조국애는 모든 것을 바로잡아 준다.

폴란드 법률에도 '반란'이 들어 있다. 그러나 그 결과 초래되는 불행을 보면, 오직 크레타인만이 그런 해결책을 성공적으로 사용할 수 있었다는 것을 알 수 있다.

그리스인에게 확립된 체육 훈련도 마찬가지로 정체의 원리가 양호한 것에 달려 있었다. "세계에서 그토록 뛰어난 지위를 유지하게 해준 그 유명한 체육장을 설립한 것은 스파르타인과 크레타인이었다. 처음에는 수치심이 일어났지만, 곧 공익에 굴복했다"라고 플라톤은 말한다. 17 플라톤의 시대에는 이 제도가 감탄할 만한 것이었다. 18 그

---

15 《국가》, 제9편.
16 플루타르코스, 《모랄리아》, "노인은 공적인 일에 관여해야 하는가"라는 글에서.
17 《국가》, 제5편.
18 체육은 춤과 격투의 두 부분으로 나뉘었다. 크레타에서는 '쿠레테'(나중에 그리스 신화로 흡수된 크레타 신화에 따르면, 티탄족 왕인 크로노스는 자식 중의 1명이 그를 권좌에서 밀어낼 것을 알고 아이들이 태어나기만 하면 잡아먹었다. 그러나 아내 레아는 제우스가 태어나자 배내옷에 돌을 싸서 대신 삼키게 하고 제우스를 크레타의 한 동굴에 숨겨 놓았다. 이 아기 제우스를 보호한 신화 속 젊은 전사들이 바로 쿠레테인데, 쿠레테들은 제우스의 울음소리가 아버지 크로노스에게 들리지 않도록 동굴 입구에서 창검으로 방패를 두드리며 춤을 추었다고 한다_옮긴이 주)의 무장 춤을, 스파르타에서는 카스토르와 폴룩스(그리스 로마 신화에 등장하는 쌍둥이 형제_옮긴이 주)의 무장 춤을 볼 수 있었다. 그리고 아테네에서는 팔라스(그리스 신화에 나오는 여러 신적 존재들의 이름_옮긴이 주)의 무장 춤이 아직 전장에 나갈 나이가 안 된 사람들에게 매우 적합한 것으로 행해졌다. 격투는 전쟁의 재현이라고 플라톤은 말했다. 《법률》, 제7편. 그는 평화적인 춤과 호전적인

것은 군사적 기술이라는 커다란 목표와 관련되어 있었다. 그러나 그리스인에게 덕성이 없어졌을 때, 그 제도는 군사적 기술 자체를 파괴했다. 사람들은 자신을 단련시키기 위해서가 아니라 자신을 부패시키기 위해 경기장에 내려갔다. 19

플루타르코스에 의하면, 20 그 시대 로마인들은 그런 경기가 그리스인을 예속 상태에 빠뜨린 주요 원인이었다고 생각했다. 하지만 반대로 그리스인의 예속 상태가 그런 훈련을 부패시킨 것이다. 플루타르코스의 시대에는 나체로 싸우는 경기장과 격투 경기가 젊은이들을 비겁하게 만들었고, 명예롭지 못한 사랑으로 이끌었으며, 그저 광대에 불과한 존재로 만들었다. 21 그러나 에파메이논다스의 시대에는 격투 훈련 덕분에 테베인이 레욱트라 전투에서 이길 수 있었다. 22

국가가 원리를 잃지 않았을 때는 좋지 않은 법률이 거의 없다. 에피쿠로스(4)가 부(富)에 관해 "썩는 것은 술이 아니라 그릇이다"라고 말한 것처럼 말이다.

춤, 이 두 가지 춤만 정한 것에 대해 고대를 찬양한다. 후자의 춤이 군사적 기술에 어떻게 적용되었는지 참조할 것. 플라톤, 위의 책.

19 … Aut libidinosæ
Ledæas Lacedemonis palestras (또는 음탕한 / 스파르타인들의 레다 체육관).
마르티알리스, 제4편, 풍자시 55.
20 《모랄리아》, "로마의 상황에 관한 질문"이라는 글에서.
21 위의 책.
22 플루타르코스, 《모랄리아》, 제2편, "식탁에서의 화제".

제 12장 : 같은 주제 계속

로마에서는 재판관이 원로원 의원의 계급에서 채용되었다. 그라쿠스 형제(5)는 이 특전을 기사 계급으로 옮겼고, 드루수스(6)는 그것을 원로원 의원과 기사에게 주었다. 술라는 원로원 의원에게만 주었고, 코타는 원로원 의원과 기사와 국고 관리인에게 주었는데, 카이사르는 국고 관리인을 제외했다. 안토니우스(7)는 원로원 의원과 기사와 백인대장으로 이루어진 재판관 단체를 만들었다.

공화정체가 부패했을 때는 부패를 없애고 그 원리를 회복시키지 않는 한 거기서 생기는 어떤 병폐도 고칠 수 없다. 그 어떤 교정도 무익하거나 새로운 병폐가 될 뿐이다. 로마가 그 원리를 유지하는 동안에는 재판이 원로원 의원들의 수중에서도 악용되지 않을 수 있었다. 그러나 로마가 부패했을 때는 재판을 어떤 단체로 옮기더라도, 원로원 의원이든 기사든 국고 관리인이든 그중의 두 신분이든 세 신분 전체이든 혹은 다른 어떤 단체로 옮기더라도 항상 좋지 않았다. 기사도 원로원 의원과 마찬가지로 덕성이 없었고, 국고 관리인도 기사와 마찬가지였으며, 백인대장 역시 덕성이 없었다.

로마의 인민이 귀족의 관직에 참여하는 권리를 획득했을 때, 당연히 아첨꾼들이 정부를 좌우하게 되리라고 생각되었다. 그러나 그렇지 않았다. 관직을 평민과 공유하는 것으로 만들었던 로마의 인민은 여전히 귀족을 선출했다. 그들은 덕이 있었기 때문에 관대했고, 자유로웠기 때문에 권력을 무시했던 것이다. 그러나 그들이 원리를 잃어버렸을 때는 권력을 가지면 가질수록 절도가 사라졌다. 그리하여 결국 그들 자신이 참주가 되고 노예가 되어서 자유의 힘을 잃고 방종의 나약함에 빠지고 말았다.

제13장 : 덕성스러운 인민에게 선서의 효과

로마인은 퇴폐를 가장 늦게 받아들였고 절도와 청빈을 가장 오랫동안 공경한 민족이라고 티투스 리비우스는 말했다. 23

선서는 이 민족에게 강력한 힘을 가져서 법을 지키게 하는 데 그보다 더 좋은 것은 없었다. 그들은 영광을 위해서나 조국을 위해서는 결코 하지 않았을 행동을 선서를 지키기 위해 수없이 반복했다.

집정관 퀸티우스 킨킨나투스가 아이퀴족과 볼스키족(8)에 대항해 도시에서 군대를 일으키고자 했을 때, 호민관들은 이에 반대하였다. "좋다, 그럼 작년에 집정관에게 선서한 사람들은 모두 내 깃발 밑으로 걸어오라"24라고 그는 말했다. 호민관들이 그 선서는 더 이상 구속력이 없다, 그 선서를 할 때 퀸티우스는 일개 개인이었다고 소리쳐도 소용이 없었다. 인민은 그들을 지휘하려고 하는 사람들보다 더 약속을 잘 지켰다. 호민관들의 판정도 해석도 듣지 않았다.

이런 인민들이 몬테사크로(9)로 피신하려 했을 때, 집정관을 따라 전쟁에 나가겠다고 한 선서에 발목이 잡히는 것을 느꼈다. 25 그리하

---

23 제1편.
24 티투스 리비우스, 제3편.
25 티투스 리비우스, 제2편.

여 그들은 집정관을 죽일 계획을 세웠으나, 그래도 여전히 선서는 남게 된다는 것을 깨달았다. 그들이 저지르고자 했던 범죄를 통해서도 선서의 위반에 대한 그들의 생각을 판단할 수 있다.

칸나이 전투(10) 후에 겁을 먹은 인민들이 시칠리아로 피신하려 하자, 스키피오(11)는 그들에게 로마에 남아 있겠다는 선서를 하게 했다. 그러자 선서를 위반하는 두려움이 다른 모든 두려움을 극복했다. 로마는 폭풍우 속에 신성한 의무와 풍속이라는 두 개의 닻으로 묶여 있는 배와 같았다.

제 14장 : 국가 구조의 사소한 변화가 어떻게 원리의 붕괴를 초래하는가

아리스토텔레스는 카르타고 공화국이 매우 잘 규제된 공화국인 것처럼 말했다. 폴리비오스의 말에 의하면, 제 2차 포에니 전쟁 때26 카르타고는 원로원이 그 권위를 거의 모두 잃어버렸다는 결함을 가지고 있었다. 카르타고로 돌아온 한니발은 행정관들과 주요 시민들이 자기들의 이익을 위해 공금을 횡령하고 권력을 남용하는 것을 보게 되었다고 티투스 리비우스는 전하고 있다. 따라서 행정관의 덕성이 원로원의 권위와 함께 땅에 떨어졌고, 모든 것은 같은 원인에서 유래된 것이다.

우리는 로마의 감찰관직이 보여준 놀라운 업적을 잘 알고 있다. 그것이 부담이 된 시대도 있었지만, 부패보다는 사치가 더 많았기 때문

26　약 100년 후.

에 감찰관직은 그대로 유지되었다. 클라우디우스는 감찰관직을 약화시켰다. 그러자 부패가 사치보다 훨씬 더 심해졌다. 감찰관직은 그렇게 해서 저절로 없어졌다. **27** 방해받고, 요청받고, 다시 시행되고, 포기되던 감찰관직은 결국 그것이 무익해졌을 때, 즉 아우구스투스와 클라우디우스 치하에서 완전히 중지되었다.

제 15장 : 세 가지 원리의 보존에 가장 효율적인 방법

이어지는 4개의 장을 읽은 후에야 내 말이 이해될 수 있을 것이다.

제 16장 : 공화정체의 특성

공화정체는 작은 영토만 갖는 것이 본질에 맞다. 그렇지 않으면 공화정체는 존속할 수 없다. 거대한 공화국에는 큰 재산이 존재하고, 그 결과 사람들의 정신에 절제가 거의 없어진다. 한 시민의 수중에 맡겨야 할 기탁물이 너무 크고, 이해관계가 개별화된다. 처음에는 어떤 사람이 조국 없이도 행복해지고 위대해질 수 있으며 영광을 누릴 수 있다고 느낀다. 그리고 곧 그는 조국의 폐허 위에서 자기만이 위대해질 수 있다고 생각하게 된다.

---

27 디오 제 38편, 플루타르코스에서 키케로 전기, 키케로가 아티쿠스에게 보낸 편지 제 4편 10번과 15번 편지, 키케로의 《예언에 대하여(*De Divinatione*)》에 관해 아스코니우스(Asconius, BC9~76, 로마의 역사가이자 문법학자_옮긴이 주)가 쓴 글을 참조할 것.

거대한 공화국에서는 공공의 복지가 수많은 이유로 희생된다. 그것은 여러 예외에 종속되고 우연한 일에 좌우된다. 작은 공화국에서는 공공의 복지가 더 잘 느껴지고 더 잘 알려져서 각 시민에게 더 가까이 있다. 거기서는 남용이 그다지 널리 퍼져 있지 않으므로 그만큼 옹호되지도 않는다.

스파르타를 그토록 오랫동안 존속시킬 수 있었던 것은 그 모든 전쟁을 치른 후에도 여전히 자신의 영토를 그대로 유지했기 때문이다. 스파르타의 유일한 목적은 자유였고, 그 자유의 유일한 이점은 영광이었다.

자기네 법에 만족하는 것처럼 자기네 영토에 만족하는 것이 그리스 공화국들의 정신이었다. 그런데 아테네가 야심을 품었고, 스파르타에게 야심을 전해주었다. 그러나 그것은 노예를 지배하는 것이 아니라 자유로운 인민을 지휘하기 위한 것이었고, 동맹을 깨뜨리는 것이 아니라 동맹의 우두머리가 되기 위한 것이었다. 군주정체가 세워졌을 때 모든 것이 붕괴했다. 군주정체의 정신은 확장을 지향하기 때문이다.

특별한 상황28이 아니라면, 단일 도시에서는 공화정체가 아닌 다른 어떤 정체도 존속하기 어렵다. 그토록 작은 나라의 군주는 자연히 억압하려고 할 것이다. 그는 막강한 권력을 가지고 있으나 그 권력을 누리거나 존경하게 만드는 수단이 없기 때문이다. 따라서 그는 인민을

---

28 소국의 군주가 두 대국 사이에서 대국들이 서로 시기하는 덕분에 유지되는 때가 그런 경우이다. 그러나 그의 존재는 불안정한 것일 뿐이다.

심하게 압박할 것이다. 다른 한편, 그런 군주는 외부의 힘에, 혹은 심지어 내부의 힘에도 쉽사리 억압될 것이다. 인민은 언제든지 모여서 그에게 대항하여 단합할 수 있을 것이다.

그런데 한 도시의 군주가 자신의 도시에서 추방되면, 사건은 그대로 끝난다. 만약 그가 여러 개의 도시를 가지고 있다면, 사건은 이제 시작된 것에 불과하다.

제17장 : 군주정체의 특성

군주국가의 규모는 보통 크기여야 한다. 만일 작으면, 공화정체 형태를 이루게 될 것이다. 만일 지나치게 넓으면, 나라의 주요 인물들은 스스로 강해져서 군주의 눈이 미치지 않는 곳에 있으면서 궁정 밖에 자기들의 궁정을 가질 것이고, 게다가 법과 풍속이 신속한 처형을 막아주므로 복종하지 않게 될 수 있을 것이다. 그들은 너무 느리고 너무 멀리 떨어져 있는 처벌을 두려워하지 않을 것이기 때문이다.

그래서 카롤루스 마그누스(12)는 제국을 건설하자마자 분할해야 했다. 지방 총독들이 복종하지 않았고, 그들을 더 잘 복종하게 만들려면 제국을 여러 개의 왕국으로 나누어야 할 필요가 있었기 때문이다.

알렉산드로스가 죽자 그의 제국은 나누어졌다. 그렇지 않았다면 그리스와 마케도니아의 거장들, 자유인이거나 아니면 적어도 방대한 정복지역에 흩어진 정복자들의 우두머리인 그들이 어떻게 복종할 수 있었겠는가?

아틸라(13)가 죽은 후 그의 제국은 해체되었다. 더 이상 억제를 받지 않게 된 많은 왕들이 다시 속박당할 리가 없었다.

그런 경우 해체를 막을 수 있는 방법은 무제한의 권력을 신속하게 확립하는 것이다. 지배의 확대가 가져온 불행 다음에 새로운 불행이 이어지는 것이다!

강물이 흘러서 바다에서 서로 섞이듯, 군주정체들은 파멸하여 전제정체 속으로 사라진다.

제18장 : 특수한 경우인 스페인 군주정체

스페인을 예로 들지 말기 바란다. 스페인의 경우는 오히려 내 말을 입증해 준다. 아메리카를 지키기 위해 스페인은 전제국가조차 하지 않는 짓을 했다. 그곳의 주민을 멸망시킨 것이다. 스페인은 식민지를 보존하기 위해 생존마저 좌우하는 종속관계로 식민지를 지배해야 했다.

스페인은 네덜란드에서 전제정체를 시도했다. 그리고 전제정체를 포기하자, 곧 곤란한 일들이 증가했다. 한편으로는 왈롱(14) 사람들이 스페인 사람들에게 지배되기를 바라지 않았고, 다른 한편으로는 스페인 병사들이 왈롱 장교들에게 복종하려고 하지 않았다. 29

이탈리아에서 스페인이 지탱할 수 있었던 것은 오직 이탈리아를 부유하게 만들고 자신은 파산한 덕분이었다. 스페인 왕을 내쫓고 싶은

---

29 르 클레르크(Jean Le Clerc, 1657~1736. 제네바의 신학자이자 신교도 목사이며 역사가로서, 1682년에 런던을 거쳐 암스테르담에 정착했다_옮긴이 주), 《네덜란드 연합공화국의 역사(*Histoire des Provinces-Unies*)》 참조.

사람들도 그로 인해 자기 재산을 포기할 마음은 없었기 때문이다.

제 19장 : 전제정체의 특성

대제국은 통치자의 전제적 권위를 전제로 한다. 신속한 결정을 통해 그 결정이 전해질 곳의 거리를 보완해야 하고, 두려움을 통해 멀리 떨어져 있는 행정관이나 총독의 게으름을 저지해야 한다. 또 법은 오직 한 사람의 머릿속에 존재해야 하고, 나라의 크기에 비례하여 나라 안에 항상 사건이 증가하므로 법도 끊임없이 변화해야 한다.

제 20장 : 앞선 장들의 결론

작은 국가의 자연적 속성은 공화정체로 통치되는 것이고, 중간 규모 국가의 속성은 군주에게 복종하는 것이며, 대제국의 속성은 전제군주에 의해 지배되는 것이라면, 확립된 정체의 원리를 보존하기 위해서는 국가의 크기를 그 상태 그대로 유지해야 하고, 국가의 경계를 줄이거나 확장함에 따라 국가의 정신이 바뀐다는 결론에 이르게 된다.

제 21장 : 중국 제국

제 8편을 끝내기 전에 내가 지금까지 말한 모든 것에 대해 제기될 수 있는 반론에 답하고자 한다. 우리 선교사들은 중국의 방대한 제국에 대해 두려움과 명예와 덕성이 그 원리 안에 함께 섞여 있는 훌륭한 정

체인 것처럼 말하고 있다. 따라서 내가 세 가지 정체의 원리를 확립한 것은 쓸데없는 구별을 한 셈이 된다.

몽둥이로 맞지 않고서는 아무것도 하지 않는 민족에게 과연 명예라는 것이 무엇을 말하는지 나는 모르겠다. 30

게다가 우리 상인들이 전하는 바는 선교사들이 말하는 덕성과는 매우 거리가 멀다. 중국 고급 관리들의 약탈 행위에 대한 상인들의 말을 참조해 보라. 31

또한 나는 위대한 인물 앤슨(15) 경도 증인으로 든다.

게다가 황제가 자기 마음에 들지 않은 개종한 왕족들에게 행한 소송에 관하여 파르냉(16) 신부가 쓴 편지를 보면, 32 폭정의 계획이 끊임없이 이어지고 철저하게, 즉 냉정하게 인간성에 모욕이 가해진 것을 알 수 있다.

또 우리에게는 중국의 정체에 관하여 드 메랑(17) 씨와 파르냉 신부가 주고받은 편지들도 있다. 그들이 나눈 질문과 매우 합리적인 대답을 읽어 보니, 이상하게 생각되던 것들이 모두 사라졌다.

혹시 선교사들이 겉으로 보이는 질서에 속은 게 아니었을까? 오직

30　중국을 다스리는 것은 몽둥이라고 뒤 알드 신부는 말한다.

31　특히 랑주(Lorenz Lange, 18세기 스웨덴 여행가로서 표트르 1세를 위해 외교관으로 중국에 여러 번 파견되었다. 여기서 말하는 것은 "1721년과 1722년에 중국 궁정에서의 교섭을 포함한 랑주의 일지"인데, 당시 Jean Frédéric Bernard가 출판한 《북쪽 지방의 여행기 모음집(Recueil des voyages au Nord)》에 수록되어 있다 __옮긴이 주)의 보고서를 볼 것.

32　수르니아마(기독교로 개종한 왕족의 한 명인 수누(한자로는 蘇努)를 높여 부른 호칭__옮긴이 주) 가문에 대하여, 《교훈적이고 신기한 편지들》 제18집.

한 사람의 의지가 끊임없이 행사되는 것에 강한 인상을 받은 게 아니었을까? 선교사들 자신도 오직 한 사람의 의지에 지배되고 있으니 말이다. 게다가 그들은 인도 지역의 여러 궁정에서 한 사람의 의지가 행사되기를 몹시 바라고 있다. 그들은 오로지 커다란 변화를 일으키기 위해 그곳에 가는 것인데, 모든 것을 참을 수 있다고 사람들을 설득하기보다 모든 것을 할 수 있다고 군주를 설득하는 편이 더 쉽기 때문이다. 33

그리고 오류 자체에도 종종 진실된 것이 존재한다. 특수한 상황, 어쩌면 유례없는 상황으로 인해 중국의 정체가 당연히 부패했어야 할 만큼 부패하지 않았을 수도 있다. 대부분 풍토에서 유래하는 물리적 원인이 이 나라의 정신적 원인을 억압하여 일종의 기적을 행했을 수도 있다.

중국의 풍토는 인구 증가를 대단히 조장한다. 중국 여성의 다산성은 지구상 유례가 없을 정도이다. 가장 잔인한 폭정도 번식의 증가를 막지 못한다. 중국의 군주는 이집트 파라오처럼 "지혜롭게 그들을 억압하자"라고 말하지 못한다. 오히려 인류에게는 오직 단 하나의 우두머리만 있어야 한다는 네로의 바람을 품을 수밖에 없다. 폭정에도 불구하고 중국은 풍토 덕분에 계속 인구가 늘어나서 폭정을 이겨 내게 될 것이다.

---

33 뒤 알드 신부의 저서에서, 제국에 외국 종교를 수립하는 것은 국법에 의해 허용될 수 없다고 늘 말하는 고급 관리들을 침묵시키기 위해 선교사들이 황제인 강희제의 권위를 어떻게 이용했는지 볼 것.

쌀을 생산하는 모든 나라처럼34 중국에는 기근이 자주 발생한다. 사람들은 굶어 죽는 상황이 되면 먹고살 것을 찾아 흩어지고, 3명, 4명, 혹은 5명의 도적 떼가 사방에서 만들어진다. 처음에는 대부분 전멸된다. 다른 도적 떼가 늘어나지만, 또 전멸된다.

그러나 지방의 수가 너무 많고 너무 멀리 떨어져 있으므로, 어떤 집단은 성공을 거둘 수 있다. 그 집단이 유지되고 강해져서 군단을 형성하면, 곧장 수도로 가서 그 우두머리가 옥좌에 오른다.

중국에서 나쁜 정부가 즉시 처벌받게 되는 것은 당연한 이치이다. 이 거대한 민족에게는 식량이 부족하기 때문에 무질서가 갑자기 생겨난다. 다른 나라에서는 악습에서 벗어나기가 몹시 어려운데, 그 이유는 악습의 영향이 예민하게 느껴지지 않기 때문이다. 그래서 다른 나라의 군주는 중국의 군주처럼 신속하고 명백한 방식으로 경고받지 않는다.

중국의 군주는 우리의 군주처럼 통치를 잘못하면 내세에 불행해진다거나 현세에 부강해지지 못한다는 것을 느끼지 못할 것이다. 그는 자신의 통치가 나쁘면 제국도 목숨도 잃는다는 것을 알게 될 것이다.

중국에서는 아이들을 버려도 계속 인구가 늘어나므로,35 그들을 먹일 식량을 토지에서 생산하기 위해 끈질긴 노동이 필요하다. 이것은 정부의 큰 관심을 요구하는 일이다. 정부는 모든 사람이 자신의 노

---

34 제23편 제14장 참조.
35 어떤 총독의 개간을 위한 보고서를 참고할 것. 《교훈적이고 신기한 편지들》, 제
　　21집.

동 성과를 빼앗길지도 모른다는 두려움 없이 일할 수 있도록 늘 주의를 기울인다. 따라서 이것은 사회적 통치라기보다는 집안의 통치라고 해야 한다.

그토록 많이 회자되는 규칙들은 이렇게 하여 생긴 것이다. 사람들은 전제정체와 함께 법이 지배하는 세상을 만들고자 했지만, 무엇이든 전제정체와 결합하면 더 이상 효력을 갖지 못한다. 불행에 짓눌린 전제정체는 스스로 억제하고자 했지만 소용이 없었고, 오히려 사슬로 무장하여 훨씬 더 무시무시해졌다.

그러므로 중국은 두려움을 원리로 하는 전제국가이다. 어쩌면 초기의 몇몇 왕조에서는 제국이 그다지 넓지 않았으므로 정체가 그 정신에서 다소 벗어났을지도 모른다. 그러나 오늘날의 중국은 그렇지 않다.

제2부

제 9 편

법과 방어력의 관계

제 1장 : 공화국은 안전을 위해 어떻게 대비하는가

공화국은 작으면 외세에 의해 파괴되고, 크면 내부의 결함에 의해 스스로 파괴된다. 이 이중의 위험은 민주정체와 귀족정체에, 그 정체가 좋든 나쁘든 똑같이 해를 끼친다. 해악은 사물 그 자체에 있으므로 어떤 정체도 그것을 치유할 수 없다.

따라서 공화정체의 내적인 장점과 군주정체의 외적인 힘을 모두 가진 국가 구조를 고안해 내지 못했더라면, 결국 인간은 한 사람의 통치 하에서 영원히 살 수밖에 없었을 것이다. 여기서 내가 말하는 것은 바로 연방 공화정체이다.

이 통치 형태는 하나의 협정으로, 그 협정에 의해 여러 정치단체가 자신들이 형성하고자 하는 보다 더 큰 나라의 시민이 되는 일에 동의한다. 이것은 여러 사회가 합쳐져 새로운 하나의 사회를 이루는 것인데, 새로운 가입자들이 결합함으로써 확대될 수 있다.

그리스라는 몸체에 그토록 오랫동안 꽃이 피게 한 것도 바로 이러한 연합이었다. 이 연합을 통해 로마인은 세계를 공격하였고, 또 세계는 오직 이 연합에 의해 로마인과 맞서 싸웠다. 그리고 로마의 권세가 절정에 이르렀을 때, 도나우강과 라인강 뒤편의 연합, 공포가 만들어낸 그 연합에 의해 야만족들은 로마에 저항할 수 있었다.

바로 그 때문에 네덜란드,1 독일, 스위스 연방은 유럽에서 영원한 공화국으로 여겨진다.

옛날에는 도시의 연합이 오늘날보다 더 필요했다. 힘이 없는 도시 국가는 더 큰 위험에 직면했다. 정복은 오늘날처럼 집행권과 입법권을 상실하게 할 뿐만 아니라 사람들이 소유하던 모든 것을 잃어버리게 했다.2

외세에 저항할 수 있는 이런 종류의 공화국은 내적인 부패 없이 그 권세를 유지할 수 있다. 연합의 형태가 모든 위험을 막아주기 때문이다.

권력을 찬탈하고자 하는 자는 모든 연합국에서 똑같이 신임을 얻을 수 없을 것이다. 그가 한 나라 안에서 너무 강대해지면, 다른 모든 나라를 불안하게 만들 것이다. 그가 어느 한 부분을 굴복시키면, 아직 자유로운 다른 부분은 그가 찬탈한 병력과 무관한 다른 병력으로 그

---

1 네덜란드는 서로 완전히 다른 약 50개의 공화국으로 구성되어 있다. 자니송 (François-Michel Janiçon, 1674~1730, 파리에서 태어나 네덜란드 덴하그에서 사망한 집필자이다_옮긴이 주), 《네덜란드 연합공화국의 상태》.
2 시민의 자유, 재산, 여자들, 아이들, 사원과 묘지까지도.

에게 저항하여 그가 완전히 자리를 잡기 이전에 그를 제압할 수 있을 것이다.

만약 어느 한 회원국에서 반란이 일어나면, 다른 회원국들이 그 반란을 진압할 수 있다. 만약 어떤 악습이 어딘가에 도입된다면, 건강한 다른 부분에 의해 교정될 수 있다. 이런 나라는 한쪽은 멸망해도 다른 쪽은 멸망하지 않을 수 있다. 동맹이 파기되어도 동맹국들은 여전히 주권을 가진 국가로 남기 때문이다.

작은 공화국들로 구성되는 이런 나라는 안으로는 각 공화국의 훌륭한 정체를 향유하고, 밖으로는 연합의 힘을 통해 큰 군주국의 모든 장점을 갖게 된다.

제 2장 : 연방의 구조는 동질의 국가들, 특히 공화국들로 구성되어야 한다

가나안족이 멸망한 것은 절대 연합하지 않고 공동으로 방어하지 않는 작은 군주국들이었기 때문이다. 작은 군주국의 본질은 연합이 아니다.

독일 연방 공화국은 자유 도시와 군주에게 복종하는 소국으로 구성된다. 경험에 의하면, 그것은 네덜란드나 스위스 연방 공화국보다 더 불완전하다.

군주정체의 정신은 전쟁과 확장이고, 공화정체의 정신은 평화와 절제이다. 이 두 종류의 정체는 부득이한 경우가 아니고는 하나의 연방 공화국 안에 존속할 수 없다.

그래서 로마의 역사를 보면, 베이(1) 사람들이 왕을 선택했을 때 토스카나 지방의 모든 소공화국은 그들을 버렸다. 그리스에서는 마케도니아 왕이 암픽티온 의회(2)에서 의석을 차지했을 때 모든 것을 잃었다.

군주들과 자유 도시로 구성된 독일 연방 공화국이 존속하는 것은 한 사람의 지도자를 가지고 있기 때문이다. 그는 말하자면 연합의 행정관이기도 하고 군주이기도 하다.

제 3장 : 그 밖에 연방 공화정체에 필요한 것들

네덜란드 공화국에서는 한 주가 다른 주들의 동의 없이 동맹을 맺을 수 없다. 이 법은 매우 좋은 것으로, 연방 공화정체에 꼭 필요하다. 게르만의 국가 조직에는 이 법이 없는데, 이 법이 있으면 어느 한 구성원의 경솔함이나 야망이나 탐욕에 의해 모든 구성원에게 닥칠 수 있는 불행을 막을 수 있을 것이다. 정치적 연맹에 의해 결합된 공화국은 자신의 전부를 맡긴 것이므로 더 이상 줄 것이 없다.

연합하는 나라들이 똑같은 규모와 동등한 세력을 가지기는 어려운 일이다. 리키아인의 공화국은 23개 도시의 연합이었는데, (3) 공동 평의회에서 대도시는 3표, 중도시는 2표, 소도시는 1표를 가졌다. 3 네덜란드 공화국은 크고 작은 7개 주로 이루어졌는데, 각 주는 1표를 가지고 있다.

리키아의 도시들은 투표권에 비례하여 세금을 부담했다. 4 네덜란

3　스트라본, 제 14편.

드의 주들은 이 비례를 따를 수 없으므로 세력의 비례를 따를 수밖에 없다.

리키아에서는 도시의 재판관과 행정관이 공동 평의회에서 상기한 비례에 따라 선출되었다.5 네덜란드 공화국에서는 그들이 공동 평의회에서 선출되지 않고 각 도시가 자신의 행정관을 임명한다. 훌륭한 연방 공화정체의 모델을 제시해야 한다면, 나는 리키아 공화국을 택할 것이다.

제 4장 : 전제국가는 안전을 위해 어떻게 대비하는가

공화국이 서로 연합함으로써 안전을 대비하는 것처럼, 전제국가는 서로 분리함으로써, 말하자면 고립을 유지함으로써 안전을 대비한다. 이런 나라들은 국가의 일부를 희생시키고 국경을 황폐하게 하여 사람이 살지 않게 만든다. 그리하여 제국의 주요부에 접근하기 어렵게 만든다.

물체의 면적이 크면 클수록 그 둘레는 상대적으로 약해진다는 것은 기하학에서 인정된 사실이다. 따라서 국경을 황폐하게 만드는 이런 방법은 중간 규모의 나라보다는 큰 나라에서 허용될 수 있다.

이런 국가는 잔인한 적, 막아 내지 못할 적이 행할 수 있는 모든 해악을 자기 자신에게 저지르는 것이다.

---

4   위의 책.
5   위의 책.

전제국가는 또 다른 종류의 분리를 통해 자신을 보존한다. 그것은 멀리 떨어져 있는 주들을 봉신(封臣)인 한 군주의 손에 맡기는 것이다. 몽골, 페르시아, 중국의 황제들은 봉신을 가지고 있다. 터키인은 타타르족, 몰디브인, 블라크인, 그리고 예전에는 트란실바니아인을 적과 자신들 사이에 둔 것에 매우 만족했다.

제 5장 : 군주국가는 안전을 위해 어떻게 대비하는가

군주국가는 전제국가처럼 자신을 스스로 파괴하지는 않는다. 그러나 중간 규모의 나라는 곧 침략당할 수 있다. 따라서 국경을 지키는 요새와 요새를 지키기 위한 군대를 갖는다. 거기서는 아주 작은 땅도 기교와 용기와 끈질김을 가지고 다투는 대상이 된다. 전제국가는 서로 침략하고, 전쟁은 오직 군주국가만 한다.

요새는 군주국가에 속하는 것이다. 전제국가는 요새를 갖는 것을 두려워한다. 전제국가에서는 아무도 국가와 군주를 사랑하지 않기 때문에 요새를 누구에게도 맡기지 못한다.

제 6장 : 국가의 방어력 일반

한 나라가 방어력을 제대로 발휘하려면, 나라의 크기가 그 나라에 행해질 수 있는 공격의 속도에 비례해서 신속하게 그 공격을 무력화시킬 수 있는 정도의 규모여야 한다. 우선 공격하는 쪽은 어디서든지 나타날 수 있으므로 수비하는 쪽도 어디서든지 나타날 수 있어야 한다.

따라서 한 장소에서 다른 장소로 이동하는 인간의 자연적 속도에 적합하도록 나라의 넓이가 적당한 규모여야 한다.

프랑스와 스페인은 딱 적절한 규모이다. 군대는 서로 연락이 잘 되므로 단번에 원하는 곳으로 갈 수 있고, 그곳에 군대가 집결하여 한 국경에서 다른 국경으로 신속하게 이동한다. 실행되기 위해 시간이 걸릴 염려는 전혀 없다.

프랑스에서는 대단히 다행스럽게도 취약한 국경일수록 수도와의 거리가 더 가깝다. 그리하여 군주는 수도에 있으면서도 나라의 각 부분을 위험에 노출된 곳일수록 더 잘 볼 수 있다.

그러나 페르시아처럼 방대한 나라가 공격을 받을 때는 흩어져 있는 군대가 집결하는 데 여러 달이 걸린다. 그리고 마치 보름간 행군하듯이 그 긴 시간 동안 강행군을 할 수는 없다. 국경에 있는 군대는 패하면 틀림없이 분산된다. 퇴각 지점이 가까이 있지 않기 때문이다. 그러면 승리한 적군은 아무 저항도 받지 않고 재빨리 진격하여 수도 앞에 나타나 수도를 포위한다. 그때가 되어서야 비로소 지방 총독들은 원군을 보내 달라는 통지를 받을 수 있다. 혁명이 가까워졌다고 판단하는 사람들은 복종하지 않음으로써 혁명을 앞당긴다. 오직 처벌이 가까이 있었기 때문에 충성하던 사람들은 처벌이 멀어지자마자 더 이상 충성하지 않기 때문이다. 그들은 자신의 개인적 이득에 따라 움직인다. 그리하여 제국은 해체되고 수도는 점령당한다. 그리고 정복자는 총독들과 지방의 여러 주를 놓고 다투게 된다.

군주의 참된 힘은 쉽게 정복하는 데에 있는 것이 아니라 그를 공격하기가 어려운 데에 있다. 감히 말한다면, 그 지위가 확고 불변한 것이 군주의 참된 힘이다. 그러나 나라가 확장되면, 공격당할 수 있는 새로운 측면을 보여주게 된다.

그러므로 군주는 자기 힘을 증대시키기 위해 지혜로워야 하는 것처럼, 그 힘을 제한할 수 있도록 그에 못지않게 신중해야 한다. 군주는 영토가 작은 데서 오는 위험을 없애는 것과 동시에 큰 영토에서 비롯되는 위험도 항상 주시해야 한다.

제 7장 : 성찰

오랫동안 군림했던 어떤 위대한 군주(4)가 세계적인 군주국을 계획하고 추진했다고 그의 적들이 수없이 그를 비난한 것은 이성에 의한 행동이라기보다는 두려움에 의한 행동이었다고 생각한다. 만일 그가 그 계획에 성공했다면, 유럽에도, 그의 옛 신하들에게도, 그와 그의 가족에게도 그보다 더 치명적인 일은 없었을 것이다. 진짜 이익이 되는 것이 무엇인지 잘 알고 있는 하늘은 승리를 통해 그를 도와주는 것 이상으로 패배를 통해 그를 도와준 것이다. 그리하여 그를 유럽의 유일한 왕으로 만들어 주는 대신 모든 왕 중에서 가장 강력한 왕으로 만듦으로써 그를 더 특별하게 대우해 준 셈이다.

그의 국민은 외국에서도 오직 자신이 두고 온 것에 대해서만 감명을 받는다. 그들은 고국을 떠날 때는 영광을 최고의 선(善)으로 여기고 멀리 떨어진 나라에서는 그것을 귀국에 방해가 되는 것으로 여긴다. 그들은 좋은 품성을 가지고도 사람들에게 반감을 산다. 거기에 경멸이 담겨 있는 것으로 보이기 때문이다. 그들은 상처와 위험과 피로는 잘 견딜 수 있으나 쾌락을 상실하는 것은 견디지 못한다. 그들은 무엇보다 자신의 쾌활함을 사랑하므로 전쟁에 패했을 때도 장군에 대한 노래를 하면서 위안을 얻는다. 이런 국민은 한 나라에서 실패하면 모든 나라에서 실패하는 것이고 당장 실패하면 영원히 실패하는 것이 되는 그런 계획을 결코 끝까지 밀고 나가지 않을 것이다.

제 8장 : 한 나라의 방어력이 공격력보다 떨어지는 경우

"영국인은 자기 나라에 있을 때 가장 약하고, 가장 정복하기 쉽다." 이 말은 쿠시(5)의 영주가 샤를 5세에게 한 말이다. 이것은 로마인에게도 해당하는 말이고, 카르타고인도 경험한 것이다. 이것은 자국 내에서 정치적 혹은 시민적 이익에 의해 분열된 사람들을 규율과 병권의 힘으로 결합시키기 위해 군대를 멀리 파견한 모든 나라에 일어날 수 있는 일이다. 그런데 국가는 여전히 남아 있는 해악 때문에 약해져 있다. 그리고 그 해결책으로 인해 더욱 약화된다.

쿠시 영주의 금언은 원정을 시도해서는 안 된다는 일반적 규칙에 대한 예외이다. 그리고 이 예외는 규칙을 확인해 준다. 그것은 스스로 규칙을 위반한 사람들에게만 적용되는 예외이기 때문이다.

제 9장 : 국가의 상대적인 힘

권위, 힘, 권력은 모두 상대적인 것이다. 실질적 권위를 늘리고자 상대적 권위를 줄이지 않도록 주의해야 한다.

　루이 14세 치하 중반에 프랑스는 상대적 권위의 최고 정점에 있었다. 독일은 아직 위대한 군주가 없었고, 그 이후에나 위대한 군주를 갖게 된다. 이탈리아도 같은 상황이었다. 스코틀랜드와 잉글랜드는 하나의 군주정체를 이루지 못하고 있었다. 아라곤은 카스티야와 결합하지 못하고 있었으므로, 스페인의 분리된 부분들은 약해졌고 그로 인해 스페인을 약하게 만들고 있었다. 러시아는 유럽에서 크림반도와 같은 정도로밖에 알려지지 않았다.

제 10장 : 이웃 나라의 쇠약

이웃에 쇠퇴해 가는 나라가 있을 때는 그 나라의 멸망을 촉진하지 않도록 조심해야 한다. 그런 점에서 자신의 나라는 가장 행복한 상황에 있는 것이기 때문이다. 군주에게는 자신을 대신해 운명의 모든 타격과 모욕을 받는 다른 군주가 옆에 있는 것만큼 편리한 것은 없다. 그리고 그런 나라를 정복함으로써 실질적인 힘이 증가한다고 해 봐야 잃어버린 상대적인 힘을 상쇄할 수 있는 경우는 거의 없다.

제 10 편

법과 공격력의 관계

제 1장 : 공격력

공격력은 여러 민족을 상호 관계에서 고찰한 정치법인 만민법에 의해 규정된다.

제 2장 : 전쟁

국가의 생명은 인간의 생명과 마찬가지이다. 인간은 정당방위의 경우 다른 사람을 죽일 권리를 가지고 있다. 국가도 자기 자신의 보존을 위해서 전쟁할 권리를 가지고 있다.

정당방위의 경우 나는 죽일 권리가 있다. 나를 공격하는 사람의 생명이 그의 것인 것처럼 내 생명은 내 것이기 때문이다. 마찬가지로 국가도 자신의 보존이 다른 모든 보존처럼 정당한 것이기 때문에 전쟁을 한다.

시민들 사이에서 정당방위의 권리는 공격의 필연성을 내포하는 것은 아니다. 공격하는 대신, 재판소에 호소하기만 하면 된다. 따라서 시민들은 법의 도움을 기다리다가 목숨을 잃을 것 같은 일시적인 경우에만 이 방어권을 행사할 수 있다. 그러나 사회들 사이에서 정당방위의 권리는 때때로 공격의 필요성을 수반한다. 더 길게 평화가 계속되면 상대 민족이 자기 민족을 멸망시킬 힘을 갖게 될 때, 그럴 때 자기 민족의 멸망을 막는 유일한 수단이 공격이라고 생각하는 경우가 그러하다.

그 결과, 작은 사회는 큰 사회보다 더 자주 전쟁할 권리를 갖게 된다. 작은 사회는 파멸당할지도 모른다는 두려움을 느끼는 경우가 더 많기 때문이다.

그러므로 전쟁의 권리는 엄격한 정의와 불가피성에서 유래한다. 군주의 양심이나 자문회의를 좌우하는 사람들이 이것을 지키지 않는다면 모든 것이 끝장이다. 영광, 품위, 이익과 같은 자의적 원리에 근거를 두게 되면, 이 땅이 피의 물결로 뒤덮일 것이다.

특히 군주의 영광을 논해서는 안 된다. 군주의 영광은 그의 오만일지도 모른다. 그것은 하나의 정념이지 정당한 권리가 아니다.

사실 군주의 위세에 대한 명성이 그 나라의 힘을 증가시킬 수 있기는 하다. 그러나 그가 정의롭다는 명성도 그 나라의 힘을 증가시킬 것이다.

제 3장 : 정복의 권리

전쟁의 권리에서 정복의 권리가 파생된다. 따라서 정복의 권리는 전쟁의 권리의 정신을 따라야 한다.

한 민족이 정복당하면, 그 민족에 대해 정복자가 갖는 권리는 다음의 네 가지 종류의 법을 따른다. 첫째는 만물이 종(種)의 보존을 지향하게 하는 자연법이고, 둘째는 남이 우리에게 해주길 바라는 것을 우리가 남에게 해주어야 하는 자연적인 지혜의 법이다. 셋째는 정치 사회를 형성하는 법으로, 정치 사회는 그 지속이 자연에 의해 한정되지 않는다. 그리고 넷째는 그 자체에서 유래하는 법이다. 정복은 하나의 획득이다. 획득의 정신은 보존과 이용의 정신을 수반하는 것이지 파괴의 정신을 수반하는 것이 아니다.

다른 나라를 정복한 나라는 그 나라를 다음의 네 가지 방식 중 하나로 다스린다. ① 정복당한 나라의 법에 따라 그 나라를 계속 통치하면서 정치적·시민적 통치의 실행만 장악하거나, ② 새로운 정치적·시민적 통치를 부여하거나, ③ 사회를 파괴하여 다른 여러 사회로 분산시키거나, ④ 모든 시민을 전멸시키는 것이다.

첫째 방식은 오늘날 우리가 따르고 있는 만민법에 해당하고, 넷째 방식은 로마인의 만민법에 더 가깝다. 이 점에 관해 우리가 얼마나 진보했는지 판단해 보라. 여기서 우리의 현 시대, 현재의 이성, 오늘날의 종교, 우리의 철학, 우리의 풍속에 경의를 표해야 한다.

우리의 공법(公法) 학자들은 고대의 역사에 근거를 두고 상황을 엄격하게 따르지 않는 바람에 큰 오류에 빠졌다. 그들은 자의에 치우쳐,

나로서는 뭔지 알 수 없는 살육의 권리가 정복자에게 있다고 전제했다. 그로 인해 그들은 원리만큼이나 끔찍한 결론을 도출했고, 정복자들 자신도 최소한의 양식만 있다면 결코 택하지 않았을 원칙을 확립했다. 정복이 이루어졌을 때, 정복자는 더 이상 정당방위와 자기 보존의 상황에 있지 않으므로 죽일 권리가 없다는 것은 명백한 일이다.

공법학자들이 그렇게 생각한 것은 정복자에게 사회를 파괴할 권리가 있다고 믿었기 때문이다. 거기에서부터 그들은 사회를 구성하는 사람을 파괴할 권리가 정복자에게 있다는 결론을 내렸다. 그것은 잘못된 원리에서 잘못 끌어낸 결론이다. 사회가 없어진다고 해서 그 사회를 구성하는 사람들도 없어져야 하는 것은 아니기 때문이다. 사회는 사람들의 결합이지 사람들 자체는 아니다. 시민은 사라져도 사람은 남을 수 있다.

정복에 존재하는 죽이는 권리로부터 정치가들은 노예로 만드는 권리를 도출해 냈다. 그러나 그 귀결은 원리와 마찬가지로 잘못된 것이다. 노예로 만드는 권리를 가질 수 있는 것은 오직 그것이 정복의 보존에 필요할 때뿐이다. 정복의 목적은 보존이다. 노예 상태는 결코 정복의 목적이 아니다. 그러나 그것은 보존을 달성하는 데 필요한 수단이 될 수는 있다.

그런 경우 그 노예 상태가 영구적인 것은 이치에 어긋난다. 노예가 된 민족은 신민(臣民)이 될 수 있어야 한다. 정복에서 노예 제도는 우발적인 사건과 같은 것이다. 일정한 시간이 지나서 정복국의 모든 부분과 피정복국의 모든 부분이 관습, 혼인, 법률, 단체, 어느 정도의 정신적 유사성에 의해 서로 결합되었을 때 노예 신분은 없어져야 한다. 정복자의 권리란 그런 결합 없이 두 민족 사이에 거리가 있어서 한쪽이 다른 한쪽을 신뢰할 수 없는 상황에만 근거를 두고 있기 때문이다.

그러므로 한 민족을 노예로 만드는 정복자는 그들을 거기에서 벗어나게 하기 위한 수단(그런 수단은 수없이 많다)을 항상 마련해 두어야 한다.

여기서 나는 막연한 말을 하는 것이 아니다. 로마 제국을 정복한 우리의 조상은 그렇게 행동했다. 그들은 전쟁의 포화 속에서, 전투를 하는 중에, 혈기 속에서, 승리의 교만함 속에서 만들었던 법을 완화시켰다. 가혹했던 법을 공평하게 만든 것이다. 부르군트족, 고트족, 롬바르드족은 로마인이 피정복 민족이기를 줄곧 원했지만, 에우리쿠스(1) 법과 군도바두스(2) 법과 로타리(3) 법은 야만족과 로마인을 같은 나라 사람으로 만들었다.[1]

카롤루스 마그누스는 작센족을 굴복시키기 위해 그들에게서 자유인의 신분과 재산 소유권을 빼앗았다. 그런데 유순왕 루도비쿠스(4)는 그들을 해방시켰다.[2] 그것은 그의 치세를 통틀어 가장 잘한 일이었다. 그동안 흐른 시간과 노예 신분이 그들의 풍속을 온화하게 만들었으므로, 그들은 늘 왕에게 충성했다.

---

1 야만족 법의 법전과 이 책 제28편 참조.

2 저자 미상의 유순왕 루도비쿠스 전기, 뒤셴(André Duchesne, 17세기 프랑스의 역사가로 프랑스 역사에서 중요한 사료들을 처음으로 집대성했다_옮긴이 주)의 《모음집》, 제2권, 296쪽 참조.

제 4장 : 피정복 민족의 몇 가지 이점

정치가들은 정복의 권리로부터 그토록 치명적인 결론을 끌어내는 대신 그 권리가 때때로 피정복 민족에게 가져다줄 수 있는 이점에 대해 말하는 편이 더 나았을 것이다. 만일 우리의 만민법이 정확히 지켜졌다면, 그리고 그것이 온 세계에 확립되어 있었다면 그들은 그 이점을 더 잘 느꼈을 것이다.

정복당하는 나라는 대개 나라의 제도가 제대로 효력을 발휘하지 못하는 상태에 있다. 부패가 침투해 있고 법이 집행되지 않으며 정부는 압제자가 되어 있게 마련이다. 만약 정복이 파괴적이지 않다면, 그런 나라가 정복으로부터 몇 가지 이득을 얻어 낼 수 있다는 것을 누가 의심할 수 있겠는가! 더 이상 스스로 개혁할 수 없는 지경에 이른 정부가 남에 의해 개조된다고 해서 잃을 게 무엇이 있겠는가?

수많은 술책과 책략에 의해 부자가 눈에 띄지 않게 숱한 방법으로 횡령을 일삼는 나라, 악습이라고 믿고 있던 것이 법률이 되는 것을 보고 한탄하는 불행한 사람이 억압당하면서 그런 억압을 느끼는 것조차 잘못이라고 생각하는 나라, 그런 나라에 들어가는 정복자는 모든 것의 방향을 바꿔 놓을 수 있다. 그리고 음흉한 폭정이 타격을 받는 첫 번째 대상이 된다.

예를 들어 징세 청부인에게 압박받던 나라들이 정복자에 의해 짐을 더는 경우를 우리는 보았다. 정복자에게는 합법적 군주가 가지고 있던 고용계약도 욕구도 없었기 때문이다. 정복자가 교정하지도 않았는데 악습이 교정된 것이다.

때때로 정복자들의 검소함 덕분에 피정복자들은 합법적 군주 밑에서는 빼앗겼던 생필품을 받을 수도 있었다.

정복자는 해롭다고 판단되는 편견을 타파하고, 이렇게 말해도 될지 모르겠지만 한 민족을 더 좋은 수호자 밑에 둘 수도 있다.

스페인 사람들이 멕시코인에게 하지 못한 좋은 일은 어떤 것이었을까? 그들은 멕시코인에게 온화한 종교를 전해주어야 했는데, 광포한 미신을 가져다주었다. 그들은 노예를 자유롭게 만들어 줄 수 있었는데, 자유인을 노예로 만들었다. 그들은 사람을 제물로 바치는 악습에 대해 멕시코인을 깨우쳐 줄 수 있었는데, 깨우치는 대신 몰살시켜 버렸다. 그들이 하지 않았던 좋은 일과 그들이 저지른 나쁜 일을 모두 이야기하려면 끝이 없을 것이다.

정복자는 자신이 서지른 나쁜 일을 일부분 바로잡아야 한다. 따라서 나는 정복의 권리를 다음과 같이 다시 정의한다. 그것은 필요하고 정당한 권리지만 불행한 권리로서, 인간성에 대한 의무를 이행하기 위해 갚아야 할 막대한 빚을 항상 남겨 놓는 것이다.

제 5장 : 시라쿠사의 왕 겔론(5)

역사에 전하는 가장 훌륭한 강화조약은 겔론이 카르타고 사람들과 맺은 조약이라고 생각한다. 그는 카르타고인에게 자식을 제물로 바치는 관습을 폐지하라고 요구했다. [3] 감탄할 만한 일이다! 30만의 카르

---

3   바르베이락(Jean Barbeyrac, 1674~1744, 프랑스 법학자__옮긴이 주)의 《모음

타고 군대를 격파한 후, 그는 오직 그들에게만 유익한 조건을 요구한 것이다. 아니, 인류를 위해서 약정한 것이다.

박트리아(6) 사람들은 늙은 아버지를 큰 개에게 먹였는데, 알렉산드로스가 이를 금지시켰다. **4** 그것은 그가 미신에게 거둔 승리였다.

제 6장 : 정복하는 공화국

최근 스위스에서 보았던 것처럼, **5** 연방제의 국가 조직에서 한 연맹국이 다른 연맹국을 정복하는 것은 그 본질에 어긋난다. 작은 공화국과 작은 군주국 사이에 연합이 이루어진 혼합 연방공화국에서는 그보다는 덜 어긋난다.

또한 민주적 공화국이 민주정체의 영역으로 들어가지 못할 도시를 정복하는 것도 그 본질에 어긋난다. 로마인이 초기에 확립했던 것처럼, 피정복 민족은 주권의 특권을 누릴 수 있어야 한다. 따라서 민주정체를 위해 적합한 시민의 수로 정복을 제한해야 한다.

만약 민주국가가 어떤 민족을 신하로 지배하기 위해 정복한다면, 자기 자신의 자유를 위태롭게 하는 것이다. 정복된 나라에 파견할 행정관에게 너무 큰 권력을 맡기게 될 것이기 때문이다.

집》, 제 112항 참조.

4 스트라본, 제 11편.

5 토겐부르크(15세기에 슈비츠와 취리히 사이에 영토 분쟁의 대상이 되었던 스위스의 계곡으로 여기서 몽테스키외는 1706년부터 1718년 사이에 있었던 장크트갈렌과의 전쟁을 가리키는 것이다__옮긴이 주)에 대한 일.

만약 한니발이 로마를 점령했더라면, 카르타고 공화국은 커다란 위험에 빠지지 않았을까? 패배한 후에도 자기 도시에서 그토록 많은 격변을 일으킨 사람이니, 승리한 뒤였다면 무엇인들 하지 못했겠는가?6

한노(7)가 단지 질투심 때문에 한니발에게 원군을 보내지 않아야 한다고 주장했다면, 결코 원로원을 설득할 수 없었을 것이다. 아리스토텔레스가 매우 현명한 원로원(카르타고 공화국의 번영이 그 점을 잘 보여준다)이라고 말했던 이 원로원은 오직 합리적인 이유에 의해서만 결정을 내렸다. 지독히 어리석지 않은 한, 1,200km나 떨어져서 불가피한 손실을 입은 군대에 복구가 필요하다는 것을 모를 리 없었을 것이다.

한노의 당파는 한니발이 로마인에게 넘겨지기를 바랐다. 7 당시 그들은 로마인은 두려워하지 않았지만 한니발은 두려워했다.

그들이 한니발의 성공을 믿지 못했던 것이라는 말도 있다. 그러나 어떻게 그것을 의심할 수 있었겠는가? 온 세계에 퍼져 있는 카르타고인들이 이탈리아에서 일어나는 일을 모를 수 있었을까? 그것을 모르지 않았기 때문에 한니발에게 원군을 보내고 싶지 않았던 것이다.

트레비아 전투(8) 후에, 트라시메노 전투(9) 후에, 칸나이 전투 후

---

6 그는 한 분파의 우두머리였다.
7 카토(Marcus Porcius Cato Uticensis, BC95~BC46, 로마의 정치가로서 카이사르를 비롯한 권력가들에 맞서서 로마의 공화정을 수호하려고 애쓴 보수적인 원로원 귀족들의 지도자였다_옮긴이 주)가 카이사르를 갈리아인에게 넘기고 싶었던 것처럼 한노는 한니발을 로마인에게 넘기고 싶었다.

에, 한노는 더 단호해졌다. 그의 의심이 커진 것이 아니라 두려움이 커진 것이다.

제 7장 : 같은 주제 계속

민주국가에 의해 이루어지는 정복에는 또 다른 단점이 있다. 예속된 나라로서는 그들의 통치가 늘 불쾌하기 마련이다. 그들의 통치는 겉보기에는 군주정체 같지만, 사실은 모든 시대와 모든 나라의 경험을 통해 알 수 있었듯이 군주정체보다 더 가혹하다.

피정복 민족의 상황은 비참하다. 그들은 공화정체의 이점도 군주정체의 이점도 누리지 못한다.

민중적 국가에 대해 내가 한 말은 귀족정체에도 적용될 수 있다.

제 8장 : 같은 주제 계속

그러므로 공화국이 어떤 민족을 예속시키고자 할 때는 그 민족에게 좋은 정치법과 시민법을 부여하여 본질적으로 생기는 단점을 개선하도록 애써야 한다.

이탈리아의 한 공화국이 섬사람들을 지배하고 있었다. 그러나 그들에 대한 공화국의 정치법과 시민법에는 결함이 있었다. 그리하여 더 이상 '총독의 조사와 양식을 근거로' 그들에게 체형(體刑)을 선고하지 않을 것이라는 내용의 사면령이 내려진 것을 우리는 기억하고 있다. 8 우리는 종종 여러 민족이 특권을 요구하는 것을 보았는데, 여기서는 최고 주권자가 모든 국민이 갖는 권리를 부여하고 있다.

제 9장 : 주변을 정복하는 군주국

만약 군주국이 영토 확장으로 인해 약해지기 전에 오랫동안 존속할수 있다면, 그 군주국은 두려운 존재가 될 것이다. 그리고 그 힘은 이웃한 여러 군주국으로부터 압박을 받으면서도 지속될 것이다.

따라서 군주국은 자기 정체의 본질적 한계 안에서만 정복을 꾀해야한다. 그 한계를 넘어서면 곧바로 멈추는 것이 현명하다.

따라서 이런 종류의 정복에서는 모든 것을 원래대로 그대로 두어야한다. 같은 재판소, 같은 법률, 같은 관습, 같은 특권 등 군대와 군주의 명칭 이외에는 아무것도 바꾸어서는 안 된다.

군주국이 주변의 여러 주를 정복하여 그 경계를 확장했을 때는 그주들을 매우 너그럽게 다루어야 한다.

오랫동안 성복에 힘써 온 군주국에서 옛 영토의 주들은 보통 착취를 많이 당하게 마련이다. 그 주들은 새로운 악습과 낡은 악습으로 고

8　제노바의 Franchelli 출판사에서 인쇄된, 1738년 10월 18일의 사면령. Vietamo al nostro general governatore in detta isola, di condannare in avenire salamente ex informatâ conscientiâ persona alcuna nazionale in pena efflittiva. Potrà ben si far arrestare ed incarcerare le persone che gli seranno sospette ; salvo di renderne poi à noi conto sollecitamente[이탈리아어] (이 섬에서 총독은 오직 자신이 알고 있는 정보를 근거로 누구에게도 극심한 형벌을 선고하지 못한다. 물론 총독은 의심스러운 사람들을 체포하고 투옥할 수 있지만 즉시 보고해야 한다). 제 6항. 1738년 12월 23일 암스테르담의 《가제트(Gazette)》도 참조할 것.

통받아야 한다. 그리고 모든 것을 집어삼키는 방대한 수도는 종종 주의 인구를 감소시킨다. 그런데 만일 영토 주변을 정복한 후에 피정복 민족을 옛 신민들처럼 다룬다면 그 나라는 결국 멸망하게 된다. 정복된 주들이 조공으로 수도로 보낸 것은 그들에게 되돌아오지 않을 테고, 변방은 황폐해지고 따라서 더 약해질 것이다. 그러면 변방의 주민들은 불만을 품게 되고, 그곳에 머물면서 활동해야 하는 군대의 식량은 더 불안정해질 것이다.

정복하는 군주국은 불가피하게 다음과 같은 상태가 된다. 즉, 수도는 어마어마한 사치에 빠지고, 수도에서 떨어진 여러 주는 비참한 상태가 되며, 가장 외진 지역은 풍요를 누릴 것이다. 마치 우리 지구와 비슷하다. 중심에는 불이 있고, 표면은 초목으로 덮여 있으며, 그 둘 사이에는 건조하고 차가운 불모의 땅이 있는 우리 지구 말이다.

제 10장 : 다른 군주국을 정복하는 군주국

때로는 한 군주국이 다른 군주국을 정복하기도 한다. 정복당하는 군주국이 작으면 작을수록 요새를 통해 제압하는 것이 좋고, 크면 클수록 식민지로 보존하는 것이 좋다.

제 11장 : 피정복 민족의 풍속

이런 정복에서는 정복당한 국민에게 그들의 법을 남겨주는 것만으로
는 충분하지 않다. 어쩌면 그들의 풍속을 남겨주는 것이 더 필요할 것
이다. 사람들은 항상 법보다 풍속을 더 잘 알고 좋아하고 지키기 때문
이다.

프랑스인은 유부녀와 처녀들에 대한 무례함 때문에 이탈리아에서
아홉 번이나 쫓겨났다고 역사가들은 말한다. 9 한 국민이 정복자의 오
만함에다가 방탕함과 무례함까지 견뎌야 하는 것은 너무 지나친 일이
다. 그것은 모욕을 한없이 증가시키기에 아마 더욱 불쾌할 것이다.

제 12장 : 키루스(10) 법

나는 리디아인을 천한 직업이나 명예롭지 못한 직업에만 종사하게 하
려고 키루스가 만든 법을 좋은 법이라고 생각하지 않는다. 가장 시급
한 것을 생각하여 반란만 염두에 두고 침략당할 것은 고려하지 않은
것이다. 그러나 곧 침략당하게 되는데, 두 민족이 합쳐져 둘 다 부패
하고 있었다. 나는 피정복 민족의 나약함을 법으로 유지시키는 것보
다 정복 민족의 강인함을 법으로 보전하는 것이 더 좋다고 생각한다.

쿠마이(11)의 폭군 아리스토데모스(12)는 젊은이의 용기를 약화시
키고자 애썼다. 10 그리하여 소년에게 소녀처럼 머리를 기르고, 그 머

---

9 푸펜도르프의 《세계사》를 훑어볼 것.

리를 꽃으로 장식하고, 발꿈치까지 내려오는 다양한 색깔의 긴 옷을 입게 했다. 그리고 무용 선생과 음악 선생을 찾아갈 때는 여자들이 그들을 위해 양산과 향수와 부채를 들어주고, 목욕탕에서는 여자들이 빗과 거울을 대령하도록 했다. 이런 식의 교육이 20살까지 계속되었다. 이것은 자신의 목숨을 지키기 위해 자신의 주권을 위험에 처하게 만드는 못난 폭군에게만 어울릴 수 있는 일이다.

제13장 : 카를 12세[13]

오직 자신의 힘만 사용했던 이 군주는 오랜 전쟁에 의해서만 실행될 수 있는 계획을 세움으로써 자신의 몰락을 야기했다. 그것은 그의 왕국이 지탱할 수 없는 것이었다.

그가 전복시키려고 했던 것은 쇠퇴하는 나라가 아니라 신생 제국이었다. 러시아인은 그와의 전쟁을 학교처럼 이용했다. 그리하여 실패할 때마다 그들은 승리를 향해 다가갔고, 밖으로는 패하면서도 안으로는 방어하는 것을 배우고 있었다.

카를은 폴란드를 황야로 만들고 자신을 세계의 주인으로 생각하고 있었다. 그가 그 황야를 헤매고 다니면서 스웨덴을 널리 퍼뜨리는 동안, 그의 주요 적은 그에게 맞서 방어시설을 갖추고 그에게 육박하여 발트해에 진을 치고 리보니아를 파괴하거나 점령했다.

그리하여 스웨덴은 물 흐르는 방향이 바뀌면서 수원(水源)에서 물

---

10 할리카르나소스의 디오니시오스, 제7편.

이 끊겨버린 강과 같은 신세가 되었다.

카를을 파멸시킨 것은 폴타바 전투가 아니었다. 그는 그곳에서 패하지 않았더라도 결국 다른 곳에서 패했을 것이다. 운이 나빠 발생한 사건은 쉽사리 복구되지만, 사물의 본질에서 끊임없이 생기는 사건들은 막을 수가 없다.

그러나 그를 몹시 불리하게 만들었던 것은 본질이나 운보다 바로 그 자신이었다. 그는 현실적 실제 상황이 아니라 자신이 택한 어떤 모델에 따라 행동했다. 게다가 그 모델도 매우 서투르게 따랐다. 그는 결코 알렉산드로스가 아니었다. 그러나 알렉산드로스의 가장 훌륭한 병사였을 수는 있다.

알렉산드로스의 계획이 성공한 것은 오직 그것이 합리적이었기 때문이다. 페르시아인의 그리스 침략 실패, 아게실라오스(14)의 정복, 1만 명의 후퇴 등은 전투 방법과 무기의 종류에서 그리스인이 우월하다는 것을 분명히 알게 해주었다. 그리고 페르시아인이 스스로 교정하기에는 너무 오만하다는 것도 잘 알려진 사실이었다.

그들은 더 이상 분열을 통해 그리스를 약화시킬 수 없었다. 당시 그리스는 한 사람의 우두머리 아래 결집해 있었는데, 그 우두머리로서는 그리스인이 자신의 예속 상태를 깨닫지 못하도록 그리스의 영원한 적을 섬멸하고 아시아를 정복한다는 희망으로 그들을 현혹하는 것만큼 좋은 방법은 없었다.

세계에서 가장 부지런하고 종교적인 원리로 땅을 경작하는 민족에 의해 발전된 제국은 모든 것이 풍부하고 풍요로웠으므로 적이 그 땅에서 생존하는 데 필요한 모든 편의를 제공했다.

패배를 거듭하여 줄곧 자존심이 상한 왕들의 오만함으로 미루어 볼 때, 그들이 계속 전쟁을 걸어옴으로써 몰락을 재촉하리라고 판단할 수 있었다. 그리고 아첨으로 인해 그들이 결코 자신의 위대함을 의심하지 않으리라는 것도 판단할 수 있었다.

현명한 계획이었을 뿐만 아니라 실행도 현명하게 이루어졌다. 알렉산드로스는 신속하게 행동하고 불같이 격렬한 감정을 가지고 있었으면서도, 감히 이런 표현을 사용해도 된다면, 자신을 이끄는 번득이는 이성을 가지고 있었다. 그것은 그의 이야기를 소설로 만들고자 하는 사람들, 그의 정신보다 더 부패한 정신을 지닌 사람들도 결코 우리에게 숨길 수 없었던 이성이다. 그것에 관해 좀 더 깊이 알아보자.

제 14장 : 알렉산드로스

그는 이웃의 야만족으로부터 마케도니아를 방어하고 그리스인을 완전히 제압한 후에야 비로소 정복에 나섰다. 그는 이 제압을 오직 자신의 계획을 실행하기 위해서만 이용했다. 그는 스파르타인의 질투심을 무력하게 만들었고, 해안의 주들을 공격했다. 지상군에게 함대에서 떨어지지 않도록 해안을 따라 진격하게 했고, 다수에 맞서 규율을 놀랍도록 잘 이용했으며 식량이 모자라는 일도 없었다. 승리가 그에게 모든 것을 준 것이 사실이라 하더라도, 그도 역시 승리를 얻기 위해 최선을 다했다.

그는 계획의 초기 단계에서는, 즉 하나만 실패해도 실각할 수 있던 시기에는 거의 아무것도 우연에 맡기지 않았다. 그러다가 행운이 그를 도와 개개의 사건에 개의치 않을 수 있게 되자, 때때로 무모함도 그의 수단이 되었다. 원정을 떠나기에 앞서 그가 트리발리인(15)과 일리리아인(16)을 향해 진군했을 때는 나중에 카이사르가 갈리아에서 행한 전쟁과 유사한 전쟁의 모습을 볼 수 있었다. 11 그가 그리스로 돌아왔을 때12 테베를 점령하고 파괴한 것은 본의 아닌 일이었던 것 같다. 그는 테베 부근에서 야영하면서 테베인이 강화를 맺고 싶어 하기를 기다렸으나 그들이 스스로 파멸을 재촉한 것이다.

페르시아 해군과 싸울 때13 대담했던 사람은 파르메니온(17)이었고, 알렉산드로스는 오히려 신중했다. 그의 책략은 페르시아인을 해안에서 떼어 놓아 그들이 우위에 있던 해군을 그들 스스로 포기할 수밖에 없게 만드는 것이었다. 티레(18)는 원칙적으로 페르시아에 속했고, 페르시아는 그곳의 무역과 해군 없이는 버틸 수 없었으므로 알렉산드로스는 그곳을 파괴했다. 그는 다리우스(19)가 다른 지역에 수많은 군대를 집결시키려고 군대를 철수시켜 비워 두었던 이집트를 점령했다.

그라니쿠스강의 횡단(20)은 알렉산드로스를 그리스 식민지의 주인으로 만들었다. 이소스 전투(21)는 그에게 티레와 이집트를 주었고, 아르벨라 전투(22)는 온 세계를 주었다.

이소스 전투 후에, 그는 다리우스가 도망가게 내버려 둔 채 점령지

---

11 아리아노스(Arrianos, 2세기 그리스인 정치가이자 역사가_옮긴이 주), 《알렉산드로스 원정기》, 제1편 참조.
12 위의 책.
13 위의 책.

를 굳건히 하고 통제하는 일에만 전념했다. 그러나 아르벨라 전투 후에는 다리우스를 바짝 추격하여 제국 안에서 다리우스에게 어떤 은신처도 남겨 두지 않았다.14 다리우스는 자기가 다스리던 도시나 주(州)로 들어가더라도 곧 거기서 도망쳐 나와야 했다. 알렉산드로스의 진군은 어찌나 신속했는지 마치 세계의 패권이 승리의 대가가 아니라 그리스의 경기와 같은 경주의 대가인 듯했다.

그는 이런 식으로 정복했다. 그러면 이번에는 그가 그것을 어떻게 보존했는지 보도록 하자.

그는 그리스인은 주인으로, 페르시아인은 노예로 대우하기를 원하는 사람들에게 반대했다.15 그는 오직 두 민족을 결합하여 정복 민족과 피정복 민족의 차별을 없애는 것만 생각했다. 그는 정복 후에는 정복하는 데 이용했던 모든 편견을 버렸다. 페르시아인에게 그리스인의 풍속을 따르게 하여 그들을 가슴 아프게 하지 않으려고 그가 페르시아인의 풍속을 따랐다. 그 때문에 그는 다리우스의 아내와 어머니에게 대단한 경의를 표했고 대단한 절도를 보여주었다.

자신이 정복한 모든 민족으로부터 애도를 받은 이 정복자는 대체 어떤 사람인가? 그가 옥좌에서 끌어내린 자의 가족이 그의 죽음에 눈물을 흘리다니, 대체 이 찬탈자는 어떤 사람인가? 이것이 바로 그의 삶의 한 특징으로, 다른 정복자들은 그 누구도 자랑할 수 없는 특징이

---

14 아리아노스, 《알렉산드로스 원정기》, 제3편 참조.
15 그것은 아리스토텔레스의 충고였다. 플루타르코스, 《모랄리아》, "알렉산드로스의 행운에 대하여".

라고 역사가들은 말한다.

혼인에 의한 두 민족의 결합만큼 정복을 굳건히 하는 것은 없다. 알렉산드로스는 자신이 정복한 민족의 여자들을 아내로 맞았다. 그는 자신의 궁정 사람들도 그렇게 하기를 바랐다. 16 다른 마케도니아 사람들도 그 예를 따랐다. 프랑크족과 부르군트족도 이런 혼인을 허용했다. 17 서고트족은 스페인에서 이것을 금지했다가 나중에 허용했다. 18 롬바르드족은 허용했을 뿐만 아니라 권장하기까지 했다. 19 로마인은 마케도니아를 약화시키고자 했을 때, 여러 주의 주민들 사이에 혼인에 의한 결합이 이루어지지 못하게 정했다.

두 민족을 결합시키려고 애썼던 알렉산드로스는 페르시아 안에 수많은 그리스 식민지를 만들 생각으로 많은 도시를 건설했다. 그가 이 새로운 제국의 모든 부분을 어찌나 공고하게 결합시켜 놓았는지, 그가 죽은 후 무시무시한 내전의 혼란과 불안 속에서 그리스인이 스스로 자멸한 뒤에도 페르시아의 어떤 주도 반란을 일으키지 않았다.

그리스와 마케도니아가 고갈되지 않도록 그는 유대인 집단을 알렉산드리아로 보냈다. 20 그는 이들 민족이 충직하기만 하면 그들이 어떤 풍속을 가지고 있든 개의치 않았다.

---

16 아리아노스, 《알렉산드로스 원정기》, 제7편 참조.

17 부르군트족의 법, 제12조 제5항 참조.

18 서고트족의 법, 제3편 제5조 제1항 참조. 신분의 차이보다 민족의 차이를 더 중시하던 옛 법을 폐지한다고 서술되어 있다.

19 롬바르드족의 법, 제2편 제7조 제1항과 제2항 참조.

20 시리아의 왕들은 제국 설립자들의 계획을 버리고 유대인에게 그리스의 풍속을 강요하고자 했다. 이것이 그들의 나라에 무서운 혼란을 야기했다.

그는 피정복 민족에게 그들의 풍속뿐만 아니라 시민법도 그대로 남겨주었고, 종종 기존의 왕과 통치자까지도 그대로 남겨주었다. 그는 군대의 수뇌로는 마케도니아인을 임명했지만, 정부의 수뇌로는 그 지방 사람을 임명했다. 21 전체적인 반란보다는 개별적인 배반의 위험(이런 일은 그에게도 때때로 일어났다)을 무릅쓰는 편이 더 낫다고 생각한 것이다. 그는 여러 민족의 옛 전통과 영광스럽거나 자랑스러운 모든 기념물을 존중했다. 페르시아의 왕들은 그리스인과 바빌로니아인과 이집트인의 신전을 파괴했지만, 그는 그것을 복구시켰다. 22 그에게 복종한 거의 모든 민족의 제단 위에 그는 제물을 바쳤다. 그가 정복한 목적은 오직 각 민족의 개별적인 군주가 되고 각 도시의 최고 시민이 되기 위해서인 것 같았다. 로마인은 모든 것을 파괴하기 위해서 모든 것을 정복했지만, 그는 모든 것을 보존하기 위해서 모든 것을 정복하고자 했다.

어떤 고장을 돌아보든지 그의 첫 생각과 첫 계획은 항상 그 고장의 번영과 역량을 증대시킬 수 있는 일을 해야겠다는 것이었다. 그는 그것을 위한 첫 번째 수단을 그의 위대한 천재성에서, 두 번째 수단을 그의 검소함과 개인적인 절약에서, 세 번째 수단을 훌륭한 일들에 대한 그의 대단히 후한 인심에서 찾아냈다. 23 그의 손은 사적인 지출에 대해서는 닫혔지만, 공적인 지출에 대해서는 열려 있었다. 가정을 다

---

21 아리아노스, 《알렉산드로스 원정기》, 제3편과 그 밖의 것들 참조.
22 아리아노스, 위의 책.
23 아리아노스, 위의 책, 제7편 참조.

스려야 할 때는 한 사람의 마케도니아인이었지만, 병사들의 채무를 지불하고 그리스인에게 자신의 정복을 알리고 군대의 부하를 모두 성 공시켜야 했을 때는 알렉산드로스였다.

그가 행한 나쁜 행동은 두 가지였는데, 페르세폴리스(23)를 불태운 일과 클레이토스(24)를 죽인 일이었다. 그 행동들은 그의 후회로 인해 유명해져서, 사람들은 그의 범죄 행위를 잊어버리고 그가 덕성을 존 중한 것만 기억한다. 그 행동들은 그의 속성에 속하는 것으로 여겨지 기보다는 불행한 사건으로 간주되었다. 후세 사람들은 그의 격분이 나 약점과 더불어 동시에 그의 영혼의 아름다움도 발견한 것이다. 그 래서 그를 동정할 수밖에 없었고 미워할 수 없게 되었다.

그를 카이사르와 비교해 보자. 카이사르가 아시아의 왕들을 모방 하고자 했을 때, 그것은 순전히 허영에 지나지 않는 행동으로서 로마 인을 절망시켰다. 하지만 알렉산드로스가 아시아의 왕들을 모방하고 자 했을 때, 그는 자신의 정복 계획 중 일부를 실행한 것이다.

제 15장 : 정복을 보존하기 위한 새로운 방법

군주가 큰 나라를 정복할 때, 전제정체를 완화하고 정복을 보존하는 데 적절한 좋은 실행 방법이 있다. 중국의 정복자들은 이 방법을 사용 했다.

피정복 민족을 절망시키지 않고 정복자를 오만하게 만들지 않기 위 하여, 군사정부가 되는 것을 막기 위하여, 그리고 두 민족을 의무에 묶어 두기 위하여, 현재 중국에 군림하고 있는 타타르 왕조는 각 주의 군대를 반은 중국인, 반은 타타르족으로 구성하도록 정했다. 두 민족 사이의 질투심으로 인해 그들이 의무에 얽매이게 하기 위해서였다. 재판관들 역시 반은 중국인, 반은 타타르족이었다.

이것은 여러 가지 좋은 결과를 가져다준다. 첫째, 두 민족이 서로 견제한다. 둘째, 두 민족 모두 군사적 권력과 시민적 권력을 가지고 있으므로 어느 한쪽이 다른 한쪽에 의해 멸망하지 않는다. 셋째, 정복 민족이 사방으로 흩어져도 약해지거나 소멸하지 않을 수 있다. 그래서 국내외의 전쟁에 대항할 수 있게 된다. 이것은 매우 이치에 맞는 제도로서, 이와 같은 제도가 없었던 탓에 이 땅을 정복했던 거의 모든 자들이 멸망한 것이다.

제 16장 : 정복하는 전제국가

대대적인 정복이 행해질 때는 전제정체를 전제로 한다. 그때 여러 주에 흩어져 있는 군대로는 충분하지 않다. 동요할 수도 있는 제국의 지역으로 언제든지 들이닥칠 준비가 된, 특별히 신뢰할 만한 군대가 항상 군주의 주변에 있어야 한다. 이 군대는 다른 군대들을 제압해야 하고, 제국 안에서 어느 정도의 권력을 부여받은 모든 사람을 두려움에 떨게 해야 한다. 중국 황제의 주위에는 필요시에 대비해서 늘 준비된 타타르족의 큰 군대가 있다. 몽골에도, 터키에도, 일본에도 토지의 소득으로 유지되는 군대와는 별개로 군주에게 고용된 군대가 있다. 이런 특수 병력이 일반 병력을 위압한다.

제17장 : 같은 주제 계속

우리는 전제군주에게 정복되는 나라들은 봉신(封臣)이 되어야 한다고 말했다. 역사가들은 피정복 군주에게 왕관을 되돌려 준 정복자들의 관대함에 대해 입이 마르도록 칭찬한다. 그러니까 예속의 도구를 갖기 위해24 사방에 왕을 세운 로마인들이 매우 관대했다는 것이다. 이런 행위는 불가피한 행동이다. 만약 정복자가 피정복국을 보유한다면, 그가 파견하는 총독들은 신민들을 억제하지 못할 것이고 그 자신도 총독들을 억제하지 못할 것이다. 그는 어쩔 수 없이 새 영토를 지키기 위해 옛 영토에서 군대를 철수시키게 될 것이다. 두 나라의 모든 불행이 공유될 것이고, 한쪽의 내전은 다른 쪽의 내전이 될 것이다. 반대로 정복자가 원래의 군주에게 왕관을 돌려주면, 필요한 동맹자를 갖게 된다. 그 동맹자가 자신의 병력으로 정복자의 병력을 증대시켜 줄 것이다. 우리는 최근 나디르 샤(25)가 몽골의 보물을 정복했지만 힌두스탄(26)은 몽골에게 그대로 남겨준 것을 보았다.

---

24 Ut haberent instrumenta servitutis et reges (그들은 왕조차도 예속의 도구로 여겼다).

제 11 편

국가 구조와의 관계에서 정치적 자유를 구성하는 법

제 1장 : 개요

나는 국가 구조와의 관계에서 정치적 자유를 구성하는 법과 시민과의 관계에서 정치적 자유를 구성하는 법을 구분한다. 전자가 이 편의 주제이고, 후자는 다음 편에서 다룰 것이다.

제 2장 : 자유라는 말에 주어진 여러 가지 의미

'자유'라는 말만큼 여러 가지 의미가 주어지고 수많은 방식으로 사람들의 마음을 사로잡은 말은 없다. 어떤 사람들은 자신들이 전제적 권력을 부여한 사람을 쉽게 퇴위시킬 수 있다는 의미로 그것을 받아들였다. 또 어떤 사람들은 자신들이 복종해야 할 사람을 선택하는 권리라고 이해했고, 어떤 사람들은 무장하고 폭력을 행사할 수 있는 권리로 이해했다. 그리고 국민 중 한 사람에 의해서만 혹은 그들 고유의 법에 의해서만 통치되는 특권으로 이해한 사람들도 있었다.[1]

어떤 민족은 자유란 수염을 길게 기르는 관습이라고 오랫동안 생각했다.[2] 또 어떤 민족은 자유라는 말에 하나의 통치 형태를 결부시키고 다른 통치 형태는 거기서 배제했다. 그리하여 공화정체를 경험한 사람들은 공화정체에 자유를 두었고, 군주정체를 향유한 사람들은 군주정체에 자유를 설정했다.[3] 요컨대 각자 자신의 관습이나 성향에 적합한 정체를 자유라고 부른 것이다.

그런데 공화정체에서는 사람들의 불평의 대상이 되는 악의 도구가 늘 눈앞에 분명하게 존재하지 않으며 또 거기서는 법이 더 말을 많이 하고 법의 집행자는 말을 적게 하므로, 보통 공화정체에 자유를 위치시키고 군주정체에서는 배제시켰다. 그리고 민주정체에서는 인민이 거의 자기가 원하는 대로 하는 것처럼 보이므로 이런 종류의 정체에 자유를 두었고, 인민의 권력과 인민의 자유를 혼동했다.

---

1 키케로는 "나는 스카이볼라의 칙령을 모방했는데, 그리스인에게 그들의 상호 분쟁을 그들의 법에 따라 해결하도록 허용하는 내용이었다. 그 덕분에 그들은 자신을 자유로운 민족으로 생각하게 되었다"라고 말했다.
2 러시아 사람들은 표트르 황제가 그들에게 수염을 자르게 한 것을 견딜 수 없었다.
3 카파도키아 사람들은 로마인이 그들에게 제공한 공화국을 거절했다.

제 3장 : 자유란 무엇인가

민주정체에서는 인민이 자기가 원하는 대로 하는 것처럼 보이는 것이 사실이다. 그러나 정치적 자유란 원하는 것을 하는 것에만 있지 않다. 한 나라에서, 즉 법이 있는 사회에서 자유란 원하는 것을 할 수 있고 원하지 않는 것을 강요당하지 않는 것이다.

독립이란 무엇인지, 그리고 자유란 무엇인지 잘 알아두어야 한다. 자유란 법이 허용하는 모든 것을 할 수 있는 권리이다. 만약 어떤 시민이 법이 금지하는 것을 할 수 있다면, 그에게는 더 이상 자유가 없게 될 것이다. 다른 사람들도 마찬가지로 그런 권력을 가질 것이기 때문이다.

제 4장 : 같은 주제 계속

민주정체와 귀족정체는 본질적으로 자유로운 국가는 아니다. 정치적 자유는 오직 제한된 정체에서만 볼 수 있다. 그러나 제한된 나라에 정치적 자유가 언제나 존재하는 것은 아니다. 그것은 권력이 남용되지 않을 때만 존재한다. 하지만 권력을 가진 자는 누구나 그것을 남용하게 되고 한계에 이를 때까지 멈추지 않는다는 것을 늘 경험하게 된다. 어쩌겠는가! 덕성에조차 한계가 필요한 것을.

권력을 남용하지 못하게 하려면, 필연적으로 권력이 권력을 제지하도록 해야 한다. 그 누구도 법이 강제하지 않는 것을 하도록 강요당하거나 법이 허용하는 것을 하지 못하도록 강요당하는 일이 없도록 국가 구조가 구성될 수 있어야 한다.

제5장 : 여러 국가의 목적

일반적으로 모든 나라가 자기보존이라는 똑같은 목적을 가지고 있지만, 각 나라에는 저마다의 고유한 목적이 있다. 로마의 목적은 확장이었고, 스파르타의 목적은 전쟁, 유대법의 목적은 종교, 마르세유의 목적은 상업, 중국법의 목적은 공공의 안녕, 4 로도스섬 주민들의 목적은 항해, 미개인들 정책의 목적은 천부적 자유였다. 일반적으로 군주의 쾌락은 전제국가의 목적이고, 군주와 국가의 영광은 군주국가의 목적이었다. 각 개인의 독립은 폴란드 법의 목적이었는데, 거기서 유래한 결과는 모든 사람의 억압이었다. 5

세상에는 정치적 자유를 국가 구조의 직접적 목적으로 삼는 국민도 있다. 그 국민이 어떤 원리를 토대로 정치적 자유를 구축하는지 살펴보기로 하자. 그 원리들이 좋은 것이라면, 자유는 거울에 비치듯 분명히 드러날 것이다.

국가 구조 안에서 정치적 자유를 발견하기 위해서 많은 노력을 할 필요가 없다. 만일 자유가 존재하는 자리에서 그것을 볼 수 있다면,

---

4 외부 적이 없거나 혹은 만리장성으로 적을 막았다고 믿는 나라의 당연한 목적이다.

5 리베룸 베토(Liberum veto, 자유 거부권이라는 뜻의 라틴어로 폴란드에서 의회의 각 성원이 투표를 통해 심의 중인 법안을 파기하거나 의회 자체의 해산과 회기 중 통과된 모든 법률을 무효화시킬 수 있는 법적 권한을 가리키는 용어이다_옮긴이 주)의 단점.

이미 발견되었다면, 왜 찾으려 애쓰겠는가?

제 6장 : 영국의 국가 구조

각 나라에는 세 가지 종류의 권력이 있다. ① 입법권, ② 만민법에 속하는 일들에 대한 집행권, ③ 시민법에 속하는 일들에 대한 집행권이 그것이다.

첫 번째 권력에 의해 군주나 행정관은 일시적 또는 항구적인 법을 만들고, 기존의 법을 수정하거나 폐지한다. 두 번째 권력에 의해서는 평화를 맺거나 전쟁을 하고, 사절을 보내거나 맞이하고, 안전을 확립하고, 침략을 방지한다. 세 번째 권력에 의해서는 범죄를 처벌하거나 개인들의 분쟁을 재판한다. 후자는 재판권이라고 불리고, 전자는 간단히 국가의 집행권이라고 불린다.

시민에게 정치적 자유란 각자 안전하다고 생각하는 데서 유래하는 정신의 평온이다. 이 자유를 가지려면, 한 시민이 다른 시민을 두려워할 필요가 없는 정체여야 한다.

같은 사람 또는 같은 행정 단체에 입법권과 집행권이 결합되어 있을 때, 자유란 존재하지 않는다. 같은 군주 혹은 같은 원로원이 법을 독재적으로 집행하기 위해 독재적인 법을 만들 염려가 있기 때문이다.

재판권이 입법권이나 집행권과 분리되지 않을 때도 자유는 존재하지 않는다. 만약 재판권이 입법권과 결합되어 있으면, 시민의 생명과 자유를 좌우하는 권력은 독단적으로 될 것이다. 재판관이 입법자이기 때문이다. 만약 재판권이 집행권과 결합되어 있으면, 재판관은 압제자의 힘을 갖게 될 것이다.

만약 같은 사람, 혹은 주요 인물의 집단이든 귀족의 집단이든 인민의 집단이든 같은 집단이 이 세 가지 권력, 즉 법을 만드는 권력과 공공의 결정을 실행하는 권력과 범죄나 개인의 분쟁을 재판하는 권력을 행사한다면, 모든 것을 그르치게 될 것이다.

대부분의 유럽 왕국의 정체는 제한적이다. 첫 번째 권력과 두 번째 권력을 가지고 있는 군주가 세 번째 권력의 행사는 신하에게 맡기고 있기 때문이다. 이 세 가지 권력이 술탄의 머리 위에서 결합되어 있는 터키에는 무시무시한 전제정체가 군림하고 있다.

이 세 가지 권력이 결합되어 있는 이탈리아의 공화국에는 우리의 군주정체보다 더 자유가 적다. 그래서 정체는 스스로 유지하기 위해 터키인의 정체만큼이나 폭력적인 수단을 필요로 한다. 국가재판관, 6 그리고 어떤 밀고자든 언제든지 고발장을 던질 수 있는 고발함이 그 증거이다.

이런 공화국에서 시민의 상황이 어떻게 될 수 있는지 보자. 동일한 행정 집단이 입법자로서 가진 모든 권력을 법의 집행자로서도 가진다. 그러면 그 집단은 집단의 일반적 의지에 따라 나라를 유린할 수 있다. 그리고 그 집단이 재판권도 가지고 있으므로, 집단의 특수한 의지에 따라 각 시민을 파멸시킬 수 있다.

거기서는 모든 권력이 하나다. 그리고 전제군주를 나타내는 외면적인 화려함은 없을지라도 언제나 그 존재가 느껴진다.

---

6 베네치아에서.

그러므로 전제적으로 되고자 했던 군주들은 항상 모든 관직을 자신에게 모으는 일부터 시작했고, 유럽의 몇몇 왕들은 나라의 모든 중요 직책을 자신에게 결합시켰다.

물론 이탈리아 공화국의 순수한 세습적 귀족정체가 아시아의 전제정체와 정확히 일치한다고 생각하지는 않는다. 행정관의 수가 많은 것은 때때로 행정관직을 약화시키고, 모든 귀족이 항상 같은 계획에 협력하는 것도 아니다. 또 여러 심사 기구가 만들어져서 서로를 자제시키기도 한다. 이를테면 베네치아에서는 대평의회가 입법권을 갖고, 프레가디는 집행권을, 40인 법정은 재판권을 가지고 있다. (1) 그러나 이 여러 심사 기구가 같은 집단에 속하는 행정관으로 구성된다는 것이 폐단이다. 그로 인해 그것은 똑같은 하나의 권력과 다름없어진다.

재판권은 상설적인 원로원에 주어져서는 안 된다. 필요한 기간만큼만 지속되는 법정을 구성하기 위해 매년 일정한 시기에 법에 정해진 방식으로 인민 집단에서 선출된 사람들에 의해 재판권이 행사되어야 한다. 7

이렇게 하면 사람들이 그토록 무서워하는 재판권은 특정한 신분이나 직업에 속하지 않으므로, 말하자면 눈에 보이지 않고 실재하지 않는 것이 된다. 재판관이 계속 눈앞에 있는 것이 아니므로, 사람들은 사법관직은 두려워하되 사법관은 두려워하지 않는다.

중대한 고발 사건에서도 죄인은 법의 도움을 받아 스스로 재판관을

---

7 아테네에서처럼.

선택할 수 있어야 한다. 또는 적어도 남아 있는 재판관이 자신이 선택한 사람들이라고 여겨질 만큼 많은 수의 재판관을 거부할 수 있어야 한다.

다른 두 가지 권력은 오히려 상설적인 단체나 행정관에게 주어도 좋을 것이다. 하나는 국가의 전체적 의지이고, 다른 하나는 그 전체적 의지를 실행하는 것일 뿐, 특정한 개인에 대해 행사되는 것이 아니기 때문이다.

재판소는 고정되지 않아야 하지만, 판결은 법률의 정확한 문구에 불과하다고 할 정도로 고정되어야 한다. 만약 판결이 재판관의 개인적 의견이라면, 사람들은 자신에게 어떤 의무가 있는지도 정확히 모르는 채로 사회에서 살아가야 할 것이다.

심지어 재판관은 피고와 같은 신분의 사람 혹은 그와 동등한 사람이어야 한다. 그것은 피고가 자신에게 폭력을 가할 수 있는 사람들의 손아귀에 걸려들었다고 생각하지 않도록 하기 위해서이다.

만약 입법권이 자기 행동에 대해 보증인을 세울 수 있는 시민을 감금할 권리를 집행자에게 남겨준다면, 더 이상 자유는 없다. 다만 법에 의해 극형에 처할 수 있는 중대한 고발에 즉각 대응하기 위해 체포하는 경우는 예외이다. 그런 경우는 단지 법의 힘에 복종하는 것일 뿐이므로 실제로 시민들의 자유가 없는 것은 아니다.

그러나 만약 국가에 대한 은밀한 음모나 외적과의 내통으로 인해 위험에 처했다고 생각되는 경우, 입법권은 의심스러운 시민을 체포하는 일을 한정된 짧은 시간 동안 집행권에 허용할 수 있다. 체포된 시민은 한동안 자유를 잃게 되지만, 그것은 단지 자유를 영원히 유지하기 위해서일 뿐이다.

이것은 에포로스 같은 전제적인 관직이나 그에 못지않게 전제적인 베네치아의 국가재판관을 대신하는 것으로, 이성에 부합하는 유일한 방법이다.

자유로운 국가에서는 자유로운 영혼을 가지고 있다고 여겨지는 모든 사람이 자기 자신에 의해 통치되어야 하므로, 집단으로서의 인민이 입법권을 가져야 한다. 그러나 이것은 큰 나라에서는 불가능한 일이고 작은 나라에서도 많은 불편을 초래하므로, 인민은 스스로 할 수 없는 모든 일을 자신의 대표자에게 위임해야 한다.

사람들은 다른 도시에 필요한 것보다 자기 도시에 필요한 것을 훨씬 더 잘 알고 있고, 자기 이웃의 능력을 다른 동포의 능력보다 더 잘 판단할 수 있다. 그러므로 입법부의 구성원은 국민 집단에서 전체적으로 선출되어서는 안 된다. 주요 장소마다 주민들이 한 사람의 대표자를 뽑는 것이 적절하다.

대표자의 큰 장점은 그들에게 나랏일을 의논할 능력이 있다는 것이다. 인민은 그런 일에 전혀 적합하지 않다. 바로 그 점이 민주정체의 커다란 단점 중의 하나이다.

대표자는 자신을 선출한 사람들로부터 전반적 지시를 받은 것이지만, 독일 의회처럼 각 사안에 대해 개별적 지시를 받을 필요는 없다. 사실 그런 방식으로 하면 의원의 말이 국민의 목소리를 더욱 정확하게 표현하는 것이기는 하다. 그러나 그것은 일의 진행을 끝없이 더디게 만들고, 각 의원이 다른 모든 의원을 지배하려 들게 할 것이다. 그리고 가장 긴급한 상황에서 국민의 모든 힘이 단 하나의 일시적 기분에 의해 가로막히게 될 수 있을 것이다.

시드니(2)가 말하듯이, 네덜란드처럼 의원이 인민의 한 단체를 대표하는 경우에는 위임한 사람들에게 보고해야 하지만, 영국처럼 지역구를 대표하는 의원일 때는 다르다.

모든 시민은 각자 저마다의 지구에서 대표자를 선출하는 투표권을 가지고 있어야 한다. 자기 자신의 의지를 전혀 가지고 있지 않다고 여겨질 만큼 천한 신분의 사람들은 제외된다.

대부분의 고대 공화국에는 큰 결점이 있었다. 고대 공화국에서는 인민이 어떤 집행을 요구하는 능동적 결정을 할 권리를 가지고 있었는데, 이는 인민이 전혀 할 수 없는 일이다. 인민은 대표자를 선출하기 위해서만 정치에 참여해야 한다. 그것은 인민이 아주 잘할 수 있는 일이다. 사람의 능력을 정확하게 알 수 있는 사람은 거의 없지만, 그래도 각자 자신이 선택하는 사람이 대부분의 다른 사람들보다 더 식견을 갖춘 사람인지 아닌지를 대체로 알 수 있기 때문이다.

대표자 단체 또한 어떤 능동적 결정을 하기 위해 선출되어서는 안 된다. 그것은 그 단체가 잘할 수 있는 일이 아니다. 대표자 단체는 법을 제정하기 위해서, 혹은 제정된 법이 잘 집행되었는지 살피기 위해서 선출되어야 한다. 그것은 그 단체가 아주 잘할 수 있는 일일 뿐만 아니라 그 단체만이 잘할 수 있는 일이다.

한 나라에는 언제나 출생, 재산, 혹은 명예에 의해 특별하게 두드러지는 사람들이 있다. 그런데 그들이 일반 인민들 속에 뒤섞인다면, 그들도 다른 사람들처럼 한 표밖에 갖지 못한다면, 공통의 자유가 그들에게는 구속이 될 테고 그들은 그 자유를 지키는 데에서 아무런 이익도 갖지 못하게 될 것이다. 대부분의 결정이 그들의 이익에 반하는 것일 터이기 때문이다. 따라서 입법권에서 그들이 차지하는 몫은 국가에서 그들이 갖는 다른 특권에 비례해야 한다. 그것은 그들이 인민의 계획을 저지할 수 있는 권리를 갖는 단체를 구성함으로써 실현될 것이다. 이 경우 인민도 마찬가지로 그들의 계획을 저지하는 권리를 갖는다.

그러므로 입법권은 귀족 단체와 인민을 대표하기 위해 선출된 단체에 맡겨진다. 이 두 단체는 각자 회의하고 따로 심의하며 독립된 견해와 이해관계를 갖게 될 것이다.

위에서 말한 세 가지 권력 중 재판하는 권력은 어떤 의미로는 무력하다. 그러면 두 가지 권력만 남게 된다. 이 두 권력에는 억제를 위한 규제 권력이 필요한데, 입법부 중 귀족으로 구성된 단체가 그런 효과를 창출하는 데 매우 적절하다.

귀족 단체는 세습적이어야 한다. 무엇보다 그것은 본질적으로 세습적이다. 게다가 귀족 단체는 자신의 특권을 보전하는 데 매우 큰 관심을 갖게 마련인데, 그 특권이라는 것은 불쾌감을 주므로 자유 국가에서는 늘 위험한 상태에 놓일 수밖에 없다.

그러나 세습 권력은 자신의 특수한 이익을 따르는 데 이끌려 인민의 이익은 잊어버릴 수 있다. 그러므로 세금 징수와 관련된 법처럼 세습 귀족을 부패시킴으로써 극도의 이익을 얻을 수 있는 사안에서는, 세습 권력은 제정하는 권한이 아니라 저지하는 권한에 의해서만 입법에 참여하여야 한다.

내가 '제정하는 권한'이라고 부르는 것은 스스로 명령하거나 다른 사람이 명령한 것을 수정하는 권리이고, '저지하는 권한'은 다른 누군가가 결정한 것을 무효로 만드는 권리를 말하는데, 이것이 바로 로마 호민관(護民官)의 권리였다. 그리고 저지하는 권한을 가지고 있는 자는 동의하는 권한도 가질 수 있는데, 그때 동의는 저지하는 권한을 사용하지 않는다는 뜻의 표명에 지나지 않으므로 이 권한에서 유래하는 셈이다.

집행권은 군주의 수중에 있어야 한다. 이 통치 분야는 거의 언제나 즉각적인 행동을 필요로 하므로 여러 사람이 행사하는 것보다 한 사람이 행사하는 것이 더 좋기 때문이다. 입법권에 속하는 일이 한 사람보다 여러 사람에 의해 더 잘 처리되는 것과는 반대이다.

만약 군주가 없어서 입법부에서 선출된 몇몇 사람에게 집행권이 맡겨진다면, 더 이상 자유는 존재하지 않는다. 두 권력이 결합하게 되므로 같은 사람이 언제든지 두 가지 권력에 참여할 수 있기 때문이다.

만약 입법부가 상당한 기간 회의를 열지 않는다면, 더 이상 자유는 없을 것이다. 다음 두 가지 중 어느 한 가지 상황이 발생하기 때문이다. 즉, 더 이상 입법상의 결정이 없어서 나라가 무정부 상태에 빠지거나, 집행권이 입법상의 결정을 하게 되어 절대적 권력이 되기 때문이다.

입법부가 항상 소집되어 있을 필요는 없다. 그것은 대표자에게도 불편한 일이고, 게다가 집행권을 너무 번거롭게 만들어서 집행권이 집행할 생각은 하지 않고 자신의 특권과 집행할 권리를 지키는 것만 생각하게 될 것이다.

더구나 입법부가 계속 소집되어 있다면, 사망하는 의원들의 자리에 새 의원을 보충하는 일만 하게 될 수 있다. 그런 경우 만약 입법부가 이미 부패했다면, 그 폐해는 치유할 방법이 없다. 하지만 상이한 입법부가 차례로 뒤를 잇는다면, 인민은 현 입법부를 나쁘게 생각하더라도 다음에 이어지는 입법부에 대해서는 당연히 희망을 가질 수 있다. 그러나 항상 똑같은 입법부라면, 인민은 이미 부패한 입법부를 보면서 자신들의 법에 대해 더 이상 아무 희망도 가질 수 없을 것이다. 그리하여 그들은 격분하거나 혹은 무기력에 빠질 것이다.

입법부는 스스로 소집되어서는 안 된다. 입법부는 소집되어 있을 때만 의지를 가지는 것으로 간주되기 때문이다. 만약 입법부가 만장일치로 모인 것이 아니라면, 사람들은 어느 쪽이 진짜 입법부인지 모여 있는 쪽인지 모여 있지 않은 쪽인지 알 수 없을 것이다. 만약 입법부가 스스로 회기를 연장할 권리를 갖는다면, 결코 회기를 연장하지 않을 수도 있을 것이다. 입법부가 집행권을 침해하고자 할 경우, 그것은 위험할 것이다. 게다가 입법부가 회의를 열기에 더 적절한 시기가 있다. 따라서 그런 사정을 잘 알고 그에 따라 회의 시기와 기간을 정하는 것은 집행권이어야 한다.

만약 집행권이 입법부의 계획을 저지할 권리를 갖지 않는다면, 입법부는 전제적으로 될 것이다. 입법부는 상상할 수 있는 모든 권력을 자신에게 부여할 수 있으므로 다른 모든 권력을 없애 버릴 것이기 때문이다.

그러나 역으로 입법권이 집행권을 저지할 권한을 가져서는 안 된다. 집행은 본질적으로 한계가 있으므로 그것을 제한할 필요가 없는데다가 집행권은 항상 즉각적인 일에 대해 행사되기 때문이다. 로마 호민관의 권력은 입법뿐만 아니라 집행까지 저지한다는 점에서 좋지 못한 것이었다. 그것은 대단한 해악을 초래했다.

자유로운 나라에서 입법권은 집행권을 저지할 권리를 가져서는 안 되지만, 만들어진 법이 어떤 방식으로 집행되었는가를 검토할 권리를 가지고 있고 또한 그런 권한을 가져야만 한다. 바로 그 점이 크레타와 스파르타의 정체에 비해 이 정체가 지닌 장점이다. 크레타와 스파르타에서는 코스모스와 에포로스가 자신들의 행정에 관해 보고하지 않았다.

그러나 어떤 검토에서든, 입법부는 집행자의 일신과 행위를 재판하는 권력을 가져서는 안 된다. 집행자의 일신은 신성시되어야 한다. 집행자는 입법부가 전제적으로 되지 않기 위하여 국가에 필요한 존재이므로, 그가 고발되거나 재판받게 되는 순간부터 더 이상 자유는 존재하지 않을 것이기 때문이다.

그런 경우 국가는 군주제가 아니라 자유롭지 못한 공화제가 될 것이다. 그러나 인간으로서는 법의 혜택을 받으면서도 대신(大臣)의 입장에서는 법을 싫어하는 사악한 조언자들만 없다면 집행자가 잘못 집행할 리가 없으므로, 그런 자들을 찾아내서 처벌할 수 있다. 그 점이 바로 크니도스(3)의 정체에 비해 이 정체가 가진 장점이다. 크니도스에서는 행정 업무가 끝난 후에도8 '아미모네스'9를 재판에 부르는

---

8   로마의 행정관은 그 직무가 끝난 후에 고발될 수 있었다. 할리카르나소스의 디오니시오스 제 9편에서 호민관 게누티우스 사건을 참조할 것.

9   인민이 매년 선출하는 행정관을 의미한다. 비잔티움의 스테파누스(Stephanus Byzantinus, 6세기 비잔티움 제국의 저자로 고대 그리스의 종교, 신화, 지리에

것을 법이 허용하지 않아서, 인민은 자신들이 당한 부정한 일에 대해 결코 해명을 들을 수 없었다.

일반적으로 재판권은 입법부의 어떤 단체와도 결합해서는 안 되지만, 재판받아야 하는 사람의 특수한 이해관계에 따라 다음의 세 가지 경우는 예외로 한다.

상류층은 늘 시샘에 노출되어 있으므로 그들이 인민에 의해 재판받게 되면 위험에 처할 수 있고, 자유로운 국가에서 가장 하찮은 시민도 가지고 있는 특권, 즉 동등한 사람들에 의해 재판받는다는 특권을 누리지 못하게 될 것이다. 따라서 귀족은 평범한 국민 법정이 아니라 입법부의 귀족으로 구성된 단체로 소환되어야 한다.

통찰력이 있으면서도 동시에 맹목적이기도 한 법은 어떤 경우에는 지나치게 가혹할 수도 있다. 그러나 국민의 재판관은 앞에서 말한 것처럼 법조문을 선언하는 입의 역할밖에 하지 못한다. 법의 힘도 엄격함도 완화하지 못하는 무생물과 같은 존재인 것이다. 따라서 조금 전의 경우에 필요한 법정이라고 말했던 입법부 단체가 이 경우에도 필요하다. 법보다 덜 엄격하게 판결함으로써 법 자체를 위해 법을 완화하는 것은 입법부 법정의 최고의 권한에 속한다.

또 어떤 시민이 공적인 일에서 인민의 권리를 침해하거나 혹은 기존의 사법관이 처벌할 수 없거나 처벌을 바라지 않는 죄를 저지르는 일이 생길 수 있다. 그러나 일반적으로 입법권은 재판할 수 없다. 입법권이 이해당사자인 인민을 대표하는 경우에는 더욱더 재판할 수 없다. 따라서 입법권은 고발자밖에 될 수 없다. 그런데 누구한테 가서 고발한단 말인가? 자기보다 더 하위에 있는 법률 재판소에 가서 몸을 굽혀야 하는가? 게다가 재판소를 구성한 사람들도 마찬가지로 인민이므로 그토록 대단한 고발자의 권위에 휩쓸리지 않겠는가? 그래서는 안 된다. 인민의 위엄과 개인의 안전을 지키기 위해서는 인민 입법부가 귀족 입법부에 고발해야 한다. 귀족 입법부는 인민 입법부와 똑같은 이해관계도, 똑같은 정념도 가지고 있지 않다.

바로 이것이 대부분의 고대 공화국에 비해 이 정체가 가지고 있는 장점이다. 고대 공화국에서는 인민이 재판관인 동시에 고발자가 되는 폐단이 있었다.

앞에서 말한 것처럼 집행권은 저지하는 권한을 통해 입법에 참여해야 한다. 그렇지 않으면 집행권은 곧 그 특권을 빼앗기게 될 것이다. 그러나 만약 입법권이 집행에 참여하면, 그때도 집행권은 파멸하게 될 것이다.

만약 군주가 제정하는 권한으로 입법에 참여한다면, 더 이상 자유는 없을 것이다. 그러나 군주는 자신을 지키기 위해 입법에 참여해야 하므로 저지하는 권한을 통해 입법에 참여해야 한다.

로마의 정체가 바뀌게 된 이유는 집행권 일부를 가진 원로원과 나머지 집행권을 가진 행정관들이 인민처럼 저지하는 권한을 갖지 않았기 때문이다.

따라서 우리가 지금 말하고 있는 정체의 기본 구조는 다음과 같다. 입법부는 두 단체로 구성되어 그 두 단체가 상호 저지하는 권한에 의해 서로를 억제한다. 그것은 둘 다 집행권의 구속을 받고, 집행권도 입법권의 구속을 받는다.

이 세 가지 권력은 부동 혹은 정지 상태를 형성해야 한다. 그러나 사물의 필연적 움직임에 의해 그 권력들도 움직일 수밖에 없으므로, 어쩔 수 없이 협력하여 움직이게 될 것이다.

집행권은 저지하는 권한에 의해서만 입법에 참여하므로, 국무에 관한 토론에는 끼어들지 못한다. 집행권은 제안할 필요도 없다. 집행권은 결의한 것에 대해 언제든지 반대할 수 있으므로 원하지 않는 제안에 관한 결정을 거부할 수 있기 때문이다.

인민 전체가 나랏일을 토론했던 고대의 몇몇 공화국에서는 집행권이 제안하고 인민과 함께 논의하는 것이 자연스러운 일이었다. 그렇지 않았다면 결정에 끔찍한 혼란이 있었을 것이다.

만약 동의가 아닌 다른 방법으로 집행권이 조세 징수를 정한다면, 더 이상 자유는 존재하지 않게 될 것이다. 집행권이 입법의 가장 중요한 지점에 관여하게 되기 때문이다.

만약 입법권이 조세 징수에 관해 해마다 정하는 것이 아니라 영구히 정한다면, 입법권은 스스로 자유를 잃어버릴 위험에 처하게 된다. 집행권이 더 이상 입법권에 의존하지 않게 되기 때문이다. 그리고 그러한 권리를 영구적으로 갖게 되면, 그 권리가 자신에게서 유래한 것인지 타인에게서 유래한 것인지는 별로 상관이 없다. 만약 집행권에 맡겨야 할 육군과 해군의 병력에 관해 입법권이 매년 정하지 않고 영구적으로 정한다면, 그 경우에도 마찬가지이다.

집행자가 억압하지 못하게 하려면, 그에게 맡겨지는 군대가 인민이어야 하고 인민과 같은 정신을 지니고 있어야 한다. 로마에서 마리우스(4) 시대에 이르기까지 그랬던 것처럼 말이다. 그러기 위해서는 두 가지 방법밖에 없다. 즉, 군대에 고용되는 사람들은 자기 행동에 대해 다른 시민들에게 책임질 수 있을 만큼 재산이 있어야 하고, 로마에서 그랬던 것처럼 1년 동안만 징집되어야 한다. 그리고 병사가 국민의 가장 비천한 계층으로 이루어진 상비군이 있다면, 입법권이 원하는 때에 곧바로 상비군을 해체시킬 수 있어야 하고, 병사들은 시민과 함께 살아야 하며 격리된 주둔지도 병영도 요새도 없어야 한다.

군대는 일단 설치되면 즉시 입법부가 아니라 집행권에 종속되어야 한다. 군대의 행위는 토의보다는 행동으로 이루어지므로 그것이 당연한 이치이다.

사람들은 소심함보다는 용기를, 신중함보다는 행동을, 조언보다는 힘을 더 중요하게 생각하는 경향이 있다. 군대는 언제나 원로원을 무시하고 장교들을 존중할 것이다. 군대는 지시할 자격이 없고 소심하다고 생각되는 사람들로 구성된 단체가 보낸 명령을 존중하지 않을 것이다. 그러므로 군대가 오로지 입법부에만 종속된다면, 정체는 곧 군국(軍國)화하고 말 것이다. 만약 그 반대의 경우가 생긴다면, 그것은 몇몇 특이한 상황의 결과이다. 즉, 군대가 늘 격리되어 있거나, 각자 개별적인 주에 종속된 여러 개의 군단으로 군대가 구성되어 있거나, 수도의 위치가 탁월하여 입지 조건으로 자기방어를 하는 까닭에 군대가 수도에 없기 때문이다.

네덜란드는 베네치아보다 훨씬 더 안전하다. 네덜란드는 반란군을 물에 빠뜨리거나 굶어 죽게 만들 수 있기 때문이다. 반란군은 식량을 제공받을 수 있는 도시에 있지 않으므로, 당연히 식량이 부족하다.

군대가 입법부에 의해 지배되는 경우, 특수한 상황이 정체의 군국화를 막는다 해도 다른 어려움에 부딪히게 될 것이다. 결국 군대가 정부를 파괴하든가 정부가 군대를 약화시키든가 둘 중 하나이다.

그리고 이 약화는 치명적인 원인에서 비롯되는데, 그것은 바로 정체의 약화이다.

타키투스의 훌륭한 저서 《게르만족의 풍속》을 읽어보면, 10 영국인이 그들의 정체에 관한 생각을 게르만족으로부터 얻었다는 것을 알 수 있다. 그 훌륭한 체제는 숲속에서 고안된 것이었다.

모든 인간사에 종말이 있듯, 우리가 이야기하는 국가도 언젠가는 자유를 잃고 멸망할 것이다. 로마, 스파르타, 카르타고도 멸망했다. 입법권이 집행권보다 더 부패하게 될 때, 이 나라도 멸망할 것이다.

영국인이 현재 그 자유를 누리는지 아닌지를 검토하는 것은 내가 할 일이 아니다. 나로서는 그들의 법에 의해 자유가 확립되어 있다고 말하는 것으로 충분하고, 그 이상은 추구하지 않는다.

이를 통해 나는 다른 정체들을 헐뜯으려는 것도 아니고, 이 극단적인 정치적 자유로 인해 제한된 자유밖에 갖지 못한 사람들의 자존심이 상하게 되리라고 말하려는 것도 아니다. 이성이 지나친 것도 항상 바람직한 것은 아니며 인간은 거의 언제나 극단보다는 중도에 더 잘

---

10 De minoribus rebus principes consultant, de majoribus omnes ; ita tamen ut
ea quoque quorum penes plebem arbitrium est apud principes pertractentur
(사소한 문제에 대해서는 군주들이 상의하고, 중대한 문제에 대해서는 모든 사람이 상의한다. 그러나 결정이 인민의 재량에 속하는 일이라 하더라도, 군주들은 그것을 철저히 숙고한다).

적응한다고 믿는 내가 어떻게 그런 말을 하겠는가?

해링턴(5)도 《오세아나 공화국》에서 한 국가의 구조가 도달할 수 있는 자유의 최고도가 어떤 것인가를 검토하였다. 그러나 그는 자유를 등한시한 후에야 비로소 자유를 추구한 것이니, 눈앞에 비잔티움 해안을 보면서 칼케돈(6)을 세웠다고 말할 수 있을 것이다.

제 7장 : 우리가 아는 군주정체

우리가 아는 군주정체들은 앞에서 살펴본 군주정체처럼 자유를 직접적 목적으로 삼지 않는다. 그 정체들은 오직 시민과 국가와 군주의 영광만 지향한다. 그러나 그 영광으로부터 자유정신이 생겨나는데, 그런 나라에서 이 자유정신은 자유 자체와 마찬가지로 훌륭한 일을 할 수 있고 아마 행복에도 기여할 수 있을 것이다.

여기서는 세 권력이 앞에서 말한 국가 구조를 본보기로 하여 배분되거나 구성되지 않는다. 그것은 각자 특수한 방식으로 배분되는데, 그 배분에 따라 정치적 자유에 근접하게 된다. 만약 정치적 자유에 근접하지 않으면, 군주정체는 전제정체로 변질될 것이다.

제 8장 : 왜 고대인은 군주정체에 관해 명확한 관념을 갖지 못했나

고대인은 귀족 단체를 토대로 하는 정체를 알지 못했고, 국민의 대표자들로 구성되는 입법부를 토대로 하는 정체는 더욱 알지 못했다. 그리스와 이탈리아의 공화국들은 성벽 안에 시민이 모여 있는 도시들로서 각자 정체를 가지고 있었다. 로마인이 모든 공화국을 집어삼키기 전에는 이탈리아, 갈리아, 스페인, 독일, 어디에도 왕은 거의 존재하지 않았다. 모두가 작은 민족 혹은 작은 공화국이었다. 아프리카조차 어떤 큰 공화국에 종속되어 있었고, 소아시아는 그리스 식민지배자들이 점령하고 있었다. 따라서 도시의 대표나 나라의 의회와 같은 예를 전혀 볼 수 없었다. 한 사람이 통치하는 정체를 보려면 페르시아까지 가야 했다.

연방제 공화국이 있었던 것은 사실이다. 그래서 여러 도시가 하나의 회의에 대표를 파견했다. 그러나 그것을 모델로 한 군주정체는 없었다.

우리가 알고 있는 군주정체의 첫 구상은 다음과 같이 형성되었다. 로마 제국을 정복한 여러 게르만족은 알다시피 매우 자유로웠다. 그 점에 대해서는 타키투스의 《게르만족의 풍속》을 보는 것으로 충분하다. 정복자들은 전국으로 퍼졌다. 그들은 시골에 살았고, 도시에 사는 사람은 거의 없었다. 그들이 게르마니아에 있었을 때는 모든 민족이 모일 수 있었다. 그런데 정복과정에서 흩어지게 되자, 더 이상 그럴 수 없었다. 그러나 정복 이전에 했던 것처럼 나랏일에 대해 국민이 심의해야 했다. 그들은 대표자들을 통해 심의했다. 이것이 바로 고트족 정체의 기원이다.

그것은 처음에는 귀족정체와 군주정체가 섞여 있었다. 하층민이 노예라는 단점은 있었지만, 그 자체로는 더 잘될 수 있는 가능성을 가진 좋은 정체였다. 면천(免賤) 증서를 부여하는 관습이 생기자, 곧 인민의 시민적 자유, 귀족과 성직자의 특권, 왕의 권력이 아주 잘 조화를 이루게 되었다. 나는 그 조화가 지속되던 시기의 유럽의 정체만큼 잘 절제된 정체는 이 지구상에 없었다고 생각한다. 정복 민족의 정체가 손상된 결과 인간이 상상할 수 있는 가장 좋은 종류의 정체가 형성되었다니, 참으로 놀라운 일이다.

제 9장 : 아리스토텔레스의 사고방식

아리스토텔레스의 혼란은 그가 군주정체를 다룰 때 분명히 드러난다.[11] 그는 군주정체를 다섯 가지 종류로 설정했다. 그런데 국가 구조의 형태로 분류하지 않고 군주의 덕성이나 악덕과 같은 부수적인 상황에 의해서, 혹은 폭정의 찬탈이나 폭정의 계승과 같은 외부적인 상황에 의해서 구분하고 있다.

아리스토텔레스는 페르시아 제국과 스파르타 왕국을 군주정체에 포함시켰다. 그러나 한쪽은 전제국가이고 다른 한쪽은 공화국이었다는 것을 모르는 사람이 누가 있겠는가?

일인 통치에서 삼권의 배분을 알지 못했던 고대인은 군주정체에 대해 정확한 개념을 가질 수 없었다.

---

11 《정치학》, 제3편, 제14장.

제 10장 : 다른 정치가들의 사고방식

일인 통치를 완화하기 위해 에페이로스 왕국(7)의 왕 아리바스는 공화 정체밖에 생각할 줄 몰랐다. 12 몰로스인(8)은 같은 권력을 어떻게 제한할지 몰라 두 명의 왕을 두었다. 13 그로 인해 지휘권보다 오히려 국가가 더 약해지고 말았다. 사람들이 원한 것은 경쟁자였는데 적을 만들게 된 것이다.

두 명의 왕은 스파르타에서만 허용될 수 있었다. 거기서는 두 명의 왕이 국가 구조를 구성하는 것이 아니라, 국가 구조의 일부분이었다.

제 11장 : 그리스 영웅적 시대의 왕들

그리스의 영웅적 시대에는 일종의 군주정체가 확립되었으나 존속되지는 못했다. 14 기예를 발명하고 인민을 위해 전쟁을 하고 흩어진 사람들을 모은 자들, 혹은 그 사람들에게 땅을 나누어 준 자들은 왕국을 얻고 그 왕국을 자기 자식들에게 물려주었다. 그들은 왕이자 사제이자 재판관이었다. 이것은 아리스토텔레스가 우리에게 이야기하는 다섯 종류의 군주정체15 중 하나로, 군주정체라는 국가 구조에 대한 생각을 불러일으킬 수 있는 유일한 것이다. 그러나 이 국가 구조의 설계

12　유스티누스, 제 17편 참조.
13　아리스토텔레스, 《정치학》, 제 5편, 제 9장.
14　아리스토텔레스, 《정치학》, 제 3편, 제 14장.
15　위의 책.

는 오늘날 우리의 군주정체의 설계와는 대립된다.

거기서는 인민이 입법권을 갖고, 왕은 집행권과 재판권을 갖는 식으로 삼권이 분배되었다. 16 반면 우리가 알고 있는 군주정체에서는 군주가 집행권과 입법권 혹은 적어도 입법권의 일부를 갖지만 재판은 하지 않는다.

영웅적 시대의 왕들의 통치에서는 삼권이 부적절하게 분배되었다. 그런 군주정체는 존속할 수 없다. 인민이 입법권을 갖게 되면 어디서나 그랬듯이 아주 사소한 기분에 따라서 왕정을 폐지할 수 있기 때문이다.

입법권을 가진 자유로운 인민에게, 불쾌한 것이 훨씬 더 불쾌해지는 도시에 갇힌 인민에게, 입법의 최고봉은 재판권을 올바르게 배치할 줄 아는 것이다. 그러나 재판권이 이미 집행권을 가진 자의 수중에 놓이는 것보다 더 나쁜 것은 없었다. 그 순간부터 군주는 무시무시한 존재가 되었다. 그러나 동시에 군주는 입법권을 가지지 않았으므로 입법권에 대해 자신을 방어할 수 없었다. 그는 지나치게 많은 권력을 가지고 있으면서도 충분한 권력을 갖지 못했던 것이다.

군주의 진정한 권한은 직접 재판하는 것이 아니라 재판관을 정하는 것임을 사람들은 아직 깨닫지 못하고 있었다. 그와 상반되는 정치가 결국 일인 통치를 견딜 수 없는 것으로 만들었다. 모든 왕이 쫓겨났

---

16 플루타르코스가 "테세우스의 생애"에서 말하는 것을 참조할 것. 투키디데스 (Thucydides, 기원전 5세기 고대 그리스의 역사가로 아테네와 스파르타가 BC 411년까지 싸운 전쟁을 기록한 《펠로폰네소스 전쟁사》를 저술하였다_옮긴이 주), 제1편도 참조.

다. 그리스인은 일인 통치에서는 삼권의 참된 분배를 생각해 내지 못했다. 그들은 다수 통치에서만 그것을 생각해 냈고, 그런 종류의 국가 구조를 '폴리스'라고 불렀다.[17]

제12장 : 로마 왕정과 삼권 분배의 방식

로마 왕정은 그리스 영웅적 시대의 왕정과 어느 정도 유사한 점이 있었다. 로마 왕정은 다른 것들과 마찬가지로 전반적인 악습에 의해 무너졌다. 하지만 그 자체로는, 그 특수한 본질에서는 매우 좋은 것이었다.

이 정체를 설명하기 위해서 나는 초기 다섯 왕의 정체, 세르비우스 툴리우스의 정체, 타르퀴니우스의 정체를 구별하고자 한다.

왕위는 선거제였는데, 초기 다섯 왕의 치하에서는 원로원이 선거에서 가장 큰 역할을 했다.

왕이 죽으면, 원로원은 기존의 통치 형태를 유지할 것인지 아닌지를 검토했다. 만약 유지하는 것이 적절하다고 판단되면, 원로원은 자신의 단체 중에서 행정관을 한 명 임명하고 그가 왕을 선출했다.[18] 그러면 원로원이 그 선출을 승인하고 인민은 그것을 확인해야 했으며, 새점(鳥占)을 통해 보증되어야 했다. 만약 이 세 가지 조건 중 하나라도 부족하면 다른 이를 선출해야 했다.

---

17 아리스토텔레스, 《정치학》, 제4편, 제8장 참조.
18 할리카르나소스의 디오니시오스, 제2편 120쪽, 제4편 242쪽과 243쪽.

국가 구조는 군주정체, 귀족정체, 민중적 정체의 요소를 모두 가지고 있었다. 그리고 권력이 아주 잘 조화를 이루고 있어서 초기 통치에서는 시기도 분쟁도 볼 수 없었다. 왕은 군대를 통솔했고, 희생 제의(祭儀)를 감독했으며, 민사19 및 형사 재판권20을 가지고 있었다. 그는 원로원을 소집했고, 인민을 회합하게 하여 어떤 일들은 그 회합에서 논의하게 하고 그 밖의 일들은 원로원과 처리했다. 21

원로원은 막강한 권위를 가지고 있었다. 때때로 왕은 원로원 의원들을 선택해 그들과 함께 재판했고, 인민의 논의에 부치는 안건은 사전에 원로원의 심의를 거쳤다. 22

인민은 행정관을 선출하고23 새로운 법에 동의하는 권리를 가지고 있었다. 그리고 왕이 허락할 때는 선전포고를 하거나 강화를 맺을 권리도 가졌다. 그러나 재판권은 갖지 않았다. 툴루스 호스틸리우스가 호라티우스(9)의 판결을 인민에게 위임했을 때는 특별한 이유가 있었는데, 그것은 할리카르나소스의 디오니시오스를 보면 나와 있다. 24

---

19 티투스 리비우스, 제1편, 타나퀼(Tanaquil, 에트루리아의 전설적 예언자로, 로마의 다섯 번째 왕으로 전해지는 타르퀴니우스 프리스쿠스의 아내이다_옮긴이 주)의 연설 참조. 할리카르나소스의 디오니시오스, 제4편, 229쪽, 세르비우스 툴리우스의 규정 참조.
20 할리카르나소스의 디오니시오스, 제2편 118쪽, 제3편 171쪽 참조.
21 툴루스 호스틸리우스가 알바를 파괴하라고 파병한 것은 원로원의 의결에 의한 것이었다. 할리카르나소스의 디오니시오스, 제3편, 167쪽과 172쪽.
22 할리카르나소스의 디오니시오스, 제4편, 276쪽.
23 위의 책, 제2편. 그러나 모든 시민은 인민의 투표에 의해 얻은 직책이 아니면 어떤 직책에도 종사할 수 없다고 정한 그 유명한 법을 발레리우스 푸블리콜라가 만든 것을 보니, 인민이 모든 직책을 임명한 것은 아니었던 모양이다.

국가 구조는 세르비우스 툴리우스 치하에서 바뀌었다. 25 원로원은 그의 선출에 관여하지 않았고, 그는 인민을 통해 자신을 왕으로 선포했다. 그는 민사 재판권을 포기하고26 형사 재판권만 보유했다. 또한 나라의 모든 일을 직접 인민의 토의에 부쳤고, 인민에게 조세의 부담을 덜어주었으며 그 부담을 모두 귀족에게 부과했다. 이와 같이 그는 왕권과 원로원의 권위를 약화시킴에 따라 인민의 권력을 증대시켰다. 27

타르퀴니우스는 원로원에 의해서도 인민에 의해서도 선출되고자 하지 않았다. 그는 세르비우스 툴리우스를 찬탈자로 간주했고, 상속권으로 왕위를 취했다. (10) 그는 대부분의 원로원 의원을 죽였고, 남은 의원들과도 더 이상 논의하지 않았으며 심지어 재판할 때도 그들을 소집하지 않았다. 28 그의 권력은 증가했지만, 그 권력의 추악한 부분은 훨씬 더 추악해졌다. 그는 인민의 권력을 찬탈했고, 인민의 의견도 묻지 않은 채 법을 만들었다. 심지어 인민의 뜻에 반하는 법까지 만들었다. 29 그는 자신의 일신에 삼권을 모두 결합한 것 같았다. 그러나 어느 순간 인민이 자신들이 입법자라는 것을 상기하자, 타르

---

24 제3편, 159쪽.

25 제4편.

26 그는 왕권의 절반을 포기했다고 할리카르나소스의 디오니시오스는 말한다. 제4편, 229쪽.

27 만약 그가 타르퀴니우스에게 방해받지 않았다면 민중적인 정체를 확립했으리라고 생각되었다. 할리카르나소스의 디오니시오스, 제4편, 243쪽.

28 위의 책, 제4편.

29 위의 책.

퀴니우스는 더 이상 존재하지 않게 되었다.

제13장 : 국왕 추방 후의 로마의 상태에 관한 일반적 고찰

우리는 결코 고대 로마를 떨쳐 버릴 수 없다. 그리하여 오늘날에도 여전히 사람들은 로마인의 수도에서 새로운 궁전을 버려두고 폐허를 찾아간다. 울긋불긋 꽃이 핀 초원에서 휴식을 취한 눈은 바위와 산이 보고 싶게 마련이다.

귀족 가문은 언제나 큰 특권을 가지고 있었다. 그런 차별은 왕이 다스릴 때도 컸지만, 왕이 추방된 후에는 더 막대해졌다. 그것은 평민의 질투를 야기했고, 평민은 귀족의 지위를 끌어내리기를 원했다. 분쟁으로 국가 구조는 타격을 받았지만, 정체가 약화되지는 않았다. 관직의 권위가 유지되는 한, 어떤 가문이 그 관직을 차지하는가는 그리 문제가 되지 않았기 때문이다.

로마와 같은 선거제 군주정체는 그것을 지탱하는 강력한 귀족 집단을 전제로 한다. 그런 귀족 집단이 없으면 군주정체는 전제정체나 민중적 국가로 변하게 된다. 그러나 민중적 국가는 국가를 유지하기 위해 그런 가문의 차별을 필요로 하지 않는다. 왕정 시대에 국가 구조의 필수적 부분이었던 귀족이 집정관 시대에는 불필요하게 된 것은 바로 그 때문이다. 인민은 자기 자신을 파괴하지 않고 귀족을 끌어내릴 수 있었고, 국가 구조를 부패시키지 않고 바꿀 수 있었다.

세르비우스 툴리우스가 귀족의 지위를 끌어내렸을 때, 로마는 왕의 수중에서 인민의 수중으로 옮겨가게 되었다. 그러나 인민은 귀족을 끌어내리면서 왕의 수중으로 다시 떨어지지 않을까 두려워할 필요는 없었다.

국가는 두 가지 방법으로 변화할 수 있다. 국가 구조가 스스로 교정되어 변화하거나 혹은 부패해서 변화하는 경우이다. 만약 국가가 자신의 원리를 유지하면서 그 구조가 바뀐다면, 스스로 교정된 것이다. 만약 국가가 그 원리를 잃어버리고 국가 구조가 변하게 된다면, 그것은 부패해서 변화한 것이다.

왕을 추방한 후, 로마는 민주정체가 되어야 했다. 인민은 이미 입법권을 가지고 있었고, 만장일치의 투표에 의해 왕을 쫓아냈다. 만약 인민이 그런 의지를 고수하지 않았다면, 타르퀴니우스 가문의 사람들이 언제든지 다시 돌아올 수 있었다. 다른 몇몇 가문에 예속되기 위해서 타르퀴니우스 일가를 쫓아냈다고 주장하는 것은 이치에 맞지 않는다. 따라서 당시 상황은 로마가 민주정체가 될 것을 요구하고 있었다. 그러나 로마는 민주정체가 되지 않았다. 그러기 위해서는 세력가들의 권력을 약화시키고 법이 민주정체로 향해야 했다.

때때로 국가는 한 국가 구조로부터 다른 국가 구조로 눈에 띄지 않게 천천히 이행할 때, 그 두 국가 구조의 어느 한쪽에 있을 때보다 더 번창한다. 바로 그때 정체의 모든 원동력이 긴장하고, 모든 시민이 포부를 가지고 서로 다투거나 서로에게 애정을 보인다. 망해가는 국가 구조를 옹호하는 사람들과 더 좋은 국가 구조를 내세우는 사람들 사이에 고귀한 경쟁이 생기는 것이다.

제14장 : 국왕 추방 후 삼권의 분배가 어떻게 변하기 시작했나

주로 네 가지 사항이 로마의 자유를 손상시키고 있었다. ① 귀족이 종교적, 정치적, 민사적, 군사적 공직을 독점하고 있었다. ② 집정관에게 터무니없는 권력이 부여되어 있었고, ③ 인민에게는 모욕이 가해지고 있었다. ④ 인민에게는 선거에 대한 영향력이 거의 없었다. 인민은 이 네 가지 폐습을 교정했다.

첫째, 평민이 차지할 수 있는 관직이 있도록 규정했다. 그리하여 인민은 '국왕 대리'의 자리를 제외하고는 차츰 모든 관직에 참여하게 되었다.

둘째, 집정관직을 분할하여 여러 관직을 만들었다. 법무관을 창설하여 사적인 일을 재판하는 권력을 주었고,[30] 공적 범죄를 재판하게 하도록 검찰관이 임명되었다.[31] 조영관을 설치하여 경찰 기능을 부여했고, 공금을 관리하는 회계관을 만들었다.[32] 그리고 감찰관을 창설함으로써, 시민의 풍속을 규정하는 입법권 부분과 국가의 여러 기관에 대한 일시적인 감시 기능을 집정관에게서 빼앗았다. 집정관에게 남겨진 주요 특권은 인민의 대회의[33]를 주재하는 일, 원로원을 소집하는 일, 군대를 지휘하는 일이었다.

---

30 티투스 리비우스, 10편 묶음집 제1권, 제6편.
31 Quæstores parricidii (친족살해에 관한 검찰관), 폼포니우스(Sextus Pomponius, 2세기 중반 고대 로마의 법학자_옮긴이 주), leg. 2, ff. de orig. jur.
32 플루타르코스, "푸블리콜라의 생애".
33 Comitiis centuriatis (백인조 인민회의).

셋째, 신성법(11)은 언제든 귀족의 계획을 저지할 수 있는 호민관을 설치해서 개인적 손해뿐만 아니라 전체적 손해도 예방했다.

끝으로 공적인 결정에서 평민의 영향력을 증가시켰다. 로마 인민은 백인조(百人組), 쿠리아, (12) 부족의 세 가지 방식으로 나누어졌는데, 인민이 투표할 때는 이 세 가지 중 하나의 방법으로 소집되어 구성되었다.

첫 번째 방식에서는 귀족, 세력가, 부자, 원로원이 거의 같은 것으로 그들이 거의 모든 권한을 가지고 있었다. 두 번째 방식에서는 그들의 권한이 더 적었고, 세 번째 방식에서는 훨씬 더 적었다.

백인조에 의한 분류는 사람의 분류라기보다는 토지와 재산의 분류였다. 모든 인민은 193개의 백인조로 나누어졌고, **34** 백인조마다 한 표를 가지고 있었다. 귀족과 세력가가 98개의 백인조를 구성했고, 나머지 시민은 95개의 백인조에 흩어져 있었다. 따라서 이 분류에서는 귀족이 투표를 지배했다.

쿠리아에 의한 분류에서는 귀족이 그와 똑같은 이점을 갖지 못했다. **35** 그러나 어쨌든 이점을 가지고 있었다. 새점(鳥占)을 쳐야 했는데, 귀족이 점쟁이를 지배했던 것이다. 또한 사전에 원로원에서 논의되고 원로원의 의결로 승인되어야만 인민에게 제안될 수 있었다. 그러나 부족에 의한 분류에서는 새점도 원로원의 의결도 문제되지 않았

---

34 이 점에 대해서는 티투스 리비우스 제1편, 할리카르나소스의 디오니시오스 제4편과 제7편 참조.

35 할리카르나소스의 디오니시오스, 제9편, 598쪽.

다. 거기서는 귀족이 인정되지 않았다.

그런데 늘 인민은 관례상 백인조 단위로 모이던 집회를 쿠리아 단위로 하려고 애썼고, 쿠리아 단위로 이루어지던 집회를 부족 단위로 하려고 애썼다. 그로 인해 나랏일이 귀족의 수중에서 평민의 수중으로 옮겨 가게 되었다.

그리하여 평민이 귀족을 재판하는 권리(이것은 코리올라누스(13) 사건 때 시작되었다36)를 얻게 되었을 때, 평민은 쿠리아 단위가 아니라 부족 단위로 모여서 그들을 재판하고자 했다. 37 그리고 인민을 위한 호민관과 조영관이라는 새로운 관직이 설정되었을 때38 인민은 그들을 임명하기 위해 쿠리아 단위로 집회하도록 허가받았는데, 인민의 권력이 확고해지자 부족 단위의 집회를 통해 그들을 임명하는 허가를 얻어냈다. 39

---

36 할리카르나소스의 디오니시오스, 제7편.
37 할리카르나소스의 디오니시오스 제5편 320쪽에서 볼 수 있듯이, 옛 관행에 어긋나는 것이다.
38 제6편, 410쪽과 411쪽.
39 제9편, 605쪽.

제15장 : 어떻게 로마는 공화정체가 번영하는 상태에서 갑자기 자유를 잃었나

귀족과 평민 사이의 치열한 논쟁에서, 평민은 더 이상 판결이 변덕스러운 의지나 자의적 권력의 결과가 되지 않도록 고정된 법이 주어지기를 요구했다. 많은 저항 끝에 원로원은 그것에 동의했다. 그런 법을 만들기 위해 10인 위원회가 임명되었다. 사람들은 그들에게 큰 권력을 주어야 한다고 생각했다. 거의 타협이 불가능한 두 진영에게 그들이 법을 부여해야 했기 때문이다. 모든 관직의 임명이 정지되었고, 그들은 민회에서 공화국의 유일한 관리자로 선출되었다. 그들은 집정관의 권력과 호민관의 권력을 갖게 되었다. 전자는 그들에게 원로원을 소집할 권리를 주었고, 후자는 인민을 소집할 권리를 주었다. 그러나 그들은 원로원도 인민도 소집하지 않았다. 공화국에서 오직 열 사람만이 모든 입법권과 집행권과 재판권을 장악한 것이다. 로마는 타르퀴니우스의 폭정만큼 잔인한 폭정에 굴복하게 되었다. 타르퀴니우스가 압제를 행했을 때 로마는 그가 찬탈한 권력에 대해 분개했는데, 10인 위원들이 압제를 하자 로마는 자신이 부여한 권력에 경악했다.

오직 민사에 대한 지식만으로 정치적 권력과 군사적 권력을 획득한 사람들, 당시의 상황에서 안으로는 시민이 순순히 지배받도록 시민의 무기력을 필요로 하고 밖으로는 그들을 지켜줄 수 있도록 시민의 용기를 필요로 한 사람들, 그런 사람들에 의해 만들어진 폭정의 체제라니 참으로 놀랍지 않은가?

순결과 자유를 위해 아버지에 의해 희생된 베르기니아의 죽음(14)의 광경은 10인 위원들의 권력을 소멸시켰다. 모두가 모욕당한 것이었기 때문에 모두가 자유로워졌다. 모든 사람이 아버지였기 때문에 모든 사람이 시민이 되었다. 그리하여 원로원과 인민은 우스꽝스러운 폭군에게 맡겨졌던 자유를 되찾았다.

로마의 인민은 극적인 광경에 누구보다도 더 잘 감동했다. 피 흘리는 루크레티아(15)의 모습은 왕정을 끝나게 했다. 상처투성이가 되어 광장에 나타난 채무자의 모습은 공화정체의 형태를 바꾸게 했다. 베르기니아의 모습은 10인 위원들을 쫓아내게 했다. 만리우스(16)에게 유죄 선고를 내리기 위해서는 인민에게 캄피돌리오 언덕을 보이지 말아야 했다. 카이사르의 피로 물든 옷은 로마를 다시 노예 상태에 빠뜨렸다.

제 16장 : 로마 공화정의 입법권

10인 위원들 밑에서는 사람들에게 서로 다툴 권리가 없었다. 그러나 자유를 되찾자, 질투가 다시 생겨났다. 귀족에게 어떤 특권이 남아 있으면 평민은 그것을 빼앗았다.

만약 평민이 귀족에게서 특권을 빼앗는 것으로 만족하고 시민의 자격까지는 훼손하지 않았다면, 재난은 거의 없었을 것이다. 인민이 쿠리아 혹은 백인조 단위로 모였을 때, 그것은 원로원 의원, 귀족, 평민으로 구성되었다. 논쟁을 통해 평민은 귀족과 원로원 없이 평민만으로 평민회 의결이라고 불리는 법을 만들 수 있도록 관철시켰다. **40**

그리고 그런 법이 만들어지는 민회(民會)는 부족에 의한 민회라고 불렸다. 그리하여 귀족이 입법권에 전혀 참여하지 않고[41] 국가의 다른 단체의 입법권에 복종하는 경우가 생겼다. [42] 그것은 자유의 착란 상태와도 같았다. 인민은 민주정체를 확립하기 위해 그 원리 자체를 위반한 것이다. 그토록 과도한 권력은 틀림없이 원로원의 권한을 소멸시킬 것 같았다. 그러나 로마에는 훌륭한 제도가 있었다. 그중 특히 두 가지 제도, 즉 인민의 입법권을 규정하는 제도와 그것을 제한하는 제도가 있었다.

감찰관, 그 이전에는 집정관이[43] 5년마다 인민의 단체를 형성하고 만들었다. 그들은 입법권을 가진 단체 자체에 대해 입법권을 행사한 것이다. "감찰관 티베리우스 그라쿠스(17)는 대단한 웅변이 아니라 단지 말 한 마디와 몸짓 하나로 해방된 노예들을 도시의 부족으로 편입시켰다. 만약 그가 그렇게 하지 않았다면 오늘날 우리가 겨우 지탱하는 이 공화정체는 존재하지 않았을 것이다"라고 키케로는 말했다.

다른 한편, 원로원은 독재관을 창설함으로써 공화정체를 인민의

---

40 할리카르나소스의 디오니시오스, 제11편, 725쪽.

41 신성법에 의해 평민은 단독으로 평민회 의결을 할 수 있었고, 귀족은 그들의 집회에 받아들여지지 않았다. 할리카르나소스의 디오니시오스, 제6편 410쪽, 제7편 430쪽.

42 10인 위원들을 추방한 후 만들어진 법에 의해, 귀족은 평민회 의결에서 투표할 수 없었음에도 불구하고 그 의결에 복종해야 했다. 티투스 리비우스 제3편, 할리카르나소스의 디오니시오스 제11편 725쪽. 그리고 이 법은 로마력 416(BC338)년에 독재관 푸블리우스 필로의 법에 의해 확인되었다. 티투스 리비우스, 제8편.

43 할리카르나소스의 디오니시오스 제11편에서 볼 수 있듯이, 로마력 312(BC442)년에도 집정관이 호구조사를 했다.

손에서 빼앗을 권리를 가지고 있었다. 이 독재관 앞에서는 주권자도 머리를 숙였고 가장 민중적인 법도 침묵했다. **44**

제17장 : 로마 공화정의 집행권

인민은 입법권에 대해서는 애착을 가졌지만, 집행권에 대해서는 그렇지 않았다. 인민은 집행권의 거의 전부를 원로원과 집정관에게 맡기고, 행정관을 선출하고 원로원과 장군들의 행위를 확인하는 권리만 가졌다.

명령하는 것을 좋아하고 모든 것을 복종시키려는 야망을 가지고 있었던 로마는 줄곧 찬탈을 해왔고 여전히 찬탈하고 있었으며 계속해서 중대한 일을 벌이고 있었다. 로마의 적들이 로마에 대해 음모를 꾸미거나 로마가 적들에 대해 음모를 꾸미고 있었다.

한편으로는 영웅적 용기를, 다른 한편으로는 완벽한 지혜를 가지고 행동해야만 했던 로마의 상황은 원로원이 국정을 지휘하기를 요구하고 있었다. 인민은 입법권의 모든 분야를 놓고 원로원과 다투었다. 자신의 자유를 소중히 여겼기 때문이다. 그러나 집행권의 분야에 대해서는 전혀 다투지 않았다. 자신의 명성을 소중히 여겼기 때문이다.

원로원은 매우 많은 부분에서 집행권에 참여했으므로, 폴리비오스의 말에 의하면45 외국인들은 모두 로마를 귀족정체로 생각했다고 한

---

44 모든 행정관의 명령에 대해 인민이 상소할 수 있도록 한 법과 같은 것 말이다.
45 제6편.

다. 원로원은 공금을 처리하고, 수익사업의 청부를 주고, 동맹국 문제를 중재하고, 전쟁과 강화를 결정하여 그 점에 관해 집정관에게 영향을 미쳤다. 또한 로마의 군대와 동맹국 군대의 수를 정했고, 여러 주(州)와 군대를 집정관이나 법무관에게 분배했다. 지휘관의 임기가 끝나면 후임자를 선임할 수 있었고, 승리를 선언했으며, 사절을 맞이하거나 파견했다. 또 왕을 임명하고, 왕에게 보상하고, 왕을 처벌하거나 재판하고, 왕에게 로마 인민의 동맹자라는 칭호를 부여하거나 박탈했다.

집정관은 전쟁에 이끌고 갈 군대를 소집하고, 육군이나 해군을 지휘하고, 동맹국 군대를 배치했다. 집정관은 여러 주에서 공화국의 모든 권력을 가지고 있었고, 피정복 민족에게 평화를 주었으며, 그들에게 평화의 조건을 부과하거나 그것을 원로원에 회부했다.

인민이 전쟁과 평화에 관한 일에 어느 정도 참여하던 초기에, 인민은 집행권보다는 입법권을 행사했다. 인민은 왕, 그리고 왕 이후에는 집정관이나 원로원이 행한 일을 확인하기만 했을 뿐이다. 인민이 전쟁을 결정하기는커녕, 오히려 집정관이나 원로원이 호민관의 반대에도 불구하고 종종 전쟁한 것을 우리는 알고 있다. 그러나 번영에 도취해서 인민은 집행권을 증대시켰다. 그리하여 인민은 그때까지 장군들이 임명하던 군사 호민관을 직접 임명했다.[46] 그리고 제1차 포에니

---

[46] 로마력 444(BC310)년. 티투스 리비우스, 10편 묶음집 제1권, 제9편. 페르세우스(Perseus, BC212~BC166, 마케도니아 왕국의 마지막 왕_옮긴이 주)와의 전쟁이 위험해 보이자, 원로원 의결은 이 법의 일시 정지를 명령했고 인민도 거기에 동의했다. 티투스 리비우스, 10편 묶음집 제5권, 제2편.

전쟁 바로 전에는 인민만이 선전포고할 권리를 갖는다고 정했다. 47

제18장 : 로마 정체의 재판권

재판권은 인민, 원로원, 행정관, 몇몇 재판관에게 주어졌다. 그것이 어떻게 분배되었는지 볼 필요가 있다. 먼저 민사사건부터 시작하기로 하자.

왕이 사라진 이후로는 집정관이 재판했고, 48 집정관 다음에는 법무관이 재판했다. 세르비우스 툴리우스는 민사사건을 재판하지 않았다. 집정관도 매우 드문 경우, 49 그 때문에 '특별하다'50고 불리는 경우가 아니면 민사사건을 재판하지 않았다. 그들은 재판관을 임명하고 재판할 재판소를 설치하는 것으로 그쳤다.

할리카르나소스의 디오니시오스 저서에 나오는51 아피우스 클라우

---

47 "인민은 그것을 원로원으로부터 빼앗았다"고 프라인스하임(Johann Freinsheim, 1608~1660. 독일의 문헌학자이자 역사가로, 티투스 리비우스의 책을 다시 편찬하고 보충했다. 몽테스키외는 독일어 이름이 아니라 Freinshemius라는 라틴어 이름을 사용한다_옮긴이 주)은 말한다. 10편 묶음집 제2권, 제6편.

48 법무관이 창설되기 전에는 집정관이 민사재판을 했다는 것은 의심의 여지가 없다. 티투스 리비우스, 10편 묶음집 제1권, 제2편, 19쪽 참조. 할리카르나소스의 디오니시오스, 제10편, 627쪽과 645쪽.

49 종종 호민관이 단독으로 재판을 했는데, 이보다 그들을 더 고약하게 만든 것은 없었다. 할리카르나소스의 디오니시오스, 제11편, 709쪽.

50 Judicia extraordinaria(평범한 절차를 따르지 않는 재판). 《법학제요》, 제4편 참조.

51 제6편, 360쪽.

디우스의 말에 의하면, 그것은 로마력 259(BC495)년부터 로마인의 확립된 관습으로 여겨졌던 것으로 보인다. 그러므로 그 관습을 세르비우스 툴리우스와 연관 짓는 것은 그리 오래전으로 거슬러 올라가는 것은 아닌 셈이다.

해마다 법무관은 자신의 직무를 수행하는 동안 재판관 역할을 하게 하려고 선택한 사람들의 명부52나 표를 작성했다. 그리고 거기서 각 사건에 대해 충분한 수의 재판관을 택했다. 이것은 영국에서도 거의 똑같이 실행되고 있다. 그리고 자유를 위해53 매우 유리한 점은 법무관이 당사자들의 동의를 얻어 재판관을 택한다는 점이었다. 54 오늘날 영국에서 재판관을 수없이 기피할 수 있는 것은 거의 이 관행에 속하는 것이다.

그 재판관들은 사실과 관련된 문제만 결정했다. 55 예를 들어 어떤 금액이 지불되었는지 아닌지, 어떤 행동이 행해졌는지 아닌지를 결정했다. 그러나 권리와 관련된 문제56는 어느 정도의 능력을 요구하

---

52 Album judictum(재판관 명부).
53 "우리 선조들은 시민의 평판에 대해서 뿐만 아니라 사소한 금전적인 사건에 대해서도 당사자들이 동의하지 않은 사람이 재판관이 되는 것을 원하지 않았다"라고 키케로는 〈클루엔티우스 변호문〉에서 말한다.
54 세르빌리아 법, 코르넬리아 법, 그 밖의 다른 많은 법에서 처벌하고자 하는 범죄에 대해 어떤 방법으로 재판관을 정했는지 보라. 그들은 종종 선택에 의해, 때로는 추첨에 의해, 혹은 선택을 가미한 추첨에 의해 정해졌다.
55 세네카, 《자선에 관하여》, 제3편, 제7장, 마지막 부분.
56 퀸틸리아누스[Marcus Fabius Quintilianus, 1세기 로마 제국의 수사학자로 중세와 르네상스 시대 문헌에 많이 언급되어 있다. 그의 저서 《웅변교수론(Institutio oratoria)》은 교육이론과 문학 평론에 중대한 공헌을 했다_옮긴이 주), 제4편,

므로 백인심판원(18) 재판소로 제출되었다. 57

형사 사건의 재판권은 왕이 보유했고, 이 점에서는 집정관들도 왕의 뒤를 따랐다. 집정관 브루투스가 타르퀴니우스 왕가를 위해 음모를 꾸민 자들과 자기 아들들을 처형한 것은 바로 이 권한에 의한 것이었다. 이 권한은 과도한 것이었다. 집정관은 이미 군사권을 가지고 있었으므로, 도시의 업무에서까지 군사권을 행사했다. 그들의 절차에는 재판 형식이 빠져있었기 때문에 그것은 판결이라기보다는 폭력 행위였다.

그로 인해 발레리아 법이 만들어졌다. 이 법은 시민의 생명을 위험에 빠뜨리는 모든 집정관의 명령에 대해 인민이 상소할 수 있도록 허용했다. 집정관은 인민의 의지에 의해서가 아니고는 더 이상 로마 시민에게 사형을 선고할 수 없었다. 58

타르퀴니우스 왕가의 귀환을 위한 첫 번째 음모에서는 집정관 브루투스가 죄인을 재판했으나, 두 번째 음모에서는 재판을 위해 원로원과 민회가 소집되었다. 59

'신성법'이라 불린 법에 의해 평민에게 호민관이 주어졌는데, 평민

54쪽, 1541년 파리 간행본 참조.

57 Leg. 2, ff de orig. jur. 데켐비르(10인위원)라고 불리는 행정관들이 재판을 주재했고, 법무관이 모든 것을 지휘했다.

58 Quoniam de capite civis romani, injussu populi romani, non erat permissum consulibus jus dicere(집정관은 로마 인민의 명령 없이는 로마 시민에 대해 사형을 선고하는 것이 허락되지 않았다). 폼포니우스 참조, leg. 2, § 6. ff de orig. jur.

59 할리카르나소스의 디오니시오스, 제5편, 322쪽.

들은 한 단체를 이루었고 처음에는 막대한 요구를 했다. 무례할 정도로 요구하는 평민들의 대담함과 승인하는 원로원의 관대함이나 너그러움 중 어느 쪽이 더 컸는지 우리는 알 수 없다. 발레리아 법은 인민, 즉 원로원 의원과 귀족과 평민으로 이루어진 인민에게 상소를 허용했다. 평민은 자신들 앞으로 상소가 제기되어야 한다고 결정했다.

곧이어 평민이 귀족을 재판할 수 있는가 하는 것이 문제가 되었다. 그것은 코리올라누스 사건에 의해 시작되었다가 그 사건과 함께 끝난 논쟁의 주제였다. 호민관에 의해 인민 앞에 고발된 코리올라누스는 자신은 귀족이므로 집정관에게만 재판받을 수 있다고 발레리아 법의 정신에 어긋나는 주장을 했다. 평민들 역시 그가 평민에 의해서만 재판되어야 한다고 발레리아 법의 정신에 어긋나는 주장을 했고, 그렇게 그를 재판했다.

12표법은 이것을 변화시켰다. 이 법은 인민의 대회의60에서만 시민의 생명에 관한 결정을 할 수 있도록 정했다. 그리하여 평민들의 단체, 혹은 같은 것이지만 부족에 의한 민회는 벌금형에 해당하는 범죄만 재판하게 되었다. 사형을 적용하기 위해서는 법이 필요했고, 벌금형에 처하기 위해서는 평민회 의결만 있으면 되었다.

12표법의 이러한 규정은 매우 현명했다. 그것은 평민 단체와 원로원 사이에 훌륭한 타협을 이루어 냈다. 그 둘의 권한이 형벌의 크기와 범죄의 성질에 달려 있으므로 함께 협의해야 했기 때문이다.

---

60 백인조에 의한 민회. 그래서 만리우스 카피톨리누스는 이 민회에서 재판받았다. 티투스 리비우스, 10편 묶음집 제1권, 제6편, 68쪽.

발레리아 법은 로마 정체에 남아 있던, 영웅적 시대 그리스 왕들의 정체와 관련된 것을 모두 제거했다. 집정관은 범죄의 처벌에 대한 권력을 갖지 못하게 되었다. 모든 범죄가 공적이긴 해도, 시민들의 상호 관계에 더 관련된 것인지 국가와 시민 사이의 관계에 더 관련된 것인지 구별해야 한다. 전자는 '사적 범죄'이고, 후자는 '공적 범죄'라 불린다. 공적 범죄는 인민이 직접 재판했고, 사적 범죄에 대해서는 특별 위원회를 통해 각 범죄에 대한 검찰관을 임명하여 기소하게 했다. 인민은 종종 행정관 중의 한 사람을 선택했고, 때로는 민간인을 선택하기도 했다. 그는 "친족살해에 관한 검찰관"(*questeur du parricide*) 이라 불렸다. 그것에 대해서는 12표법에 언급되어 있다. 61

검찰관은 '심문 판사'라 불리는 사람을 임명하고, 심문 판사가 추첨으로 재판관들을 뽑아 재판소를 구성하여 검찰관 밑에서 재판을 주재했다. 62

이 점에 관해 권력이 어떻게 균형을 이루었는가를 보기 위해, 여기서 검찰관의 임명에 대한 원로원의 참여 정도를 알아보는 것이 좋겠다. 때때로 원로원은 독재관을 선출하게 하여 검찰관의 역할을 하게 했고, 63 때로는 검찰관을 임명하기 위해 호민관을 통해 인민을 소집

---

61 《학설휘찬》 de orig. jur. 의 제2법에서 폼포니우스가 말했다.

62 코르넬리아 법의 구절을 인용한 울피아누스의 한 단편을 참조할 것. 《모세의 율법과 로마법의 대조》, 제1조, de sicariis et homicidiis에서 볼 수 있다.

63 특히 원로원이 주로 감독하는 이탈리아에서 저질러진 범죄에 대해서 그런 일이 벌어졌다. 티투스 리비우스, 10편 묶음집 제1권, 제9편, 카푸아(이탈리아의 도시 __옮긴이 주)의 모반에 관한 내용을 참조할 것.

할 것을 명령하기도 했다. 64 그리고 인민은 때때로 행정관을 임명하여, 그가 특정한 범죄에 관해 원로원에 보고하고 검찰관을 정해줄 것을 요구했다. 티투스 리비우스65에 나오는 루키우스 스키피오(19)의 재판66에서 볼 수 있는 경우가 그러하다.

로마력 604(BC150)년, 이 위원회들 중 몇몇 위원회가 상설화되었다. 67 그리고 차츰 모든 형사 사건이 '상설심문소'라 불리는 여러 파트로 나누어졌다. 여러 법무관이 창설되었고, 그들 각자에게 이 심문소 중 하나가 할당되었다. 그들에게는 1년 동안 자신에게 속하는 범죄를 재판하는 권한이 주어졌고, 그 후에 그들은 그들의 주를 통치하러 떠났다.

카르타고에서는 100인 원로원이 종신 재판관으로 구성되어 있었다. 68 그러나 로마에서는 법무관의 임기가 1년이었다. 그리고 재판관은 사건마다 정해지므로 그 임기가 1년도 안 되었다. 우리는 본편 제6장에서 이런 규정이 어떤 정체에서 얼마나 자유에 유리했는지 살펴보았다.

재판관은 그라쿠스 형제 시대에 이르기까지 원로원 의원들의 계급에서 선출되었다. 티베리우스 그라쿠스(20)는 기사 계급에서 재판관

---

64 로마력 340(BC414)년, 포스투미우스의 죽음에 대한 기소에서 그러했다. 티투스 리비우스 참조.
65 제8편.
66 이 재판은 로마력 567(BC187)년에 있었다.
67 키케로, "브루투스에 대하여".
68 이것은 티투스 리비우스에 의해 증명된다. 그는 한니발이 그들의 임기를 1년으로 만들었다고 말한다.

을 선출하도록 정했다. 이것은 실로 엄청난 변화여서, 호민관이 단 하나의 법률안으로 원로원 의원 계급의 신경을 끊어 놓았다고 자랑했을 정도이다.

삼권이 시민의 자유와 관련해서는 잘 분배되어 있지 못해도 국가 구조의 자유와 관련해서는 잘 분배될 수 있다는 점을 주의해야 한다. 로마에서는 인민이 대부분의 입법권 및 집행권 일부와 재판권 일부를 가지고 있었으므로 다른 권력으로 균형을 맞출 필요가 있는 커다란 권력이었다. 원로원은 집행권 일부와 입법권의 어떤 분야69를 가지고 있었지만, 인민과 균형을 이루기에는 충분하지 못했다. 원로원은 재판권에 참여할 필요가 있었다. 재판관이 원로원 의원 중에서 선택되었을 때는 원로원은 재판권에 참여하고 있었다. 그러나 그라쿠스 형제가 원로원 의원에게서 재판권을 빼앗자, 70 원로원은 더 이상 인민에게 대항할 수 없었다. 따라서 그라쿠스 형제는 시민의 자유를 촉진하기 위해서 국가 구조의 자유에 타격을 입힌 것이다. 그러나 시민의 자유는 국가 구조의 자유와 더불어 사라지고 말았다.

그로 인해 수많은 해악이 초래되었다. 내분의 불길 속에서 국가 구조가 제대로 존재하지도 못했던 시기에 국가 구조가 바뀌었다. 기사(騎士)는 더 이상 인민과 원로원을 연결해 주는 중간 계급이 아니었다. 국가 구조의 사슬이 깨진 것이다.

---

69 원로원 의결은 인민의 확인을 받지 못했더라도 1년 동안 유효했다. 할리카르나소스의 디오니시오스, 제9편 595쪽, 제11편 735쪽.

70 로마력 630(BC124)년.

재판권을 기사 계급으로 옮기는 것을 막아야 할 특별한 이유도 있었다. 로마의 국가 구조는 국가에 대해 자기 행동을 책임질 만큼 충분한 재산을 가진 사람들이 군인이 되어야 한다는 원리에 토대를 두었다. 기사들은 가장 부유한 자들로 군단의 기병대를 형성했다. 그런데 그들의 권한이 증가하자, 그들은 그런 군대에서 복무하기를 더 이상 원하지 않았다. 그래서 다른 기병대를 모집해야 했다. 마리우스는 군단에 온갖 종류의 사람들을 다 받아들였고, 결국 공화국은 망하고 말았다. 71

게다가 기사는 공화국의 징세(徵稅) 청부인이었다. 그들은 탐욕스러웠고, 불행 위에 불행을 흩뿌려서 대중의 빈곤을 배가시켰다. 그런 사람들에게는 재판권을 줄 것이 아니라 끊임없이 재판관의 감시를 받게 해야 했다. 이 점에 대해 우리는 프랑스의 옛 법을 칭찬해야 한다. 프랑스의 옛 법은 마치 적을 대하듯 경계하면서 그들에 관한 규정을 정했다. 로마에서 재판권이 징세 청부인에게로 옮겨졌을 때, 더 이상 덕성도 치안도 법도 관직도 관리도 없게 되었다.

시칠리아의 디오도로스와 디오의 어떤 구절에서 이에 관한 아주 소박한 묘사를 볼 수 있다. "무키우스 스카이볼라(21)는 옛 풍속을 되살리고 자기 재산으로 검소하고 청렴하게 살고 싶었다. 그의 전임자들이 당시 로마에서 재판권을 가지고 있던 징세 청부인들과 결탁해서 주(州)를 온갖 종류의 범죄로 가득 채워놓았기 때문이다. 스카이볼

---

71 Capite censos plerosque(가장 가난한 사람들 중에서 가장 많이). 살루스티우스, 《유구르타 전쟁》.

라는 징세 청부인들을 처벌하고, 다른 사람들을 감옥으로 보내던 자들을 투옥했다"라고 디오도로스는 말한다.[72]

그의 부관으로 못지않게 기사들의 미움을 샀던 푸블리우스 루틸리우스(22)는 귀환했을 때 선물을 받았다고 고발되어 벌금형에 처해졌다고 디오는 우리에게 말한다.[73] 그는 즉시 재산을 양도했다. 그러자 그가 빼앗았다고 고발된 금액보다 그의 재산이 훨씬 더 적다는 사실이 드러남으로써 그의 결백이 밝혀졌고, 그는 자신의 부동산 권리증을 제시했다. 그는 더 이상 그런 사람들과 함께 도시에 머물고 싶지 않았다.

디오도로스는 또 다음과 같은 말도 한다.[74]

"이탈리아인은 밭을 경작하고 가축을 돌보게 하려고 시칠리아에서 많은 노예를 샀으나, 노예들에게 양식을 주지 않았다. 이 불쌍한 사람들은 창과 몽둥이로 무장하고 짐승의 가죽을 뒤집어쓴 채 커다란 개를 데리고 다니며 대로에서 도둑질을 할 수밖에 없었다. 주 전체가 황폐해졌고, 그 지방 사람들은 도시의 성벽 안에 있는 것 이외에는 아무것도 자기 소유라고 말할 수 없었다. 그러나 어떤 지방 총독이나 어떤 법무관도 이 무질서를 막고자 하지 않았고 막을 수도 없었으며 그 노예들을 감히 처벌하지도 못했다. 그 노예들이 로마에서 재판권을 가진 기사들의 소유였기 때문이다.[75]"

---

72 콘스탄티노스 포르피로옌니토스의 모음집 《덕과 악》에 있는 이 저자의 단편, 제36편.

73 《덕과 악의 발췌본》에서 인용한, 그의 역사서의 단편.

74 《덕과 악의 발췌본》에서 제34편의 단편.

그것은 노예 전쟁의 원인 중 하나였다. 나는 한마디만 덧붙이겠다. 돈벌이 이외에는 아무 목적도 가지고 있지 않고 가질 수도 없는 직업, 언제나 요구하기만 하고 다른 사람에게는 아무것도 주지 않는 직업, 부(富)를 빈곤하게 하고 가난마저 더욱 빈곤하게 만드는 냉혹하고 몰인정한 직업, 그런 직업은 로마에서 재판권을 가져서는 안 되었다.

제19장 : 로마 주들의 정체

이처럼 도시에서는 삼권이 배분되어 있었으나, 주(州)에서도 똑같이 배분되는 것은 어림도 없는 일이었다. 중앙에는 자유가 있었고, 변방에는 폭정이 있었다.

로마가 이탈리아에서만 군림하는 동안에는 여러 민족은 동맹국으로 통치되었고 각 공화국의 법을 따랐다. 그러나 로마가 더 멀리 정복을 확대하여 원로원의 눈길이 주에 직접 미치지 않게 되고 로마에 있는 행정관들이 더 이상 제국을 통치할 수 없게 되자, 법무관과 지방총독을 파견해야 했다. 그렇게 되자, 삼권의 조화는 이미 존재하지 않게 되었다. 파견된 사람들은 로마의 모든 관직의 권력을 합친 것과

---

75 Penes quos Romæ tum judicia erant, atque ex equestri ordine solerent sortito judices eligi in causa prætorum & proconsulum, quibus post administratam provinciam dies dicta erat(그들은 로마에서 재판을 담당하는 사람들에게 속해 있었다. 그리고 지방을 관리한 후 재판에 불려나오는 지방 총독이나 집정관과 관련된 사건을 담당하는 재판관은 기사 계급 중에서 추첨하여 선택되었다).

같은 권력을 가지고 있었다. 아니, 심지어 원로원의 권력과 인민의 권력도 가지고 있었다. **76** 그것은 멀리 떨어진 파견지에 매우 적절한 전제적 행정관이었다. 그들은 삼권을 행사했다. 이런 용어를 사용해도 된다면, 그들은 공화국의 파샤였다.

앞에서 이미 말했지만, **77** 공화정체에서는 같은 시민이 민간 직무와 군대 직무를 맡는 것이 본질에 맞는 일이었다. 그러므로 정복하는 공화국은 자신의 정체를 전해주고 그 국가 구조에 따라 피정복국을 지배할 수가 없다. 정복하는 공화국이 통치를 위해 파견하는 행정관은 민간과 군대의 집행권을 갖게 되는데, 사실 그가 아니면 법을 만들 사람이 없으니 그가 입법권도 가질 수밖에 없지 않은가? 또한 그가 재판권도 가져야 한다. 그와 상관없이 재판할 사람이 없기 때문이다. 따라서 정복한 공화국에 파견하는 총독은 로마의 여러 주에서 그랬던 것처럼 삼권을 가질 수밖에 없다.

군주정체는 더 쉽게 자신의 정체를 전해줄 수 있다. 군주정체가 파견하는 관리들은 민간 집행권을 갖는 자와 군대 집행권을 갖는 자가 따로 있기 때문이다. 이것은 전제정체를 초래하지 않는다.

인민에 의해서만 재판받을 수 있다는 것은 로마 시민에게 대단한 결과를 가져다주는 특권이었다. 그것이 없었으면, 로마 시민은 주(州)에서 지방 총독 혹은 전직 법무관이었던 총독의 자의적 권력에 복종하게 되었을 것이다. 도시에서는 폭정이 느껴지지 않았다. 폭정

---

76 그들은 주(州)에 들어가면 자신들의 포고령을 만들었다.
77 제5편 제19장. 제2편, 제3편, 제4편, 제5편도 참조할 것.

은 예속된 민족에게만 행사되었다.

그리하여 로마 제국에서는 스파르타에서처럼 자유로운 사람은 극도로 자유롭고 노예가 된 사람들은 극도로 속박을 받았다.

시민들이 세금을 내는 동안에는 매우 공정하게 징수되었다. 모든 시민을 재산의 순서에 따라 여섯 계급으로 분류하고 각자 정치에서 차지하는 몫에 비례해서 세금을 정한 세르비우스 툴리우스의 제도가 준수되었다. 그 결과 세금이 많은 것은 그만큼 영향력이 큰 것으로 받아들여졌고, 영향력이 적은 사람들은 세금이 적은 것으로 위안을 받았다.

찬양받을 만한 일이 한 가지 또 있었다. 즉, 세르비우스 툴리우스의 계급별 구분은 말하자면 국가 구조의 근본적 원리이므로, 조세 징수의 공정성은 정체의 근본적 원리에서 기인하는 것으로 정체가 사라지지 않는 한 공정성도 사라질 수 없다는 점이었다.

그러나 도시가 어려움 없이 조세를 지불하거나 전혀 조세를 지불하지 않는78 동안, 주들은 공화국의 징세 청부인이던 기사들에 의해 유린되었다. 우리는 그들의 착취에 대해 말한 바 있는데, 모든 역사가 그것으로 점철되어 있다.

"온 아시아가 나를 구원자로 기다리고 있다. 지방 총독의 강탈, 79

---

78 마케도니아 정복 이후, 로마에서는 조세가 폐지되었다.

79 "베레스(Gaius Verres, 시칠리아섬에 학정을 행한 것으로 악명이 높은 로마의 행정관으로 BC70년에 로마로 돌아간 후 시칠리아인들의 요청을 받은 키케로에 의해 기소되었다. 키케로의 간략한 첫 연설은 변호사의 변론 의지를 꺾을 만큼 효과적이었다고 한다_옮긴이 주)를 고발하는 연설"을 볼 것.

담당자들의 부당 징수, 재판의 부정80이 로마인에 대해 그토록 많은 증오를 불러일으킨 것이다"라고 미트리다테스(23)는 말했다. 81

이상과 같은 이유로 여러 주의 힘은 공화국의 힘에 아무 보탬이 되지 못했고 오히려 그것을 약화시키기만 했다. 여러 주가 로마의 자유가 상실된 것을 자신들의 자유가 설립된 시대로 여기는 것도 같은 이유이다.

제 20장 : 맺는말

나는 우리가 알고 있는 모든 제한된 정체에서 삼권의 배분이 어떤 것인지를 고찰하고 그로 인해 각 정체가 누릴 수 있는 자유가 어느 정도인지를 예측해 보고 싶다. 그러나 언제나 독자에게 할 일을 아무것도 남겨주지 않을 정도로 어떤 주제를 완전히 다 파헤쳐서는 안 된다. 읽게 하는 것이 아니라 생각하게 하는 것이 중요하다.

---

80 게르만족이 반란을 일으킨 것은 바로 바루스(Publius Quinctilius Varus, BC46
    ~AD9, 로마 제정 초기 정치가이자 장군으로 시리아 총독을 지낸 후 게르마니아
    에 부임했으나 게르만족과의 전투에서 패하여 자살했다__옮긴이 주)의 재판소 때
    문이었다고 알려져 있다.
81 폼페이우스 트로구스(Pompeius Trogus, 기원전 1세기 로마의 역사가이다. 그의
    저서로 가장 많이 알려진 것은 《필리포스의 역사》인데, 그 자체는 남아 있지 않고
    3세기에 유스티누스에 의해 초록이 만들어졌다__옮긴이 주)에서 인용한 연설로
    유스티누스 제 38편에 기록되어 있다.

제12편

시민과의 관계에서 정치적 자유를
구성하는 법

제1장 : 개요

국가 구조와의 관계에서 정치적 자유를 다룬 것으로는 충분하지 않
다. 그것을 시민과의 관계에서도 살펴보아야 한다.

첫 번째 경우에 나는 정치적 자유가 삼권의 배분에 의해 형성된다
고 말했다. 그러나 두 번째 경우에는 다른 관념에서 그것을 고찰해야
한다. 정치적 자유는 안전 혹은 자신이 안전하다고 생각하는 데에 있
다. 국가 구조는 자유롭지만 시민은 자유롭지 않은 경우가 생길 수도
있고, 시민은 자유롭지만 국가 구조는 그렇지 않은 경우도 있을 수 있
다. 그런 경우 국가 구조는 법률상 자유로우나 사실상 그렇지 않은 것
이고, 시민은 사실상 자유로우나 법률상 자유롭지 않은 것이다.

국가 구조와의 관계에서 자유를 형성하는 것은 법의 규정, 특히 기
본법의 규정밖에 없다. 그러나 시민과의 관계에서는 풍속, 예의범

절, 기존의 전례가 자유를 생겨나게 할 수 있다. 그리고 본편에서 고찰하게 될 테지만, 몇몇 시민법이 자유를 촉진할 수 있다.

게다가 대부분의 국가에서 자유는 국가 구조가 요구하는 것 이상으로 구속받고 타격받거나 실추되어 있으므로, 개별적인 법에 대해 이야기하는 것이 좋다. 즉, 각각의 국가 구조에서 저마다 받아들일 수 있는 자유의 원리에 도움이 되거나 타격을 주는 개별적인 법률 말이다.

제 2장 : 시민의 자유

철학적 자유는 자신의 의지 행사, 혹은 적어도 (모든 철학 체계에 대해 말해야 한다면) 자신의 의지를 행사하고 있다고 생각하는 데에 있다. 정치적 자유는 안전, 혹은 적어도 자신이 안전하다고 생각하는 데에 있다.

공적 혹은 사적인 고발만큼 이 안전을 위협하는 것은 없다. 따라서 시민의 자유는 주로 형법의 정당함에 달려 있다.

형법은 하루아침에 완성된 것이 아니다. 사람들이 자유를 가장 많이 추구한 곳에서도 늘 자유가 발견된 것은 아니었다. 쿠마이에서는 고발자의 친족이 증인이 될 수 있었다고 아리스토텔레스는 말한다.[1] 로마 왕정에서는 법이 어찌나 불완전했는지 세르비우스 툴리우스가 자신의 장인인 왕[2]을 암살했다고 고발된 앙쿠스 마르키우스(1)의 두

---

1 《정치학》, 제 2편.

아들에게 직접 판결을 내렸다. 프랑크 왕국 초기에 클로타리우스(2)는 피고가 심문도 받지 않고 유죄 선고를 받을 수 없도록 법을 정했다.3 이것은 어떤 특수한 경우 혹은 어떤 야만족에는 그와 반대의 관행이 있었다는 것을 증명해 준다. 위증(僞證)에 대한 재판을 도입한 것은 카론다스(3)였다.4 시민의 결백이 보장되지 않으면 자유도 보장되지 않는다.

형사재판에서 지킬 수 있는 가장 확실한 규칙에 대해 몇몇 나라에서 얻은 지식, 그리고 앞으로 다른 나라에서도 얻게 될 지식은 이 세상 어떤 것보다도 가장 인류의 관심을 끄는 것이다.

그 지식의 실천을 토대로 해야만 자유가 구축될 수 있다. 그 점에 관해 최선의 법을 가진 나라에서라면, 재판받고 내일 교수형에 처해질 사람이라 하더라도 터키의 파샤보다 더 자유로울 것이다.

제 3장 : 같은 주제 계속

단 한 명의 증인의 증언을 토대로 어떤 사람을 사형에 처하는 법은 자유에 치명적이다. 이성적으로는 두 명의 증인이 요구된다. 긍정하는 증인과 부정하는 피고가 동수를 이루므로 문제를 해결하기 위해 제3

---

2   타르퀴니우스 프리스쿠스를 말한다. 할리카르나소스의 디오니시오스, 제4편 참조.
3   560년의 법.
4   아리스토텔레스, 《정치학》, 제2편, 제12장. 그는 투리이(고대 그리스의 식민지 도시로서 이탈리아반도 남단에 있으며 투리움으로도 불린다_옮긴이 주)의 제84회 올림픽에서 법을 제시했다.

자가 필요하기 때문이다.

그리스인5과 로마인6은 유죄를 선고하기 위하여 한 표 더 많은 것을 요구했다. 우리 프랑스법은 두 표 더 많은 것을 요구한다. 그리스인은 그들의 관례가 신에 의해 확립된 것이라고 주장했지만,7 신에 의해 확립된 것은 우리의 관례이다.

제 4장 : 자유는 형벌의 성질과 비례에 의해 촉진된다

형법이 죄의 고유한 본질에서 각각의 형벌을 끌어낼 때 자유가 승리한다. 모든 자의(恣意)는 멈추고, 형벌은 입법자의 일시적 기분이 아니라 사물의 본질에서 나온다. 그리고 사람이 사람에게 폭력을 가하지 않게 된다.

네 가지 종류의 범죄가 있다. 종교에 타격을 가하는 범죄, 풍속을 해치는 범죄, 평온을 해치는 범죄, 시민의 안전을 해치는 범죄가 그것이다. 부과되는 형벌은 각 종류의 본질에서 유래되어야 한디.

나는 종교에 관련된 범죄의 부류에는 직접 종교를 공격하는 것만 포함시키고자 한다. 단순한 신성모독 행위가 모두 여기에 해당한다. 종교적 실천을 방해하는 범죄는 본질적으로 시민의 평온과 안전을 해

---

5   아리스테이데스(Aelius Aristeides, 117~181, 그리스 소피스트이자 수사학자로
    50여 편의 연설문을 남겼다_옮긴이 주) "미네르바에게 바치는 기도"(Orat. in
    Minervam) 참조.
6   할리카르나소스의 디오니시오스, 제 7편, 코리올라누스 재판에 대하여.
7   Minervæ calculus(미네르바의 표결).

치는 범죄에 속하므로 그 부류에 넣어야 하기 때문이다.

단순한 신성모독에 대한 형벌이 그 본질에서 끌어낸 것이 되려면, 8 종교가 제공하는 모든 이점을 박탈하는 것으로 이루어져야 한다. 즉, 사원으로부터 추방, 일시적 혹은 영구적으로 신도 모임에서 배제, 그들의 존재 기피, 축성 취소, 증오, 탄원 등과 같은 것이다.

국가의 평온이나 안전을 방해하는 일에서는 숨겨진 행위도 인간의 재판 관할에 속한다. 그러나 신을 모욕하는 일에서는 공개적으로 드러난 행위가 없으면 범죄 사실도 없다. 그런 경우에는 모든 것이 인간과 신 사이에서 진행되는데, 신은 복수의 수단과 시기를 알고 있다. 만일 사법관이 상황을 혼동하여 숨겨진 신성모독까지 조사한다면, 수사가 필요하지 않은 종류의 행동에 대해 수사하는 것이다. 그는 소심하든 대담하든 열정으로 무장하고 시민에 맞서 시민의 자유를 파괴하게 된다.

신을 위해 복수해야 한다는 생각에서 폐단이 비롯된다. 그러나 신은 찬양해야 하는 대상이지 결코 복수해 주어야 하는 대상이 아니다. 사실 후자와 같은 생각에 이끌린다면, 형벌의 목적이 무엇이 될 수 있겠는가? 만약 인간의 법이 무한한 존재의 복수를 해야 한다면, 법은 인간 본성의 나약함과 무지와 변덕이 아니라 그 존재의 무한성을 따

---

8   성왕 루이(Louis IX, 1214~1270, 1226년에 왕위에 올라 43년이 넘는 동안 통치했다. 생전에 성인으로 여겨졌던 그는 1297년 가톨릭교회에 의해 시성되었다＿옮긴이 주) 는 신성모독적인 말을 하는 사람을 너무 지나치게 처벌하는 법을 만들어서, 교황은 그 점에 대해 그에게 주의를 주지 않을 수 없다고 생각했다. 이 군주는 자신의 종교적 열의를 억누르고 법을 완화시켰다. 그의 칙령을 참조할 것.

라야 할 것이다.

프로방스의 한 역사가[9]는 신을 위해 복수한다는 생각에서 뒤떨어진 지성을 지닌 사람들이 어떤 일을 저지를 수 있는지를 매우 잘 보여주는 한 가지 사실을 보고하고 있다. 성모(聖母)를 모욕했다고 고발당한 한 유대인이 살가죽을 벗기는 형을 선고받았다. 복면을 한 기사들이 직접 성모의 명예를 위해 복수하려고 손에 단도를 든 채 처형대로 올라가서 사형집행인을 쫓아냈다 … 나는 독자 여러분의 생각을 예견하고 싶지 않다.

두 번째 부류는 풍속에 어긋나는 범죄이다. 공적 혹은 사적인 절제의 위반이 여기에 해당한다. 즉, 감각기능과 육체의 결합에 결부된 쾌락을 누리는 방법에 관한 규율을 위반하는 것이다. 이 범죄의 형벌도 사물의 본성에서 끌어낸 것이어야 한다. 풍속의 순수함에 대해 사회가 부여한 이점 박탈, 벌금, 수치, 숨기도록 강요, 공개적 치욕, 도시와 사회 밖으로의 추방, 요컨대 경범죄 재판에 속하는 모든 형벌이 남녀의 무모함을 억압하기에 충분하다. 사실 이런 것들은 악의보다는 자기 자신에 대한 망각 혹은 무시를 토대로 한 것이다.

여기서는 오직 풍속에 관련되는 범죄만 문제로 삼고, 유괴나 강간과 같이 공공의 안전까지 해치는 범죄는 포함되지 않는다. 그것은 네 번째 종류에 속한다.

세 번째 부류의 범죄는 시민의 평온을 해치는 것이다. 그에 대한 형벌은 사물의 본성에서 끌어낸 것이어야 하므로 이 평온과 관계된

---

9 부즈렐 신부.

것이어야 한다. 투옥, 추방, 징계, 그밖에 불안한 인심을 회복시키고 기존의 질서로 돌아가게 만드는 형벌과 같은 것이다.

나는 평온을 해치는 범죄를 단순한 규율 위반으로 한정한다. 평온을 깨뜨리면서 동시에 안전도 위협하는 범죄는 네 번째 부류에 속하기 때문이다.

이 마지막 부류의 범죄에 대한 형벌은 체형(體刑)이라 불리는 것이다. 그것은 가해자에게 피해자와 같은 정도의 고통을 주는 탈리온의 일종으로, 사회의 안전을 빼앗거나 혹은 다른 시민의 안전을 빼앗으려고 한 시민에게 사회가 안전을 거부하는 것이다. 이 형벌은 사물의 본성에서 끌어낸 것으로 이성과 선악의 원천에 따른 것이다.

타인의 생명을 빼앗거나 빼앗으려 시도했을 정도로 안전을 위반한 시민은 사형당해 마땅하다. 이런 사형은 병든 사회의 치료제와 같다. 재산에 대한 안전을 침해할 때도 사형으로 처벌해야 하는 이유가 있을 수 있다. 그러나 재산의 안전을 해치는 범죄는 재산의 상실로 처벌되는 것이 아마 더 적당하고 사리에도 더 맞을 것이다. 공유재산이나 대등한 재산이 있다면 당연히 그렇게 되어야 할 것이다. 그러나 대개 재산이 없는 자가 타인의 재산을 해치게 되므로 벌금형에 체형을 보충해야 했다.

내가 말한 이 모든 것은 자연에 따른 것이고 시민의 자유에 매우 유리한 것이다.

제5장 : 특히 절제와 신중이 필요한 몇몇 고발

마법과 이단에 대한 기소는 매우 신중해야 한다는 것은 중요한 원칙이다. 이 두 범죄에 대한 고발은, 만약 입법자가 그것을 제한하지 못하면, 극도로 자유를 해치고 수많은 폭정의 원천이 될 수 있다. 그것은 어떤 시민의 행동을 직접 고발하는 것이 아니라 그 시민의 성격에 대해 사람들이 품고 있는 생각을 근거로 한 고발이므로 사람들의 무지에 비례해서 위험하게 되기 때문이다. 그런 경우 시민은 언제나 위험에 처해 있다. 이 세상에서 가장 훌륭한 행동도, 가장 순수한 도덕도, 모든 의무의 실천도 이런 죄에 대한 혐의를 벗겨준다고 보장하지 못하기 때문이다.

마누엘 콤네노스(4) 치하에서, '항의자'는 황제에 대한 음모를 꾸몄고 그것을 위해 사람들을 눈에 보이지 않게 만드는 어떤 비법을 썼다고 고발되었다.10 이 황제의 전기에는 악마군단을 나타나게 한다는 솔로몬의 책을 읽다가 붙잡힌 아론에 관한 이야기도 있다.11 그런데 마법에는 지옥을 무장시키는 힘이 있다는 전제에서 출발하여, 사람들은 마법사라 불리는 자를 사회를 어지럽히고 전복시키는 데 가장 적합한 인물로 간주하고 극도의 엄벌에 처하는 경향이 있다.

마법에 종교를 파괴하는 힘이 있다고 생각할 때 분노는 더 커진다.

---

10 니케타스(Niketas, 1150~1213, 비잔티움 제국의 정치가이자 역사가_옮긴이 주), 《마누엘 콤네노스의 생애》, 제4편.

11 위의 책.

콘스탄티노폴리스의 역사12에 의하면, 어떤 개인의 마법 때문에 기적이 멈췄다는 계시를 주교가 받았는데 이 계시를 근거로 그 개인과 그의 아들이 사형에 처해졌다고 한다. 이 범죄는 참으로 많은 불가사의 한 일에 의존하고 있지 않은가? 즉 계시를 받는 것이 보기 드문 일이 아니라는 것, 주교가 그중 하나의 계시를 받았다는 것, 그것이 진짜라는 것, 기적이 있었다는 것, 그 기적이 멈췄다는 것, 마법이 있었다는 것, 마법이 종교를 전복시킬 수 있다는 것, 그 개인이 마법사라는 것, 그리고 마지막으로 그가 마법 행위를 했다는 등의 불가사의 말이다.

테오도로스 라스카리스 황제(5)는 자신의 병을 마법의 탓으로 돌렸다. 그로 인해 고발된 사람들은 뜨거운 쇠를 만지고도 데지 않는 것이외에는 누명을 벗을 방법이 없었다. 그러니까 그리스인에게는 마법에 대해 자신의 무죄를 증명하기 위해서 마법사가 되는 편이 좋았을 것이다. 그들의 지나친 우매함으로 인해 이 세상에서 가장 불확실한 범죄에 가장 불확실한 증거를 결부시킨 것이다.

장신왕 필리프(6) 치하에서는 유대인들이 나병 환자들을 시켜 샘물에 독을 탔다는 이유로 고발되어 프랑스에서 추방되었다. 이 불합리한 고발을 보면, 공공의 증오를 토대로 하는 모든 고발을 의심하지 않을 수 없다.

여기서 나는 이단을 처벌해서는 안 된다고 말하는 것이 아니다. 다

---

12 테오필라크토스(Theophylaktos, 7세기 초 비잔티움의 역사가_옮긴이 주), 《마우리키우스 황제의 역사》, 제11장.

만 처벌을 매우 신중하게 해야 한다고 말하는 것이다.

제 6장 : 자연에 반하는 죄

나는 종교, 도덕, 정치가 잇달아 단죄하는 죄에 대한 사람들의 혐오를 감소시키려는 것이 결코 아니다. 그 죄가 단지 남녀 중 어느 한쪽 성에 다른 성의 약점을 부여함으로써 수치스러운 젊은 시절을 거쳐 추한 노년으로 이끄는 것에 불과할지라도 그것은 금지되어야 한다. 내가 말하려는 것은 그 죄의 모든 오점을 조금도 감소시키지 않을 것이다. 다만 사람들이 그 죄에 대해 당연히 갖게 되는 혐오 자체를 남용하는 폭정을 비난하고자 할 뿐이다.

이 죄의 본성은 숨기는 것이므로 입법자들은 한 아이의 증언을 토대로 그 죄를 처벌한 일도 종종 있었다. 그것은 중상모략에 문을 활짝 열어놓는 것이었다. "유스티니아누스 황제는 이 죄에 관한 법을 공포했다. 그는 그 법이 공포된 이후뿐만 아니라 그 이전에도 그런 죄를 저지른 자들을 찾아내게 했다. 한 사람의 증언, 때로는 한 아이나 노예 한 명의 증언으로도 충분했다. 특히 부자와 녹색당에 속하는 사람들에 대해서는 더욱 그랬다"라고 프로코피우스는 말했다. 13

마법, 이단, 자연에 반하는 죄, 이 세 가지 죄가 모두 화형(火刑)으로 처벌된 것은 기이한 일이다. 첫 번째 죄에 대해서는 그것이 존재하지 않는다는 것, 두 번째 죄에 대해서는 수많은 구별과 해석과 제한

---

13 《비사(秘史)》.

이 가능하다는 것, 세 번째 죄에 대해서는 모호할 때가 매우 많다는 것이 입증될 수 있을 텐데 말이다.

분명히 말하는데, 자연에 반하는 죄는 사회에서 결코 크게 확대되지 않을 것이다. 젊은이들이 모두 나체로 운동하는 그리스에서처럼, 가정교육이 행해지지 않는 우리의 경우처럼, 어떤 사람들은 많은 아내를 두고 그녀들을 무시하는 반면 또 어떤 사람들은 아내를 가질 수 없는 아시아에서처럼, 사람들이 어떤 관습에 의해 그런 죄를 저지르도록 이끌리지 않는다면 말이다. 우리는 이 죄가 발생하지 않게 해야 하고, 모든 풍속 위반과 마찬가지로 정확한 규율에 의해 그것을 금지해야 한다. 그러면 곧 자연이 자신의 권리를 옹호하거나 회복하는 것을 보게 될 것이다. 부드럽고 사랑스럽고 매력적인 자연은 쾌락을 아낌없이 뿌려 놓았다. 그리고 우리를 희열로 가득 채워주면서, 우리를 다시 태어나게 해주는 아이들을 통해 희열 자체보다 더 큰 만족을 얻도록 우리를 준비시킨다.

제 7장 : 불경죄

중국의 법은 황제에 대한 경의(敬意)가 없는 자는 누구든 죽음으로 처벌된다고 정해 놓았다. 그런데 그 법에는 경의가 없다는 것이 무엇인지 규정되어 있지 않으므로, 모든 것이 원하는 대로 사람의 목숨을 빼앗고 가족을 몰살하기 위한 구실을 제공할 수 있다.

궁정 신문을 만드는 직책을 맡은 두 사람은 어떤 사실에다가 사실이 아닌 정황을 가미했는데, 궁정 신문에 거짓을 싣는 것은 궁정에 대해 경의가 없는 것으로 여겨져서 사형에 처해졌다. 14 어떤 황족은 황제가 주필(朱筆)로 서명한 회상록에 실수로 메모를 한 탓에 황제에 대한 경의가 없다고 결정되었다. 그로 인해 그 가족은 역사상 유례없는 끔찍한 박해를 받았다. 15

불경죄가 명확하지 않으면 정체가 전제주의로 변질되기에 충분하다. 그 점은 '법의 제정'에 관한 편에서 더 자세히 다룰 것이다.

제 8장 : 신성모독죄와 불경죄라는 명칭의 잘못된 적용

불경죄가 아닌 행동에 대해 불경죄라는 명칭을 부여하는 것은 심한 남용이다. 황제들의 어떤 법16은 군주의 판결을 문제 삼거나 어떤 직책을 위해 군주가 선택한 사람들의 재능을 의심하는 사람들을 신성모독으로 기소했다. 17 이 죄를 정한 것은 내각과 왕의 총신들이었다. 또 다른 법은 군주의 대신과 관리를 해치는 자들을 마치 군주 자신을 해치는 것처럼 불경죄를 범한 죄인으로 규정했다. 18 이 법은 역사상 나약하기로 유명한 두 군주19에게서 비롯된 것이다. 그 두 군주는 마

---

14 뒤 알드 신부, 제 1권, 43쪽.

15 파르냉 신부의 편지들, 《교훈적이고 신기한 편지들》에서.

16 그라티아누스 황제, 발렌티니아누스 황제, 테오도시우스 황제. 법전 de crim. sacril. 의 세 번째 것이다.

17 Sacrilegii instar est dubitare an is dignus sit quem elegerit imperator (황제가 선택한 사람의 능력을 의심하는 것은 신성모독에 해당한다), 위의 책. 이 법은 나폴리 헌법 제 4조에서 로제 법의 모델로 사용되었다.

18 제 5법, ad leg. Jul. maj.

치 양 떼가 목동에게 인도되듯 대신들에게 끌려다녔다. 그들은 궁정에서는 노예였고, 국가 회의에서는 아이였으며, 군대에는 이방인이었다. 그들은 단지 날마다 제국을 내어주었기 때문에 제국을 유지했을 뿐이다.

몇몇 총신이 황제에 대해 음모를 꾸몄다. 아니, 거기서 더 나아가 제국에 대해 음모를 꾸몄고 야만족을 제국으로 불러들였다. 사람들이 그 총신들을 막고자 했을 때, 국가가 너무 무력해서 그들을 처벌하기 위해서는 황제의 법을 위반하고 불경죄를 범하는 위험을 무릅써야 했다.

그 때문에 생크마르스(7) 사건에 대한 보고 책임자는 리슐리외 추기경을 국무에서 쫓아내려 한 생크마르스의 죄가 불경죄라는 것을 입증하고자 했을 때 바로 이 법을 토대로 다음과 같이 말했다. 20

"군주의 대신들에게 타격을 가하는 범죄는 황제의 헌법에 따라 황제에게 타격을 가하는 범죄와 같은 것으로 간주된다. 대신은 군주와 국가에 봉사하는 사람이다. 군주와 국가로부터 대신을 빼앗는 것은 군주에게서는 팔 하나를,21 국가로부터는 권력의 일부를 빼앗는 것과 마찬가지이다."

노예 상태가 이 땅에 도래한다면, 그와 똑같이 말했을 것이다.

---

19 아르카디우스와 호노리우스(Honorius, 5세기 초 서로마 제국의 황제로 아르카디우스의 동생이다＿옮긴이 주).

20 몽트레조르의 《회고록》, 제1권.

21 Nam ipsi pars corporis nostri sunt(그들 자체가 우리 몸의 일부이기 때문이다). 법전 ad leg. Jul. maj. 에 있는 동일한 법.

발렌티니아누스, (8) 테오도시우스, 아르카디우스의 또 다른 법22 은 화폐 위조자에게 불경죄를 선고한다. 그러나 이것은 사물의 관념을 혼동하는 것이 아닌가? 불경죄가 아닌 범죄에 불경죄라는 이름을 붙이면 불경죄에 대한 혐오가 줄어들지 않겠는가?

제9장 : 같은 주제 계속

파울리누스가 세베루스 알렉산데르 황제(9)에게 "황제의 칙령에 위배되는 판결을 내린 재판관을 불경죄로 기소할 작정"이라는 문서를 보내자, 황제는 "오늘날과 같은 시대에는 간접적인 불경죄는 더 이상 존재하지 않는다"라고 그에게 답장했다. 23

같은 황제에게 파우스티니안이 황제 폐하의 목숨을 걸고 자기 노예를 절대 용서하지 않겠다고 맹세한 탓에 불경죄를 범하지 않으려면 어쩔 수 없이 계속 화내야 한다고 써 보내자, 황제는 "그대는 쓸데없는 두려움을 가지고 있었소. 24 그리고 그대는 나의 원칙을 모르고 있었던 것이오"라고 답했다.

버려진 황제 동상을 녹인 자는 불경죄를 저지른 것이 아니라고 한

---

22 테오도시우스 법전의 아홉 번째 법 de falsa moneta이다.

23 Etiam ex aliis cuasis majestatis crimina cessant meo sæculo(나의 세대에서는 여러 가지 이유로 반역죄로 고발되는 것은 중단될 것이다). L. 1, Cod., ad leg. Jul. maj.

24 Alienam sectæ meæ sollicitudinem concepisti(그대는 내 성정에 대해 부적절한 불안을 느끼고 있다). L. 2, Cod., ad leg. Jul. maj.

원로원 의결에서 정해졌다. 25 세베루스 황제와 안토니누스 황제는 축성되지 않은 황제 동상을 판매한 자는 불경죄에 해당하지 않는다고 폰티우스에게 써 보냈다. 26 이 황제들은 또 우연히 황제의 동상에 돌을 던진 자는 불경죄로 기소되어서는 안 된다는 글을 율리우스 카시아누스에게 써 보냈다. 27 율리아 법에는 이런 종류의 수정이 필요했다. 그법은 황제의 동상을 녹인 자들뿐만 아니라 그와 유사한 행위를 한 자들도28 불경죄를 저지른 것으로 여겼고, 그로 인해 그 죄를 자의적인 것으로 만들었기 때문이다.

불경죄를 설정했을 때는 반드시 그 죄를 구별할 필요가 있었다. 그래서 법학자 울피아누스는 불경죄의 고발은 범인의 죽음으로 소멸되지 않는다고 말한 후, 그것은 율리아 법에 의해 정해진 모든 불경죄29와는 관계가 없고, 제국이나 황제의 목숨에 대한 테러에 해당하는 불경죄에만 관계된다고 덧붙였다.

---

25 제4법, ff. ad leg. Jul. maj. 참조.
26 제5법, ff. ad leg. Jul. maj. 참조.
27 위의 책.
28 Aliudve quid simile admiserint(비슷한 일을 저지른 사람들). Leg. 6, ff. ad. leg. Jul. maj.
29 마지막 법 ff. ad. leg. Jul., de adulteriis에서.

제 10장 : 같은 주제 계속

헨리 8세 치하에서 가결된 영국의 법은 왕의 죽음을 예언하는 사람들을 모두 대역죄로 선고했다. 이 법은 매우 모호했다. 전제주의는 몹시 무서운 것이어서 그것을 실행하는 사람들에게까지 해를 입힌다. 이 왕이 마지막 병을 앓고 있을 때 의사들은 그가 위험하다는 것을 감히 말하려 하지 않았다. 그들의 행동은 당연했다. 30

제 11장 : 생각

마르샤스라는 사람이 디오니시오스(10)의 목을 베는 꿈을 꾸었다. 31 디오니시오스는 낮에 그런 생각을 하지 않았다면 밤에 그런 꿈을 꿀리가 없다고 말하면서 그를 죽이게 했다. 이것은 대단한 폭정이었다. 설령 그가 그런 생각을 했더라도 시도한 것은 아니었기 때문이다. 32 법은 밖으로 드러난 행동에 대해서만 처벌할 임무가 있다.

---

30 버넷(Gilbert Burnet, 1643~1715, 스코틀랜드의 역사가_옮긴이 주), 《종교개혁사》 참조.
31 플루타르코스, "디오니시오스의 생애".
32 생각이 어떤 행동으로 나타나야 한다.

제 12장 : 경솔한 말

경솔한 말이 불경죄의 원인이 될 때만큼 불경죄를 자의적으로 만드는
것은 없다. 말이란 여러 해석이 가능한 것으로, 경솔함과 악의 사이
에는 엄청난 차이가 있다. 하지만 경솔함과 악의가 사용하는 표현은
별로 차이가 없으므로, 법은 처벌받아야 할 말을 분명하게 밝히지 않
는 한 말을 가지고 사형을 선고할 수 없다. 33

 말은 범죄의 구성 사실이 되지 못한다. 그것은 다만 생각 속에 남
아 있을 뿐이다. 대부분의 경우 말은 그 자체로는 의미를 갖지 않고
그것이 말해지는 어조에 의해 의미를 갖는다. 똑같은 말을 해도 의미
가 다른 경우도 종종 있다. 말의 의미는 말이 다른 것들과 맺는 관계
에 달려 있다. 때때로 침묵이 모든 말보다 너 많은 것을 표현하기도
한다. 이 모든 것처럼 애매모호한 것은 없다. 그러니 어떻게 말을 가
지고 불경죄가 성립될 수 있겠는가? 어디든 그런 법이 만들어진 곳이
라면 자유는 더 이상 존재하지 않을 뿐만 아니라 그 그림자조차 찾아
볼 수 없다.

 작고한 러시아 여제(11)가 돌고루키 가문을 탄핵하며 발표한 성명
서를 보면, 34 그 가문의 공작 한 명은 그녀에 관하여 무례한 말을 한

---

33 "Si non tale sit delictum, in quod vel scriptura legis descendit, vel ad
exemplum legis vindicandum est(법에 문구로 적혀 있거나 예시로 제시되어 있
지 않은 한 그것은 범죄로 처벌될 수 없다)"라고 모데스티누스(Modestinus, 3세
기 전반의 로마 법학자__옮긴이 주)는 제7법, ff. ad. leg. Jul. maj.에서 말하
였다.

것 때문에 사형을 선고받았고, 다른 한 명은 제국을 위한 그녀의 현명한 조치를 악의적으로 해석하고 그녀의 신성한 일신을 정중하지 못한 말로 모욕한 것 때문에 사형에 처해졌다.

나는 군주의 명예를 훼손하려는 자들에 대해 사람들이 당연히 갖게 되는 분노를 약화시키려는 것이 아니다. 그러나 전제정체를 완화시키고 싶다면, 이런 경우에는 불경죄로 고발하는 것보다 단순한 경범죄 처벌이 더 적합하다고 말하고자 한다. 불경죄로 고발되는 것은 결백한 사람에게도 언제나 무서운 것이다. 35

행동은 날마다 일어나지 않아도 많은 사람의 눈에 띌 수 있다. 그래서 사실에 대한 잘못된 고발은 쉽게 밝혀질 수 있다. 어떤 행동에 결부된 말은 그 행동과 같은 성질을 가지고 있다. 그러므로 공공 광장에서 신민들에게 반란을 부추기는 자는 불경죄를 저지르는 것이다. 말이 행동에 결부되어 있고 행동에 가담하기 때문이다. 이 경우 처벌받는 것은 말이 아니라 그 말이 사용되는 범죄 행위이다. 말은 범죄 행위를 준비하고 그것을 수반하거나 그것에 따르는 때에만 범죄가 된다. 만약 말을 사형죄의 표식으로 보지 않고 사형죄로 본다면 모든 것이 뒤죽박죽된다.

테오도시우스 황제, 아르카디우스 황제, 호노리우스 황제는 근위대장 루피누스에게 다음과 같은 글을 써 보냈다.

---

34 1740년.

35 Nec lubricum linguæ ad pœnam facile trahendum est (말의 속임수를 밝히는 것은 절대로 쉽지 않다). 모데스티누스, 제7법, ff. ad leg. Jul. maj.

"만약 누군가 나의 일신 혹은 나의 정부에 대해 욕을 한다 해도, 나는 그를 처벌하지 않겠다. 36 그가 경솔해서 한 말이라면, 그를 경멸해야 한다. 그가 광기에 사로잡혀 한 말이라면 그를 불쌍히 여겨야 하고, 그것이 모욕이라면 용서해야 한다. 그러므로 그대는 그 일을 그대로 내버려 두고 내게 보고만 하도록 하라. 그러면 내가 인물을 보고 말을 판단하고, 그 말을 재판에 넘길 것인지 아니면 무시할 것인지 생각할 것이다."

제13장 : 글

글은 말보다 더 항구적인 뭔가를 내포하고 있다. 그러나 글이 불경죄의 음모를 꾸미는 것이 아니라면, 그것은 불경죄에 해당하지 않는다.

그렇지만 아우구스투스와 티베리우스는 글에 불경죄의 형벌을 부여했다. 37 아우구스투스는 저명한 남성과 여성을 비판하는 글에 대해서, 티베리우스는 자기 자신을 비판하는 것이라고 여긴 글에 대해서 그렇게 했다. 로마의 자유에 이보다 더 치명적인 것은 없었다. 크레무티우스 코르두스(12)는 그의 연대기에서 카시우스를 '마지막 로

---

36 Si id ex levitate processerit, contemnendum est; si ex insania, miseratione dignissimum; si ab injuria, remittendum (만일 그것이 경솔함에서 나왔다면 경멸받아야 하고, 정신이상에서 나온 것이라면 동정받아야 하고, 모욕하려고 한 것이라면 용서받아야 한다). Leg. unicâ, Cod., si quis imperat. maled.

37 타키투스, 《연대기》, 제1편. 그것은 다음의 여러 황제 치하에서도 계속되었다. 법전 de famosis libellis에서 첫 번째 법 참조.

마인'이라고 불렀기 때문에 고발되었다. **38**

전제국가에서는 풍자적인 글이 거의 발견되지 않는다. 전제국가에서는 한편으로는 낙담, 다른 한편으로는 무지로 인해 그런 글을 쓸 재능도 의지도 생기지 않는다. 민주정체에서는 일인 통치에서 그것을 금지하는 것과 같은 이유로 금지하지 않는다. 보통 풍자적인 글은 세력가들을 대상으로 창작되므로, 민주정체에서는 통치하는 인민의 짓궂은 장난기와 영합한다. 군주정체에서는 풍자적인 글을 금지한다. 그러나 범죄라기보다는 단속의 대상으로 금지한다. 그런 글은 일반적인 장난기를 즐겁게 해주고, 불만 있는 사람들을 위로해 주고, 지위에 대한 부러움을 약화시켜 주고, 인민에게 고통을 인내하고 고통에 대해 웃어넘기게 해줄 수 있다.

귀족정체는 풍자적인 저서를 가장 심하게 금지하는 정체이다. 귀족정체에서 행정관은 작은 군주이므로 모욕을 무시할 수 있을 만큼 그리 대단하지 않다. 군주정체에서는 군주를 향해 화살이 날아간다 해도 그가 워낙 높이 있어서 그에게까지 이르지 못한다. 그러나 귀족정체의 지배자는 완전히 관통당하고 만다. 그래서 귀족정체를 구성하는 10인 위원들은 풍자적인 글을 사형으로 처벌했다. **39**

---

38 타키투스, 《연대기》, 제4편.
39 12표법.

제14장 : 범죄 처벌에서 수치심의 침해

세계의 거의 모든 민족에게서 지켜지는 수치심의 규칙이 있다. 언제나 질서 회복을 목적으로 해야 하는 범죄 처벌에 있어 그 규칙을 위반하는 것은 사리에 어긋나는 일이다.

끔찍한 종류의 형벌을 위해 길들인 코끼리에게 여자를 내맡겼던 동양인들은 법에 의해 법을 위반하고자 했던 것일까?

로마인의 옛 관습은 결혼 적령기에 이르지 않은 여자를 죽이는 것을 금지했다. 티베리우스는 그런 여자들을 형장으로 보내기 전에 사형집행인이 강간하게 하는 편법을 생각해 냈다. 40 교활하고 잔인한 폭군이었다! 그는 관습을 유지하기 위해 풍속을 파괴한 것이다.

일본의 사법 당국이 공공 광장에 나체의 여자를 드러내 놓고 짐승처럼 기어가게 했을 때, 사람들의 수치심을 전율시켰다. 41 그러나 어머니에게 강제로 … 아들에게 강제로 … 차마 끝까지 말하지 못하겠는데, 아무튼 그렇게 했을 때는 자연 자체를 전율시켰다. 42

---

40 수에토니우스, "티베리우스의 생애".
41 《동인도회사 설립에 도움을 준 여행기 모음집》, 제5권, 제2부.
42 위의 책, 496쪽.

제15장 : 주인을 고발하기 위한 노예해방

아우구스투스는 자신에게 음모를 꾸민 자들의 노예들이 주인에게 불리한 증언을 할 수 있도록 그들을 공매(公賣)하게 정했다.[43] 중대한 범죄를 발견할 수 있게 해주는 것은 무엇이든 소홀히 해서는 안 된다. 그러므로 노예가 있는 국가에서는 당연히 그들이 밀고자가 될 수 있다. 그러나 그들은 증인이 될 수는 없다.

빈덱스는 타르퀴니우스의 복위 음모를 밀고했다. 그러나 그는 브루투스의 아들들이 저지른 범죄에 대한 증인이 될 수는 없었다. 조국에 그토록 큰 공헌을 한 자에게 자유를 주는 것은 정당한 일이었다. 그러나 그가 조국에 그런 공헌을 하게 하려고 자유가 주어진 것은 아니었다.

그리하여 타키투스 황제(13)는 불경죄라 할지라도 노예는 자기 주인에게 불리한 증인이 되지 못한다고 규정했다.[44] 이 법은 유스티니아누스 법전 편찬에는 포함되지 않았다.

---

43 디오, 크시필리노스(Xiphilinos, 11세기 말 비잔티움의 역사가이자 저자로 디오의 저서의 요약본을 작성했다_옮긴이 주)에서.

44 플라비우스 보피스쿠스(Flavius Vopiscus, 《로마 황제열전》의 필사본에 4세기 초의 지은이로 실려 있는 6명 중 한 명_옮긴이 주), "타키투스의 생애"에서.

제 16장 : 불경죄에서의 비방

로마 황제들을 올바르게 평가해야 한다. 그들이 만든 한심한 법을 제일 먼저 생각해 낸 사람은 그들이 아니었다. 비방자를 처벌해서는 안 된다고 그들에게 알려준 사람은 바로 술라였다. 45 얼마 뒤에는 비방자에게 보상까지 하게 되었다. 46

제 17장 : 음모의 폭로

"네 형제나 아들이나 딸이나 사랑하는 아내나 영혼과도 같은 친구가 너에게 은밀히 '다른 신들에게 가자'라고 말하거든, 너는 그를 돌로 쳐 죽일지어다. 처음에는 네가 먼저 그에게 손을 대고, 그다음에 모든 사람이 손을 대도록 하라."

이 〈신명기47〉 법은 우리가 아는 대부분의 민족에게 시민법이 될 수 없다. 그 법은 모든 범죄가 일어날 수 있도록 문을 열어 놓을 터이

---

45 술라는 불경죄를 만들었는데, 그에 관해서는 키케로의 《연설문》에 언급되어 있다. "클루엔티우스 변호문"(pro Cluentio) 제 3항, "피소 반박문"(in Pisonem) 제 21항, 베레스를 고발하는 두 번째 연설 제 5항, 《서한집》 제 3편 두 번째 편지. 카이사르와 아우구스투스가 그것을 율리아 법에 집어넣었고, 다른 사람들이 거기에 더 덧붙였다.

46 Et quo quis distinctior accusator, eo magis honores assequebatur, ac veluti sacrosanctus erat(정보제공자가 더 유명하면 더 많은 영예를 얻었다. 그는 지극히 신성한 존재나 다름없었다). 타키투스.

47 제 13장, 6절~9절(한국어 성경의 내용보다 훨씬 더 간략한데, 한국어 성경의 〈신명기〉에 나온 표현을 그대로 인용하지 않고 원서를 번역했다_옮긴이 주).

기 때문이다.

자신이 가담하지도 않은 음모를 폭로하지 않으면 사형에 처한다고 명령하는 몇몇 나라의 법은 그에 못지않게 가혹하다. 군주정체에서 그런 법을 제정할 때는 그 법에 제한을 가하는 것이 지극히 옳다.

그 법은 최고의 불경죄에 대해서만 엄격하게 적용되어야 한다. 그런 나라에서는 불경죄의 여러 등급을 혼동하지 않는 것이 매우 중요하다.

법이 인간 이성의 모든 관념을 뒤엎는 일본에서는 가장 평범한 사건에도 폭로하지 않는 죄가 적용된다. 한 견문기는 못이 잔뜩 박힌 상자 안에 죽을 때까지 갇혀 있던 두 여자에 대해 우리에게 말해준다. 48 한 여자는 연애 사건을 저질렀다는 이유였고, 다른 한 여자는 그것을 폭로하지 않았기 때문이었다.

제18장 : 공화정체에서 불경죄를 지나치게 벌하는 것이 얼마나 위험한가

어떤 공화국이 나라를 전복시키려고 했던 사람들을 섬멸하게 되었을 때는 복수나 형벌, 그리고 보상마저도 서둘러 끝내야 한다.

몇몇 시민의 수중에 큰 권력을 주지 않고는 대규모의 처벌도 할 수 없고 따라서 큰 변혁도 할 수 없다. 그러므로 그런 경우에는 많이 처벌하는 것보다 많이 용서하는 것이 더 낫고, 많이 추방하는 것보다 거

---

48 《동인도회사 설립에 도움을 준 여행기 모음집》, 제2부, 제5편, 423쪽.

의 추방하지 않는 것이 더 나으며, 재산 몰수를 늘리는 것보다 재산을 그대로 내버려 두는 것이 더 낫다. 그렇지 않으면 공화국의 복수를 한다는 핑계로 복수자들의 폭정이 수립될 것이다. 반란을 일으킨 자가 아니라 반란을 없애는 것이 중요하다. 법이 모든 것을 보호하고 누구도 공격하지 않는 정체의 일상 궤도로 최대한 빨리 돌아가야 한다.

그리스인은 '폭군' 또는 '폭군이라는 혐의'를 두었던 자들에게 행한 복수에 제한을 두지 않았다. 그들은 아이들을 죽이고[49] 때로는 가장 가까운 친척 중 5명을 죽이기도 했다.[50] 그들은 수많은 가족을 추방했다. 그로 인해 그들의 공화국은 흔들리게 되었다. 추방 혹은 추방자의 귀환은 언제나 국가의 구조가 바뀌는 것을 나타내는 시기였다.

로마인은 더 현명했다. 카시우스가 참주 정치를 꾀한 것 때문에 유죄판결을 받았을 때, 그의 자식들을 죽일 것인지가 문제가 되었는데 그들은 아무 처벌도 받지 않았다. "마르시족[14]의 전쟁과 내전이 끝난 후 이 법을 변경하고 술라에 의해 추방된 자들의 자식들을 공직에서 배제하려던 사람들은 큰 잘못을 저지른 것이다"라고 할리카르나소스의 디오니시오스는 말했다.[51]

마리우스와 술라의 전쟁을 보면, 로마인의 정신이 어느 정도로까지 점점 타락했는지 알 수 있다. 그토록 참담한 일은 더 이상 되풀이

---

49 할리카르나소스의 디오니시오스, 《고대 로마》, 제8편.
50 Tyranno occiso, quinque ejus proximos cognatione magistratus necato (폭군을 죽이고 나면, 사법관은 폭군의 가장 가까운 친척 5명을 죽일 것이다). 키케로, 《발견에 대하여(De inventione)》, 제2편.
51 제8편, 547쪽.

되지 않으리라고 생각했다. 그러나 삼두정치하에서 사람들은 더 잔인하면서도 덜 잔인하게 보이기를 원했다. 잔인함이 사용한 궤변을 보면 유감스럽다. 아피아노스(15)의 저서에는 추방에 대한 관례적 표현이 나와 있는데, 52 그것을 보면 마치 거기에 공화국의 이익 이외에 다른 목적은 전혀 없는 것처럼 보인다. 어찌나 냉정함을 이야기하고 그 이점을 제시하는지 말이다. 그들이 취하는 수단은 다른 수단보다 더 바람직한 것으로, 부자들은 안전하고 평민은 평온할 것이며, 시민의 생명이 위험에 처하지 않도록 염려하고 병사들을 달래려고 한다는 것이다. 요컨대 사람들이 행복해진다는 것이다. 53

레피두스(16)가 스페인을 물리쳤을 때 로마는 피로 범람했다. 그런데 그는 추방되고 싶지 않으면 기뻐하라는 명령을 내렸다. 54 그것은 전례를 찾아볼 수 없을 만큼 터무니없는 짓이었다.

제19장 : 공화정체에서 자유의 행사는 어떻게 정지되는가

자유를 가장 중시하는 나라에는 모든 사람의 자유를 지키기 위하여 한 사람의 자유를 침해하는 법률이 있다. 영국의 이른바 사권(私權) 박탈법(17)이 그러하다. 55 그것은 한 개인의 처벌을 위해 제정된 아테

---

52 《내란기》, 제4편.
53 Quod felix faustumque sit (당신에게 행운과 길조가 있을 것이다).
54 Sacris et epulis dent hunc diem : qui secus faxit, inter proscriptos esto (이 날을 거룩하고 경사스럽게 할지어다. 그렇게 하지 않는 사람들은 추방될 것이다).
55 왕국의 재판소에서는 재판관이 납득할 수 있는 증거가 있다는 것만으로는 충분하

네의 법56과 유사하다. 아테네의 법은 시민 6천 명의 찬성투표로 만들어지는 것이 다를 뿐이다.

또 로마에서 개개의 시민에 대해 만들어진, '특별법'이라 불리는 법57과도 유사하다. 이 법은 오직 인민의 대회의에서만 만들어졌다. 그러나 인민이 어떤 방법으로 그 법을 만들든 키케로는 그것이 폐지되어야 한다고 했다. 법의 힘은 모든 사람에 대한 규정이라는 점에서만 존재하기 때문이다. 58 하지만 이제까지 이 땅에 있었던 가장 자유로운 민족의 관습을 보면, 솔직히 나는 신들의 동상에 덮개를 씌우듯 자유에 대해 잠시 베일을 씌워야 하는 경우가 있다고 생각한다.

지 않다. 그 증거가 형식에 맞는 것, 즉 법적인 것이어야 한다. 그리고 법은 피고에게 불리한 증인을 두 명 요구한다. 다른 증거만으로는 충분하지 않다. 그런데 이른바 중대한 범죄의 혐의가 있는 사람이 증인을 따돌릴 방법을 찾아내어 법에 의해 그에게 유죄판결을 내릴 수 없게 된다면, 그에 대한 특별 '사권박탈법'을 제정할 수 있다. 즉, 그의 일신에 대해 단독 법을 만드는 것이다. 그것은 다른 모든 '법안'과 마찬가지로 처리된다. 양원을 통과해야 하고 왕이 동의해야 한다. 그렇지 않으면 '법안', 즉 판결은 존재하지 않는다. 피고는 변호사를 통해 '법안'에 반대할 수 있고, 의회는 '법안'에 찬성하는 변론을 할 수 있다.

56 Legem de singulari aliquo ne rogato, nisi sex millibus ita visum(한 사람의 개인과 관련된 법은 6천 명의 사람들이 고려하지 않는 한 제안되어서는 안 된다). 안도키데스(Andokides, BC440~BC390경. 고대 그리스의 연설가로 기원전 5~6세기에 가장 훌륭한 아테네 연설자로 꼽히는 10명 안에 포함된다_옮긴이 주), "신비에 대하여"(de mysteriis). 이것이 바로 도편추방 제도이다.
57 De privis hominibus latæ(개인에 관한). 키케로, 《법률론》, 제3편.
58 Scitum est jussum in omnes(법은 모든 사람에 대한 것이다). 키케로, 위의 책.

제 20장 : 공화정체에서 시민의 자유에 유리한 법

민중적 나라에서는 고발이 공개적이고 누구나 원하는 사람을 고발할 수 있는 경우가 종종 생긴다. 그로 인해 시민의 결백을 보호하는 데 적합한 법이 만들어졌다. 아테네에서는 투표의 5분의 1의 찬성을 얻지 못한 고발자는 1천 드라크마의 벌금을 냈다. 크테시폰(18)을 고발한 아이스키네스는 벌금형에 처해졌다. 59 로마에서 부정한 고발자는 비열한 행위로 기록되고, 60 이마에 'K' 자가 새겨졌다. 그리고 고발자가 재판관이나 증인을 매수할 수 없도록 그에게 감시자를 붙였다. 61

피고가 판결받기 전에 기권하는 것을 허용한 아테네와 로마의 법에 대해서는 이미 말한 바 있다.

제 21장 : 공화정체에서 채무자에 대한 법의 가혹함

어떤 시민이 다른 사람에게 돈을 빌려줄 때, 상대방은 오직 소비를 위해 빌리는 것이므로 이미 그 돈을 가지고 있지 않을 때, 그는 이미 상대방에 대해 상당히 큰 우위를 획득하게 된다. 법이 이 예속 상태를

---

59 필로스트라토스, 《소피스트들의 생애》, 제1편, "아이스키네스의 생애" 참조. 플루타르코스와 포티오스(Photios, 9세기 비잔티움 제국의 학자이자 콘스탄티노폴리스의 총대주교__옮긴이 주)도 참조할 것.

60 렘니아(Remnia) 법에 의해.

61 플루타르코스, "적에게서 어떻게 이익을 얻을 수 있을까".

더 많이 증가시킨다면 공화국 안에서 어떤 일이 일어날까?

아테네와 로마에서 처음에는 돈을 갚을 수 없는 채무자를 파는 것이 허용되었다. 62 솔론은 아테네의 이런 관습을 교정하여 누구도 민사 채무 때문에 신체를 구속당하지 않는다고 정했다. 63 그러나 10인 위원은 로마의 관행을 똑같이 개혁하지 않았다. 64 그들은 눈앞에 솔론의 규정이 있었는데도 그것을 따르려고 하지 않았다. 12표법에서 민주주의 정신을 해치는 10인 위원의 의도를 볼 수 있는 것은 단지 이것뿐이 아니다.

채무자에 대한 이 잔인한 법은 여러 번 로마 공화국을 위태롭게 했다. 상처투성이의 한 남자가 채권자의 집에서 나와 광장에 나타났다. 65 사람들은 그 광경에 흥분했다. 채권자들이 더 이상 억류하지 못한 다른 시민들도 지하감옥에서 나왔다. 그들은 약속을 받아 냈으나, 그 약속은 지켜지지 않았다. 그러자 시민들은 성스러운 산으로 물러났다. 그들은 그 법을 폐지시키지는 못했지만, 그들을 옹호해 줄 행정관을 얻었다. 사람들은 무정부상태에서 빠져나왔지만, 참주 정치에 빠질 처지가 되었다. 만리우스가 대중의 인기를 얻기 위해 채권자들이 노예로 전락시킨 시민들을 채권자들의 손에서 끌어내려 한 것이다. 66 만리우스의 의도는 미리 간파되었지만, 해악은 줄곧 남아 있

---

62 빚을 갚기 위해 자식을 파는 사람들도 있었다. 플루타르코스, "솔론의 생애".

63 위의 책.

64 역사에 의하면 로마인의 이런 관행은 12표법 이전에 이미 확립되어 있었던 것 같다. 티투스 리비우스, 10편 묶음집 제1권, 제2편.

65 할리카르나소스의 디오니시오스, 《고대 로마》, 제6편.

었다. 몇몇 특별법에 의해 쉽게 지불할 수 있는 방법이 채무자들에게 제공되었고, **67** 로마력 428 (BC326) 년에는 채무자를 자기 집에 노예로 잡아 두는 권리**68**를 채권자에게서 빼앗는 법을 집정관들이 제정했다. **69** 파피리우스라는 고리대금업자는 철사로 묶어 놓았던 푸블리우스라는 한 젊은이의 정결을 더럽히려고 했다. 섹스투스의 범죄(19)는 로마에 정치적 자유를 주었고, 파피리우스의 범죄는 로마에 시민적 자유를 주었다.

옛날의 범죄로 인해 얻게 된 자유를 새로운 범죄가 확인시켜 주는 것이 이 도시의 운명이었다. 베르기니아에 대한 아피우스의 위해 행위는 인민에게 루크레티아의 불행으로 인해 느꼈던 폭군에 대한 공포를 다시금 느끼게 했다. 비열한 파피리우스의 범죄가 일어난 지 37년 후, **70** 동일한 범죄**71**가 일어나서 인민은 자니콜로 언덕 위로 물러났고**72** 채무자의 안전을 위해 만들어진 법이 새로운 힘을 회복하게 되었다.

---

66 플루타르코스, "푸리우스 카밀루스의 생애".

67 이 책 제 22편 제 22장을 볼 것.

68 Bona debitoris, non corpus obnoxium esset (채무자의 신체가 아니라 재산이 책임져야 하는 것이다). 티투스 리비우스, 제 8편.

69 12표법으로부터 120년 후. Eo anno plebi romanæ velut aliud initium libertatis factum est, quod necti desierunt (로마의 평민에게는 이 해가 자유의 또 다른 시작과 같았다. 그들이 빚 때문에 노예가 되는 일이 없어졌기 때문이다). 위의 책.

70 로마력 465 (BC289) 년.

71 베투리우스의 정결을 해친 플라우티우스의 범죄를 말한다. 발레리우스 막시무스, 제 6편. 이 두 사건을 혼동하면 안 된다. 그것은 같은 인물도 아니고 같은 시기도 아니다.

72 《덕과 악의 발췌본》에 나오는 할리카르나소스의 디오니시오스의 한 단편, 티투스 리비우스의 《요약서》 제 11편, 프라인스하임 제 11편을 참조할 것.

이때 이후로는 채무자가 돈을 갚지 않았다고 고소당하기보다 오히려 채권자가 고리대금 단속법을 위반했다고 채무자에게 고소당했다.

제 22장 : 군주정체에서 자유를 해치는 것

이 세상에서 군주에게 가장 무익한 것 때문에 종종 군주정체에서 자유가 약화되었다. 그것은 바로 한 개인을 재판하기 위해 때때로 임명된 위원들이다.

군주는 위원들로부터 거의 아무런 이익도 끌어내지 못하므로 그 때문에 사물의 질서를 변경할 필요가 없다. 그는 자신이 위원들보다 성실성과 정의감을 더 많이 가지고 있다고 마음속으로 확신한다. 위원들은 군주의 명령이나 막연한 국가의 이익에 의해, 자신이 선택되었다는 사실에 의해, 그리고 자신들의 두려움 자체에 의해 충분히 자신들이 정당하다고 믿는다.

헨리 8세 시대에 대귀족에 대한 소송이 벌어졌을 때, 상원에서 뽑힌 위원들을 통해 그를 재판하게 했다. 이런 방법으로 죽이고 싶은 대귀족을 모두 죽였다.

제 23장 : 군주정체에서의 밀정

군주정체에서 밀정(密偵)이 필요할까? 그것은 훌륭한 군주가 통상적으로 행하는 것은 아니다. 어떤 사람이 법에 충실하다면, 그는 군주에 대한 의무를 이행한 것이다. 적어도 그는 안식처로서 자기 집을 가져야 하고 그의 나머지 행동도 안전해야 한다. 정탐행위도 성실한 사람에 의해 행해진다면 어쩌면 용인될 수 있을지도 모른다. 그러나 불가피하게 그 사람은 비열할 수밖에 없고, 그것을 보면 그 일의 비열함도 판단할 수 있다.

군주는 신민에 대해 순수함과 솔직함과 신뢰를 가지고 행동해야 한다. 불안과 의심과 두려움을 많이 가진 군주는 자기 역할을 연기하면서 당황하는 배우와 같다. 대체로 법이 그 힘을 발휘하고 지켜지고 있다고 생각할 때, 군주는 자신이 안전하다고 판단할 수 있다. 전체적인 태도가 그에게 모든 개인의 태도를 보증해 준다. 그가 아무런 두려움도 갖지 않는다면, 그가 믿을 수 없을 만큼 사람들은 그를 사랑하고 싶어질 것이다. 그렇다! 사람들이 왜 그를 사랑하지 않겠는가? 그는 행해지는 거의 모든 선행의 원천이고, 모든 처벌은 거의 다 법의 소관인데 말이다.

군주는 인민에게 평화로운 얼굴만 보여줄 뿐이다. 그의 영광 자체가 우리에게 전해지고, 그의 권력이 우리를 지탱해 준다. 사람들이 그를 사랑하고 있다는 한 가지 증거는 그에 대해 신뢰를 갖고 있는 것이다. 그래서 사람들은 대신이 거절할 때도 군주라면 허락했을 거라고 언제나 생각한다. 심지어 공적 재난에서도 사람들은 군주를 비난하지 않는다. 그가 모르고 있는 것 혹은 그가 부패한 자들에게 둘러싸여 있는 것을 한탄할 뿐이다. "만일 군주께서 아시기만 한다면!"이라고 사람들은 말한다. 이 말은 일종의 기원이고, 사람들이 군주에게 갖는 신뢰의 증거이다.

제 24장 : 익명의 편지

타타르족은 누가 쏜 것인지 알 수 있도록 화살에 이름을 표시해야 했다. 마케도니아의 필리포스 2세가 어떤 도시를 포위하고 공격하던 중 부상을 당했는데, 그 투창에 "아스테르가 필리포스에게 이 치명상을 입혔다"라고 쓰여 있었다. [73] 누군가를 고발하는 사람은 만약 그것이 공공의 이익을 위한 고발이라면, 군주 앞에서가 아니라 사법관 앞에서 고발할 것이다. 군주는 선입관을 가지기 쉽고, 사법관은 비방자에게만 무시무시한 규칙을 가지고 있기 때문이다. 그들이 그들 자신과 피고발자 사이에 법이 작용하는 것을 원하지 않는다면, 그것은 그들에게 법을 두려워할 이유가 있다는 증거이다. 그리고 그들에게 가할 수 있는 최소한의 벌은 그들의 말을 믿지 않는 것이다.

통상적인 재판의 느린 진행을 허용할 수 없는 경우나 군주의 안위와 관련된 경우가 아니라면 그들의 말에 주의를 기울일 필요가 없다. 그런 예외적인 경우에는 고발하는 사람이 힘들게 입을 열어 말한 것

---

73 플루타르코스, 《모랄리아》, "로마와 그리스의 몇 가지 역사 대조", 제 2권, 487쪽 참고.

이라고 생각할 수 있다. 그러나 다른 경우에는 콘스탄티우스 황제처럼 "적은 가지고 있지만 고발자는 가지고 있지 않은 사람을 우리는 의심할 수 없다."[74]라고 말해야 한다.

제25장 : 군주정체에서 통치하는 방법

왕의 권한은 소리 없이 쉽게 움직여야 하는 큰 용수철과 같다. 중국인은 하늘처럼, 다시 말해 모범적으로 통치했다고 하는 그들의 황제 한 명을 자랑한다.

권력은 전면적으로 작용해야 하는 경우도 있고, 제한적으로 작용해야 하는 경우도 있다. 최고의 행정은 다양한 상황에서 사용해야 할 권력의 부분이 큰지 작은지를 잘 아는 것이다.

우리의 여러 군주정체에서는, 인민이 온화한 통치라고 생각하는 것에 모든 행복이 달려 있다. 능숙하지 못한 대신은 언제나 사람들에게 그들이 노예라는 것을 알리려고 한다. 그러나 설사 그렇더라도, 그는 그런 사실이 알려지지 않도록 애써야 한다. 그런데 그가 말과 글을 통해 사람들에게 전하는 것은 오직 군주가 화났다거나 놀랐다거나 질서를 바로잡는다는 것뿐이다. 지휘권에는 어느 정도 너그러움이 있어야 한다. 군주는 격려하고, 위협은 법이 해야 한다.[75]

---

74 Leg. 6, Cod. Théod. de famos. libellis.
75 네르바는 제국의 너그러움을 증가시켰다고 타키투스는 말한다.

제 26장 : 군주정체에서 군주는 접근하기 쉬운 존재여야 한다

이것은 대조해 보면 훨씬 더 잘 느껴질 것이다. "러시아 황제 표트르 1세는 관리에게 두 번 청원하기 전에는 그에게 제출하는 것을 금지하는 새로운 명령을 내렸다. 재판을 거부당했을 때 세 번째 청원을 왕에게 할 수 있는 것이다. 그러나 청원한 자가 잘못했을 때는 목숨을 잃어야 한다. 그 후로 아무도 황제에게 청원을 제출하지 않았다"라고 페리는 말한다. [76]

제 27장 : 군주의 품행

군주의 품행은 법 못지않게 자유에 기여한다. 군주는 법과 마찬가지로 인간을 짐승으로 만들 수도 있고, 짐승을 인간으로 만들 수도 있다. 군주가 자유로운 영혼을 사랑한다면 신민을 얻을 것이고, 천한 영혼을 사랑한다면 노예를 얻을 것이다. 군주가 훌륭한 통치 기술을 알고 싶다면, 명예와 덕성을 가까이하고 사람들의 장점을 끌어내야 한다. 군주는 때때로 재능에 눈길을 던질 수도 있다. '유능한 사람들'이라고 불리는 이 경쟁자들을 군주는 두려워하지 말아야 한다. 군주가 그들을 사랑하는 순간, 그는 그들과 동등한 사람이 되는 것이다. 군주는 사람들의 마음을 얻되, 그들의 정신을 구속해서는 안 된다. 군주는 대중이 좋아하는 사람이 되어야 한다. 그는 가장 하찮은 신민

---

[76] 《대러시아의 현재 상태》, 파리 간행본, 1717, 173쪽.

의 사랑에도 기뻐해야 한다. 그들 역시 사람이기 때문이다. 인민은
지극히 적은 배려를 요구할 뿐이니, 그들에게 그것을 제공하는 것은
정당한 일이다. 군주와 인민 사이에는 무한한 거리가 있어서 인민은
군주를 귀찮게 하지 못한다. 군주는 청원에는 관대하고 요구에 대해
서는 단호해야 한다. 인민은 그에게 거절만 당하고 궁정의 신하들이
그의 은총을 누리고 있다는 것을 군주는 알아야 한다.

제 28장 : 신민에 대해 군주가 가져야 할 존중

군주는 농담을 극도로 조심해야 한다. 농담은 절제 있게 사용하면 친
밀감을 부여하는 수단이 되므로 사람들이 즐거워한다. 그러나 신랄
한 야유는 최하위 신하들보다 군주에게 훨씬 더 용납될 수 없다. 언제
나 치명적으로 상처를 입히는 사람은 군주가 유일하기 때문이다.

더구나 군주는 어떤 신민에게도 노골적인 모욕을 주어서는 안 된
다. 군주는 용서하고 처벌하기 위해 그 자리에 있는 것이지 결코 모욕
하기 위해 있는 것은 아니다.

군주가 신민을 모욕하는 경우, 그는 터키인이나 러시아인이 자기
신하를 대하는 것보다 훨씬 더 잔인하게 신민을 다루는 것이다. 터키
인이나 러시아인이 모욕할 때는 창피를 주지만 명예를 훼손하지는 않
는다. 그러나 전자의 경우는 창피도 주고 명예도 훼손한다.

아시아인에게는 군주가 준 모욕을 아버지와 같은 호의의 결과로 여
기는 편견이 있다. 그러나 우리의 사고방식은 모욕당했다는 고통스
러운 감정에다 결코 그 모욕을 씻어낼 수 없다는 절망을 결합시킨다.

명예를 목숨보다 소중하게 여기고 명예가 용기뿐만 아니라 충성심의 이유가 되는 신하를 갖는 것을 군주는 기뻐해야 한다.

우리는 신하를 모욕한 것 때문에 군주에게 일어난 불행을 상기할 수 있다. 카이레아의 복수, 환관 나르세스의 복수, 율리안 백작의 복수가 그것이다. (20) 그리고 자신의 은밀한 결점을 폭로한 앙리 3세에게 분노하여 평생 그를 괴롭힌 몽팡시에 공작부인의 복수도 있다.

제 29장 : 전제정체에서 약간의 자유를 부여하기에 적합한 시민법

전제정체는 본질상으로는 어디서나 같지만, 여러 상황, 종교에 대한 견해, 편견, 공인된 전례, 고유한 사고방식, 예의범절, 풍속에 의해 상당한 차이가 있을 수 있다.

그런 정체에서는 일정한 관념이 확립된다는 것은 좋은 일이다. 그리하여 중국에서는 군주가 백성의 아버지로 간주되고, 아랍인의 제국 초기에는 군주가 설교자77였다.

아랍인의 쿠란, 페르시아인의 조로아스터교 경전, 인도인의 베다, 중국인의 경서처럼 규율로 사용되는 신성한 책이 있는 것이 좋다. 종교적 법전은 시민 법전을 보완해 주고 자의적인 권력을 저지해 준다.

확실하지 않은 경우에 재판관이 성직자에게 의논하는 것은 나쁘지 않다. 78 그래서 터키에서는 재판관이 물라(21)의 의견을 묻는다. 만

---

77 칼리프.
78 《타타르족의 역사》, 제3부, 277쪽, 주석에서.

약 사형에 해당하는 경우라면, 시민적 권력과 종교적 권력이 다시 정치적 권위에 의해 완화될 수 있도록 특별 재판관(그런 것이 있다면)이 통치자의 의견을 묻는 것이 적절할 수 있다.

제 30장 : 같은 주제 계속

아버지가 신망을 잃으면 그로 인해 자식들과 아내도 신망을 잃도록 정한 것은 횡포(橫暴)한 광기(狂氣)이다. 그들은 범죄자가 되지 않아도 이미 불행하다. 한편으로 군주는 자신과 피고인 사이에 탄원하는 사람들이 끼어들어 그의 분노를 가라앉혀 주거나 정의를 밝힐 수 있게 내버려 두어야 한다.

영주가 총애를 잃으면 총애를 회복할 때까지 날마다 왕에게 비위를 맞추러 가는 것은 몰디브의 좋은 관습이다. [79] 그가 나타나는 것은 군주의 분노를 가라앉혀 준다.

총애를 잃은 자를 위해 군주에게 말하는 것이 군주에 대한 존경이 부족한 것으로 여겨지는 전제국가들이 있다. [80] 이런 군주는 너그러움의 덕을 스스로 포기하기 위해 모든 노력을 하는 것처럼 보인다.

---

79 프랑수아 피라르(François Pyrard, 1578~1621, 프랑스의 항해가이자 탐험가_ 옮긴이 주) 참조.

80 샤르댕의 보고에 의하면 오늘날의 페르시아에서 볼 수 있는 것과 같다. 이 관행은 아주 오래된 것이다. "카바드는 망각의 성에 유폐되었다. 그곳에 갇힌 자들에 대해서는 말하는 것도, 심지어 그 이름을 언급하는 것조차 금지하는 법이 있다"라고 프로코피우스는 말한다.

내가 이미 말한81 바 있는 법에서, 82 아르카디우스와 호노리우스는 죄인을 위해 감히 탄원하는 자는 용서하지 않는다고 선언했다. 이 법은 전제정체 자체에도 나쁜 것이므로 정말 나쁜 법이었다. 83

누구든 원하면 왕국에서 나가도록 허락하는 페르시아의 관습은 매우 좋다. 신민을 노예로 간주하고84 국외로 나가는 자를 도망치는 노예로 간주한 전제정체에서는 이와 반대되는 관행이 유래되었지만, 페르시아의 관행은 전제정체를 위해서도 매우 좋은 것이다. 채무자가 도망가거나 탈출할 것을 염려하게 되므로 고관과 징수자의 박해가 멈추거나 완화되기 때문이다.

---

81 제 12편 제 8장에서.

82 제 5법, 법전 ad leg. Jul. maj.

83 페데리코(Federico, 1496~1501년에 통치했던 나폴리의 군주_옮긴이 주)는 나폴리의 헌법 제 1편에서 이 법을 모방했다.

84 대개 군주정체에는 공직에 있는 자가 군주의 허락 없이 왕국에서 나가는 것을 금지하는 법이 있다. 이 법은 공화정체에도 확립되어야 한다. 그런데 특이한 제도를 가지고 있는 공화정체에서는 외국의 풍속을 가져오지 못하도록 출국금지가 전면적이어야 한다.

제 13 편

조세 징수와 공공 수입의 규모가
자유에 대해 갖는 관계

제1장 : 국가의 수입

국가의 수입이란 각 시민이 나머지 재산의 안전을 위해, 혹은 그것을 기분 좋게 누리기 위해 자기 재산의 일부를 내놓는 것이다.

이 수입을 잘 정하려면, 국가가 필요로 하는 것과 시민이 필요로 하는 것을 모두 고려해야 한다. 국가의 가상적 필요 때문에 인민에게서 실제적 필요를 빼앗아서는 안 된다.

가상의 필요는 통치자들의 정념과 약점, 대단한 계획이 지닌 매력, 헛된 영광에 대한 병적인 갈망, 일시적 욕망에 대한 정신적 무력함에서 생긴다. 종종 불안한 마음을 가지고 군주 밑에서 정무를 관장하는 자들은 국가가 필요로 하는 것과 자신들의 비열한 영혼이 필요로 하는 것을 같은 것으로 생각하기도 했다.

신민에게서 거두어들이는 부분과 남겨 두는 부분을 잘 조정하려면 지혜와 신중함이 있어야 한다.

공공 수입은 인민이 제공할 수 있는 것이 아니라 인민이 제공해야 하는 것에 따라 정해져야 한다. 만약 인민이 제공할 수 있는 것에 따라 공공 수입을 정한다면, 적어도 인민이 언제나 제공할 수 있는 것에 따라 정해야 한다.

제 2장 : 조세가 많아야 좋다고 말하는 것은 잘못된 생각이다

어떤 군주정체에서는 조세가 면제된 작은 나라가 조세에 짓눌린 주변 고장만큼 가난한 것을 볼 수 있었다. 그 주된 이유는 대국의 영토 안에 끼어 있는 작은 나라가 대국에 수많은 방법으로 방해를 받아서 산업도 기술도 제조업도 갖지 못했기 때문이다. 작은 나라를 둘러싸고 있는 대국은 산업과 제조업과 기술을 보유하고 있고, 거기서 모든 이익을 얻어 낼 수 있는 규칙을 만든다. 따라서 작은 나라는 아무리 세금을 적게 걷어도 필연적으로 가난해질 수밖에 없다.

그러나 사람들은 이 작은 나라의 빈곤을 보고 인민을 부지런하게 만들기 위해서는 무거운 세금이 필요하다는 결론을 내렸다. 하지만 오히려 세금을 부과해서는 안 된다고 결론을 내리는 것이 옳았을 것이다. 주변의 모든 가난한 사람은 아무 일도 하지 않으려고 그 고장으로 피신하는데, 이미 과중한 노동에 지친 그들은 모든 행복을 게으름에서 찾는다.

결과적으로 한 나라의 부(富)는 모두의 마음에 야망을 불어넣고, 가난은 절망을 낳는다. 야망은 노동에 의해 자극되지만, 절망은 게으름으로 위안을 얻는다.

자연은 인간에 대해 공정하므로, 인간의 노고에 대해 보상을 준다. 자연은 더 큰 노동에 대해서는 더 큰 보상을 주기 때문에 인간을 근면하게 만든다. 그러나 만약 자의적인 권력이 자연의 보상을 빼앗는다면, 사람들은 노동을 싫어하게 되고 무위(無爲)를 유일하게 좋은 것으로 여기게 된다.

제 3장 : 인민의 일부가 농노인 나라의 조세

때때로 정복 후에 농노제(農奴制)가 확립된다. 그런 경우 경작하는 노예는 주인과 수익을 배분하는 소작농이어야 한다. ⑴ 노동하도록 운명 지어진 사람들과 즐기도록 운명 지어진 사람들을 화합시킬 수 있는 것은 손익을 함께하는 공동체밖에 없다.

제 4장 : 같은 경우의 공화정체

한 공화국이 어떤 민족을 자기네 공화국을 위해 땅을 경작하도록 만들었을 때, 시민이 노예의 부담금을 늘릴 수 있도록 허용해서는 안 된다. 스파르타에서는 결코 그것이 허용되지 않았다. 헬로트⑵는 자신들의 소작료가 늘어나지 않는다는 것을 알 때 토지를 더 잘 경작하리라고 생각한 것이다.[1] 그리고 주인은 관습상 갖는 것 이상을 바라지

---

1   플루타르코스.

않을 때 더 좋은 시민이 된다고 믿었다.

제 5장 : 같은 경우의 군주정체

군주정체에서도 귀족이 자신의 이익을 위해 피정복 민족에게 토지를 경작시킬 때 소작료를 늘려서는 안 된다.**2** 그리고 군주는 자신의 소유지와 병역(兵役)으로 만족하는 것이 좋다. 그러나 군주가 귀족의 노예에 대해 세금을 거두고 싶다면, 영주가 조세의 보증인이 되어 노예를 대신해 지불하고 노예에게서 거두어들여야 한다.**3** 만약 이 규칙을 따르지 않는다면, 영주와 군주의 징세관들이 번갈아 노예를 괴롭히고 핍박하여 결국 노예는 가난 때문에 죽든가 숲속으로 도망치게 될 것이다.

제 6장 : 같은 경우의 전제국가

전제국가에는 앞에서 말한 것이 더욱 필요하다. 언제든 토지와 노예를 빼앗길 수 있는 영주는 그것을 유지하려고 그다지 애쓰지 않는다.

표트르 1세는 독일의 관행을 적용하여 세금을 징수하기 위해 매우 현명한 규정을 만들었다. 러시아에서는 그 규정을 여전히 따르고 있

---

2 카롤루스 마그누스는 이에 대해 훌륭한 제도를 만들었다. 《법령집》, 제5편, 제 303항 참조.
3 독일에서는 이런 식으로 실행된다.

다. 귀족은 농민에게 세금을 징수하여 그것을 황제에게 지불한다. 농민의 수가 줄어도 그는 똑같이 지불하고, 수가 늘어도 더 많이 지불하지 않는다. 따라서 그에게는 농민을 괴롭히지 않는 것이 이익이다.

제 7장 : 농노제가 확립되지 않은 나라의 조세

한 나라에서 모든 개인이 시민이고 군주가 제국을 소유하듯이 각자 자신의 소유지를 가지고 있을 때, 사람, 토지, 상품에 대해서, 또는 그중 두 가지에 대해서, 혹은 세 가지 전부에 대해서 세금을 책정할 수 있다.

사람에 대한 세금에서 정확하게 재산의 비율을 따른다면 불공정한 비율이 될 것이다. 아테네에서는 시민을 네 계급으로 나누었다.[4] 자기 재산에서 액상 또는 건조한 과일 500포대를 얻은 사람은 국가에 1달란트를 냈고, 300포대를 얻은 사람은 0.5달란트를 냈다. 200포대를 얻은 사람은 10므나 혹은 6분의 1달란트를 냈고, 네 번째 계급의 사람들은 아무것도 내지 않았다. 세금은 비례에 맞지는 않았지만, 그래도 공정했다. 그것은 재산의 비례를 따르지는 않았지만, 욕구의 비례는 따랐다. 그리하여 다음과 같이 판단했다.

'각자 육체적으로 필요한 것은 같은데, 이것에는 세금을 매겨서는 안 된다. 그다음은 유용한 것인데, 여기에는 세금을 매겨야 하지만 잉여분에 대한 세금보다는 적어야 한다. 잉여분에 대한 세금이 많으

---

4   폴리데우케스, 제8편, 제10장, 제130항.

면 잉여분이 생기지 않게 막아준다.'

토지에 대한 세금에서는, 목록을 만들어 토지의 여러 등급을 기입한다. 그러나 그 차이를 알기가 매우 어렵고, 차이를 무시해도 상관없는 사람을 찾기는 더욱 어렵다. 따라서 거기에는 인간의 부당함과 사물의 부당함, 이 두 가지 부당함이 존재한다. 그러나 일반적으로 세금이 과도하지 않고 인민에게 필요한 것을 풍부하게 남겨주면, 이런 개별적 부당함은 그리 대단한 것이 아닐 것이다. 반대로 인민에게 겨우 살아갈 수 있을 만큼만 남겨준다면, 매우 작은 불균형도 가장 중대한 결과를 초래할 것이다.

몇몇 시민이 세금을 충분히 내지 않을 때, 그 해악은 크지 않다. 그들의 안락함은 결국 국가의 안락함이 된다. 그런데 몇몇 개인이 과도하게 세금을 내면, 그들의 파멸은 국가에 해가 되어 되돌아온다. 만일 국가의 재산이 개인들의 재산에 비례하는 것이라면, 개인의 안락함은 곧 국가의 재산을 증가시키게 될 것이다. 모든 것은 한순간에 달려 있다. 국가가 스스로 부유해지기 위해서 신민을 가난하게 만들기부터 시작할 것인가? 아니면 안락해진 신민들이 국가를 부유하게 만들기를 기다릴 것인가? 첫 번째 이점을 취할 것인가? 아니면 두 번째 이점을 취할 것인가? 일단 먼저 부유해질 것인가? 아니면 종국에 가서 부유해질 것인가?

상품에 대한 조세는 인민이 가장 잘 느끼지 못하는 것이다. 인민에게 명시적으로 청구하는 것이 아니기 때문이다. 그것은 인민이 세금을 내고 있다는 것을 거의 모를 정도로 교묘하게 처리될 수 있다. 그러기 위해서는 상품 판매자가 세금을 내는 것이 매우 중요하다. 그는 자신을 위해서 세금을 내는 것이 아님을 잘 알고 있다. 실질적으로 세금을 내는 사람은 구매자인데, 구매자는 세금과 상품 가격을 혼동한다. 네로는 판매되는 노예에 대한 25분의 1 조세를 폐지했다고 어떤 저자들은 말했다.⁵ 하지만 그는 구매자 대신 판매자가 세금을 내도록 명령한 것에 불과하다. 이 규칙은 세금을 그대로 두었는데도 폐지한 것처럼 보였다.

유럽에는 음료에 매우 높은 세금을 매긴 왕국이 둘 있다. 한 왕국에서는 양조업자만 세금을 내고, 다른 왕국에서는 소비하는 모든 신민에게 무차별적으로 징수한다. (3) 전자의 경우, 아무도 세금의 가혹함을 느끼지 못한다. 후자의 경우에는 세금이 부담스럽게 여겨진다. 전자의 경우 시민은 세금을 내지 않는 자유만 느낄 뿐이고, 후자의 경우에는 세금을 내야 하는 불가피성만 느끼게 된다.

게다가 시민이 세금을 내려면, 시민의 집을 끊임없이 수색해야 한다. 이보다 더 자유에 위배되는 것은 없다. 그런 관점에서 볼 때, 이런 종류의 세금을 정한 사람들은 불행하게도 최선의 시행 방법을 찾아낼 수 없다.

---

5 Vectigal quoque quintæ et vicesimæ venalium mancipiorum remissum specie magis quam vi ; quia cum venditor pendere juberetur in partem pretii, emptoribus accrescebat(노예의 매매에 대한 세금은 면제되었다. 그러나 이 면제는 실질적인 것이 아니라 겉보기에만 그런 것이다. 판매자가 세금을 내라는 명령도 있었기 때문이다. 그 세금이 가격의 일부를 이루었기 때문에 이것은 구매자에게 단지 가격을 올렸을 뿐이다). 타키투스, 《연대기》, 제13편.

제 8장 : 어떻게 착각을 유지하는가

구매자의 머릿속에서 물건 가격과 세금이 혼동되려면, 상품과 세금 사이에 비례가 있어야 한다. 즉, 저렴한 상품에 과도한 세금을 책정해서는 안 된다. 세금이 상품 가격의 17배를 초과하는 나라도 있다. 그런 경우, 군주는 신민의 착각을 없애는 것이다. 신민은 자신들이 합리적이지 못한 방법으로 조종되고 있다는 것을 알게 되고, 이로 인해 자신들의 노예 상태를 극도로 느끼게 된다.

게다가 군주가 물건 가격과 그토록 균형이 맞지 않는 세금을 징수할 수 있으려면, 군주가 직접 상품을 팔고 인민이 다른 곳으로 사러 갈 수 없어야 한다. 이것은 수많은 불편을 초래한다.

그런 경우 밀매(密賣)가 매우 큰 이익을 주므로, 이성이 요구하는 자연적인 형벌, 즉 상품의 몰수로는 밀매를 막을 수 없다. 그 상품이 정상적으로는 값이 매우 싸므로 더욱 그러하다. 따라서 과도한 형벌, 가장 중대한 범죄에 가하는 것과 같은 형벌을 동원해야 한다. 형벌의 모든 균형이 없어지는 것이다. 악인으로 볼 수 없는 사람들이 흉악범으로 처벌받는데, 이는 제한된 정체의 정신에 가장 어긋난다.

인민에게 징세 청부인을 속일 기회를 주면 줄수록 징세 청부인은 더 부유해지고 인민은 더 가난해진다는 것을 부언하고자 한다. 밀매를 막으려면 징세 청부인에게 과도한 억압 수단을 주어야 하는데, 그렇게 되면 모든 게 끝이다.

제 9장 : 나쁜 종류의 세금

말이 나온 김에, 어떤 국가에서 민사상 계약의 여러 조항에 정한 세금에 관해 말해 보자. 이런 것들은 미묘한 논쟁을 요구하는 것이므로, 징세 청부인에게 맞서려면 많은 지식이 필요하다. 그런 경우 징세 청부인은 군주의 규칙을 해석하고 재산에 대해 자의적인 권력을 행사한다. 계약 사항이 기재된 문서에 대한 조세가 훨씬 더 낫다는 것을 우리는 경험을 통해 알 수 있었다.

제 10장 : 조세의 규모는 정체의 본질에 달려 있다

전제정체에서 조세는 매우 가벼워야 한다. 그렇지 않으면, 누가 고생스럽게 땅을 경작하려고 하겠는가? 더구나 신민이 제공한 것에 대해 아무것도 보충해 주지 않는 정체에서 어떻게 많은 조세를 납부할 수 있겠는가?

군주는 엄청난 권력을 가지고 있고 인민은 극도로 나약하므로, 어떤 것에 대해서도 애매함이 없어야 한다. 조세는 징수하기 쉬워야 하고 명확하게 정해져 있어서 징수자에 의해 증감될 수 없어야 한다. 토지 산물의 일부, 인두세(人頭稅), 상품에 대한 몇 퍼센트의 조세가 유일하게 알맞은 것이다.

전제정체에서 상인이 사적인 호위병을 두는 것과 상인을 존중하는 관행이 있다는 것은 좋은 일이다. 그렇지 않으면, 상인은 군주의 관리들과 논쟁을 벌이게 될 경우 너무 무력할 것이다.

제 11장 : 세무 관련 형벌

일반적 관행과 달리 세무 관련 형벌은 특이하게도 아시아보다 유럽에서 더 엄격하다. 유럽에서는 상품, 때로는 선박과 차량까지 압수한다. 하지만 아시아에서는 그 어느 것도 압수하지 않는다. 그것은 유럽에서는 상인에게 그를 억압으로부터 보호해 줄 수 있는 재판관이 있지만, 아시아에서는 독재적인 재판관 자신이 억압자가 될 수 있기 때문이다. 상품을 압수하기로 결심한 고관에게 맞서 상인이 뭘 할 수 있겠는가?

그러므로 억압을 자제하고 어느 정도 부드럽게 대해야 한다. 터키에서는 상품에 대한 수입세만 징수되고, 그 후로는 온 나라가 상인에게 개방된다. 부정 신고의 경우에도 압수되거나 조세가 늘어나지 않는다. 중국에서는 상인이 아닌 사람들의 짐은 열어 보지 않는다.6 몽골에서는 밀수를 압수가 아니라 세금 가중으로 처벌한다. 아시아의 도시에 사는 타타르 군주들은 통과하는 상품에 대해 거의 아무것도 징수하지 않는다.7 일본에서는 밀무역이 사형죄에 해당하는데, 그 이유는 외국과의 모든 연락을 금지하기 때문이다. 일본에서 밀무역은 상업법을 위반하는 것이라기보다 국가의 안전을 위해 만들어진 법을 위반하는 것이다.8

---

6   뒤 알드, 제2권, 37쪽.
7   《타타르족의 역사》, 제3부, 290쪽.
8   외국과 서로 연락을 취하는 일 없이 교역하기를 원한 일본인은 두 나라, 즉 유럽의
    교역을 위해서는 네덜란드를, 아시아의 교역을 위해서는 중국을 선택했다. 그들

제12장 : 조세의 규모와 자유의 관계

신민의 자유에 비례하여 더 무거운 조세를 징수할 수 있고 노예 상태가 증가함에 따라 조세가 완화될 수밖에 없다는 것이 일반적 규칙이다. 늘 그래왔고, 앞으로도 그럴 것이다. 그것은 자연에서 도출된 규칙으로 변하지 않는다. 우리는 모든 나라에서, 영국, 네덜란드, 그리고 자유가 손상되어 가는 모든 나라, 터키에서까지도 그 규칙을 볼 수 있다.

스위스는 그 규칙에 어긋나는 듯하다. 거기서는 조세를 납부하지 않기 때문이다. 그러나 우리는 그 특별한 이유를 알고 있는데, 그 이유 자체가 내 말을 확인시켜 준다. 이 불모의 산악지대에서는 식량이 매우 비싸고 인구가 많으므로, 스위스인은 터키인이 술탄에게 지불하는 것보다 네 배나 많이 자연에 지불하고 있다.

아테네인과 로마인이 그랬듯이, 지배 민족은 모든 세금으로부터 해방될 수 있다. 그들은 지배받는 민족 위에 군림하기 때문이다. 그때 지배 민족은 자유에 비례해서 세금을 내는 것이 아니다. 그 점에 있어서 지배 민족은 인민이 아니라 군주이기 때문이다.

그러나 일반 규칙은 여전히 그대로다. 제한된 나라에는 조세의 부담에 대한 보상이 있다. 그것이 바로 자유이다. 전제국가에는 자유에 대한 대체물이 있다.[9] 그것은 바로 가벼운 조세이다.

은 무역상과 선원을 감옥 같은 곳에 억류하여 참을 수 없을 만큼 고통스럽게 한다.
9   러시아에서는 조세가 가볍다. 전제정체가 더 완화되면서부터 조세가 증가했다.

유럽의 어떤 군주국에서는 정체의 본질상 다른 주보다 더 좋은 상태에 있는 주10를 볼 수 있다. 그런 주들은 충분히 조세를 내지 않은 것처럼 생각된다. 훌륭한 통치를 한 결과 더 많이 낼 수 있는 능력이 있기 때문이다. 통치자들은 언제나 그 주들로부터 그런 이득을 가져다주는 정체 자체를 빼앗을 생각만 한다. 그 이득이 전해지고 멀리 퍼져서 그것을 누리게 되는 것이 더 나을 텐데 말이다.

제 13장 : 어떤 정체에서 조세가 증가할 수 있나

대부분의 공화정체에서는 조세가 증가할 수 있다. 자기 자신에게 내는 것이라고 생각하는 시민에게 세금을 낼 의지가 있고, 또 정체의 본질에서 초래되는 결과 덕분에 대개 그럴 능력이 있기 때문이다.

군주정체에서도 조세가 증가할 수 있다. 정체의 제한이 부를 가져다줄 수 있기 때문이다. 그것은 법을 존중하는 군주에게 주어지는 보상과 같은 것이다.

전제국가에서는 조세가 증가할 수 없다. 극도의 노예 상태를 증가시킬 수 없기 때문이다.

《타타르족의 역사》, 제 2부 참조.
10   지방의회가 설치된 지방.

제 14장 : 조세의 성질은 정체와 관련된다

인두세는 노예 상태에 더 잘 맞고, 상품에 대한 세금은 자유에 더 잘 맞는다. 상품에 대한 세금은 더 간접적인 방식으로 사람에게 결부되기 때문이다.

군주가 자신의 군대나 궁정 사람들에게 돈을 안 주고 토지를 나눠줌으로 인해 조세를 별로 징수하지 못하는 것은 전제정체로서는 당연한 일이다. 만약 군주가 돈을 준다면, 그가 징수할 수 있는 가장 자연스러운 조세는 인두세이다. 이 조세는 매우 적은 액수일 수밖에 없다. 정체가 부당하고 난폭한 까닭에 거기에서 초래될 폐해 때문에 납세자의 여러 등급을 만들 수 없으므로 어쩔 수 없이 가장 가난한 사람들이 낼 수 있는 비율을 따라야 하기 때문이다.

제한된 정체에 맞는 조세는 상품에 대한 세금이다. 이 세금은 상인이 미리 내긴 하지만 실제로는 구매자가 내는 것이므로, 상인이 미리 구매자에게 대여해 준 것이다. 그러므로 상인은 국가의 일반적 채무자이면서 모든 개인의 채권자로 간주해야 한다. 상인은 나중에 구매자가 그에게 낼 세금을 국가에 미리 납부한다. 그가 상품 때문에 낸 세금은 구매자를 대신해서 낸 것이다. 따라서 정체가 제한적일수록, 자유의 정신이 더 많이 군림할수록, 재산이 안전할수록, 상인은 국가에 선납하고 개인에게 많은 세금을 대여해 주기가 더 쉽다. 영국에서는 상인이 들여오는 포도주에 통마다 50 혹은 60파운드스털링을 실제로 국가에 제공한다. 터키처럼 통치되는 나라에서는 어떤 상인이 감히 그런 일을 하겠는가? 설사 감히 한다 해도, 의심스럽고 불안정하고 손상된 재산으로 어떻게 그 일을 할 수 있겠는가?

제 15장 : 자유의 남용

자유의 이점으로 인해 사람들은 자유 자체를 남용하게 되었다. 제한된 정체가 훌륭한 결과를 가져왔기 때문에 사람들은 도리어 절제를 버렸고, 많은 조세를 얻어 냈기 때문에 과도한 조세를 징수하고자 했다. 그 선물을 마련해 준 것이 자유의 손길이라는 사실을 잊어버리고 모든 것을 거부하는 노예 상태로 향한 것이다.

자유는 과도한 조세를 초래했다. 그러나 이러한 과도한 조세가 이번에는 노예 상태를 초래했고, 노예 상태는 조세의 감소를 초래하는 결과를 낳았다.

아시아의 군주들이 칙령을 발포하는 경우는 오로지 해마다 제국의 어떤 주에 대해 조세를 면해 주기 위해서일 뿐이다. 11 그들의 의지 표명은 선행이다. 그러나 유럽에서 군주의 칙령은 그것을 읽기도 전부터 괴로움을 준다. 군주들이 칙령에서 말하는 것은 늘 그들이 필요로 하는 것이지 우리가 필요로 하는 것이 아니기 때문이다.

아시아 나라의 대신들은 정체에서, 때로는 풍토에서 비롯되는 용납할 수 없을 정도로 대단한 무사태평함을 지니고 있다. 그 덕분에 인민은 끊임없이 새로운 요구에 시달리지 않는 이점이 있다. 거기서는 새로운 계획을 세우지 않기 때문에 지출이 늘어나지 않는다. 그리고

11　이것은 중국 황제들의 관행이다.

혹시 계획을 세운다 해도, 그것은 끝이 보이는 계획일 뿐 시작되는 계획이 아니다. 나라를 통치하는 사람들은 (계획 같은 것으로) 나라를 뒤흔들지 않는다. 그들 자신을 끊임없이 괴롭힐 수 없기 때문이다. 그러나 우리의 경우 재정상의 규칙을 정한다는 것은 불가능하다. 우리는 우리가 뭔가를 하리라는 것은 늘 알고 있지만, 무엇을 할 것인지는 결코 모르기 때문이다.

우리는 공공 수입을 현명하게 분배하는 사람을 더 이상 훌륭한 대신이라고 부르지 않고, 이른바 적절한 방책을 찾아내는 수완가를 훌륭한 대신이라고 부른다.

제16장 : 이슬람교도의 정복

이슬람교도가 이상할 정도로 쉽게 정복할 수 있었던 것은 바로 이 과도한 조세 때문이었다.[12] 인민은 황제들의 빈틈없는 탐욕이 생각해낸 계속되는 착취 대신에 쉽게 지불하고 쉽게 수령되는 단순한 과세에 복종하기로 한 것이다. 그들은 더 이상 가지고 있지도 않은 자유의 모든 불편함과 함께 현재의 노예 상태에 대한 모든 공포를 겪으면서 부패한 정부에 복종하느니 차라리 야만족에게 복종하는 것이 더 행복했다.

---

12 어마어마한 규모의 조세, 기이한 조세, 심지어 광기 어린 조세를 역사에서 찾아보라. 아나스타시우스는 공기를 들이마시는 것에 대한 조세를 생각해 내기도 했다. ut quisque pro haustu aëris penderet(누구든 공기를 한 숨 들이마시는 사람은 돈을 내는 식으로).

제17장 : 군대의 증강

새로운 병이 유럽에 전파되었다. 우리의 군주들은 그 병에 감염되어 지나치게 많은 수의 군대를 보유하게 되었다. 그 병은 악화되고 반드시 전염된다. 어떤 나라가 군대를 증강하면 곧바로 다른 나라들도 갑자기 군대를 증강하는데, 그 결과 얻는 것은 공동의 파멸 이외에는 아무것도 없기 때문이다. 모든 군주는 민족이 절멸당하는 위기에 처할 경우를 대비해 최대한의 군대를 유지한다. 이와 같은 모두에 대한 모두의 긴장 상태13를 사람들은 '평화'라고 부른다.

그리하여 유럽은 너무도 많은 돈을 쓰는 바람에 유럽의 가장 부유한 3대 강국과 같은 상황에 있는 개인이라도 먹고살 것이 없을 정도이다. 우리는 온 세계의 부와 상업을 장악하고 있으면서도 가난하고, 군인이 많다 보니 곧 군인 이외의 다른 사람들은 없어지게 될 것이다. 우리는 타타르족처럼 될 것이다.14

대군주들은 소군주의 군대를 사는 것으로 만족하지 않고 동맹을 위해 돈을 쓰려고, 다시 말해 거의 언제나 돈을 버리려고 모든 방면에서 노력한다.

그러한 상황의 결과 조세는 연속적으로 증가하고, 그것은 미래의 모든 대책을 가로막는다. 사람들은 더 이상 수입을 기대할 수 없는데

---

13 사실 이러한 긴장 상태가 주로 균형을 유지한다. 그것은 강대국을 기진맥진하게 만들기 때문이다.

14 그러기 위해서는 거의 전 유럽에 수립되어 있는 민병대라는 새로운 발명을 활용해서 이들을 정규 군대와 똑같이 과도한 수준으로 끌어올리기만 하면 된다.

도, 전 자본을 가지고 전쟁을 한다. 심지어 평화 시에도 국가가 재산을 저당 잡히고 스스로 비상수단이라 부르는 방법을 사용해 결국은 파산을 초래하는 경우도 드물지 않다. 그런 비상수단은 정말이지 가장 방탕한 명문가의 아들도 상상하지 못할 정도이다.

제18장 : 조세의 감면

피해를 입은 주에 조세를 면제하는 동양 대제국들의 원칙은 당연히 군주국가에 보급되어야 한다. 많은 군주국가에 이 원칙이 수립되어 있다. 그러나 그것은 시행되지 않는 경우보다 더 사람들을 괴롭힌다. 군주의 징수액에는 변함이 없으므로, 국가 전체가 연대 책임을 지게 되기 때문이다. 세금을 내지 못하는 마을의 부담을 덜어주기 위해 세금을 더 잘 내는 다른 마을에 부담을 주게 되는데, 결국 전자는 회복하지 못하고 후자만 파멸하게 된다. 인민은 불가피한 납세의 부당 징세에 대한 두려움과 과중 과세로 우려되는 위험 사이에서 절망한다.

잘 통치되는 나라는 천재지변에 대비한 일정 금액을 지출의 첫 항목으로 기입하여 적립해야 한다. 토지 수입을 모두 다 써 버리면 파산하는 것은 개인이나 국가나 마찬가지이다.

같은 마을 주민들 사이의 연대 책임에 대해서는, 혹시 마을 사람끼리 탈세 음모를 꾸밀 수도 있으므로 합리적이라고 말하기도 했다. [15]

---

15 1740년 파리 브리아송(Briasson) 출판사에서 출판된《로마인의 재정에 대한 개론》제2장을 볼 것.

그러나 가정(假定)을 근거로, 그 자체로도 부당하고 나라에도 파산을 초래하는 제도를 확립해야 한다는 생각은 대체 어디서 나온 것일까?

제 19장 : 징세 청부제와 직접 징세 중 어느 것이 군주와 인민에게 더 적당한가?

직접 징세는 자신의 수입을 경제적으로, 질서 있게 직접 징수하는 선량한 가장과 같이 관리하는 것이다.

직접 징세의 경우, 군주는 자신의 필요에 따라 혹은 인민의 필요에 따라 조세 징수를 마음대로 앞당기거나 늦출 수 있다. 직접 징세에 의해 군주는 수많은 방법으로 나라를 가난하게 만드는 징세 청부인의 막대한 이익을 나라를 위해 절약할 수 있다. 직접 징세에 의해 군주는 인민을 낙담시키는 급격한 치부(致富)의 광경을 인민이 안 보게 할 수 있다. 직접 징세에 의해 징수된 돈은 극소수 사람들의 손을 거친다. 그것은 직접 군주에게 가고, 따라서 더 신속하게 인민에게 돌아온다. 직접 징세에 의해 군주는 인민에게 수많은 악법을 면해줄 수 있다. 미래를 위해서는 해가 되는 규칙에서 당장의 이익을 제시하는 징세 청부인의 끈질긴 탐욕이 늘 군주에게 요구하는 악법들 말이다.

돈을 가지고 있는 자는 언제나 상대방의 지배자가 되므로, 징세 청부인은 군주에게조차 전제적인 존재가 된다. 그는 입법자는 아니지만, 군주에게 법을 만들도록 강요한다.

새로 확립된 조세의 경우, 처음에는 징세 청부인에게 맡기는 것이 때때로 유익하다는 것을 인정한다. 징세 청부인은 재무 관리로서는 생각해 낼 수 없는 탈세 방지 기술이나 계책을 자신의 이해관계에 의해 제시할 수 있다. 그런데 징수 체계가 일단 징세 청부인에 의해 만들어지면, 직접 징세를 성공적으로 수립할 수 있다. 영국에서 오늘날 행해지는 것과 같은 소비세와 우편 수입의 관리행정은 징세 청부인에게서 빌려온 것이다.

공화정체에서 나라의 수입은 거의 언제나 직접 징세로 이루어진다. 그와 반대되는 제도는 로마 정체의 큰 해악이었다. 16 직접 징수 제도가 확립된 전제국가에서 인민은 훨씬 더 행복하다. 페르시아와 중국이 그 증거이다. 17 가장 불행한 경우는 군주가 항구와 상업 도시를 청부시키는 나라이다. 군주국가의 역사는 징세 청부인이 저지른 악행으로 점철되어 있다.

징세 청부인의 착취에 분개한 네로는 모든 세금을 없앤다는 불가능하고도 고결한 계획을 세웠다. 18 그는 직접 징세를 생각하지 못했던 것이다. 그는 네 가지 칙령을 발포했다. 즉, 그때까지 비밀로 되어 있던 징세 청부인에게 불리하게 만들어진 법이 공표되리라는 것, 징세 청부인은 그해에 청구를 게을리한 것에 대해서는 더 이상 요구할 수 없다는 것, 그들의 요구액을 별도의 절차 없이 심사하기 위한 법무

16 디오의 저서를 통해 알 수 있듯이, 카이사르는 아시아의 주에서 징세 청부인을 없애고 다른 종류의 행정 기관을 설치해야 했다. 그리고 타키투스에 의하면, 마케도니아와 아카이아는 아우구스투스가 로마 민족에게 남겨준 주였으므로 옛 정책에 따라 통치되었고, 황제가 관리를 통해 통치하는 주들 중 하나가 되었다.

17 샤르댕, 《페르시아 여행》, 제6권 참조.

18 타키투스, 《연대기》, 제13편.

관을 설치한다는 것, 상인은 선박에 대해 어떤 세금도 내지 않는다는 것이었다. 여기에 바로 이 황제의 태평 시대가 있었다.

제20장 : 징세 청부인

돈벌이가 잘 되는 징세 청부인이라는 직업이 그 부(富)로 인해 존경까지 받게 되면, 더 이상 희망이 없다. 그것은 그들의 일이 종종 통치자들 직무의 일부가 되는 전제국가에서는 좋을 수도 있다. 그러나 그것은 공화국에는 좋지 않다. 바로 그것이 로마 공화정을 멸망시켰다. 그것은 군주정체에도 좋지 않다. 그보다 더 이 정체의 정신에 어긋나는 것은 없다. 다른 모든 신분의 사람들은 혐오감에 사로잡히고, 명예는 모든 존경을 잃고, 느리고 정상적인 방법으로 출세하는 것은 더 이상 사람의 마음을 움직이지 못하고, 정체는 그 원리에 타격을 받게 된다.

과거에도 파렴치하게 치부하는 것을 볼 수 있었다. 그것은 50년 전쟁의 폐해 중 하나였다. 그러나 당시에는 그런 부(富)가 가소로운 것으로 여겨졌지만, 오늘날 우리는 그것을 찬양하고 있다.

각 직업에는 각자의 몫이 있다. 조세를 징수하는 사람들의 몫은 부(富)이고, 그 부의 보답은 부 자체일 뿐이다. 영광과 명예는 영광과 명예 이외에는 참된 행복을 알지도 보지도 느끼지도 못하는 그런 귀족을 위한 것이다. 존경과 경의는 오직 일밖에 모르면서 제국의 행복을 위해 밤낮으로 감시하는 대신과 행정관들을 위한 것이다.

자유를 위한 초석, 몽테스키외와《법의 정신》

1. 몽테스키외의 생애

몽테스키외(Charles Louis de Secondat, baron de La Brède et de Montesquieu, 1689~1755)의 본명은 샤를 루이 드 스콩다로, 보르도 근처의 라 브레드 성에서 태어났다. 법복귀족의 집안에서 태어난 그는 일찍부터 지리학, 과학, 수학, 역사 등의 신학문을 교육받았고 법학을 공부했다. 이후 1714년에 보르도 고등법원의 판사가 되었고, 1716년에는 백부로부터 재산, 관직, 작위를 상속받아 남작이 되었으며 보르도 고등법원의 고등법원장이 되었다. 그는 또한 보르도 아카데미 회원으로도 활동하면서 지적 호기심을 채워나갔다. "메아리의 원인"(Les causes de l'écho), "신장의 림프샘"(Les glandes rénales), "중력의 원인"(La cause de la pesanteur des corps)과 같이 해부학, 식물학, 물리학 등과 관련한 글들은 그가 자연과학에도 재능과 지식을 가지고 있었음을 보여준다.

그 후 그의 관심은 정치와 사회분석으로 이어진다. 1721년에 익명으로 출판된 《페르시아인의 편지 (*Lettres persanes*)》는 이와 같은 그의 관심사를 잘 반영하고 있다. 프랑스를 여행하는 두 페르시아인이 고향의 친구들이나 여인들과 주고받은 편지들로 구성된 이 서간체 소설은 페르시아인의 눈을 통해 루이 14세 치하 말기와 필리프 도를레앙 섭정시대의 파리를 풍자적이고 익살스러운 어조로 묘사하면서 18세기 전반의 프랑스 사회를 예리하게 비판하기 때문이다. 프랑스 사회를 비판하는 신랄함에도 불구하고 이 작품은 동양풍의 이국적 특성과 더불어 몽테스키외의 뛰어난 필력 덕분에 큰 인기를 누린다.

1726년에는 보르도 고등법원장 직위를 판매하여 돈을 마련하고 1728년에 프랑스 아카데미 회원이 되어 파리로 떠난 몽테스키외는 1731년까지 오스트리아, 헝가리, 이탈리아, 독일, 네덜란드, 영국 등 유럽 각국을 여행하면서 각 나라의 지리, 경제, 정치, 풍습 등을 주의 깊게 관찰한다. 특히 1년이 넘는 기간의 영국 체류는 그에게 의회정치에 대한 깊은 인상을 남기면서 그의 사상적 발전에 큰 영향을 미쳤다.

라 브레드 성으로 돌아온 몽테스키외는 1734년에 《로마인의 위대함과 그 쇠락의 원인에 관한 고찰 (*Considérations sur les causes de la grandeur des Romains et de leur décadence*)》을 출판한다. 그의 여행의 결실이라고 할 수 있는 이 저서는 로마의 공화정으로부터 제정에 이르기까지 체제의 변천을 설명하고 그 원인을 고찰하는데, 단순한 역사책이 아니라 역사에 관한 그의 주장과 이론이 담긴 역사철학서라고 할 수 있다.

그리고 1748년, 마침내 그의 필생의 역작 《법의 정신(*De l'esprit des lois*)》이 출판된다. 당시 사상의 통제가 심했던 프랑스를 피해 제네바에서 익명으로 출판되었으나 저자가 몽테스키외라는 사실은 곧 알려진다. 파리에서의 출판은 다음 해인 1749년에 이루어진다. 몽테스키외 하면 누구나 떠올리는 삼권분립 이론은 바로 이 책에서 개진된 것이다.

이 책은 출판되자마자 폭발적인 반응을 불러일으키며 성공을 거두지만, 다른 한편으로는 많은 비판과 반박에도 직면한다. 특히 가톨릭 종교계의 비난을 많이 받게 되는데, 그것은 《법의 정신》의 내용이 인간의 모든 제도에 필연적인 합리성이 내재되었다고 설명함으로써 종교보다 오히려 사회적이고 물리적인 요소를 우위에 둔 것으로 여겨졌기 때문이다. 이러한 비난에 답하고자 몽테스키외는 1750년에 《법의 정신에 대한 변론(*Défense de l'Esprit des lois*)》을 출간하지만, 저자와 지지자들의 많은 노력에도 불구하고 1751년 로마 가톨릭교회는 결국 이 책을 금서로 지정했다.

생의 말년에 이르러, 몽테스키외는 《페르시아인의 편지》와 《법의 정신》을 여러 번 검토하고 수정한 끝에 1754년 새로운 판본의 《페르시아인의 편지》를 발간한다. 그리고 그의 유지에 따라 수정된 《법의 정신》은 그의 사후인 1757년에 발간된다. 1755년 2월 10일, 몽테스키외는 《백과사전》을 위해 집필하기로 한 "취미론"을 완성하지 못한 채 열병에 걸려 파리에서 세상을 떠난다. 이 "취미론"은 1757년 《백과사전》 제7권에 볼테르가 집필한 "기호" 항목에 덧붙여 발표된다.

2. 《법의 정신》의 구성과 주요 내용

《법의 정신》은 총 6부 31편으로 구성된 방대한 저서로서, 《법의 정신 또는 각 정체의 구조, 풍습, 풍토, 종교, 상업 등과 법이 맺어야 하는 관계에 대하여. 여기에 저자가 덧붙인, 상속에 관한 로마법 및 프랑스법과 봉건법에 대한 새로운 고찰》이라는 긴 원제가 말해주듯이 광범위하게 다양한 시각에서 법을 고찰한다. 각 편은 1개의 장에서부터 45개의 장에 이르기까지 각각의 제목을 달고 있는 여러 장들로 장의 제목까지 포함하면 목차만 해도 수십 쪽에 이른다(원서로 26쪽). 좀 더 명확한 이해를 위해 책의 구성을 한눈에 볼 수 있도록 각 장의 제목은 생략하고 이 책의 구성을 나타내보면 〈표 1〉과 같다.

　제1부는 제1편에서 법 일반에 대해 서술한 뒤, 제2편부터는 정체의 유형을 분류하고 공화정체, 군주정체, 전제정체라는 세 가지 정치체제와 법의 관계를 논한다. 제2부에서는 제11편 제6장에서 영국의 국가 구조를 설명하면서 상세히 다룬 삼권분립 이론을 비롯해 정치적 자유를 중점적으로 다룬다. 제3부는 풍토나 토질과 같은 자연환경 및 풍속이나 생활양식 등에서 유래하는 국민의 일반정신과 법의 관계를 논하고, 제4부와 제5부에서는 상업, 화폐, 인구, 종교 등 다양한 사회적 요인들을 분석하고 그것들과 법의 관계를 설명한다. 그리고 제6부는 로마인의 상속법과 프랑크족의 봉건법 등을 역사적으로 연구한 것이다. 여기서 몽테스키외는 프랑스가 성문법 지역과 관습법 지역으로 나누어진 역사적 뿌리를 파헤치고, 프랑스 귀족계급의 기원을 분석하면서 프랑스 군주정체에서 귀족계급의 역할을 강조

표 1 《법의 정신》 각 편의 제목

제1부	제1편	법 일반
	제2편	정체의 본질에서 직접 유래하는 법
	제3편	세 가지 정체의 원리
	제4편	교육에 관한 법은 정체의 원리와 관계가 있어야 한다
	제5편	입법자가 제정하는 법은 정체의 원리와 관계가 있어야 한다
	제6편	시민법과 형법의 단순성, 재판 절차, 형벌의 결정에 관한 여러 정체의 원리에서 나오는 결과
	제7편	사치 단속법, 사치, 여자의 지위에 관한 세 정체의 상이한 원리의 귀결
	제8편	세 정체의 원리의 부패
제2부	제9편	법과 방어력의 관계
	제10편	법과 공격력의 관계
	제11편	국가 구조와의 관계에서 정치적 자유를 구성하는 법
	제12편	시민과의 관계에서 정치적 자유를 구성하는 법
	제13편	조세 징수와 공공 수입의 규모가 자유에 대해 갖는 관계
제3부	제14편	풍토의 성질과 법의 관계
	제15편	시민적 노예제 법은 풍토의 성질과 어떻게 관련되나
	제16편	가내 노예제 법은 풍토의 성질과 어떻게 관련되나
	제17편	정치적 노예제 법은 풍토의 성질과 어떻게 관련되나
	제18편	토지의 성질과 법의 관계
	제19편	국민의 일반정신, 풍속, 생활양식을 형성하는 원리와 법의 관계
제4부	제20편	상업의 본질 및 특성과 법의 관계
	제21편	세계적인 변혁의 관점에서 고찰한 상업에 관한 법
	제22편	화폐 사용에 관련된 법
	제23편	주민 수와 관계되는 법
제5부	제24편	종교적 실천과 종교 그 자체에서 고찰된 각 나라의 종교에 관한 법
	제25편	각 나라의 종교 수립과 그 외적 조직에 관한 법
	제26편	법이 판결하는 일의 분야와 법의 관계
제6부	제27편	상속에 관한 로마법의 기원과 변천
	제28편	프랑스인의 시민법 기원과 변천
	제29편	법 제정의 방식
	제30편	프랑크족의 봉건법 이론과 군주정체 확립의 관계
	제31편	프랑크족의 봉건법 이론과 군주정체 변천의 관계

한다. 그는 매우 세심하게 문헌상의 출처를 제시하며 반론을 제기하고 분석하는 뛰어난 학자로서의 능력도 보여준다. 그런데 몽테스키외가 원제에서 '덧붙인 것'이라고 밝힌 제6부는 일종의 부록과 같은 것이므로 이를 따로 떼어 놓고 생각해 본다면, 이 책의 논지를 이루는 큰 줄기는 다음과 같은 세 가지로 축약해볼 수 있다.

첫째, 정부의 형태를 공화정체, 군주정체, 전제정체로 분류한 정체론이다. 공화정체란 인민 전체 혹은 인민의 일부가 주권을 갖는 정체로서, 인민 전체가 주권을 갖는 민주정체와 주권이 인민 일부의 수중에 있는 귀족정체로 다시 나뉜다. 군주정체는 한 사람이 통치하지만, 일정하게 정해진 법에 따라 통치하는 정체이다. 반대로 전제정체에서는 법도 규칙도 없이 한 사람이 자신의 의지나 기분에 의해 모든 것을 처리한다. 일찍이 아리스토텔레스도 통치자의 수에 따라 정부의 형태를 분류한 바 있지만, 몽테스키외는 통치자의 수뿐만 아니라 정체의 본질을 총체적으로 파악함으로써 분류를 진행한다. 그리고 정체의 본질과 더불어 각 정체를 그 원리에 의해 규정하여, 민주정체의 원리는 '덕성', 귀족정체의 원리는 '절제', 군주정체의 원리는 '명예', 전제정체의 원리는 '공포'라고 설명한다. 본질은 정체를 그와 같은 모습으로 만드는 고유한 구조이고, 원리는 정체를 움직이게 만드는 인간의 정념, 즉 정신적 속성이라는 차이가 있다.

몽테스키외는 이와 같은 정체의 본질과 원리 및 법과의 관계를 설명한 후, 각 정체의 원리가 부패하는 경우를 분석하여 정체의 부패는 바로 원리의 부패로부터 시작된다는 것을 보여준다. 즉, 공화정체에서 그 원리인 덕성과 절제가 부패하여 사라지면, 군주정체에서 그 원리인 명예가 부패하여 사라지면, 공화정체와 군주정체는 부패하게 된다. 그리고 공화정체와 군주정체가 부패하면, 그 끝에는 전제군주가 출현하는 것을 보게 된다고 몽테스키외는 경고한다. 결국 모든 정체의 부패는 전제정체로 귀결되는 셈이다.

몽테스키외는 세 가지 정체를 분류하면서 가치중립적인 태도를 취하고 있지만, 전제정체는 본질적으로 부패되어 있는 것으로 규정함으로써 이를 절대악으로 간주한다. 따라서 그는 공화정체나 군주정체가 부패하여 전제정체로 귀결되는 것을 막을 수 있는 방법을 모색하는데, 그것이 바로 제한된 정체이다. 그런 맥락에서 본다면, 몽테스키외의 정체론은 전제정체의 대척점에 제한된 정체가 자리 잡고 있고 제한된 정체 안에 공화정체와 군주정체가 존재하는 것으로 재구성해 볼 수 있다.

둘째, 몽테스키외의 진가를 밝혀주는 정치적 자유론이다. 레몽 아롱(Raymond Aron)이 "몽테스키외의 정치철학의 본질은 자유주의이다"라고 말했듯이 정치적 자유론은 몽테스키외의 사상에서 가장 큰 의미를 지닌다. 일반적으로 자유는 민주정체의 기본적인 속성으로 생각되지만, 몽테스키외는 민주정체나 귀족정체가 본질적으로 자유로운 국가는 아니라고 한다. 정치적 자유는 오직 제한된 정체에서만 볼 수 있다는 것이다. 바로 이것이 《법의 정신》을 관통하는 가장 큰 원칙이라고 할 수 있다. 그러나 제한된 정체에서도 정치적 자유가 언제나 존재하는 것은 아니고 권력이 남용되지 않을 때만 존재하므로,

정치적 자유를 확립하기 위해서는 권력분립이 필요하다. 즉, 권력을 남용하지 못하도록 권력에 의해 권력을 제지해야 하는 것이다.

몽테스키외가 권력분립 이론의 최초 선구자는 아니다. 그에 앞서 로크는 국가권력을 입법권과 집행권으로 나누는 이권분립론을 주장했다. 로크와 달리 몽테스키외는 재판권을 독립시켜 삼권분립을 주장했다는 점에서 독창적이라고 할 수 있다. 몽테스키외는 삼권분립 없이는 개인의 자유가 보장될 수 없다고 말한다. 달리 말하자면 삼권분립은 절대주의 왕권처럼 입법, 사법, 행정이라는 세 가지 기능이 독점되는 것이 아니라 분리되는 것이다. 몽테스키외는 정치적 자유가 실현되기 위해서는 반드시 이 세 가지 기능을 분리시켜야 한다고 보았다. 그는 이와 같은 삼권분립 이론을 제11편 제6장 "영국의 국가 구조"라는 장에서 상세히 설명하는데, 이 장은 《법의 정신》 전체에 걸쳐 가장 길고 중요한 장으로서 몽테스키외의 사상을 집약적으로 잘 나타내 준다. 당시 영국은 권력분립을 통해 제한된 정부를 만들고 있었으므로 이상적인 것을 현실적으로 실현하는 대안을 제공하기 때문이다.

셋째, 풍토론과 국민의 '일반정신'에 관한 이론이다. 몽테스키외는 국민의 행동을 설명해주는 요인으로 풍토를 분석한다. 그에 의하면, 지성, 힘, 용기 등은 풍토의 조건에 의해 결정된다. 즉, 더운 나라에 사는 사람들은 게으르기 쉽고 생산능력이 부족하며 정직하지 않은 반면, 추운 나라에 사는 사람들은 더 지적이고 더 용기 있으며 더 활동적이라는 것이다. 몽테스키외는 더위나 추위 같은 기후 조건이 사람의 신체 구조에 영향을 미치고 그 결과 사회 전반에 미치는 효과를 나름 과학적으로 분석하면서 풍토의 악습에 저항하는 것이 입법자의 의무라고 한다. 즉, 풍토의 특성을 고려하여 법이 그와 조화를 이루어야 한다는 것이다.

흔히 풍토론은 몽테스키외의 이론으로 여겨지고 있지만, 사실 《공기, 물, 장소에 관한 이론》에서 기후나 지리적 환경이나 섭생이 민족의 차이를 설명해 준다고 주장한 히포크라테스를 비롯하여 고대 이후로 여러 저자들에게 퍼져 있는 이론이었다. 몽테스키외는 기후나 토질 등 풍토를 국가 구조와의 관계에서 조망했다는 점에서 그 독창성을 드러내며 주목을 받았으나, 풍토론은 후속세대로 이어지지 못하고 19세기 후반에는 시대에 뒤진 이론이 된다.

몽테스키외는 풍토론과 더불어 '국민의 일반정신'에 대해서도 언급한다. 그는 풍토, 종교, 법, 통치 규범, 과거 사례, 풍속, 생활양식과 같은 여러 가지가 인간을 지배하고 그런 것들로부터 유래하는 일반정신이 형성된다고 설명한다. 그리고 이렇게 형성된 일반정신에 어긋나지 않도록 특정한 법과 제도가 수립되어야 한다고 주장한다. 요컨대 기후나 풍토와 같은 자연적 조건뿐만 아니라 종교나 풍속과 같은 정신적 조건과 법의 관계를 밝히고자 한 것이다.

그러나 유럽 이외에도 아시아 여러 나라의 풍토와 일반정신을 국가 구조와 연결시킨 몽테스키외의 고찰은 유럽은 자유로운 정체에 적합하고 아시아는 전제정체에 맞는다거나 그리스도교는 제한된 정체에 알맞고 이슬람교는 전제정체에 알맞다고 결론짓는 것처럼 유럽중심주의를 강화시키는 방향으로 독해되기도 한다. 또한 기후나 풍속과

정체의 관계 설정은 지나치게 결정론적이며 진보적 사상과 맞지 않는 측면이 있다는 비판을 야기하기도 했다.

"법이란 사물의 본질에서 유래하는 필연적인 관계"라 정의하는 《법의 정신》 서두는 법을 이해하는 몽테스키외의 방식이 기존의 방식과는 다르다는 것을 단적으로 보여준다. 그것은 법이 다른 사물들과 가질 수 있는 다양한 관계 안에 법의 정신이 있다고 상정하는 것이므로, 긴 부제가 말해주듯 모든 관점에서 법을 고찰하고 여러 나라 여러 시대의 다양한 법률을 통해 법의 정신을 추적해야 하기 때문이다. 당시의 대부분의 법률가들은 시대나 지역을 초월하는 보편적이고 올바른 규범으로 법을 이해했지만, 몽테스키외는 규범적 측면과 동시에 사회현상에 대한 설명적 측면을 지닌 것으로 법을 이해하고자 했다. 따라서 그는 현실적으로 과거에 존재했거나 현재 존재하는 사회에 대한 경험주의적인 연구 방법을 법 분야에 적용한다.

그리하여 "법 일반"에 대해 이야기한 후 먼저 정체론으로 구체적인 논의를 시작하여 정체의 본질과 원리를 규명한다. "마치 샘에서 물이 솟듯 그 원리로부터 법이 흘러나오는 것을 보게 될 것"이라는 몽테스키외의 말처럼 정체의 원리는 법에 절대적 영향을 미치는 요소로, 정체론은 《법의 정신》에서 가장 중요한 토대가 된다.

그렇다면 몽테스키외는 3가지 정체 중에서 어떤 정체를 가장 높이 평가했을까? 일반적으로 《법의 정신》은 삼권분립을 주장한 책이라고 인식되어 왔으므로, 우리는 그 책이 민주주의 제도의 중요한 원리를 제공한 저술로 믿고 몽테스키외가 민주정체를 가장 바람직한 정체로 제시했으리라고 생각하기 쉽다. 하지만 그는 전제정체를 제외한 모든 정체에 대해 부정적인 시각을 견지하지 않았다. 그리하여 가치중립적이고 실증적인 방법을 통해 각 정체의 본질과 원리를 규명하고 각 정체가 부패되는 위험을 막을 수 있는 방안을 모색했다. 계몽주의 사상가인 그는 사람들이 정치적 자유를 누릴 수 있는 바람직한 정치사회를 설계하고자 했지만, 오직 이성을 토대로 최선의 정체를 수립할 수 있다고 보지는 않았다. 그가 《법의 정신》에서 줄기차게 설명하듯이 한 나라에 적합한 정체는 풍토나 국민의 일반정신과 같은 물리적이고 정신적인 다양한 요소에 의해서도 많은 영향을 받기 때문이다.

결국 몽테스키외는 공화정체이든 군주정체이든 제한된 정체의 요소를 지니고 있으면 좋은 정체라고 보았다. 어쩌면 그의 마음속에서는 공화정체가 가장 바람직하고 이상적인 정체였을 지도 모르지만, 그것은 고대 사회에서나 가능한 정체일 거라고 몽테스키외는 생각한 듯하다. 몽테스키외 자신이 살고 있던 프랑스를 염두에 둔다면 현실적으로는 오히려 군주정체에 더 방점이 찍혀 있다고 볼 수 있다. 몽테스키외가 정치적으로 반동적인 입장을 취하고 있다는 알튀세르(Louis Althusser)의 지적은 그런 맥락에서 나온 것이다. 그러나 사실 몽테스키외가 바라는 것은 자신의 조국 프랑스의 왕정이 전제정체로 흐르지 않고 제한된 군주정체로 안착하는 것이었고, 그것이 《법의 정신》을 집필하게 된 동기 중의 하나이기도 했다.

3. 저자와 저서에 대한 평가 및 의의

계몽주의 시대에 법률가, 작가, 사상가로서의 삶을 살았던 몽테스키외는 서양의 지성사에서 어떤 위치를 차지하는 인물일까? 그에 대해서는 매우 다양한 의견이 존재한다.

우선 레몽 아롱은 몽테스키외가 사회학의 선구자라고 주장한다. 초자연적인 것으로 인간 사회를 설명하지 않고 인간 사회에 다양하게 존재하는 도덕, 관습, 사상, 법률, 제도 등을 편견 없이 가치중립적인 입장에서 서술하고 비교한 사실에 주목한 것이다. 심지어 그는 《법의 정신》에 포함된 사회학적 해석은 어떤 측면에서 사회학의 창시자로 일컬어지는 콩트(Auguste Comte)보다 더 근대적인 이론체계라고 평가한다. 콩트 자신은 몽테스키외에게 아직 사회 진보에 대한 인식이 미흡하고 사회의 핵심적 법칙을 제대로 설명하지 않았으며 여전히 철학적이고 형이상학적 문제에 민감하게 몰두했다고 비판했지만 말이다. 레몽 아롱과 마찬가지로 뒤르켐(Émile Durkheim)도 사회학을 정립하는 데 있어서 몽테스키외의 후학들은 그가 개시한 연구 분야를 명명하는 일밖에 하지 않았다고 평가한다.

한편 슈클라(J. N. Shklar), 리히터(Melvin Richter), 팽글(Thomas Pangle)과 같은 학자들은 《법의 정신》이 지닌 정치 이론적 성격을 높이 평가하여 몽테스키외를 정치철학자 또는 정치사상가로 평가한다. 슈클라는 우리가 추구해야 할 사회에 대한 규범과 기준을 제공하려는 철학자로서의 모습을 강조하고, 리히터는 어떤 기준에 의해서 법들을 판단해야 할 것인가를 결정하려는 몽테스키외의 문제의식은 정치

철학자들이 전통적으로 제기해 왔던 것이라고 주장한다. 그리고 팽글은 몽테스키외를 자유주의 전통을 잇는 철학자로 보고 그의 정치철학은 인간의 자유와 안전을 보장해주는 정부 형태를 발견하기 위한 것이라고 말한다.

최근에는 마냉(Bernard Manin)처럼 몽테스키외를 헌정주의 혹은 법치국가에 대한 이론가로서 평가하기도 하고, 많은 법학자들에게는 몽테스키외가 최초로 법을 비교 연구한 학자 중 한 사람으로 '비교법학'이라는 학문 분야를 개척한 사람으로 인식되어 있다. 심지어 경제학자 케인즈(John Maynard Keynes)는 몽테스키외를 애덤 스미스(Adam Smith)에 비견되는 프랑스의 가장 위대한 경제학자로 간주하기도 한다. 상업과 법의 관계를 고찰한《법의 정신》제4부의 내용을 고려해 보면, 몽테스키외를 경제학자로 여기는 평가도 전혀 맥락이 닿지 않는 것은 아니다.

이와 같이 몽테스키외의 학문적 위상에 대한 해석은 여러 시기와 그 당시의 현실적 관계에 따라 다르게 나타난다. 그것은 몽테스키외가 어느 한 분야의 학문에만 국한되지 않고 자연과학과 사회과학을 총망라하는 박학한 지식인의 계보에 속하는 인물이라는 것을 보여준다. 그리고 그의 학문적 풍부함은 철학이나 정치학, 사회학 등 다양한 분야의 연구에 새로운 탐구의 길을 열어주는 토대가 된다.

물론 몽테스키외의 사상에 관해서는 찬양 일색이 아니라 상반된 평가가 존재한다. 《법의 정신》이 출간된 뒤 여러 방면에서 동시대인들의 찬사가 쏟아졌다. "몽테스키외 찬사"를 썼던 프랑스 계몽사상가 달랑베르(Jean Le Rond d'Alembert)를 비롯해, 모든 시대에 걸쳐 칭

송받을 책이라고 한 스코틀랜드 철학자 데이비드 흄(David Hume), 뉴턴이 물리세계의 법칙을 발견했듯이 몽테스키외는 정신세계의 법칙을 발견했다고 평가한 스위스 박물학자 샤를 보네(Charles Bonnet) 등을 예로 들 수 있다. 그러나 보다 과격한 혁명적 정치사상을 지닌 루소(Jean-Jacques Rousseau)는 《법의 정신》을 매우 중요한 업적으로 인정하면서도 몽테스키외가 기존 정치 체제의 실증적 권리를 옹호할 뿐 정당한 정치적 질서의 창출로 나아가지 못했다고 지적한다.

이러한 상반된 평가는 20세기에도 이어진다. 몽테스키외를 국왕 절대주의에 반대하고 입헌군주정체를 옹호한 자유주의 사상의 대부로 인식한 카르카손(Elie Carcassonne)과 슈발리에(J-J. Chevalier) 같은 사람들이 있는가 하면, 마티에즈(Albert Mathiez)와 알튀세르와 포드(Franklin Ford) 같은 사람들은 전제정체에 대한 몽테스키외의 공격이 특권계급의 입장에서 계급적 불평등 구조를 옹호한 것일 뿐이라고 평가한다. 특히 알튀세르는 몽테스키외가 과학적 사고방식을 정치이론에 적용한 최초의 사상가로서 동시대의 다른 정치이론가들과 획기적인 차별성을 보여주었다고 예찬하면서도, 특권계급의 연합을 호소하면서 군주정체를 가장 현실적이자 이상적인 정체로 생각하는 한계를 보여주었다고 주장한다. 즉, 그가 주장한 제한된 정체와 권력 분립은 사실상 귀족계급과 권력을 공유하도록 군주를 설득하기 위한 것에 불과했다는 것이다. 같은 맥락에서 데그라브(Louis Desgraves)와 가스카르(Pierre Gascar)도 몽테스키외는 자신의 시대에 매우 잘 동화된 사람으로서 당시 사회에 저항적이지 않았다고 평가한다. 다시 말해 귀족이자 가톨릭교도로서 재산 상속자였고 자신의 명성을 격정하는 아카데미 회원으로 사교계를 자주 드나드는 사람이었다는 것이다. 몽테스키외를 사회학의 선구자로 꼽은 뒤르켐도 다른 한편으로는 몽테스키외의 사회 개념에 진보가 빠져 있기 때문에 문제가 있다고 지적한다. 그런 까닭에 몽테스키외는 계몽주의 시대 정치사상가들 중 가장 근대적이면서도 동시에 가장 전통주의자라는 이율배반적인 평가가 존재한다. 그것은 어쩌면 귀족이라는 그의 신분이 지닌 태생적인 한계였는지도 모른다.

그러나 그러한 한계에도 불구하고, 권력분립을 주장한 그의 사상이 서구 민주주의 원칙 수립에 기여한 것은 부인할 수 없는 사실이다. 근대 서구세계를 형성했던 두 가지 역사적 대혁명, 즉 프랑스 대혁명과 미국 혁명에 사상적 기반을 제공했기 때문이다. 우선 덕성의 개념에 바탕을 둔 민주정체에 대한 몽테스키외의 사상은 이미 대혁명 이전에 구체제에 대한 대안이 민주정체일 수도 있다는 인식을 일깨울 수 있는 일종의 개념 혁명이었고, 이것은 루소를 거쳐 프랑스 대혁명에 깊은 영향을 끼쳤다. 그리고 그의 권력분립 이론은 1791년의 프랑스 헌법뿐 아니라 미합중국 헌법 작성에도 많은 영감을 주었다. 미국 연방주의 헌법의 채택을 주장한 사람들의 논쟁은 알렉산더 해밀턴, 제임스 매디슨, 존 제이 등의 연방주의자들이 1787년 10월부터 1788년 8월에 이르기까지 새 헌법에 대한 지지를 호소하기 위해 뉴욕 시의 신문에 기고했던 글의 모음집인 《페더랄리스트 페이퍼(*The Federalist Papers*)》에 집약되어 잘 나타나 있는데, 그 기고문들은 주로 로크와 몽테스키외를 인용하고 있다. 로크로부터 권력분립과 제한된 정부의 필요성에 대한 교훈을 끌어왔다면, 삼권분립, 권력의 견제와 균형,

혼합정체, 상업 공화국에 대한 교훈은 몽테스키외로부터 얻은 것이었다. 또한 현대 사회에 이르러서도, 몽테스키외가 제기하는 근본적인 문제들은 여전히 우리 정치의 발전을 위해 일종의 기준점의 역할을 하고 있다.

《법의 정신》에 대한 학자들의 다양한 평가와 해석은 21세기에도 여전히 계속되고 있다. 학자들의 학문적, 사상적 평가 이외에도 《법의 정신》은 20년에 걸쳐 집필된 까닭에 그 내용이나 체제에 일관성이 없다는 것을 비롯해 약점이 많은 것도 사실이다. 그러나 《법의 정신》은 법을 정체의 원리와 관련시켜 생각하고, 사회현상을 이해하는 데에 있어서 합리주의를 배격하고 실증주의로 문을 열어주었다는 점에서 높이 평가되어야 한다. 권력분립 및 균형과 견제에 관한 이론의 의의 역시 결코 경시될 수 없는 것이다. 그리고 무엇보다 《법의 정신》만큼 인류의 법을 여러 방면에서 포괄적으로 고찰하고 정치적 자유를 확립하기 위한 방안을 제시하고자 한 책은 유일무이하다. 그런 점에서 《법의 정신》은 18세기의 기념비적인 저서일 뿐만 아니라 현대에도 정치, 법학, 교양서 등 모든 방면에서 여전히 주목받아야 할 학술 고전이다.

옮긴이 주

저자 머리말

(1) 인민(*peuple*)은 법학, 정치학 용어로 특정 영역에서 특별한 정치적 권한이 없는 사람을 말한다. 즉, 국가를 구성하고 있는 자연인을 가리키는데, 국민과 유사하나 다소 차이가 있다. 국민(*nation*)은 국가의 소속원으로서 갖는 권력을 위임함으로써 국가의 통치권에 복종할 의무를 가진 개개인의 집합을 의미한다. 말하자면 국민이라는 용어는 근대국가체제가 성립하기 위한 조건이자 그 부산물로서 국가적 귀속성이 강조되어 있다. 따라서 국가의 개념보다 앞서는 인민은 국민보다 더 포괄적인 용어이며, 원래 정치적 주체를 나타내는 용어로 사용되었다. 우리나라에서는 북한이 인민이란 용어를 공식적으로 사용하는 탓에 일상에서 통용되지 않지만, 이 책에서는 최대한 저자의 표현을 따라서 peuple은 인민으로, nation은 국민으로 구별해 옮긴다. 물론 이 책에서는 주로 고대부터 중세에 이르기까지의 역사적 사건을 다루고 있으므로, 그 경우 국민(*nation*)은 근대적 국가 개념을 토대로 하는 의미라기보다는 단순히 국가라는 공동체의 소속원을 가리킨다. 몽테스키외는 종종 두 단어를 민족이란 의미로 혼용하기도 하는데, 그런 경우나 굳이 구별이 필요 없을 때는 문맥에 맞게 옮긴다.

(2) 베르길리우스의 서사시 〈아이네이스〉제6장 제33절의 표현을 인용한 것으로, 그리스 신화에 나오는 건축가이자 조각가인 다이달로스가 하늘을 날다가 죽은 아들 이카로스의 모습을 조각하려고 할 때 너무 고통스러워서 손을 내려뜨렸다는 일화를 가리킨다. 이 표현 바로 앞의 "바람에 날려 보낸다"라는 표현도 같은 작품에서 인용된 것이다.

(3) 유명한 이탈리아 화가 코레조(Correggio, 1494~1534)가 아직 무명의 젊은 화가였을 때 르네상스의 거장 라파엘로의 그림을 보고 감탄하며 했다는 말이다.

제1편 법 일반

(1) 운동량은 물체의 질량과 속도를 곱한 양과 같은데 총운동량은 변하지 않는다는 운동량 보존의 법칙을 말하고 있다. 총운동량은 변하지 않으므로, 다양성은 곧 균일성이 되고 변화는 곧 항구성이 된다는 이율배반적인 표현이 가능하다.

(2) 실정법은 모든 시대와 모든 장소에 적용되는 영구불변의 법인 자연법에 대응하는 용어로서, 현재 시행되고 있거나 과거에 현실적으로 시행되었던 법, 즉 인간이 제정한 법을 말한다. 일상적 의미로는 특정한 시대와 사회에서 구체적이고 실질적인 효력을 가지고 있는 법규범을 말한다.

(3) 이로쿼이족은 북아메리카 동북부 삼림지대에서 거주하던 아메리칸 인디언이다.

(4) Giovanni Vincenzo Gravina (1664~1718). 이탈리아 법학자.

제 2편 정체의 본질에서 직접 유래하는 법

(1) Libanios (314~393). 그리스의 소피스트이며 수사학자이다. 그의 연설문과 서간문은 4세기 안티오키아와 로마 제국 동부지역의 정치, 사회, 경제생활을 알려주는 중요한 자료이다. 여기서 언급된 《연설문》에는 주로 역사적이고 신화적인 주제를 다룬 총 51개의 연설이 수록되어 있다.

(2) 고대 그리스 사람들은 스파르타를 "라케다이몬"이라고 불렀다. 몽테스키외는 라케다이몬이라는 단어를 사용하고 있는데, 독자들의 빠른 이해를 위해 스파르타로 옮긴다.

(3) 조영관은 도로, 공중목욕탕, 음료수 등을 관리하고 시의 일반 행정, 식량 공급, 축제와 각종 경기 행사의 조직과 운영 등의 권한을 가지고 있던 로마의 관직으로 안찰관이라고도 불렸다.

(4) Aristeides (BC530~BC468). 라틴어와 영어 철자인 Aristides를 따라 아리스티데스로 표기하기도 한다. 고대 그리스 아테네의 장군이자 정치가로 별명은 '공정한 사람'이다.

(5) Xenophon (BC430경~BC354경). 고대 그리스의 사상가이자 저술가로서 그가 살았던 기원전 4세기에 대한 역사와 소크라테스의 말, 고대 그리스의 생활사에 대한 기록을 남겼다. 그의 저작은 네 권의 역사서, 네 권의 철학서, 네 권의 교육서, 세 권의 정치학 저서 등으로 이루어져 있다. 몽테스키외는 각주에서 서명 없이 쪽수만 제시하고 있는데, 베켈리우스(Wechelius, 1495~1554, 독일 태생의 프랑스 출판업자)가 간행한 전집을 말하는 것으로 해당 부분은 《아테네의 국가 구조》이다.

(6) 몽테스키외는 민주정체, 민주 국가라는 용어 대신에 민중정체(*gouvernement populaire*), 민중 국가(*État populaire*)라는 용어도 종종 사용한다.

(7) Servius Tullius. BC578~BC535년경에 활동한 전설적인 로마 왕정의 제 6대 왕으로, 재산에 따라 시민의 등급을 나누는 세르비우스 법령을 제정했다고 알려져

있다.

(8) Titus Livius(BC64?/BC59?~AD17). 로마의 역사가이다. 그의 필생의 작업이 었던 저서 《로마사》는 당대에 이미 고전이 되었고, 18세기에 이르기까지 역사 서 술의 방식과 원칙에 큰 영향을 미쳤다. 라틴어 원제목은 "도시가 세워진 이래"(Ab Vrbe condita libri) 라는 의미로, 고대 로마의 개국 신화로부터 저자인 리비우스 본인이 살았던 아우구스투스 시대까지를 다루고 있다. 모두 142편으로 구성되었 는데, 현존하는 분량은 원래 편찬되었던 것의 4분의 1 정도로 알려져 있다.

(9) Dionysios Halikarnasseus(BC60경~AD8경). 현재 터키 남서부 보드룸에 해 당하는 고대 그리스 도시 할리카르나소스(Halikarnassos) 태생의 역사학자이자 수사학 교사이다. 로마 건국에서 제1차 포에니 전쟁까지 로마의 관점에서 연구 한 그의 로마사 《고대 로마》는 리비우스의 로마사와 함께 고대 로마사에 대한 가 장 귀중한 자료이다. 그가 쓴 스무 편 중에 첫 열 편은 완전한 형태로, 제11편은 불완전한 형태로 지금도 남아 있다.

(10) 백인조(centurie)는 100인이 1조를 이루는 민회를 의미하지만, 단어의 의미처럼 한 조가 100인으로 이루어진 것은 아니었다. 각 백인조마다 소속된 사람들의 숫 자는 다양했고, 부자들의 백인조일수록 사람들 숫자가 적었다. 따라서 단순히 하나의 집단을 지칭하는 것으로 이해해야 한다.

(11) Solon(BC638경~BC558경). 고대 그리스 아테네의 정치가, 입법자, 시인이 다. 특히 아테네의 정치, 경제, 도덕이 쇠퇴하는 가운데 이에 맞서 새로운 법을 세운 노력으로 유명하다. 솔론은 토지 생산물의 많고 적음에 따라 시민을 네 등 급으로 나누고, 각 등급에 따라 참정권과 군사 의무를 정하였다. 솔론의 개혁은 단기적으로 실패하였으나 아테네 민주정의 기초를 세웠다는 평가를 받는다.

(12) Marcus Tullius Cicero(BC106~BC43). 가장 위대한 로마의 웅변가이자 수사 학의 혁신자로서, 로마 공화국을 파괴한 마지막 내전 때 공화정의 원칙을 지키려 고 애썼지만 실패했다. 저술로는 수사법 및 웅변에 관한 책, 철학과 정치에 관한 논문 및 편지 등이 있다.

(13) 라구사는 이탈리아 시칠리아섬 남동부에 있는 도시이다.

(14) Antipatros(BC397~BC319). 마케도니아의 장군이자 마케도니아 제국의 섭정 이었다. BC336년 필리포스 2세가 죽었을 때 마케도니아의 주요 인물 가운데 한 사람이었으며, 필리포스의 아들 알렉산드로스 대왕이 마케도니아 왕위에 오르도 록 도왔다. 알렉산드로스는 아시아 원정에 나서면서(BC334) 그를 유럽 담당 장 군이라는 칭호와 함께 마케도니아의 섭정에 임명했다.

(15) John Law(1671~1729). 스코틀랜드의 경제학자로 프랑스 왕국에 등용되었다.

한때 그는 파란만장한 삶을 산 사기꾼으로 묘사되었고 프랑스 경제 대붕괴의 주범으로 알려져 있었으나, 현재는 아담 스미스 이전의 경제학자 중에 가장 중요한 인물 중 하나로 꼽힌다.

(16) 교황 클레멘스 10세(1590~1676)를 말한다. 그는 80세의 나이에 교황으로 선출되었는데, 연로한 그는 팔루치델리 알베르토니(Paluzzi degli Albertoni) 추기경에게 '조카 추기경' 역할을 맡겨 도움을 받았다.

제3편 세 가지 정체의 원리

(1) Lucius Cornelius Sulla Felix(BC138~BC78). 로마 시대의 정치가이자 장군이다. 뛰어난 술수와 군사적 재능으로 군대를 이끌고 로마에 두 번이나 진격하였고 공화국을 재건하기 위한 독재관이 되었다. 로마 공화정에서 독재관은 임기가 6개월이었지만 술라는 비상사태라는 이유로 무기한 임기의 독재관을 요청해 승인받았고, 2년 동안 대대적인 국정 개혁을 실시한 후 돌연 사임하고 모든 공직에서 은퇴하였다.

(2) Demetrios(BC350경~BC280경). 고대 아테네 도시국가의 철학자이자 정치가이다. 팔레론(Phaleron)은 고대 아테네의 항구이다.

(3) Philippos II(BC382~BC336). 마케도니아 왕국의 왕으로, 국내의 평화를 회복하고 BC339년에 군사적, 외교적 수단을 동원하여 그리스 전역에 대한 지배권을 확립함으로써 아들 알렉산드로스 3세 대왕이 대제국을 이룰 수 있는 토대를 마련했다.

(4) Demosthenes(BC384~BC322). 고대 그리스에서 가장 뛰어난 웅변가로, 아테네 시민을 선동해 마케도니아 왕 필리포스와 그의 아들 알렉산드로스 대왕에게 대항하도록 만든 인물이다. 그의 연설문은 기원전 4세기 아테네의 정치, 사회, 경제생활에 관한 귀중한 자료로 평가받는다.

(5) Mirwais Hotak(1673~1715). 아프가니스탄 길자이족의 영웅적인 부족장으로 호타키 왕조의 창시자이다. 1709년에 반란을 일으키고 자신을 진압하려고 온 페르시아군을 무찔러 독립된 왕조를 세웠다. 그의 아들 마흐무드가 왕위를 계승하여 1722년에 페르시아를 점령했다.

(6) Ahasuerus. 구약성서 〈에스델〉에 등장하는 페르시아의 왕으로, 기원전 5세기에 페르시아 통치자들로부터 유대인들이 목숨을 구한 사건을 서술할 때 언급된다. 아하수에루스왕의 총리대신 하만은 페르시아 치하에 살고 있는 유대인들을 학살하려 했으나 유대인 왕비인 에스델의 지혜로 학살의 위기에서 벗어나게 된

다. 학자들은 BC485∼BC465에 페르시아를 통치한 크세르크세스 1세와 동일인
으로 보는 의견이 지배적이다.

제4편 교육에 관한 법은 정체의 원리와 관계가 있어야 한다

(1) Louis des Balbes de Berton de Crillon (1543∼1615). 16세기 프랑스의 가장
위대한 장교 중의 한 사람으로 "용감한 크리용"(le brave Crillon)이라는 별명으
로 불렸다.

(2) Henri de Lorraine, 3ᵉ duc de Guise (1550∼1588). 프랑스 종교전쟁 때 가톨
릭 진영과 신성동맹을 이끈 프랑스의 귀족으로, 결국 앙리 3세의 명령에 따라 국
왕 근위대에게 살해된다.

(3) 바르톨로메오 축일의 학살 사건은 1572년 8월 24일∼25일에 프랑스의 가톨릭 귀
족과 시민들이 왕의 모후 카트린 드 메디시스와 기즈 공의 음모에 따라 파리에서
위그노(프로테스탄트)들을 학살한 사건으로, 16세기 말 프랑스 전역을 시끄럽
게 했던 가톨릭과 위그노 사이에 벌어진 종교전쟁 가운데 한 사건이었다. 25일
살육행위를 중단하라는 국왕의 명령이 내려진 후에도 파리에서 유혈사태가 계속
되었으며 지방까지 확산되어, 그해 10월까지 지속된 소요사태에서 희생된 사람
의 숫자는 가톨릭 측에 따르면 2천 명에 이르고, 당시 가까스로 목숨을 건진 위
그노 쉴리 공작은 7만 명이나 된다고 주장했다. 현대 역사가들은 당시 희생자 수
를 파리에서만 3천 명 정도였던 것으로 추정하고 있다.

(4) Epameinondas (BC410경∼BC362). 영어와 라틴어 철자 Epaminondas를 따라
에파미논다스라고도 한다. 기원전 4세기 고대 테베의 장군이자 정치가이며, 테
베를 이끌어 스파르타의 지배에서 벗어나 그리스 정치의 정상에 세웠다.

(5) Lykurgos. 기원전 8세기경 스파르타의 전설적 입법자로서, 델포이의 아폴론 신
탁에 따라 스파르타 사회를 개혁하였다. 리쿠르고스가 역사적으로 실존한 인물
인지는 분명하지 않으나, 고대 역사가 헤로도토스, 크세노폰, 플라톤, 플루타르
코스가 그에 관하여 언급하였다.

(6) 17세기 프랑스 작가 드니 베라스(Denis Vairasse)가 쓴 가공의 오스트레일리아
원주민의 이야기를 담은 유토피아적인 공상 소설이다.

(7) 라코니아는 펠로폰네소스 남동쪽의 고대 그리스의 주(州)로, 그곳의 주요 도시
가 라케다이몬, 즉 스파르타이다.

(8) 삼니움족은 이탈리아 남부 산악지대에 살았던 호전적인 고대 부족이다. BC354
년 갈리아인에 대항해 로마와 동맹을 맺었으나 얼마 안 있어 로마에 맞서 3차례

의 전쟁(BC343~341, BC316~304, BC298~290)을 벌여 몇 번의 승리를 거두었으나 결국 패했다.

(9) William Penn(1644~1718). 영국의 식민지였던 미국에 필라델피아를 건설하여 펜실베이니아를 정비한 인물이다.

(10) 예수회를 말한다. 파라과이는 16세기 말 식민지가 건설된 후 17세기부터 18세기 중반까지 예수회의 대규모 본거지였다.

(11) 에피담노스는 고대 그리스인이 BC627년에 건설한 도시로, 알바니아 최대의 항구 도시인 두러스의 옛 지명이다.

(12) 야만족(Barbares)은 문자 그대로의 뜻으로는 미개하고 문화 수준이 낮은 종족이라는 뜻이지만, 고대 그리스 로마 혹은 기독교의 입장에서 그들의 문명권에 속하지 않는 이방인을 Barbares라고 불렀다. 따라서 이 책에서 야만족은 미개하다는 의미가 아니라 그리스 로마 문명권에 속하지 않는 민족을 가리킨다.

(13) Polybios(BC200~BC118). 그리스의 정치가이자 역사가로, 로마가 세계적인 강대국으로 등장하는 과정을 담은 역사서인 《역사(Historiae)》를 썼다.

(14) Theóphrastos(BC371~BC287). 고대 그리스의 철학자이다. 레스보스섬의 에레소스 출신으로, 그곳의 아르키포스에게 배웠고 이어서 플라톤의 제자가 되었다가 아리스토텔레스 밑에서 활동했다.

(15) Strabon(BC64?/63?~AD23경). 영어와 라틴어로는 Strabo로 표기한다. 고대 그리스의 지리학자, 역사가, 철학자로, 프톨레마이오스와 함께 고대 그리스에서 가장 뛰어난 지리학자로 일컬어진다. 모두 17편으로 된 그의 《지리학》은 아우구스투스 황제의 재임 기간에 그리스 로마에 알려져 있던 국가와 민족들에 관한 내용이 담긴 현존하는 유일한 책이다.

제 5편 입법자가 제정하는 법은 정체의 원리와 관계가 있어야 한다

(1) Alkibiades(BC450~BC404경). 고대 그리스 아테네의 정치가, 웅변가, 장군으로 소크라테스의 제자이다. 부유한 가문 출신으로 잘생기고 기지 넘치는 청년으로 자라, BC420년대에 사치스러운 생활과 전쟁에서의 용맹함으로 명성을 얻었다. BC420년 알키비아데스는 아테네가 펠로폰네소스반도의 도시국가들과 반(反) 스파르타 동맹을 결성하는 데 이바지했으나, 이 동맹군은 스파르타에 패배했다. BC415년에는 헤르메스의 흉상이 손상된 사건을 계기로 스파르타로 갔으나, 스파르타 왕 아기스의 아내를 유혹해 사형선고를 받자 사르디스로 도망쳤다. 이후 그는 다시 아테네의 세력 회복에 기여했고, 은퇴 후에도 계속 아테네

정계에 영향력을 행사해 분란을 일으키다가 살해당했다. 그는 다채로운 성격의 소유자로 재능, 외모, 집안, 덕망 모두에서 탁월한 인물이었던 것 같다. 덕이든 악덕이든 그를 능가하는 사람은 없다는 말까지 있었다. 그의 출중한 용모는 남녀 모두에게 사랑받았고, 애인이 끊이지 않았던 것으로 보인다. 게다가 언변도 좋아서 다른 사람을 지지하거나, 민중을 선동하는 것이 뛰어났다. 하지만 알키비아데스는 스승의 미덕을 본받지 못했고, BC399년 소크라테스가 아테네의 젊은 이들을 타락시킨다고 비난받은 데에는 알키비아데스의 품행도 어느 정도 책임이 있었다.

(2) Romulus(BC772경~BC716경). 로마의 건국자이자 초대 왕이라고 전해지는 전설적 인물이다. 로물루스와 레무스 형제 중 형으로서, 팔라티노 언덕에 세력을 구축했다. 아벤티노 언덕에 자리를 잡은 레무스와 경쟁한 끝에 BC753년에 레무스를 죽이고 다른 5개 언덕의 동맹체로서 로마를 건국한다. 어디까지 역사적 사실이고 어디까지 신화에 불과한지, 로물루스라는 인물 자체가 실존 인물인지 여부는 모두 불확실하지만, 전통적으로 로마의 법제, 정치, 종교, 사회적 제도 일체는 로물루스 시대에 확립되었다고 말해져 왔다.

(3) Philon(BC20경~AD45경). 라틴어와 영어로는 Philo로 표기한다. 고대 알렉산드리아의 유대인 철학자로, 당시 알렉산드리아 유대인 사회의 지도자였다. 구약성서의 〈창세기〉를 그리스 철학, 특히 플라톤의 이데아 사상을 사용하여 알레고리 해석을 최초로 시도한 학자이다. 몽테스키외가 각주에 라틴어로 제시한 서명은 실제로는 《특수법(De specialibus legibus)》으로만 되어 있다.

(4) Lucius Annaeus Seneca(BC4~AD65). 고대 로마 제국 시대의 정치인, 사상가, 문학자이다. 로마 제국의 황제 네로의 스승으로도 유명하다. 그의 저작은 주로 철학적, 윤리적, 때로는 자연과학적 에세이집과 친구 소(小) 루킬리우스에게 보낸 서간집, 그리고 비극으로 대표되는 문학작품 등으로 대별된다. 몽테스키외가 각주에 라틴어로 제시한 서명 De morte Claudii는 가장 오래된 원고에 주어졌던 제목으로 정확히 말하면 Ludus de morte Claudii(클라우디우스의 죽음의 유희)라는 정치적 풍자시인데, 우리에게는 일반적으로 Apocolocyntosis(호박으로 만들기)로 알려져 있다.

(5) 팔레아스(Phaleas)는 기원전 4세기의 고대 그리스 정치가이며 플라톤과 동시대인으로 당시 유행했던 유토피아적 사상가였다. 칼케돈(Chalcedon)은 터키 이스탄불 맞은편 보스포루스 해협 동부 해안에 있던 고대 해상도시이다.

(6) Manius Curius Dentatus. BC290년, BC275년, BC274년에 세 번이나 집정관을 지낸 고대 로마의 정치가로서, 검소함과 무욕함으로 유명하다.

(7) 아레오파고스는 초창기의 아테네 귀족회의가 열린 곳으로 유명한 고대 아테네의 아크로폴리스 북서쪽에 있던 낮은 언덕을 가리키는 이름이었으나, 그 의미가 넓어져 나중에는 그 회의 자체를 가리키게 되었다. 아레오파고스 회의는 고대 로마의 원로원과 같은 역할을 했으며 이 회의의 의원은 종신제였다.

(8) 호민관은 고대 로마의 관직으로, 평민의 이익을 대변하는 "평민 호민관"과 군사적인 일을 처리하는 "군사 호민관"으로 나뉜다. 그러나 보통 로마사에서 호민관은 평민 호민관만을 지칭할 때가 많다. 평민 호민관은 가장 강력한 권한을 가진 직책에 속했다. BC471년부터는 평민회에서 평민 호민관을 선출했고, 이들은 평민회를 주재하며 평민들의 요구를 대변하거나 이에 대한 관심을 환기시키는 일을 했다.

(9) 에포로스는 고대 그리스 스파르타에서 운영되던 공직으로 스파르타의 왕과 함께 권력을 나눠 가졌다. 에포로스는 5명으로 구성되었고, 스파르타 시민의 선거에 의해 선출되었다. 그들은 원로원과 민회를 주재했으며, 이들 기구에서 제정된 법령을 집행하는 책임을 맡았다. 그들은 막강한 경찰권을 가지고 노예에 대한 전쟁을 매년 선포할 수 있었으며, 비상시에는 왕을 체포하고 감금하며 재판할 수 있었다.

(10) 대체상속인 지정은 지정된 상속인 다음으로 한 명 혹은 여러 명의 상속인을 차례로 지명하는 제도로, 귀족의 재산이 양도되는 것을 막기 위해 고안된 장치이다. 요즘의 대습상속이나 대리상속인과는 다르다.

(11) 친족의 환매권은 고인의 친족이 정해진 기간 안에 구매자에게 매입 가격을 환불해 주고 유산을 요구할 수 있는 권리이다.

(12) 친족의 환매권 행사를 위해서 1년 1일의 유예기간이 있었다.

(13) 몽테스키외는 프랑스 군주제에서 의회의 역할을 암시하고 있다. 즉, 여기서 가장 아름다운 군주국이란 프랑스 왕국을 가리키는 것이다.

(14) Karl XII(1682~1718). 스웨덴의 왕이다. 대북방전쟁 때 18년 동안 나라를 지켰고 중요한 국내 개혁을 추진한 절대군주로 러시아 침공을 단행했지만 파멸로 끝났다.

(15) Pyotr I(1672~1725). 러시아 역사상 가장 뛰어난 통치자이자 개혁자이다. 전제정체를 확립하고 행정, 산업, 상업, 기술, 문화 등 나라의 모든 부분을 개혁했다. 표트르 대제라고도 불린다.

(16) 반튼 왕국은 1526년부터 1813년까지 존립했던 자바섬의 술탄국이었는데, 유럽에서는 반탐이라는 이름으로도 알려져 있다.

(17) Artaxerxes. 고대 페르시아 아케메네스 왕조의 왕(BC404~BC359?/358? 재

위) 아르타크세르크세스 2세를 말한다.

(18) Jean Bodin (1530~1596). 프랑스 종교 개혁기의 법학자이자 사상가이다. 고등
법원 소속 변호사로서 리옹의 로마법 교수였으며, 경제사상사적으로 중요한 인
물이다. 그의 저서 《공화국에 대한 여섯 편 (*Les Six Livres de la République*)》은
몽테스키외의 《법의 정신》만큼 널리 알려진 이론서이다.

(19) '취득 재산'은 혼인 생활을 하는 동안 취득한 재산으로 공동체에 속하는 반면, '고
유 재산'은 상속에 의해 소유주가 된 부동산이다.

(20) 사르데냐는 지중해 서부에 있는 섬들 가운데 시칠리아 다음으로 큰 섬으로, 1720
년 사보이 공국이 이 섬을 얻고 사르데냐 왕국이 되었다. 사르데냐 왕국은 통일
이탈리아 왕국의 전신이다. 몽테스키외가 각주에서 밝히고 있는 비토리오 아메
데오는 비토리오 아메데오 2세 (Vittorio Amedeo, 1666~1732) 를 말한다. 비토
리오 아메데오 2세는 1675년에 사보이 공작이 되었고 1713년에는 시칠리아 왕국
의 국왕이 되었다가 1720년에 시칠리아 왕위를 내놓는 대신 사르데냐 왕국을 받
아 사르데냐 국왕이 되었다.

(21) 영국을 가리킨다.

(22) 발렌스 (Flavius Julius Valens Augustus) 는 로마 황제 (364~378 재위) 로서 형
인 발렌티니아누스 1세에게 로마 제국 동부의 통치권을 넘겨받았다. 그는 소아
시아의 영토 대부분을 잃은 상태에서 황제가 되었는데, 콘스탄티노폴리스에서
겨울을 보내고 소아시아로 넘어 로마의 영토를 다시 얻으려고 시도하던 중 수
도에서 프로코피우스 (Procopius) 가 반란을 일으켜 스스로 황제를 참칭하였다.
프로코피우스는 자신이 콘스탄티누스 가문과 관련이 있다고 주장하며 군단의 지
지를 얻어 냈다. 발렌스가 프로코피우스를 상대하기 위하여 안티오키아에서 진
격하자, 프로코피우스 세력은 내분이 일어나 군대는 대부분 달아났고 결국 프로
코피우스 자신도 부하의 배신으로 붙잡혀 처형당했다. 반란은 진압되었지만 발
렌스는 반란파를 혹독한 보복으로 잔인하게 고문하고 처형하였기에 사람들에게
공포와 두려움의 대상이 되고 인기를 잃었다.

(23) Anastasius I (430~518). 비잔티움 제국의 황제로서 제국의 화폐제도를 완성하
고 부를 늘렸으며 국내외 업무를 유능하게 처리했다.

(24) 《수이다스 (*Suidas*) 》는 수다 (*Suda*) 또는 소우다 (*Souda*) 라고도 하는데, 고대
지중해 세계를 다룬 10세기 비잔티움 백과사전이다. 아주 큰 분량의 책인데, 예
전에는 이 책의 저자가 수이다스라고 여겨졌다. 이 책은 중세 그리스어로 쓴 사
전으로 3만여 항목을 수록하고 있으며, 항목의 내용은 지금은 잃어버린 고대의
문헌을 출처로 하며 중세 기독교 문헌을 출처로 하는 내용도 종종 있다.

제 6편 시민법과 형법의 단순성, 재판 절차, 형벌의 결정에 관한 여러 정체의 원리 에서 나오는 결과

(1) 법률용어에서 중재는 제삼자가 분쟁 당사자 사이에서 분쟁을 조정하고 해결하는 일로서, 제삼자의 결정은 구속력을 가진다.

(2) 법무관(Praetor, 프라이토르)은 고대 로마의 관리로, 오늘날의 대법관과 같은 개념이다. 로마 공화정 시대인 BC450년까지 프라이토르(법무관)라는 직책은 로마의 최고위 관리였으나 콘술(집정관) 제도가 도입된 이후에는 집정관 다음가는 직책으로 평가되었고, 로마 제정 시에는 명예직으로 축소되었다.

(3) Flavius Arcadius Augustus(377~408). 비잔티움 제국의 황제로 로마 제국의 동부를 다스렸다. 테오도시우스 1세가 죽자, 그의 아들 아르카디우스와 호노리우스가 각각 동부와 서부를 맡게 된 것이다. 이로써 테오도시우스는 제국 동서부 양 지역을 통치한 마지막 로마 황제였고, 아르카디우스는 종종 동로마 제국, 즉 비잔티움 제국의 첫 번째 황제로 여겨진다.

(4) 6세기 비잔티움 제국의 역사가인 프로코피우스(Procopius Caesarensis, 500~565)를 말하는 것으로, 5편 옮긴이 주 22의 황위 찬탈자 프로코피우스(4세기)와는 다른 인물이다. 저작으로 《페르시아 전쟁》, 《반달족의 전쟁》, 《고트족의 전쟁》으로 이루어진 《전사(戰史)》를 비롯해, 《건축에 대하여》와 비잔티움 제국의 은밀한 뒷이야기가 담긴 《비사(秘史)》가 있다. 《비사》는 시민의 반란을 무력으로 평정하고 전제군주제를 강화했던 유스티니아누스 황제 치하의 지식인이 처했던 입장을 반영하고 있다고 할 수 있는데, 덕분에 당시의 제국과 유스티니아누스 황제의 실상을 알 수 있는 귀중한 자료가 남겨질 수 있었다.

(5) Flavius Justinianus(483~565). 비잔티움 제국 황제로, 행정기구를 재편하고 유스티니아누스 법전으로 알려진 성문법 제정을 후원한 것으로 유명하다. 유스티니아누스 법전은 《칙법휘찬(*Codex Constitutionum*)》, 《학설휘찬(*Digesta, Pandectae*)》, 《법학제요(*Institutiones*)》, 《신칙법(*Novellae Constitutiones Post Codicem*)》으로 구성되어 있다.

(6) BC451~BC450년에 제정된 것으로 추정되는 고대 로마 최초의 법전인 12표법을 제정할 때, 10인 위원회를 만들어 법전을 편찬했다. 10인 위원회는 BC450년에 10개의 조항으로 구성된 법전을 만들었고, BC449년에 두 번째로 선임된 10인 위원들이 2개의 조항을 더 추가해 12표법이 완성되었다. 기원전 5세기 로마의 집정관이었던 아피우스(Appius Claudius Crassus Regillensis Sabinus)는 바로 이 두 번의 10인 위원회의 의장을 맡았다.

(7) 베르기니아(Verginia) 또는 비르기니아(Virginia)는 로마의 군인인 루키우스 베르기니우스(Lucius Verginius)의 딸이다. 아피우스는 베르기니아에게 탐욕을 품었지만 거절당하자, 어떤 사람을 매수하여 베르기니아가 원래 자신의 노예였다고 주장하게 한다. 군대에서 근무하던 중 이를 알게 된 베르기니우스는 아피우스의 온갖 방해 공작에도 불구하고 로마에 도착했으나, 아피우스는 베르기니아가 노예라고 판결해 버린다. 그러자 베르기니우스는 자기 손으로 딸을 칼로 찔러 죽인다. 그것이 딸의 자유를 지킬 수 있는 유일한 방법이라고 생각한 것이다.

(8) Lysandros(?~BC395). 고대 스파르타의 장군이다. 펠로폰네소스 전쟁에서 스파르타에 최종적인 승리를 안겨 주었으며 전쟁이 끝날 무렵 그리스 전역에서 권력을 장악했다.

(9) Adeimantos(BC432~BC382). 기원전 5세기 아테네의 시민으로, 플라톤의 형제로 잘 알려져 있다. 그는 《국가》에서 주요 등장인물로 나온다.

(10) 다이로(大老)는 일본 역사에서 최고 대신 또는 고문을 가리킨다. 도쿠가와 시대에는 바쿠후 안에서 가장 높은 직위의 행정관료로 총리와 비슷했다. 주된 역할은 바쿠후의 정책 결정에 조언하거나 쇼군의 섭정으로 일하는 것이었다. 그러나 1648년 이후부터는 정치적인 위기 상황에서만 특수한 목적을 위해 임명했다.

(11) BC67년에 공동 집정관이 된 Manius Acilius Glabrio와 Gaius Calpurnius Piso 를 말한다.

(12) Tullus Hostilius(BC673경~BC641경 재위). 로마의 세 번째 왕으로, 호전적인 임금으로 알려져 있다. 툴루스 치세의 주요 사건으로는 알바롱가의 정복을 들 수 있다. 전쟁 끝에 알바롱가는 로마에 종속되었는데, 알바의 독재관이 로마를 배신하자 툴루스는 알바롱가의 파괴를 명령하고 알바의 주민들을 로마로 강제 이주시켜 로마 시민으로 삼았다.

(13) 알바롱가는 고대 로마의 로물루스 신화에서 언급되는 지방의 명칭으로, 오늘날 일반적으로 로마의 남동쪽에 위치했던 지방으로 받아들여지고 있다. 전설에 따르면 BC1152년경 아이네아스의 아들인 아스카니우스가 건설했다고 하는 가장 오래된 라틴 도시이다.

(14) Mettius Fufetius(?~BC673). 알바롱가의 마지막 왕 가이우스 클루일리우스가 툴루스 호스틸리우스와의 전쟁을 시작하기도 전에 죽자, 가이우스 클루일리우스를 계승하여 전쟁을 이끌도록 독재관이라는 호칭으로 임명된 인물이다. 원서에는 Suffétius로 잘못 표기되어 있다.

(15) 막시미누스라는 이름을 지닌 황제는 기독교도를 박해한 Galerius Valerius Maximinus(310~313 재위)와 최초의 사병 출신 황제로 235년부터 238년까지

재위하며 로마 제국 각지의 군대가 멋대로 황제를 폐립하는 군인 황제 시대의 포
문을 연 Gaius Julius Verus Maximinus가 있다. 여기서 몽테스키외가 말하는
인물이 누구인지는 정확히 단정하기 어렵다.

(16) Julius Capitolinus. 하드리아누스 황제부터 누메리아누스에 이르는(117~284)
여러 로마 황제의 전기 모음집인 《로마 황제열전(*Historia Augusta*)》의 저자 중
한 명이다. 필사본에 4세기 초의 지은이로 6명의 이름이 실려 있는데, 율리우스
카피톨리누스는 본문의 각주에서 표시된 두 명의 막시미누스를 비롯해 안토니누
스 피우스, 마르쿠스 아우렐리우스, 루키우스 베루스, 페르티낙스, 클로디우스
알비누스, 마크리누스, 3명의 고르디아누스, 푸피에누스, 발비누스 전기를 집
필한 것으로 알려져 있다.

(17) Basileios I(811~886). 비잔티움 제국의 황제이다. 그는 전임 황제를 암살하고
제위에 올랐으나 비잔티움 제국의 뛰어난 황제를 배출한 마케도니아 왕조를 열
었고 이른바 마케도니아 르네상스라는 비잔티움 부흥의 발판을 마련했다.

(18) 탈리오 법 또는 탈리온 법은 범죄자에게 피해자가 입은 상처 및 피해와 정확히 똑
같은 벌을 주도록 한 원칙을 말한다.

(19) Flavius Mauricius Tiberius Augustus(539경~602). 비잔티움의 황제로, 582
년부터 602년 반란으로 제위에서 쫓겨나 죽을 때까지 비잔티움 제국을 다스렸
다. 그의 치세 동안 비잔티움 제국은 더욱 튼튼해졌다.

(20) Anastasios II(?~719). 713년부터 715년까지 비잔티움 제국의 황제였던 아나
스타시오스 2세를 가리킨다. 《수이다스》에는 단지 아나스타시오스가 자격이 없
는 신하에게 공직을 주었다는 내용만 있다.

(21) Isaakios Angelos(1156~1204). 비잔티움 제국의 황제로 1185년부터 1195년까
지 첫 번째 재위를 하였고 형의 반란으로 퇴위되었다가 1203년 다시 황제가 되어
1204년까지 재위했다.

제 7편 사치 단속법, 사치, 여자의 지위에 관한 세 정체의 상이한 원리의 귀결

(1) 레조(Reggio)는 이탈리아의 도시명으로, 남부에 있는 항구 도시 레조 칼라브리
아(Reggio Calabria)와 북부에 있는 레조 에밀리아(Reggio Emilia)가 있다. 여
기서 몽테스키외가 말하는 도시는 어느 곳인지 분명하지 않다.

(2) 스비아족은 고대 스칸디나비아에 살았던 북게르만계 부족이다.

(3) 아라곤어로는 Chaime I d'Aragón, 카탈루냐어로는 Jaume I d'Aragó(1208~
1276). 아라곤 왕국의 군주로, 정복왕이라는 별명을 지닌 13세기의 가장 훌륭한

정복 군주였다.

(4) 가의(BC200~BC168)는 중국 전한 초기의 사상가이고, 문제(BC202~BC157)
는 전한의 제5대 황제이다. 이 부분은 몽테스키외가 뒤 알드의 저서에서 인용한
내용으로 가의(Kia Y)가 황제 문제(Ven ti)에게 말한 것인데, 가의와 문제를
Kiayventi라는 이름의 한 사람으로 서술했다. 따라서 원서에는 "Kiayventi가 말
했다"로 되어 있지만, 이 번역본에서는 바로잡아 옮겼다.

(5) Sixtus V(1521~1590). 제227대 교황으로, 교황청을 개혁한 것으로 유명하다.

(6) Decimus Junius Juvenalis. 1세기 후반에서 2세기 초반에 활동한 고대 로마의
시인이다. 도미티아누스 황제를 비롯해 수많은 황제와 로마의 귀족들 및 당시의
사회상에 대한 통렬한 풍자시로 유명하다. 유베날리스의 풍자시들은 두 가지 주
요주제, 즉 로마의 사회적 타락, 인류의 어리석음과 잔인함을 표현했다.

(7) Marcus Valerius Martialis(40~102경). 고대 로마의 풍자시인이다.

(8) Valerius Maximus. 1세기 로마의 역사가로, 역사적 일화를 모은 책 《기억할 만
한 공적과 격언에 관한 9편의 책(Factorum et dictorum memorabilium libri ix)》을
썼다.

(9) William Smith. 영국의 측량사로서 1726년에 서아프리카 요새를 조사하기 위해
영국의 왕립 아프리카 기관에 고용된 인물로, 1744년에 《새로운 기니 여행(A
new voyage to Guinea)》을 출간했다.

제8편 세 정체의 원리의 부패

(1) Charmides. 기원전 5세기 소크라테스의 제자로, 플라톤은 그를 가장 아름답고
지혜로운 청년으로 묘사했다. 플라톤의 대화편과 크세노폰의 《향연》을 비롯한
몇몇 저작에 등장한다.

(2) 살라미스 해전을 말한다. 페르시아 전쟁이 한창인 BC480년 9월에 아테네 인근
의 섬 살라미스와 육지 사이의 해협에서 일어난 페르시아 제국과 그리스 도시국
가 연합군 사이에 벌어진 해전이다. 이 살라미스 해전에서 그리스 함대가 승리를
거두면서 제2차 그리스-페르시아 전쟁의 정점을 이루었다.

(3) 오스트리아 왕위계승 전쟁(1740~1748) 때 헝가리 귀족이 마리아 테레지아에게
보였던 충성심을 시사하는 것이다. 오스트리아 왕위계승 전쟁은 거의 모든 유럽
의 강대국이 얽힌 전쟁으로, 여자의 왕위계승을 금지하는 법에 따라 마리아 테레
지아가 합스부르크 왕가를 계승하는 것은 부당하다는 구실을 내세우며 각국이
개입함으로써 시작되었다.

(4) Epikouros(BC341~BC271). 고대 그리스의 철학자이자 에피쿠로스 학파의 창
    시자다. 그는 철학의 목적을 행복하고 평온한 삶을 영위하는 데 두고 평정과 평
    화, 공포로부터의 자유, 고통 없는 삶을 역설했다.

(5) 기원전 2세기 공화정 시대 고대 로마에서 활동한 정치가인 티베리우스 그라쿠스
    (Tiberius Gracchus)와 가이우스 그라쿠스(Gaius Gracchus)를 말한다. 두 형
    제는 모두 호민관이 되어 로마 공화정 내에서 여러 가지 개혁을 시행하려고 했으
    나 로마 원로원과 보수적인 귀족 반대파에 밀려 끝내 죽임을 당하고 개혁은 실패
    했다.

(6) Marcus Livius Drusus. BC122년에 가이우스 그라쿠스와 함께 호민관을 지냈
    으며 그라쿠스의 개혁안을 공격하고 그라쿠스의 개혁안보다 대중들에게 더 호응
    받을 수 있는 개혁안을 제시했다.

(7) Marcus Antonius(BC83~BC30). 로마 공화국의 정치인이자 장군이다. BC44
    년 카이사르가 죽은 이후, 안토니우스는 마르쿠스 아이밀리우스 레피두스, 옥타
    비아누스와 힘을 합쳐 3인 집정제를 열었다(제2차 삼두정치 BC43). 삼두정치
    지도자들의 관계는 각자가 더 큰 권력을 추구하면서 경색되었다. BC36년 마르
    쿠스 아이밀리우스 레피두스가 권력에서 축출되고, 안토니우스는 BC31년 내전
    에서 옥타비아누스에게 패배하여 자살했다. 안토니우스의 사망 이후, 옥타비아
    누스가 로마 공화국의 유일한 지배자가 되면서 로마 공화국은 로마 제국이 되었
    고, 옥타비아누스는 아우구스투스라는 칭호를 받아 로마 제국 최초의 황제가 되
    었다.

(8) 아이퀴족(Aequi)은 고대 이탈리아 민족으로, 오랫동안 로마에 적대적이었다.
    볼스키족(Volsci)은 기원전 5세기 로마와 끈질긴 전쟁을 벌이다 로마에 복속된
    고대 이탈리아 민족이다.

(9) 몬테사크로는 로마 교외의 언덕으로 로마의 일곱 언덕 중 하나인 캄피돌리오 언
    덕에서 동북쪽으로 약 5km 떨어진 곳에 있다. 고대 로마 시대에 몬테사크로는
    로마 시가지 성벽에서 멀리 떨어진 교외였다.

(10) 칸나이 전투는 제2차 포에니 전쟁 중인 BC216년에 이탈리아 중부 지방의 칸나
    이 평원에서 로마군과 카르타고군 사이에 벌어진 전투이다. 이 전투에서 한니발
    이 지휘하는 카르타고군은 완벽한 포위 작전으로 로마군을 전멸시켜 현대에도
    포위섬멸전의 교본으로 남아 있다.

(11) Publius Cornelius Scipio(BC255?~BC211). 로마 공화정의 군인이자 정치가
    로, BC218년에 집정관을 지냈다. 제2차 포에니 전쟁이 발발한 첫해에 티베리
    우스 셈프로니우스 롱구스와 함께 집정관에 선출되었다. 그의 아들은 제2차 포

에니 전쟁 중 한니발의 군대를 아프리카의 자마 전투에서 격파한 것으로 유명한 대(大) 스키피오 아프리카누스이다.

(12) Carolus Magnus(742~814). 프랑스어와 영어로는 Charlemagne로 표기하며, 프랑스어명인 샤를마뉴로도 많이 알려져 있다. 카롤링 왕조 프랑크 왕국의 2대 국왕으로, 스페인의 아스투리아스 왕국과 이탈리아 남부 및 브리튼 제도를 제외한 서유럽의 모든 기독교 지역을 사실상 하나의 초강대국으로 통일했다. 800년에는 교황 레오 3세로부터 황제로 대관되었고, 이로써 로마 지배권을 인정받았다.

(13) Attila(406~453). 훈족 최후의 왕으로, 유럽 훈족 가운데 가장 강력한 왕이었다. 5세기경 게르만족의 대이동기에 동유럽 북부의 넓은 지역을 지배하는 대제국을 건설하여 유럽을 뒤흔들었다. 453년 아틸라가 죽은 후 곧 훈 제국은 붕괴되었다.

(14) 왈롱은 벨기에 남부에 위치한 지역이다.

(15) George Anson(1697~1762). 영국의 해군이며 정치가로서, 최종 계급은 해군원수이다. 그는 1748년에 런던에서 《세계 일주 여행》이라는 저서를 출간했다.

(16) Dominique Parrenin(1665~1741). 프랑스의 예수회 신부로 중국, 특히 청 제국의 4대 황제인 강희제 옆에서 선교사로 활동하며 중국과 만주의 문화에 많은 관심을 보였다.

(17) Jean-Jacques Dortous de Mairan(1678~1771). 프랑스의 수학자, 천문학자, 지구물리학자이다. 그는 자신의 전문 분야에 대한 저작 이외에도, 세 편의 서간집을 남겼는데 그중 하나가 파르냉 신부와 중국에 관해 여러 이야기를 나눈 편지들이다.

제 9편 법과 방어력의 관계

(1) 베이는 고대 에트루리아의 도시로 로마에서 북서쪽으로 약 16㎞ 떨어진 곳에 있었다. 이 도시는 기원전 7세기에서 기원전 6세기에 로마에 대해 주도권을 갖고 있었으나, 그 후 잇달아 벌어진 전쟁으로 결국 파괴되었다(BC396).

(2) 암픽티온 의회는 고대 그리스에서 주로 성소의 관리를 책임지는 의회로, 그리스 여러 국가의 종교적인 동맹이었다.

(3) 리키아(Lycia)는 아나톨리아 남서부의 고대 해양 거주 지역으로, 오늘날 터키의 남동 해안에 있던 고대 그리스 도시이다. 로마 제국 성립 후 속주가 되었다.

(4) 루이 14세를 말한다.

(5) 쿠시(Coucy)는 프랑스 북동쪽 국경 근처의 지명이다.

제10편 법과 공격력의 관계

(1) Euricus(420~484). 영어와 프랑스어 Euric, 독일어 Eurich로 표기한다. 서고트 왕국의 왕으로, "에우리쿠스 법"이라고 불리는 법률을 제정한 것으로 유명하다. 로마 제국과는 동맹을 맺고 있었으나 475년 동맹 관계에서 탈피해 독립적인 왕이 되었고, 갈리아 지방과 이베리아반도로 영토를 넓혀 로마 제국에 도전했다. 로마의 법학자들을 시켜 편찬한 법전은 그가 고트족뿐만 아니라 로마인의 권리도 인정해 주었다는 점에서 가치가 있다.

(2) Gundobadus(450~516). 영어와 독일어 Gundobad, 프랑스어 Gondebaud 또는 Gondovald로 표기한다. 부르군트족의 왕이다. 부르군트족은 발트해의 남안(南岸)에 거주했던 동게르만 계열의 부족들 중 하나로, 1세기경에 로마 제국의 경계에 도달하여 거기에서 로마 제국의 용병으로 근무하면서 413년에 강력한 왕국을 건설했다. 이 왕국은 부르군트족의 정착지인 오늘날의 프랑스 부르고뉴와 이탈리아 사보아 일대에 존재했던 왕국으로, 군도바두스 치하에서 절정에 달했다. 군도바두스는 부르군트족을 위해 군도바두스 법을 마련했고, 갈리아인과 로마인을 위해 군도바두스 로마법을 제정했다. 이 왕국은 534년까지 독립왕국으로 존속하다가 그 뒤 프랑크족에 의해 점령되면서 프랑크 왕국에 합병되었다. 프랑스의 부르고뉴라는 지명은 부르군트족의 정착지였던 데에서 유래한 것이다. 이 책에서는 종족을 지칭할 때는 부르군트족으로, 지역을 지칭할 때는 부르고뉴로 표기한다.

(3) Rothari(606~652). 이탈리아 롬바르드족의 왕으로, 643년에 발표된 로타리 칙령은 롬바르드족의 가장 오래된 법률 문서이다.

(4) Ludovicus Pius(778~840). 경건왕(Pius)으로 잘 알려진 루도비쿠스 1세를 말한다. 프랑스어와 영어 Louis, 독일어 Ludwig로 표기한다. 카롤루스 마그누스의 아들로 813년 공동 황제가 되었다가 아버지가 죽고 나서 814년 황제가 되어, 814년부터 서로마 황제이자 동프랑크의 왕으로 재위했다. 그의 또 다른 별명은 "유순왕"(le Débonnaire)이다. 이 별명은 중세 초기의 사료에서는 한 번밖에 사용되지 않는데, 1275년에 프랑스 대연대기에 이 용어가 다시 사용되면서 프랑스의 연대기 작가와 역사가들이 주로 사용했다. 몽테스키외는 경건왕이라는 별명은 한 번도 사용하지 않고 줄곧 유순왕으로 칭한다.

(5) 시라쿠사는 시칠리아섬의 동해안, 카타니아 남쪽 53km 되는 지점에 있으며 고대 시칠리아의 중요한 그리스 도시였다. 겔론(Gelon)은 BC485년~BC478년에 시라쿠사를 다스린 참주이다.

(6) 박트리아는 현재의 아프가니스탄과 우즈베키스탄, 타지키스탄에 일부씩 걸쳐 있는 지역으로, 아케메네스 왕조가 지배하면서 기록을 남겼으며, 알렉산드로스 대왕이 점령하였고, 그 후 셀레우코스 왕조 등이 이 지역을 지배하였다.

(7) Hanno the Great. 기원전 3세기의 부유한 카르타고 귀족으로, 1차 포에니 전쟁 동안 로마 공화국에 대항하여 전쟁을 지속하는 것에 대한 반대파를 이끌었고 아프리카의 영토를 정복하는 것을 선호하였다. 그의 별명 '위대한 자'(Great)는 아프리카 내의 적들에 대한 정복으로 얻어진 것이고, 대(對) 로마 전쟁에 대해서는 계속 반대 입장을 취했다. 2차 포에니 전쟁 동안에도 그는 카르타고의 반전파를 이끌었고, 한니발에 대한 보급을 막았다고 비난받았다. BC202년 한니발이 자마 전투에서 패한 후, 한노는 로마인들과의 화친을 교섭하는 사절단의 일원이 되었다.

(8) 트레비아 전투는 BC218년 12월에 벌어진 카르타고와 로마 공화정 군대의 전투로서, 제2차 포에니 전쟁에서 한니발의 카르타고군과 티베리우스 셈프로니우스 롱구스의 로마군 사이에 벌어진 첫 번째 대규모 전투였다.

(9) 트라시메노 전투는 BC217년 4월 이탈리아의 트라시메노 호수에서 한니발의 카르타고군과 가이우스 플라미니우스가 이끄는 로마군이 벌인 전투를 말한다. 이탈리아에서 벌어진 제2차 포에니 전쟁 중 세 번째 전투로 로마군은 한니발의 완벽한 매복에 이은 공격으로 괴멸됐다.

(10) Cyrus(BC590경~BC530). 키루스 대제로도 불리며, 이란인들에게 건국의 아버지로 알려져 있다. 페르시아인의 지도자로서, 그가 다스리는 동안 페르시아는 서남아시아와 중앙아시아의 대부분을 정복하고 인도에 이르는 대제국으로 성장하였고, 메디아, 신바빌로니아, 리디아를 굴복시켰다.

(11) 쿠마이 또는 쿠마에라고도 하는데, 나폴리에서 서쪽으로 15~16㎞쯤 떨어져 있던 고대 도시이다. BC8세기에 에우보이아에서 온 거주민들이 세운 쿠마이는 이탈리아반도에 세워진 최초의 그리스 식민지로서 쿠마이 무녀가 있던 곳이다.

(12) Aristodemos(BC550~BC490). 로마가 공화정이 되던 시기, 이탈리아에서 중요한 정치적 역할을 한 쿠마이의 참주이다.

(13) Kral XII(1682~1718). 스웨덴의 국왕으로, 1697년에 즉위하여 1700년에 러시아와 대북방 전쟁을 일으켜 나르바 전투에서 크게 이겼다. 이후 폴란드와 작센을 꺾는 데 7년의 세월을 보냈고 1708년에는 다시 러시아로 눈을 돌렸으나, 폴타바 전투(지금의 우크라이나)에서 러시아군에 패한 후 오스만 제국으로 망명하였다. 거기서 스웨덴군을 이끌려 하였으나, 전쟁이 계속되면서 스웨덴은 발트해의 지배권을 잃고 말았다. 1715년에 스웨덴으로 돌아왔으나, 1718년 11월 30일 현 노

르웨이의 할렌에서 포위 공격을 감시하던 중 유탄에 맞아 전사하였다. 그의 사후에 스웨덴은 적국들과 화평을 맺었고, 국가의 전제군주제와 황제 시대가 끝났다. 5편 옮긴이 주 14의 인물과 동일인이나, 관련 내용이 필요하여 다시 주를 달아 설명했다.

(14) Agesilaos(BC444~BC360). 스파르타의 왕으로, 그리스에서 스파르타가 패권을 잡고 있던 시기에 스파르타 군대를 지휘했다. 뛰어난 군사 전략가인 그는 그리스의 통일을 희생하더라도 스파르타의 이익을 증진하려 애썼으며, 공격적인 스파르타 정신의 화신으로 흔히 인용된다.

(15) 트리발리인은 현재의 세르비아와 불가리아 지방에 거주하던 고대 민족이다.

(16) 일리리아(Illyria)는 고대의 한 지역으로 오늘날의 발칸반도 서부에 해당한다. 기원전 10세기경부터 인도유럽어족에 속하는, 일리리아어를 쓰는 일리리아인들이 이곳에 정착해서 살았다.

(17) Parmenion(BC400경~BC330). 고대 마케도니아 왕국의 무장으로 필리포스 2세와 알렉산드로스 3세(대왕)를 섬겼다.

(18) 티레는 레바논 남부에 있는 해안 도시로, BC2000년경부터 로마 시대에 이르기까지 페니키아의 주요 항구도시였다. 페르시아 아케메네스 왕조의 지배를 받던 BC538~BC332년에는 페니키아의 패권 도시라는 지위를 잃었으나 계속 번영을 누렸고, BC332년 마케도니아의 정복자 알렉산드로스 대왕의 침략과 티레의 저항은 역사적으로 유명하다.

(19) Darius III(BC380~BC330). 페르시아 제국 아케메네스 왕조의 마지막 왕이다. 그는 알렉산드로스 대왕의 원정으로 폐위되었고 페르시아 제국은 멸망했다.

(20) 그라니쿠스강 전투는 알렉산드로스 대왕이 페르시아 제국을 침략해 첫 승리를 거둔 전투이다(BC334). 페르시아군 약 4만 명이 그라니쿠스강(지금의 마르마라해로 흘러 들어가는 코카바스강) 맞은편 강둑을 점령했을 때 알렉산드로스의 습격부대는 강을 건너 창이 비 오듯 쏟아지는 가운데 강둑을 기어 올라갔다. 알렉산드로스는 뒤따라 돌격하면서 페르시아 전선의 왼쪽 중앙을 공격하라고 장군들에게 명령했고, 페르시아의 저항은 무너졌다.

(21) 이소스 전투는 BC333년 남부 아나톨리아의 이소스 평원에서 벌어진 전투로 마케도니아 왕국의 알렉산드로스 대왕이 페르시아 제국으로 침입해 약 4:1의 수적 열세에도 불구하고 아케메네스 왕조의 다리우스 3세를 물리친 전투이다.

(22) 아르벨라 전투는 페르시아 왕 다리우스 3세와 마케도니아의 알렉산드로스 대왕이 벌인 전투(BC331)로, 가우가멜라 평원에서 벌어졌으므로 가우가멜라 전투라고도 한다. 이 전투로 페르시아 제국은 멸망했고 알렉산드로스는 서남아시아

를 손에 넣었다.

(23) 페르세폴리스는 고대 페르시아 아케메네스 왕조의 수도로, 현재 이란 시라즈에서 북동쪽으로 70km쯤 떨어진 곳에 있는 고고 유적지이다. BC333년경 알렉산드로스 대왕이 페르시아를 침입했을 때 페르세폴리스는 최후를 맞았다. 알렉산드로스는 페르세폴리스로 쳐들어가 몇 달간 보물을 모두 약탈하고 도시를 폐허로 만들 것을 명령했고 궁전은 잿더미로 변했다.

(24) Kleitos(BC375경~BC328). 고대 마케도니아 왕국의 무장으로, 알렉산드로스 3세에 의해 기병 친위대장에 임명되어 페르시아를 굴복시킨 우수한 지휘관이었다. 그러나 전통적인 마케도니아 풍속을 존중하고 있었기 때문에, 페르시아풍의 궁중 의례를 도입하고 이민족과의 융화를 중시하는 알렉산드로스의 정책에 이의를 제기하였고, 왕에게 아부하는 신하들의 언동을 대놓고 비난했다. BC328년에 왕은 클레이토스를 박트리아 총독으로 임명하고 축하 잔치를 열었는데, 주연 석상에서 클레이토스는 왕과 동방정책을 둘러싼 논쟁을 벌였다. 술에 취한 왕은 클레이토스의 도발적인 언동에 격노하여 창을 던져 심장을 꿰뚫었다. 취기가 깬 알렉산드로스는 자신의 행위에 심한 충격을 받아 사흘 동안 방에 틀어박혀 통곡했다고 한다.

(25) Nadir Shah(1736~1747 재위). 이란의 왕이자 정복자로서, 인더스강에서 카프카스산맥에 이르는 이란 제국을 건설했다.

(26) 힌두스탄은 현재의 인도에 해당하는 지명이다. "힌두교"(Hindu)에 페르시아어로 "토지"를 나타내는"스탄"(-stan)를 붙인 말로 "힌두교의 땅"을 의미한다.

제11편 국가 구조와의 관계에서 정치적 자유를 구성하는 법

(1) 대평의회는 귀족으로 구성되고, 프레가디는 120명의 위원으로 이루어진 일종의 원로원이다. 그리고 40인 법정은 40인으로 이루어진 재판소이다.

(2) Algernon Sidney(1623~1683). 영국의 정치가로 찰스 2세(1660~1685 재위) 정부를 타도하려는 음모를 꾸민 혐의로 처형되었다. 《정체론(*Discourses Concerning Government*)》의 저자이다.

(3) 크니도스는 아나톨리아 남서해안의 카리아반도에 있던 그리스의 고대 도시이다.

(4) Gaius Marius(BC157~BC86). 로마 공화정의 장군이자 정치가로서, 일곱 번이나 집정관에 당선되었고 군제 개혁으로 유명하다. 무산계급을 신병으로 보충했고, 병력 운용의 중심을 중대 단위(*Maniple*)에서 연대 단위(*Cohorts*)로 바꿨다. 게르만족의 침략을 격퇴하여 로마의 제3의 건국자로 불렸다.

(5)   James Harrington(1611~1677). 영국의 공화주의 정치사상가로 크롬웰과 찰스 2세에게 연이어 박해받았다. 그의 저서 《오세아나 공화국(*The Common-wealth of Oceana*)》은 체제의 안정과 혁명에 대한 아리스토텔레스의 이론을 다시 기술한 책으로 해링턴의 이상적 국가관을 제시하고 있다.

(6)   칼케돈은 터키 이스탄불 맞은편 보스포루스 해협 동부 해안에 있던 고대 해상도시로, 맞은편 해안에 있던 비잔티움에 비해 열등했기 때문에 '맹인들의 도시'라는 이름으로 불렸다. 맹인이 아니라면 왜 눈앞에 있는 좋은 장소를 버리고 굳이 그보다 더 못한 곳을 선택했겠느냐는 이유에서였다.

(7)   에페이로스 왕국은 발칸반도 서부 이피로스 지역에 있었던 고대 그리스 국가이다. 에페이로스 왕국의 왕 아리바스(Arybbas, BC370~BC342 재위)는 아버지 알케타스(Alcetas) 1세의 사후 형제인 네오프톨레모스(Neoptolemos, BC370~BC360 재위)와 왕위쟁탈전을 벌였다가 화해하고 공동통치를 하기로 합의했고, 네오프톨레모스가 죽은 후에는 혼자 통치하게 된다.

(8)   몰로스인은 에페이로스 왕국의 주요 민족 중 하나이다.

(9)   Publius Horatius. 고대 로마의 전설적인 영웅으로, 호라티우스는 초기 로마의 귀족 가문 이름이다. 기원전 7세기 툴루스 호스틸리우스 왕 치세에 로마와 알바롱가 사이에 전쟁이 벌어졌을 때, 두 나라는 자기 나라를 대표하는 용사들을 선발해 그들의 결투로 승패를 결정하기로 합의하였다. 로마에서는 호라티우스 가문의 3형제(자크 루이 다비드의 그림 〈호라티우스 형제들의 맹세〉는 바로 이때의 상황을 배경으로 한 것이다), 알바롱가에서는 쿠리아티우스 가문의 3형제가 뽑혔다. 이들의 결전에서 쿠리아티우스 3형제는 모두 부상당했고, 호라티우스 형제는 두 명이 죽고 푸블리우스 한 명만 살아남았다. 푸블리우스는 도망치는 척하면서 부상당한 쿠리아티우스 형제를 서로 떨어지게 만든 뒤 한 명씩 상대해 모두 죽이고 승리를 거두었다. 그는 쿠리아티우스 3형제의 시신에서 갑옷과 무기를 빼앗아 로마로 돌아오던 중 누이동생 카밀라와 마주쳤다. 그녀는 로마와 알바롱가 사이에 전쟁이 벌어지기 전에 쿠리아티우스 형제 중 한 명과 약혼한 사이였는데, 오빠의 손에 들린 갑옷을 보고 약혼자가 죽은 것을 알고 슬퍼 울었다. 그러자 호라티우스는 적의 죽음을 슬퍼하는 로마의 여인은 설령 자신의 누이라 하더라도 죽어 마땅하다며 칼을 뽑아 카밀라를 찔러 죽였다. 로마의 법정은 누이를 죽인 호라티우스에게 사형을 선고하였다. 그러자 호라티우스의 아버지는 로마의 민중에게 아들이 거둔 승리를 언급하면서 4명의 자식 중 유일하게 남은 아들을 잃어 가문의 대가 끊기지 않게 해 달라고 호소하였다. 아버지의 호소는 로마인의 마음을 움직였고, 호라티우스는 사면을 받았다.

(10) 고대 로마 왕정은 전통적으로 BC753년에 창건되었다고 하며, 창건자 로물루스 이래 BC509년 공화정이 들어설 때까지 이어졌다. 전승에 따르면 로마 왕정은 7명의 왕이 통치했다고 한다. 그들은 로물루스, 누마 폼필리우스, 툴루스 호스틸리우스, 앙쿠스 마르키우스, 타르퀴니우스 프리스쿠스, 세르비우스 툴리우스, 타르퀴니우스 수페르부스였다. 몽테스키외는 앞의 5명의 왕의 시대, 세르비우스 툴리우스 시대, 타르퀴니우스 수페르부스 시대의 세 가지 정체로 구분하여 설명하고 있다. 타르퀴니우스 수페르부스는 다섯 번째 왕 타르퀴니우스 프리스쿠스의 아들이므로, 세르비우스 툴리우스를 찬탈자로 규정하여 살해하고 상속권을 내세워 왕위를 차지했다.

(11) 신성법(*Leges Sacrataea*)은 로마 평민의 첫 번째 철수 투쟁의 결과로 BC494～BC492년에 선포되었다. 이를 통해 평민은 집정관과 귀족의 권력에 대한 방어 수단을 갖게 되었다.

(12) 쿠리아는 고대 로마에서 사람들을 정치적으로 구분한 단위이다. 전설에 따르면 로마의 건국자인 로물루스가 시민들을 3개의 부족과 30개의 쿠리아로 나누었고, 1개의 쿠리아는 각각 10개의 씨족들로 이루어졌다고 한다.

(13) Gaius Marcius Coriolanus. 기원전 5세기경 고대 로마의 전설적인 장군으로, 셰익스피어의 작품 〈코리올라누스〉의 주인공이다. 전설에 의하면, 그는 볼스키 족과의 전쟁에서 코리올리를 공격하면서(BC493) 용맹을 떨친 것을 계기로 코리올라누스라는 이름을 얻었다고 한다. 뛰어난 지략과 용기로 전쟁을 승리로 이끈 그는 로마 최고 직책인 집정관으로 선출되기에 이르지만, 오만한 태도로 인해 곧 로마 시민과 호민관의 반감을 사게 되어 결국 로마 밖으로 추방된다.

(14) 6편 옮긴이 주 7 참조. 베르기니아에게 탐욕을 품은 아피우스가 10인 위원이었고, 이 사건으로 인해 인민이 10인 위원의 절대적 권력에 맞서 봉기했다.

(15) Lucretia. 고대 로마 전설에 나오는 귀족의 아내로, 아름답고 덕망이 있었다고 한다. 그녀의 비극은 로마의 폭군적인 왕 타르퀴니우스 수페르부스의 아들인 섹스투스 타르퀴니우스에게 능욕당하면서 시작되었다. 그녀는 아버지와 남편으로부터 타르퀴니우스 가문에게 복수하겠다는 약속을 받아낸 뒤 칼로 자살한다. 이로 인해 격노한 군중이 반란을 일으켜 타르퀴니우스 가문을 로마에서 몰아냈고, 로마 공화국이 세워지는 계기가 되었다. 루크레티아의 이야기는 셰익스피어의 서사시 〈루크레티아의 능욕〉에서 재조명되었다.

(16) Marcus Manlius Capitolinus. BC392년에 로마의 집정관을 지냈고, 갈리아인에게 대항해 고대 로마의 발상지로 전해지는 7개 언덕 가운데 하나로 가장 신성한 언덕인 캄피돌리오 언덕을 지켜 내어 영웅이 되었다. 그러나 그는 전쟁의 손

실을 복구하려는 귀족들의 고리대금으로 인해 피해를 입은 평민을 위해 나섰다가 왕권을 획책했다는 혐의를 뒤집어쓰고 사형을 선고받았다. 그는 자신이 구했던 캄피돌리오 언덕이 보이지 않는 감옥에 갇힌 뒤 1년 만에 타르페이아 바위에서 던져졌다.

(17) Tiberius Gracchus. 8편 옮긴이 주 5에서 언급한 그라쿠스 형제 중의 한 명을 가리키는 이름이기도 하고, 기원전 2세기에 활동한 로마 공화정의 정치가인 그들의 아버지를 가리키는 이름이기도 하다. 여기서는 아버지를 지칭하는 것으로 보인다. 그라쿠스 형제는 농지개혁법을 시행하고자 했고, 그들의 아버지는 공직에 있으면서 일정 조건을 가진 해방 노예들에게 로마 시민권을 취득할 권리를 주는 법안을 통과시켰기 때문이다.

(18) 백인심판원 재판소는 고대 로마에서 국가 전체의 중대한 이익에 관계되는 쟁송물에 대한 관할권을 가진 심판 기관으로, BC150년경에 만들어졌는데 모두 105명의 심판인으로 이루어져서 그런 이름이 붙었다. 백인심판원 제도는 3세기에 사라졌다.

(19) 스키피오 집안에는 여러 명의 루키우스 스키피오가 있는데, 로마의 정치가이자 장군으로서 BC190년에 집정관이 된 Lucius Cornelius Scipio Asiaticus (BC230~BC183)를 말하는 것으로 보인다. 그는 말년에 돈을 횡령한 혐의로 투옥되기도 했다.

(20) 기사 계급에서 재판관을 선출하도록 한 것은 티베리우스 그라쿠스가 아니라 가이우스 그라쿠스가 추진한 개혁 법안이었다.

(21) Quintus Mucius Scaevola (BC140~BC82). 기원전 2세기에 집정관을 지낸 푸블리우스 무키우스 스카이볼라의 아들로, 그 역시 기원전 95년에 집정관을 지낸 법률가이자 정치가이다. "신관"이라 불리는 그는 로마법의 체계적 연구의 기초를 세웠다.

(22) Publius Rutilius Rufus (BC158~BC78). 로마 공화국의 정치가이자 역사가로서, 기원전 105년에 집정관이 되었고 퀸투스 무키우스 스카이볼라의 부관을 비롯해 여러 번 부관의 직무를 수행하기도 했다.

(23) Mithridates (BC135~BC63). 미트리다테스 대왕으로 알려진 아나톨리아 북부의 폰토스 왕국의 왕이다. 로마 공화정 말기 3명의 유명한 로마 장군(술라, 루쿨루스, 폼페이우스)과 차례로 대적한 것으로 유명하다.

제12편 시민과의 관계에서 정치적 자유를 구성하는 법

(1) Ancus Marcius(BC675~BC616). 로마 왕정의 제4대 왕이다. 그에게는 두 아들이 있었는데, 그 후견인이었던 타르퀴니우스 프리스쿠스가 제5대 왕이 되자 두 아들은 왕위를 노리고 타르퀴니우스 프리스쿠스를 암살했다. 하지만 다음 왕위는 11편 옮긴이 주 10에서 보듯이 세르비우스 툴리우스에게 이어진다. 세르비우스 툴리우스는 선왕 타르퀴니우스 프리스쿠스의 딸을 아내로 삼아 왕이 된다.

(2) Chlotarius I(497~561). 프랑스어 Clothaire, 영어와 독일어 Chlothar로 표기한다. 프랑크 왕국 메로빙 왕조의 왕으로, 통일 프랑크 왕국의 초대 국왕인 클로도베쿠스(클로비스) 1세의 넷째 아들이다. 그는 558년에 프랑크 왕국을 재통일하였다.

(3) Charondas. 기원전 7세기에서 기원전 6세기에 이탈리아 시칠리아의 도시 칸타니아의 입법자로서, 리쿠르고스와 솔론에 비견되는 인물이다.

(4) Manuel Komnenos(1118~1180). 비잔티움 제국의 황제로서, 강력한 군사 정책과 대외 정책으로 비잔티움 제국의 과거 영광을 되찾기 위해 노력했다. 제2차 십자군과 연합하여 팔레스타인의 십자군 국가에 대한 제국의 종주권을 다시 한번 확인시켰고, 발칸반도 및 이탈리아 남부에서 제국의 주도권을 다시 장악했다.

(5) Theodoros Laskaris(1221~1258). 비잔티움 제국의 망명 계승국 중 하나인 니케아 제국의 황제 테오도로스 2세를 가리키며, 그는 간질환자였다고 한다.

(6) Philippe le Long(1293~1322). 장신왕이라는 별명의 필리프 5세를 말한다. 프랑스와 나바라의 왕이다. 나바라의 왕으로서는 펠리페 2세로 불린다.

(7) 본명은 앙리 쿠아피에 드 뤼제(Henri Coiffier de Ruzé, 1620~1642)인 생크마르스(Cinq-Mars) 후작은 막강한 권력을 행사하던 총리 리슐리외를 제거할 음모를 꾸민 것으로 유명하다. 그는 체포된 후 반역죄로 기소되어 참수당했다.

(8) Flavius Valentinianus Augustus(321~375). 364년에 제위에 오른 로마 제국의 황제로, 여섯 번째 세습왕조인 발렌티니아누스 왕조의 창건자이다.

(9) Severus Alexander(208~235). 222년부터 235년까지 통치한 로마 황제이다. 222년에 암살당한 숙부 엘라가발루스를 이어 황제에 올랐으며, 그 자신도 암살당해 50년에 가까운 내전, 외국의 침입, 화폐 경제 붕괴 등 3세기의 위기가 일어났다.

(10) Dionysios I(BC431~BC367). 시라쿠사를 지배한 그리스인 참주로, 시칠리아섬과 이탈리아반도 남부의 여러 도시를 정복하고 카르타고의 세력이 시칠리아섬으로 확장하는 것에 저항하였고 시라쿠사를 고대 그리스의 서방 식민도시 중 가

장 유력한 도시로 성장시켰다. 고대인들 사이에서 그는 잔인하고, 시기심이 강하고, 짓궂은 최악의 폭군으로 간주되었다.

(11) 안나 이바노브나(Anna Ivanovna, 1730~1740 재위)를 말한다. 표트르 2세가 사망한 후 추밀원 의원들은 자신들이 권력을 제한한다는 조건으로 안나를 러시아의 제위에 옹립하기로 결정했으나, 얼마 후 안나는 그 계약 조건을 파기하고 추밀원을 해산시켰다. 그리고 잔혹한 고문을 행하는 비밀경찰의 활동을 승인해 정권에 대항하려는 반대 세력들의 모든 시도를 엄중하게 진압했다. 몽테스키외가 여기서 언급한 돌고루키 가문을 비롯해 많은 세력 가문의 사람들이 유폐되거나 사형에 처해졌다.

(12) Aulus Cremutius Cordus. 1세기, 아우구스투스와 티베리우스 치하에서 살았던 로마의 작가이자 원로원 의원이다. 그는 《로마 내전의 역사》를 썼는데, 이 책에서 율리우스 카이사르의 암살자인 카시우스(Gaius Cassius Longinus)와 브루투스를 찬양하고 카시우스를 "마지막 로마인"이라고 부른 것 때문에 불경죄로 고발되었다.

(13) 275년부터 276년까지 재임한 로마 제국의 황제 마르쿠스 클라우디우스 타키투스(Marcus Claudius Tacitus Augustus)를 말한다. 우리에게 잘 알려진 고대 로마의 역사가 타키투스와는 다른 인물이다.

(14) 마르시족은 오늘날의 이탈리아 라퀼라주(州)에 있는 푸치누스호(湖) 동쪽 기슭에 살던 고대 부족으로, 로마에 대항하는 동맹시 전쟁에서 중요한 역할을 한 것으로 알려져 있다.

(15) Appianos. 2세기에 활동한 그리스의 역사가로 로마 공화정 시대부터 2세기에 이르기까지의 로마 정복사인 24권으로 이루어진 《로마사》와 《내란기》 등을 썼다.

(16) Marcus Aemilius Lepidus(BC89~BC12). 로마의 정치가로, 율리우스 카이사르의 부하로 있다가 카이사르가 암살되자 안토니우스, 옥타비아누스와 더불어 제2차 삼두정치를 실시하여 반대파를 억눌렀다. 그는 스페인 및 갈리아의 나르본을 차지하고, 뒤에 아프리카를 얻었다.

(17) 사권박탈법은 의회가 제정한 개인의 권리를 박탈하는 법으로, 영국법상 반역죄 또는 중죄의 혐의로 사형이나 법익박탈의 판결을 받은 사람에게 민사상의 권리와 정치적인 권리가 소멸되는 것이다. 사권박탈법은 중세 영국 왕이 재판 없이 처벌하는 데 사용되었다.

(18) Ktesiphon. 알렉산드로스 대왕 시대의 아테네 웅변가로, 알렉산드로스에게 대항하도록 뛰어난 웅변으로 선동한 데모스테네스에게 황금관을 수여하도록 했다. 아이스키네스가 이를 고발했으나, 소송에서 패했다.

(19) 섹스투스가 루크레티아를 능욕한 것을 말한다. 이 사건을 계기로, 격노한 군중
이 반란을 일으켜 로마 공화국이 세워지게 되었다. 11편 옮긴이 주 15 참조.

(20) 카이레아(Chaerea, ?~41)는 칼리굴라 황제를 살해한 친위대장이다. 칼리굴라
는 용맹한 카이레아를 나약하고 여자 같은 자라고 줄곧 모욕했다고 한다. 나르세
스(Narses, 478~573)는 비잔티움 제국 황제 유스티니아누스 1세 때의 명장으
로, 콘스탄티노폴리스에서 별로 주목받지 못한 환관이었으나 유스티니아누스가
527년 황제가 되면서 유명해지기 시작했다. 말년에 유스티누스 2세의 부인에게
모욕당한 그는 롬바르드족이 이탈리아를 침입하도록 끌어들였다고 한다. 율리안
(Yulyan) 백작은 7세기 세우타(아프리카 모로코 북부, 지브롤터 해협 연안에 위
치한 스페인의 고립 영토이자 자치 도시) 지역의 총독으로서 원래 스페인을 정복
한 서고트족의 마지막 왕인 로데리쿠스(Rodericus)의 신하였으나, 로데리쿠스
왕이 그의 딸을 강간하자 침입한 이슬람인들에게 협력했다고 한다.

(21) 물라는 이슬람교의 법과 교리에 대해 정통한 사람을 가리키는 존칭이다.

제13편 조세 징수와 공공 수입의 규모가 자유에 대해 갖는 관계

(1)   일정한 금액을 지불하고 소작을 하는 것이 아니라, 수확된 것의 일부를 농지 주
인에게 제공하는 소작제도를 말한다.

(2)   헬로트는 고대 스파르타에서 국가 소유의 농노를 가리키는 말이다.

(3)   전자는 영국, 후자는 프랑스이다.

찾아보기(용어)

지은이 · 옮긴이 소개

지은이_몽테스키외(Charles Louis de Secondat, Montesquieu, 1689~1755)

프랑스 계몽주의 시대의 법률가, 작가, 사상가. 본명은 샤를 루이 드 스콩다.
보르도 법복귀족 집안에서 태어나 지리학, 과학, 수학, 역사 등 신학문을 교육받았고
법학을 공부했다. 1714년 보르도 고등법원 판사가 되었고, 2년 뒤 법원장이 되었다.

1721년 당대 파리를 풍자적이고 익살스러운 어조로 묘사한 서간체 소설 《페르시아인
의 편지》를 익명으로 출판한다. 1728년 프랑스 아카데미 회원이 된 후 3년간 유럽 각국
을 여행하면서 각 나라의 지리, 경제, 정치, 풍습 등을 관찰했는데 특히 1년이 넘도록
영국에 체류하면서 의회정치에 대한 깊은 인상을 받았고 이는 그의 사상적 발전에 큰 영
향을 미쳤다. 1731년 보르도로 돌아와 《로마인의 흥망성쇠 원인에 대한 고찰》을 출판
했다.

1748년 20여 년에 걸쳐 저술한 필생의 역작 《법의 정신》을 출판하자마자 폭발적인
반응을 불러일으키며 성공을 거두지만, 다른 한편으로는 많은 비판과 반박에도 직면한
다. 1751년 《법의 정신》이 로마 가톨릭교회에 의해 금서로 지정당한다.

1755년 2월 10일, 열병에 걸려 파리에서 세상을 떠난다. 유지에 따라 수정된 《법의
정신》은 1757년에 발간되었다.

옮긴이_진인혜

연세대 불어불문학과를 졸업하고 동 대학원에서 플로베르 연구로 석사 및 박사 학위를
받았으며 파리 4대학에서 D. E. A. 를 취득했다. 연세대, 충남대, 배재대에서 강의를
했고, 목원대에서 재직한 후 퇴직하였다. 저서로 《프랑스 리얼리즘》(단독) 및 《축제
와 문화적 본질》, 《축제 정책과 지역현황》, 《프랑스 문학에서 만난 여성들》, 《프랑스
작가, 그리고 그들의 편지》, 《문자, 매체, 도시》(공저) 등이 있다. 역서로 《부바르와
페퀴셰》, 《통상관념사전》, 《감정교육》, 《플로베르》, 《마담 보바리》, 《티아나 이야
기》, 《잉카》, 《말로셴 말로셴》, 《미소》, 《루소, 장 자크를 심판하다: 대화》, 《고독
한 산책자의 몽상, 말제르브에게 보내는 편지 외》 등 다수가 있다.

리바이어던 1·2

교회국가 및 시민국가의 재료와 형태 및 권력

토머스 홉스 지음 | 진석용(대전대) 옮김

근대적 의미의 국가 탄생을 고찰한 정치사상의 영원한 고전

홉스는 근대 사상가들 중에서 최초로 근대국가의 본질을 '개인주의'와 '계약론'의 관점에서 살펴보았고, 이러한 시각은 여전히 자유민주주의의 철학적 토대를 이루고 있다. 홉스는 국가란 '평등한 인간들'에 의해 철저히 '인공적으로' 만들어졌다고 주장한다. 오늘날에도 국가의 의미, 국가권력의 범위, 국가와 개인의 관계는 뜨거운 논쟁의 중심에 있다. 홉스의 정치사상이 끊임없이 재조명되는 이유가 바로 여기에 있다.

신국판 · 1권 520면 | 28,000원 · 2권 480면 | 28,000원

나남 nanam 031) 955-4601 www.nanam.net